『湖北近代文学研究』丛书·第一辑

張裕釗年谱

◎程翔章　程祖灏/编著

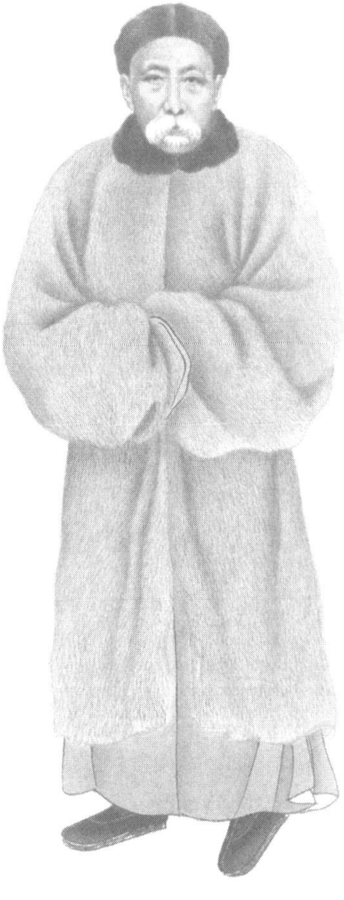

華中師範大學出版社

新出图证(鄂)字 10 号

图书在版编目(CIP)数据

张裕钊年谱/程翔章,程祖灏编著. —武汉:华中师范大学出版社,2022.6
(“湖北近代文学研究”丛书. 第一辑)
ISBN 978-7-5622-9831-1

Ⅰ.①张… Ⅱ.①程… ②程… Ⅲ.①张裕钊(1823—1894)—年谱
Ⅳ.①K825.72

中国版本图书馆 CIP 数据核字(2022)第 119909 号

张裕钊年谱

©程翔章　程祖灏　编著

责任编辑:张建英　　**责任校对**:肖绪旭　　**封面设计**:罗明波
编辑室:综合编辑室　　**电话**:027-67867370
出版发行:华中师范大学出版社有限责任公司
社址:湖北省武汉市珞喻路 152 号　　**邮编**:430079
电话:027-67863426(发行部)　027-67861321(邮购)
传真:027-67863291
网址:http://press.ccnu.edu.cn　　**电子信箱**:press@ccnu.edu.cn
印刷:湖北新华印务有限公司　　**督印**:刘　敏
字数:309 千字
开本:710mm×1000mm　1/16　　**印张**:17.75
版次:2022 年 12 月第 1 版　　**印次**:2022 年 12 月第 1 次印刷
定价:71.00 元

欢迎上网查询、购书

前　　言

程翔章

湖北位于中国的中部、长江的中游，汉江的大部分流域在湖北境内。境内周边为山地丘陵，中部为辽阔富饶的江汉平原。湖北不仅土地肥沃，物产丰富，乃全国有名的鱼米之乡，而且交通便利，四通八达，省会武汉更是有“九省通衢”之誉，地理位置十分优越。自先秦至清代中叶，湖北都是各个朝代文学的重镇，有着优良的文学传统，为中国文学的发展，作出过重要贡献。进入近代后，文学创作的成就虽然没有广东、福建、湖南、江浙等省份突出，但湖北作家继承前辈的优良传统，紧跟时代步伐，勇于探索，积极实践，也取得了可喜的成就，为中国文学的现代化转型，奉献了自己的智慧和力量。

这里所说的“近代”，通常是指自鸦片战争开始至五四运动为止，即1840年至1919年的这一历史时期。这一历史时期是中国历史上一个非常特殊的历史阶段：帝国主义列强侵略的日益加深，使中国的社会发生了数千年未有之大变局，原有的封建君主专制制度的封建社会逐渐转变为半封建和半殖民地的社会，故史学界将这一特殊历史阶段的历史称为“中国近代史”；而发生、发展于这一特殊历史阶段的中国文学，无论是文学观念、文学思想、文学理论，还是文学体裁、文学方法、文学创作，随着社会大动荡、大分化、大变革的历史进程，亦发生了前所未有的变化，故文学界将这一特殊历史阶段产生的文学称为“中国近代文学”。

改革开放以来，中国迎来了学术研究的春天，尤其是对中国近代文学的研究，可谓兴盛繁荣，一日千里，硕果累累。但与全国其他省市相比，尤其是与福建、广东、湖南、安徽、山东、江苏、上海、北京等省市相比，湖北近代文学的研究相对比较薄弱、落后：不仅研究的学人少，而且研究的成果亦少。

笔者从事中国近代文学的研究，最初接触湖北近代作家的文学创作，始自20世纪80年代的中期。那时刚大学毕业不久，留在学校从事管理工作，应师友们之邀，在工作之余，跟随林非先生一起编撰《中国散文大辞典》，并被安排负责整个近代部分。从那时起，笔者就发现湖北近代文学是一座富矿，值得花力气去挖掘、开采，并有心在这方面做些努力。随着辞典编撰的深入展开，笔者开始有意收集湖北近代作家的相关资料，并断断续续写过一些湖北作家的研究文章。只是由于各种任务繁重，笔者难以集中精力在这方面下功夫。

进入 90 年代后，除管理工作比较繁重之外，承担的教学任务亦很重。根据教学工作的需要，笔者将有限的业余时间几乎都用在了对中国近代文学作整体、全面、深入的探讨和思考上，为撰写既能够反映中国近代文学发展整体面貌又适合教学实际的文学史作准备。

20 世纪末与 21 世纪初，我们编撰的《中国近代文学作品选》《中国近代文学》相继出版面世，并受到社会和学生的普遍欢迎与肯定，年年加印；后又应出版社之邀，曾多次对这套教材进行修订再版和改版，花费了笔者不少时间和精力。直到 2015 年前后，笔者才从繁重的事务中脱身出来，开始对湖北近代作家作整体、全面、深入的研究。尤其是退休后，笔者谢绝了多所学校的聘请，一心一意在家进行湖北近代作家的研究，并在学校出版基金的资助下，相继出版了《湖北近代作家研究》（第一集）、《樊增祥年谱》、《王柏心年谱》等著作，受到朋友和学术界同人的肯定。

尽管如此，笔者总觉得出版周期过长，过于零散，研究成果不能及时面世，故难以产生较大的影响。因此，笔者产生了组织人力编撰一套“湖北近代文学研究丛书”的想法。诸如作家的年谱、评传、佚文和作家的诗文选、湖北近代文学史等等，均可纳入其中。丛书不求一次整体推出，可以分辑推出，每辑 6～8 本，完成一辑，推出一辑；这样日积月累，十几年下来，也会形成一定规模，产生一定影响。

笔者将此想法汇报告知校出版社的领导，立即得到他们的肯定和大力支持。适值湖北省启动了“2020 年度学术著作专项资金项目”的申报工作，出版社领导遂积极支持和推荐笔者申报了“湖北近代文学研究丛书”（第一辑，7 本）这个项目。感谢各位专家的支持和信任，这个项目最终获得批准。

笔者真诚地希望，“湖北近代文学研究丛书”（第一辑）和以后将陆续出版的各辑，能够引起学人们的关注，都来重视湖北近代文学的研究，促进湖北近代文学的研究更加全面、深入地开展，出现更多、更好的研究成果，共同为繁荣湖北的文化建设作出我们的贡献。

例　　言

一、本谱根据张裕钊的各种传记资料与《濂亭文集》《濂亭遗文》《濂亭遗诗》《张裕钊诗文集》以及时人的著作编成。

二、本谱为记述的方便起见，正文中对谱主直呼其名（如称“张裕钊”，或称“裕钊”，或称“廉卿”），对谱主的先辈则称“某某公”，对谱中所涉及的其他人物，亦皆直称其名。

三、本谱纪日期，例以农历，其后在括号内标注公历，以资参照。

四、谱中各年，首列清帝纪年，次列干支，（括号内）再列公元，最后列谱主年岁。

五、本谱各年之下，按时间顺序详列谱主的行止交游与著述情况；谱文之下，择要引述相关诗文或文献，既可明谱主事迹之所本，又能就迄今为止诗文作品或文献资料中涉及谱主之记载有讹误或歧义者，采用“案语”形式进行说明、辨正与考异。

六、谱中所征引之诗文作品与文献资料，皆注明出处，以便读者检核。

七、谱中涉及的与谱主关系重要或密切的人物，或当时政治、军事、文化、文学界出现的重要人物，一般略注其生平事迹：逝于谱主之前的，在其逝世之年标注；逝于谱主之后的，则择适当日期标注。

八、为更加准确地把握谱主的思想发展脉络，在谱主生活、活动时间内所发生的重大历史事件以及出现的重要历史人物，亦择要列出；而对于文化、文学界出现的重要事件或重要人物，也作出简要介绍。

九、已收入谱主各集的主要诗（词）文作品，大多按年、月编入谱中（极少数写作时间不能确定的暂未编入）。凡编入谱中的诗（词）文作品，只列题目，不录内容；对部分不见于集中而保存于他人文集中、论著中的诗（词）文作品，则全文（诗）照录。

十、友朋与谱主的唱和酬赠之作，亦适当征录一些，系于各年之内。这些作品大多只列题目，部分作品则根据情况全文（诗）录入。

十一、凡作品中或征引资料中缺失的字或辨认不清的字，均以“○”表示，如有明显的错、漏字，在其后的“（　）”中标出。

十二、谱主的《张裕钊诗文集》中，除诗歌部分是按年编排的之外，其所写之“文”（如“古文”“书函”），则大致上是按文体编排的。因此，凡编入各年内的诗文作品，皆注明出处，如卷数、文体、页码，以方便读者查检、阅读。

目　　录

谱　前

张裕钊（1823—1894），字方侯，亦字廉卿，一作濂卿；初号圃孙，又号濂亭。湖北武昌县（今鄂州市）樊溪镇龙塘村张家湾人。因其一生淡于仕进，而乐育桃李，执教数十载，培育人才甚众，故晚年人称“武昌先生”。清道光十八年（1838年）取秀才，道光二十六年（1846年）中举人，道光三十年（1850年）考取国子监学正学录，授官内阁中书。

张氏祖籍徽州府休宁县（今安徽省黄山市休宁县），其远祖伯九公于元初时迁至湖北武昌定居。

叶贤恩在其《张裕钊传》中记载：“张裕钊的远祖伯九公”，“为了逃避元乱，从安徽休宁迁入湖北武昌”[①]。

高祖维沧公（1701—1753），字傲凌，号顺轩。国子监生[②]。斯锟公（字次文，号鋘山）之长子。妻刘氏（1699—1780），有子一人，即本用公。

曾祖本用公（亦名“新本”，1730—1809），字届十，号立堂。岁贡生[③]。曾官广济县学训导。妻刘氏（1728—1815），有子二人：以熙（以谟）、以烈（以诰）。女三人。

祖父以烈公（亦名“以诰”，1762—1824），字竟安，一字书升，号经圃。国子监生。妻余氏（1762—1849），有子二人：善墉、善准。女一人。

---

① 叶贤恩：《张裕钊传》，中国三峡出版社2001年版，第2页。

② 监生：明清在国子监肄业的生员（俗称“秀才”），统称“监生”。按清制，以贡生资格入监的称为“贡监”，由皇帝特许给予监生资格的称为“恩监”，官员之子不经考选而取得监生资格的称为“荫监”，由附学生员选入国子监的称为“优监”，由捐纳取得监生资格的称为“捐监”。

③ 贡生：科举制度中地方儒学生员（俗称“秀才”）升入国子监肄业的身份。明清两代贡生有不同的名目：明代有“岁贡”“选贡”“恩贡”和“纳贡”；清代有“恩贡”“拔贡”“副贡”“岁贡”“优贡”和“例贡”，一度还有“功贡”的名目。

父善准公（1796—1864），字树程，又字平泉，自号“愚公”。岁贡生。其为人忠厚，待人真诚，爱憎分明，且心系国家安危，笃嗜王应麟《困学纪闻》、顾炎武《日知录》。善舆地，通史学，著有《史学提要续编》（六卷）稿本。原配金孺人（1793—1865），亦生于书香之家，少读诗书，性格开朗，通晓大义。子二人：长裕锴，字炼侯，一字经孙，号铁岩；次即裕钊。女二人。

张裕钊在《先府君暨先妣事略》中曾说：“府君姓张氏，讳善准，字树程，一字平泉，自号曰‘愚公’，湖北武昌人。自先世世有文学，敦行孝义，乡里称‘积善之家’，曰‘张氏’。曾祖讳维沧，国子监生，貤赠修职郎。祖讳本用，岁贡生，任广济县学训导。考讳以诰，国子监生。”善准公“至闻国家中失、安危、善败，乃忧乐之如其家事。咸丰中，南中乱起，当世任事诸公，多抗节死王事。府君闻，尤悼恸，若丧亲戚，语及，泫然泪贯下”。“于古尤笃耆浚仪王氏《困学纪闻》、昆山顾氏《日知录》二书，以谓考证家惟此二家之书最为周于用，尝剟取其要，都为一编，手录至数过。”“所著有《史学提要续编》，凡六卷，藏于家。其为学，至老不少懈。卒之前几日，犹操笔治舆地图。”金“孺人外家，故高赀富室，诸舅取科第，为世闻人”。“孺人自少读书，通大义。”“裕钊记幼时某岁岁除，孺人居爨下，促促治酒浆。家人饭且毕，孺人乃始饭。甫执箸，谡曰：‘一事几忘之，族中某当遗之食；某孤嫠，当与羹肉。’立起入厨，俾人遗之。诸子谓：‘母属劳甚，胡不俟饭毕邪？’孺人曰：‘少时饭何害？我心不此释也。’”①

张裕钊自幼勤奋刻苦，聪慧好学，通晓经史，擅长训诂，精研“三礼”，知识渊博；但其自少不乐举业，淡于名利，中举后曾从曾国藩游，学古文法，不久即脱离官场，退入书斋，以讲学、授徒为生；此外则致力于诗古文辞，与黎庶昌、薛福成、吴汝纶合称“曾门四弟子”，终成桐城—湘乡派中期的代表作家，被时人奉为古文大师，有《濂亭文集》《濂亭遗文》《濂亭遗诗》等行世。今人编有《张裕钊诗文集》②。

著名学者张舜徽认为：张裕钊“举平生所学，一专发之于文。论者谓

---

① 张裕钊：《先府君暨先妣事略》，《濂亭文集》卷七，见王达敏校点：《张裕钊诗文集》，上海古籍出版社2007年版，第181～184页。全书正谱所引《张裕钊诗文集》均系此版，后文不再一一详注。

② 张裕钊著，王达敏校点：《张裕钊诗文集》，上海古籍出版社2007年版。

其为文，假徒韩、欧、曾、王，以上推之晚周、先秦、盛汉，又原本六经，沉潜乎许、郑之训诂，程、朱之义理，以究其微奥。故其义粹以精，其词峻以厉。盖裕钊与吴汝纶，并以能为古文辞，雄于晚清。吴之才健，而裕钊则以意度胜，文章尔雅，训辞深厚，非偶然也”①。

张裕钊又精通书法，是享誉中外的书法家。他中锋用笔，源于魏晋，突越唐人，汇刚柔俊逸于毫端，熔秦篆、汉隶、魏碑于一炉，独树一帜，创造出一种内圆外方、疏密相间的独特书体——张体，风行海内外。

近代著名思想家、文学家、学者康有为曾评价张裕钊的书法说：“湖北有张孝廉裕钊廉卿，曾文正公弟子也。其书高古浑穆，点画转折，皆绝痕迹，而意态逋峭特甚，其神韵皆晋、宋得意处。真能甄晋陶魏，孕宋、梁而育齐、隋，千年以来无与比。其在国朝，譬之东原之经学、稚威之骈文、定庵之散文，皆特立独出者也。吾得其书，审其落墨运笔：中锋必折，外墨必连；转必提顿，以方为圆；落必含蓄，以圆为方。故为锐笔而实留，故为涨墨而实洁，乃大悟笔法。”②又指出：“本朝书有四家，皆集古大成以为楷。集分书之成，伊汀州也；集隶书之成，邓顽伯也；集帖学之成，刘石庵也；集碑之成，张廉卿也。”③

张裕钊同时人、著名学者、文艺家刘熙载亦称赞说：裕钊的“文章为当代之冠，书法则本朝一人耳”④。

就连自视甚高、素不轻易誉人的近代国学大师章太炎也说：“先生书，世所传宝，得此真如百斛明珠，尤与佗人相绝。”⑤

---

① 张舜徽：《清人文集别录》卷十九，中华书局1963版，第528页。

② 康有为：《广艺舟双楫》卷五，见姜义华、张荣华编校：《广艺舟双楫》（外一种），中国人民大学出版社2010年版，第86页。

③ 康有为：《广艺舟双楫》卷四，见姜义华、张荣华编校：《广艺舟双楫》（外一种），中国人民大学出版社2010年版，第72页。

④ 转引自张后沆、张后浍：《哀启》，见王达敏点校：《张裕钊诗文集》附录七，上海古籍出版社2007年版，第551页。

⑤ 章太炎：《张廉卿先生诗文稿·序》，见王达敏点校：《张裕钊诗文集》附录七，上海古籍出版社2007年版，第589页；另见《张廉卿先生诗文稿》，《近代中国史料丛刊续编》第十辑，（台北）文海出版社1982年版。

正　谱

道光三年癸未(1823)　一岁

正月初五日（2 月 15 日），李鸿章（1823—1901）出生于安徽合肥。

正月里，因奉天、直隶、江苏、河南、安徽等地二百二十一厅州县水、旱灾，朝命免额赋有差。

八月，清政府制定《失察鸦片烟条例》，内容包括禁种罂粟、禁开烟馆等项。

九月，因直隶、山东、河南、江苏、浙江、安徽、湖北、江西等省属地水灾，朝廷拨款赈济并缓征其额赋。

十一月初四日酉时，张裕钊出生于武昌县樊溪镇龙塘村（今湖北省鄂州市梁子湖区东沟镇龙塘村）张家湾一个书香之家。是时，其祖父以诰公六十一岁，祖母余氏六十一岁；父善准公二十七岁，其母金氏三十岁，其兄裕锴三岁。

叶贤恩在《张裕钊传》中说："夏历十一月初四日酉时，张裕钊出生于湖北省武昌县符石乡龙塘村（今属鄂州市梁子湖区东沟镇）。字方侯，亦字廉卿，号圃孙，亦号濂亭。"①

是年，黄克家（1823—1873）出生于湖北随州。

道光四年甲申(1824)　二岁

八月，祖父以诰公卒于家，享年六十二岁。通经史，著有《史学提要》，未刊行。

同月里，曾国荃（1824—1890）出生于长沙府湘乡县荷叶塘白杨坪（今湖南省娄底市双峰县荷叶镇大坪村）。

十月，新疆伊斯兰教白山派首领张格尔率领叛军武装攻打、袭扰新疆边

① 叶贤恩:《张裕钊传》,《张裕钊传》附录二,中国三峡出版社 2001 年版,第 301 页。

防哨卡，被边防守军击退。

是年，洪汝奎（1824—1886）出生于湖北汉阳。

是年，胡恩燮（1824—1892）出生于江苏江宁（今南京）。

是年，钱应溥（1824—1902）出生于浙江嘉兴。

是年，张树声（1824—1884）出生于安徽合肥。

道光五年乙酉(1825)　三岁

小裕钊天资瑰异，颖悟倍常童，祖母余氏及父母异常钟爱。

六月，江苏巡抚陶澍上书朝廷，请求自明年开始海、河运同时进行，朝廷准行。

十二月，梅启照（1826—1894）出生于江西南昌。

是年，蒋光焴（1825—1895）出生于浙江海宁。

道光六年丙戌(1826)　四岁

三月，江苏巡抚陶澍、布政使贺长龄主持的海运漕粮成功。

六月，张格尔与回部首领巴布顶率领叛军攻占新疆南部的喀什噶尔，参赞大臣庆祥自缢身亡；随后，和阗（今和田）、叶尔羌（今莎车）、英吉沙尔（今英吉沙）等城相继为叛军占领，帮办大臣舒尔哈善、多隆武等皆被杀。朝廷以署理陕甘总督杨遇春为钦差大臣，率军赴新疆平叛。

八月，朝廷又以伊犁将军萨尔图克·长龄为扬威将军，总统军事；而任命杨遇春和山东巡抚武隆阿为参赞大臣，率领陕西、甘肃、吉林、黑龙江、四川五省清军会攻叛军。

十二月二十四日巳时，大冶县道光丁酉科（1837 年）举人黄宣（字仲卿）之长女黄氏（1826—1870）出生，后配裕钊。

道光七年丁亥(1827)　五岁

裕钊幼时，好静不好动，沉默寡言；然其聪明颖悟，诚实友善，深得家人喜爱，祖母余氏爱之尤甚。

夏，湖北江陵、监利等地连降大雨，发生水灾。

闰五月，朝廷贷湖北黄州协道士洑营兵粮谷。

十一月，朝廷以直隶总督那彦成为钦差大臣，驰往喀什噶尔会同扬威将军长龄，筹办回疆善后事宜。

十二月，萨尔图克·长龄、杨遇春、武隆阿率清军收复南疆四城；新疆伊斯兰教白山派首邻张格尔被俘，叛乱平息。

是年，莫祥芝（1827—1889）出生于贵州独山。

是年，孙楫（1827—1899）出生于山东济宁。

道光八年戊子(1828)　六岁

正月，朝廷闻新疆大捷，锡封萨尔图克·长龄二等威勇公、世袭罔替，授御前大臣；杨芳为果勇侯；杨遇春复陕甘总督；武隆阿开复原职；总兵胡超加提督衔；其他人奖赏有差。后萨尔图克·长龄等四十人绘像于紫光阁。

六月，朝廷命那彦成为钦差大臣，代萨尔图克·长龄筹善后；而杨遇春正式被擢升为陕甘总督，授武隆阿为喀什噶尔参赞大臣，萨尔图克·长龄则授御前大臣并率军押送张格尔班师回朝。

是年，赵铭（1828—1889）出生于浙江秀水。

是年，徐宗亮（1828—1904）出生于安徽桐城。

道光九年己丑(1829)　七岁

正月中旬，善准公送裕钊与其兄裕锴一起拜其好友、同县东沟月山杨村的杨慰农先生为师，入塾就读，学习《三字经》《百家姓》《增广贤文》《论语》《大学》等，并开始学习格律、联语，达五年之久；闲暇之时，则练习书法。

张裕钊曾在其《对酒》诗中写道："我生七龄把书轴。"（见《濂亭遗诗》卷二，《张裕钊诗文集》第 343 页）

裕钊在《祭杨慰农先生文》中亦说："在昔我闻，师及先子，总角断金，至于没齿。维锴与钊，甫童而髻。俶从师游，先子命我。我实不才，瓦砾樗薪。师一见之，如途获珍。加我于膝，饫以圣文。欲落其实，日粪其根。寒迁暑贸，五载之勤。"（见《濂亭文集》卷八，《张裕钊诗文集》第 202 页）

十二月，朝廷以洋钱、鸦片为害日甚，下旨究明弊源，严行查禁。

是年，唐仁寿（1829—1876）出生于浙江海宁。

是年，吴长庆（1829—1884）出生于安徽庐江。

道光十年庚寅(1830)　八岁

裕钊与其兄裕锴仍在月山杨村读书，杨先生为裕钊等弟子讲授"三孟"（上孟、中孟、下孟）与《诗经》。日课之余，其父则为他们讲解顾亭林的

《日知录》，并让他们熟读背诵。

正月二十六日（2月19日），美国公理会传教士裨治文（Elijah Coleman Bridgman，1801—1861）到达广州，他是美国第一个来中国的基督教传教士。

夏，长江中游大雨，湖北监利境内的尺八季湾江堤溃口，武昌亦受灾情影响较大。

八月初十日（9月26日），张格尔之兄玉素甫和卓纠合霍罕、安集延等地教众再次发动叛乱，突入喀什噶尔卡伦（哨所），杀害守卡官兵，进逼喀什噶尔城。朝命固原提督杨芳、甘州提督胡超统陕、甘之兵入疆；又以萨尔图克·长龄为扬威将军，杨遇春为钦差大臣，都统哈良阿、提督杨芳参赞军务，调兵三万赴援平叛。

道光十一年辛卯(1831)　九岁

是年，裕钊与其兄裕锴仍在月山杨村读书，除继续学习儒家经典外，还学习了不少诗词楹联知识。

二月，道光皇帝再次下旨严禁鸦片，尤其是谕令两广总督李鸿宾尽心尽力，禁止鸦片输入，为中原除一大害。

四月，广东崖州黎人韦色容等因不满官府盘剥，于三月率黎人起义。朝命两广总督李鸿宾统兵前往镇压，起义失败。

五月间，河南、直隶毗连十四州县发生地震。

七月，朝廷再次申令官民买食鸦片罪例，禁止吸食鸦片。

八月初十日（9月15日），为道光皇帝的五十大寿，俗称“万寿节”。

十二月二十九日（1832年1月31日），湖南江华锦田（今永州市江华瑶族自治县马市镇）的瑶民赵金龙为反抗官役和汉族地主的暴虐，率领瑶民以红布裹头为号，在两河口（今江华瑶族自治县江华林业采育场两河口村）发动反清起义；湖南瑶民义军又与广东起义瑶民相呼应，声势颇大。

是年，两江总督陶澍在淮北推行票盐法，使民贩领票运盐，以轻税抵制私盐，而私贩无利；因畅销溢额，而实收税课大增。

道光十二年壬辰(1832)　十岁

是年，裕钊与其兄裕锴仍在月山杨村读书，在跟随杨先生学习《尚书》《礼记》《春秋》《左传》等儒家经典的同时，还阅读了不少韩愈、欧阳修、柳宗元、朱熹等唐宋以及明代名家的名作。他们所学知识不仅有一定的深度，而且有一定的广度。

张裕钊本就天资聪颖，勤奋好学，又经几年的刻苦学习，已初步显露出其才华；尤其善于对对子，其名声远近传播。

一日，张裕钊放学回家，在路经村口铁匠铺时，突然被铁匠师傅拦住说："常听人说你会对对联，我这里有一副上联，不知你敢不敢对下联？"此时，围观的人已聚了不少，亦随着起哄。

张裕钊毫不示弱，很自信地说："那有什么不敢的，请出上联吧！"

只听铁匠师傅一板一眼地念叨："生铁是铁，熟铁是铁，铁打铁。"

铁匠师傅的这副上联，就地取材，生动贴切，却有些不好对；张裕钊想了好一会也没想到合适的下联，不觉有些紧张，一双眼睛迅速向四周搜寻。正在这时，两个轿夫抬着一顶轿子向村头铁匠铺走来。张裕钊灵机一动，脱口对道："抬轿是人，坐轿是人，人抬人。"

听了张裕钊的下联，铁匠师傅叹服不已；那些围观的人，亦无不拍手叫好。于是，张裕钊善于对对联的名声越来越大。

二月间，湖南瑶民起义首领赵金龙率义军在祠堂圩（今蓝山县祠堂圩乡）设伏，大败清军、杀死湖南提督海凌阿和宝庆协副将马韬，朝廷震惊。

同月里，朝廷发布文告：白阳、白莲、八卦、红阳等教之首犯，遇赦不赦，从犯亦不能援减刑之例。

三月下旬，赵金龙所率瑶民起义军在常宁县（今湖南省衡阳市常宁市）的洋泉镇与户部尚书禧恩所率领的清军展开激战，赵金龙（1779—1832）战死。

四月间，美国传教士裨治文（Elijbh Coleman Bridgman，1801—1861）至澳门创办英文报刊《澳门月报》（后译为《中国丛报》），发行主要在广州。

五月间，英国商船开至闽、浙、苏海面，再开至山东海面，并致函清政府，要求在广州之外，另行开放商贸口岸。

同月里，吴秉权（1832—1881）出生于安徽肥西县。

六月间，另一支瑶民起义军在赵福金的率领下，转移至广东八排（今广东省信宜、阳春、罗定等市的界山，乃瑶族聚居之地）一带坚持反清斗争，并夜袭清剿清军，大获全胜，致使清廷将两广总督李鸿宾革职拿问。

夏季里，湖北汉川、江夏等二十六州县遭受水灾。

初秋时节，裕钊和其兄裕锴以及村里的一群小伙伴一起去樊湖采莲、摘菱角。在路过湖边的修船厂时，几个修船师傅突然拦住小裕钊，其中一个挑战性地对他说："我这里有一副上联，你如果能对上，就放你过去采莲、摘菱角；如果对不上，今天就别想过去，只能打转回家。敢应战吗？"

小裕钊虽然年纪不大，却养成了一种不服输的性格，听了那个修船师傅的话，立即回应道："那有什么不敢应战的，请出上联吧！"

小裕钊的话音刚落，那个修船师傅就大声念出了上联："直树造弯船，跑顺风，跑逆风。"

小裕钊一边听他念上联，一边用双眼迅速向四周扫了一遍，发现紧挨修船厂有一个篾匠铺，一个篾匠正坐在门口剖蔑箍甑，顿觉双眼一亮。当那修船师傅的话音一落，裕钊就马上对道："弯竹劈直篾，箍圆甑，箍方甑。"

听了小裕钊的下联，几个修船师傅惊得目瞪口呆，任凭小裕钊大摇大摆地从眼前过去。

七月间，台湾天地会首领张丙、陈办、陈连、黄诚等举行反清起义，攻打嘉义城，杀府、州、县官。

八月里，署理两广总督禧恩用按察使杨振麟之策，以洋银、盐布为诱饵，瑶民多出降，致使赵福金被俘并被处死，连州瑶民起义失败。

十月，台湾天地会举行的反清起义被官府镇压、失败。

年底的一天，小裕钊随父亲去金牛镇赶集，买年货，同行的尚有几位长辈。快要到镇上时，裕钊见路边有人在卖梨子，便请父亲买了一个，接过来边走边吃，不一会儿就吃完了。到了街口，见有个人在卖藕，那藕又白又大，他又叫父亲买了一截藕；他接过藕后，掰了一半递给父亲，自己拿着另一半大口地吃起来。同行的几位长辈感到很奇怪，便问他："裕娃子，你刚才吃梨时，为什么不分给你父亲吃呢？"

小裕钊边吃着藕边回答说："那叫父子不分梨（离）。"

同行的长辈又问："那你吃藕，又为什么要分给你父亲吃呢？"

小裕钊很认真地回答说："这就叫藕断丝不断（亦叫'藕断丝连'）呀！"

同行的长辈们听了小裕钊的话，无不赞叹不已。

是年，基督教（新教）最早的中文布道书——《劝世良言》（九卷）出版，著者为广东高明（今佛山市高明区）华人牧师梁发。

是年，赵烈文（1832—1893）出生于江苏阳湖（今常州市）。

道光十三年癸巳(1833)　十一岁

是年，张裕钊与其兄张裕锴仍在月山杨村读书。

正月，朝廷任命麟庆为湖北巡抚。

三月，朝廷调麟庆为江南河道总督，而以鄂顺安为湖北巡抚。

四月中，朝廷调鄂顺安为山西巡抚，而以尹济源为湖北巡抚。

四月下旬，麦子已经收割，家家户户都在请石匠来洗磨子，准备磨面粉做新麦馍馍吃。一天早饭后，小裕钊背着书包去上学，走至村头时，被一个洗磨的石匠叫住了。那石匠对他说："我有一副上联，不知你能不能对出？"

听了石匠的话，小裕钊颇有些不服气，就对他说："那你就出联吧！"

石匠没等小裕钊说完，就大声念道："磨圆凿扁齿轮轮，能出粗，能出细。"

小裕钊的双眼一扫，见主人家门口的椅子上刚好放着一杆秤，便脱口而出地对上下联："秤直钩弯星朗朗，可适重，可适轻。"

听了小裕钊的下联，石匠连连点头，叹服不已。

五月，曾爆发四川越嶲厅（今凉州彝族自治州越西县）彝民的反清起义，旋首领桑树格被俘，起义失败。

六月十六日（8 月 1 日），普鲁士传教士郭士立在广州创办汉文报刊——《东西洋考每月统记传》（一作《东西洋考每月统纪传》，月刊），成为中国境内的第一家中文杂志。

八月，长江中下游连降大雨，武昌等十八县遭受水灾；樊湖周边一片泽国，凡地势较低的湖田颗粒无收。

十一月间，英国政府取消东印度公司对华贸易专利，派英国皇家海军职员、政治家和外交家威廉·约翰·律劳卑（William John Napier，1786—1834）为第一任驻华商务总监。

是年，（日）冈千仞（1833—1914）出生于日本仙台藩（今宫城县）。

是年，姚濬昌（1833—1900）出生于安徽桐城。

道光十四年甲午(1834)　十二岁

年初，善准公在家设馆，聘请同邑增生[1]朱依柳先生为师，专授裕锴、

---

[1] 增生：生员（俗称"秀才"）名目之一，乃"增广生员"的简称。原意指在定额之外增补录取入府、州、县学的生员；地位次于廪生（领取廪膳的生员）。

裕钊兄弟应举之业。其始，裕钊不甚喜举业，遂将家藏之曾巩《南丰集》，细细读之。后经先生循循善诱，亦喜爱上其他先贤文章。

张裕钊曾在《省庵公传》中说："衣柳之父朱泳'尝馆裕钊家。家君从受业焉。及裕钊幼学，复受业于衣柳。'"①

赵尔巽等撰之《清史稿》中亦云："家独有《南丰集》，时时窃读之。"②

正月，广东琼州府（今海南岛）儋州（今儋县西北）黎人符小二等为饥寒所迫，率众起义。不久，起义被两广总督卢坤督官军镇压。

五月，英吉利贩卖鸦片的大船（名曰"趸船"）终年在零丁洋与大屿山等处停泊，暗中与各地奸商交易，朝命予以驱逐。

六月中旬，英国驻华第一任商务总监律劳卑一行抵达澳门。

六月下旬，律劳卑违反《大清律例》和贸易规则，擅自抵达广州，并在要求与两广总督卢坤会见直接磋商贸易实务被拒绝后，乃率军舰炮击虎门，进逼黄埔。不久，英舰退至澳门，史称此次事件为"律劳卑事件"。

七月，四川省嘉定府峨边厅（今峨边西南）彝民哈儿等因荒歉乏食率众起义，旋被官府镇压。

八月，曾国藩参加湖南乡试，考取第三十六名举人，时年二十四岁。

九月初三日（10月5日），朝廷革去广东水师提督李增阶官职，任命江南苏松镇总兵官关天培为广东水师提督。

九月间，英国驻华第一任商务总监律劳卑在澳门病死。

道光十五年乙未(1835)　十三岁

是年，裕钊与其兄裕锴继续在家塾中读书。课余时外出，喜与人作诗应对。

一日，裕钊在家里的藏书中无意翻出了一本《晚笑堂画传》，上面有曾巩的画像。他如获至宝，立即拿出白色的厚贡纸，对着画像一丝不苟地临摹起来。画像完成后，他便恭恭敬敬地将画像贴在自己书房右上方的墙壁上，心里暗暗发誓：一定要以曾巩为师。

二月，朝命以故朝鲜国王李玜世子吴，袭封朝鲜国王。

---

① 张裕钊：《省庵公传》，见《朱氏续修宗谱》卷三，守训堂版，第71页；叶贤恩藏稿。

② 赵尔巽等撰：《清史稿》卷四八六，中华书局1977年版，第13442页。

三月初四日（4 月 1 日），“先天教”教主曹顺与韩琦等头扎红蓝绸巾为号，率领教众在山西赵城（今临汾市洪洞县）举行反清起义。起义军焚衙署，杀县令，劫监狱，抢驿马，朝廷震惊。

四月十九日（5 月 16 日），曹顺率军与清军激战，兵败被俘，不久被清兵杀害。

四月间，两广总督卢坤、广东水师提督关天培奏请增修广州炮台，广东制定《防范洋人贸易章程》八条。

五月中旬，吴大澂（1835—1902）出生于江苏吴县（今苏州市）。

八月，以卢坤死，朝廷擢升安徽巡抚邓廷桢为两广总督。

十月初十日（11 月 29 日），叶赫那拉·杏贞（1835—1908）出生于满洲镶黄旗（原为镶蓝旗，后被慈禧升至上三旗）一个官宦家庭。

是年，施补华（1835—1890）出生于浙江乌程（今湖州市）。

道光十六年丙申(1836)　十四岁

是年，根据善准公的要求，朱先生为裕钊、裕锴兄弟讲授八股①制艺②，兼学诗文。

二月初五日（3 月 21 日），湖南武冈秀才蓝正樽设“龙华会”，在九龙庵堂筑台，称王拜将，宣誓起义，自称“卫王”，号元“刚建”，封张永禄为军师，罗才清、邹元佑、蒋玉元为元帅，率起义军攻打武冈城。旋起义失败。

三月，荣禄（1836—1903）出生于满洲正白旗一个世代军官家庭。

四月中旬，会试榜发，胡林翼中式第七十四名贡士。

四月下旬，殿试结束，胡林翼取为二甲第二十九名，赐进士出身。

四月间，太常寺少卿许乃济上《鸦片烟例禁愈严流弊愈大应亟请变通办理折》，主张弛禁鸦片。

十二月间，经两广总督卢坤奏准，英国海军上将、新任驻华商务总监督

---

① 八股：明清科举制度的一种考试文体，段落有严格规定，每篇由破题、承题、起讲、入手、起股、中股、后股、束股等部分组成。从起股到束股的四个部分，其中都有两股相互排比的文字，共为八股。其内容空泛，形式死板，束缚人的思想。

② 制艺：亦作“制义”。古代在考试时作的文章。它的文体在科举考试中有明确规定。在明清两代，通常指作八股文。

查理·义律（Charles Elliot，1801—1875）抵达广州。

是年，彭懋谦（1836—1905）出生于陕西石泉。

道光十七年丁酉（1837）　十五岁

是年，裕钊、裕锴兄弟继续在家塾跟随朱先生学习举子之业。

裕钊经过几年的仔细揣摩，不仅逐渐掌握了曾巩《南丰集》的为文奥秘，而且举业已有很大进步，相继以优异成绩通过县试和府试。

正月，林则徐由江苏巡抚升任湖广总督。

同月里，山东潍县天柱教首领马刚等因不满官府的统治和盘剥，率教众举行武装起义，穿戴红黄衣帽，攻入县营各署，开监放犯；旋被官军镇压，起义失败。

八月初三日（9月4日），张之洞（1837—1909）出生于一个旅居贵州的官宦家庭。

八月十五日（9月16日），黎庶昌（1837—1897）出生于贵州遵义。

是年，朝命直隶、山东、江苏、浙江、福建、广东等省认真查禁白银出口；并规定广州对外贸易商行限为十三家[①]。

是年，戴望（1837—1873）出生于浙江德清。

道光十八年戊戌（1838）　十六岁

春，遵父命，裕锴送弟弟裕钊与同邑好友范子瑊、范鹤生等人至黄州府（今黄冈市）一起参加院试，且顺利过关，被录取为秀才[②]。

张裕钊曾在《范鹤生六十寿序》中说："余早岁与君同时补学官弟子，余年甫十六，君亦才十七耳。"（见《濂亭文集》卷三，《张裕钊诗文集》第78页）

四月十二日（5月5日），薛福成（1838—1894）出生于江苏无锡。

四月中旬，会试榜发，曾国藩取中第三十八名贡士。

---

① 关于"十三行"的名称，相传明代已有，但行数并不固定。

② 秀才：按照明清科举制度的规定，童生（指尚未录取入学的考生）要取得秀才（即生员）的身份，必须先参加县试，县试由县令主持；县试通过者方可参加府试，府试由知府主持；府试通过者方可参加院试，院试由学政（全省主管教育的长官）主持；院试通过（录取）者，方被称为秀才。

四月下旬，殿试[①]结束，曾国藩取在三甲第四十二名，赐同进士出身；随后的朝考列为一等第三名，被选为翰林院庶吉士[②]。

闰四月初十日（6 月 2 日），鸿胪寺卿黄爵滋上《严塞漏卮以培国本疏》，力陈输入鸦片的祸害，主张严禁鸦片，重治吸食者；朝命将黄氏奏疏交各省督抚议奏。

八月初二日（9 月 20 日），湖广总督林则徐在阅览黄爵滋奏稿《严塞漏卮以培国本疏》后，经过慎重考虑，乃上《钱票无甚关碍宜重禁吃烟以杜弊源片》，奏告湖北、湖南禁烟效果，并坚决支持黄爵滋的禁烟主张。

九月十一日（10 月 28 日），上谕以太常寺少卿许乃济曾请弛禁鸦片，著降为六品顶戴（原为正四品），革其官职，以示惩戒。

十月上中旬，湖广总督林则徐奉旨入京觐见，讨论禁烟事宜。

十月二十六日（12 月 12 日），广东当局在广州洋馆前处绞中国烟贩。英、美鸦片烟贩纠众蛮横阻挠，拆毁绞架，并殴打执刑者及观众，激起群众公愤，自发举行禁烟示威。

十一月初十日（12 月 26 日），湖广总督林则徐抵达京城，并自次日起，道光皇帝连续召见其八次，与之密商禁烟的相关事宜。

十一月十五日（12 月 31 日），道光皇帝下旨，任命林则徐为钦差大臣，节制全省水师，前往广东查办“海口事件”[③]。

十一月二十三日（1839 年 1 月 8 日），钦差大臣林则徐离京赴广东禁烟。

十二月间，四川綦江（今重庆市綦江区）奸民穆继贤仇杀贵州仁怀（今遵义市仁怀市）武生赵应彩，随又联合匪首谢法真纠众聚踞方家沟作乱，危害周边百姓。奉朝命，云贵总督伊里布率贵州提督余步云、贵州布政使庆

---

① 殿试(亦称“廷试”)：在科举制度中，由皇帝亲临主持对会试通过的贡士进行的不再淘汰，只定参考者名次、先后等级的一种考试(特殊情况的贡士，如考前遇丁忧者，不能参加此次考试，只能参加下一科的殿试)。殿试成绩分为三甲(等)：一甲三名，赐进士及第，第一名称“状元”(亦称“殿元”)，第二名称“榜眼”，第三名称“探花”；二甲若干名，赐进士出身，第一名(即总第四名)称“传胪”；三甲若干名，赐同进士出身；取中一、二、三甲者，统称“进士”。

② 庶吉士：按明清科举制度，在翰林院设庶常馆，每科于殿试结束后，通过朝考，在二、三甲进士中，选取若干名优于文学、书法者，入馆学习(三年)，他们被称为“庶吉士”，亦被称为“庶常”。

③ 海口事件：指道光十八年(1838 年)因输入鸦片发生在广东海口的中英冲突。

禄等破其巢，斩获千余人，诛杀匪首穆继贤、谢法真等，余匪遂平。

是年，英、美鸦片烟商输入中国的鸦片多达4万余箱。

是年，（日）宫岛诚一郎（1838—1911）出生于岩代（今日本福岛县）一个藩士家庭。

道光十九年己亥(1839)　十七岁

年初，裕钊在家准备今年秋天将举行的大比①。

正月二十五日（3月10日），钦差大臣林则徐奉朝命抵达广州。

二月初四日（3月18日），钦差大臣林则徐谕令英国及各国烟贩限期上缴所存鸦片烟，并具结保证嗣后永不夹带。

二月初十日（3月24日），英国驻华商务总监督查理·义律（Charles Elliot，1801—1875）潜入广州，企图破坏禁烟。

二月十三日（3月27日），英国驻华商务总监督查理·义律被迫同意交出全部鸦片。

四月十五日（5月16日），杨守敬（1839—1915）出生于湖北宜都一个小商人家庭。

四月二十二日至五月十五日（6月3日—6月25日），钦差大臣林则徐将所缴获的19179箱、2119袋，总计237654斤鸦片，在虎门（位于今广东省东莞市西南部、珠江口东岸）沙滩当众销毁。虎门销烟，大涨了中国人民的志气，大灭了帝国主义的威风，全国上下为之振奋。

五月初二日（6月12日），清政府制定《严禁鸦片章程》三十九条。

五月二十七日（7月7日），英国水手在广东九龙尖沙咀伤毙农民林维喜。事后，英国驻华商务总监督查理·义律拒不交出凶手，史称“林维喜事件”。

七月初七日（8月15日），钦差大臣林则徐下令禁止供给澳门英人柴米食物，并撤回英国商人雇佣的中国职员、工人。

七月二十三日（8月31日），英国新任驻华海军司令官士密（H. Smith）率兵舰“窝拉疑”号抵达澳门。

七月二十六日（9月3日），钦差大臣林则徐抵澳门巡视，争取澳门葡萄牙当局保持“中立”。

① 大比：明清两代每隔三年举行一次的乡试。届时，各县州府的应试者，齐集省城，由朝廷派官主考，录取者称“举人”。

七月二十七日（9月4日），英国兵舰在九龙附近炮击广东水师兵船，遭到广东水师的奋力还击，英国兵舰遁回尖沙咀。

八月，张裕钊第一次赴省城武昌参加乡试①。他此次乡试虽然落榜，仍深得学政大人方伏渥的赞赏。

张裕钊在《范鹤生六十寿序》中曾说："明年乡试，试录遗。学使方公，以余与君及嘉鱼李爽阶士垲，三人齿最稚，顾从者舁一桌床，居堂皇中，令环坐余三人，用以异之。余三人相视而笑，左右观者逌然。"（见《濂亭文集》卷三，《张裕钊诗文集》第78页）

九月二十八日（11月3日），英国兵舰开至穿鼻洋向我国挑衅。广东水师提督关天培率水师迎头痛击，英军败退。

九月二十九日（11月4日），由英国人温施娣（Wanstall）和美国传教士塞缪尔·罗宾斯·布朗（Samuel Robbins Brown，1810—1880）在澳门开办的马礼逊学堂正式开学，它是近代中国第一座传播西学的学校。

十一月初一日（12月6日），钦差大臣林则徐奉道光皇帝旨意，发布通告，正式封港，停止中英一切贸易，禁止英国一切船只进口。

十一月初二日（12月7日），曾国藩的长子曾纪泽（1839—1890）在湖南湘乡白杨坪村府宅出生。

十一月十一日（12月16日），钦差大臣林则徐在广州天后宫接见英船"杉达"号遇难人员，拒绝查理·义律在不交凶、不具结的情况下求通贸易的要求。

十二月初一日（1840年1月5日），清政府任命正在广州查禁鸦片的钦差大臣林则徐为两广总督。

十二月初四日（1840年1月8日），英国驻华海军司令官士密宣布，英舰自十一日起封锁广州口岸与珠江口。

十二月二十二日（1840年1月26日），清政府调原两广总督邓廷桢为闽浙总督。

十二月间，钦差大臣林则徐开始用从澳门等地买进的二百门新式钢、铁大炮装备虎门各要塞；除已在虎门海口设置木桩、排铁链外，又在横档、巩

① 乡试：按照明清科举制度的规定，每三年在各省城（包括首都地区）举行一次，由朝廷选派大臣二人为正、副主考；阅卷官若干人，在全省官员中选调；通过（录取）者为举人，自此方取得进京参加会试的资格。如遇朝廷有重大喜庆，可另行加试，则不在三年规定之内，被称为"恩科"。

固两炮台之间的江底钉插暗桩，防止英舰闯入。

道光二十年庚子（1840） 十八岁

是年，裕钊仍在家攻读举子之业①。

正月初一日（2月3日），钦差大臣林则徐正式就任两广总督，积极招募水勇，督造战船，增建炮台，组织兵勇操练。

正月十八日（2月20日），英国政府任命原驻好望角英军舰队司令、海军少将乔治·懿律（George Elliot，1784—1863）和驻华商务监督查理·义律为对华交涉正副全权公使，并由懿律出任侵华英军总司令。

同日，英国外交大臣巴麦尊（Palmerston，亦译作“帕麦斯顿”，1784—1865）在向他们发出的第一号训令中详列了侵华的具体步骤：第一步，封锁珠江口；第二步，占领舟山群岛并封锁甬江口、长江口、黄河口；第三步，径趋北直隶湾，封锁白河口，迫使清廷谈判，接受其提出的全部条件。

正月二十七日（2月29日），广东水师提督关天培指挥水勇夜袭长沙湾运销鸦片等走私船，烧毁二十三只。

二月十六日（3月19日），英国政府宣布出兵中国。

三月初九日（4月10日），英国议会正式通过发动侵华战争的决议案，派兵侵略中国。

五月初九日（6月8日），广东水师提督关天培指挥兵勇在磨刀洋外火攻前来骚扰的英国舰船。

五月中旬，英国军舰封锁珠江口，进攻广州，被守军击退。

五月二十二日（6月21日），英国对华谈判全权公使、侵华英军总司令乔治·懿律和英国侵华远征军海军司令官詹姆斯·约翰·戈登·伯麦（J. J. G. Bremer，1786—1850）乘旗舰“威里士厘”号兵舰，率英国舰船四十八艘，士兵四千余人，从印度加尔各答陆续开抵广东海面集结。

五月二十九日（6月28日），英国军舰封锁广州江面入口与所有河道港口，主力则北上，第一次鸦片战争正式爆发。

六月初二日（6月30日），因广东防守严密，乔治·懿律率英军主力北上，进犯闽浙沿海；士密则率舰船五艘继续封锁珠江口。

① 举子之业：指科举时代专为应试的诗文、学业、课业、文字；明清时，则专指应试的八股文。

六月初四日（7月2日），英国军舰“布朗底”号炮击福建厦门，遭到守军的猛烈炮击，大队旋北上。

六月初七日（7月5日），英国侵略军攻占浙江定海，定海知县姚怀祥死难。

六月十二日（7月10日），英国军舰封锁浙江宁波及长江口。

六月间，两广总督林则徐向美国商人购买九百吨重的轮船“甘米力治”号，将其改装成军舰，安装新式大炮三十四门，配入广东水师，成为近代中国引进外轮之始。

七月十四日（8月11日），乔治·懿律率领英国舰队抵达天津大沽口拦江沙外。

七月十八日（8月15日），英国侵略军向清政府递交外交大臣巴麦尊拟定的照会，提出鸦片贸易合法、赔款、割地等无理要求。

七月二十二日（8月19日），两广总督林则徐在狮子洋校阅、指挥广东水师和水勇举行联合演习。

八月初四日（8月30日），直隶总督琦善受道光皇帝之命，至大沽口南岸与乔治·懿律会谈，表示如英国军队回到广东，会有满意结果。

八月初五日（8月31日），广东水师在矾石洋击败前来进犯的英国军舰。

八月二十二日（9月17日），英国舰队南返后，道光皇帝命直隶总督琦善为钦差大臣，赴广东办理中、英交涉事宜，同时下令沿海各省督抚不要炮击英国舰船。

九月初三日（9月28日），清廷发出谕旨，“林则徐、邓廷桢著交部分别严加议处”，以钦差大臣琦善署理两广总督。

九月初八日（10月3日），两广总督林则徐、闽浙总督邓廷桢因禁烟问题得罪投降派，被朝廷革职。

九月间，吴汝纶（1840—1903）出生于安徽桐城（今枞阳县会宫镇老桥村吴牛庄）一个书香之家。

十月十三日（11月6日），钦差大臣、两江总督伊里布与英国侵华总司令乔治·懿律达成妥协的浙江停战协议。

十月二十三日（11月16日），浙江镇海千余人请愿，反对伊里布撤退镇海守军。

十一月初六日（11月29日），钦差大臣、署理两广总督琦善抵达广州。

十一月十一日（12 月 4 日），钦差大臣琦善接任两广总督，撤除海防工事，解散兵勇，向懿律议和。

十一月十四日（12 月 7 日），对华谈判全权公使、侵华英军总司令乔治·懿律因病返回英国，英国驻华全权公使职务暂由其堂弟、驻华副使查理·义律代理。

十二月十五日（1841 年 1 月 7 日），英国军队乘署理两广总督琦善裁撤海防之际，突然向清军穿鼻洋外的大角、沙角炮台发动进攻，守将陈连陞父子身先士卒，力战殉国。

是年，美国传教士罗孝全（Lssachar Jacob Roberts，1802—1871）在香港建立传教据点。

道光二十一年辛丑(1841)　十九岁

是年，裕钊仍在家攻读举子之业。

正月初三日（1 月 25 日），署理两广总督琦善擅自与英国驻华副使查理·义律议定割让香港、赔偿烟价六百万银元、开放广州海口贸易等内容的《穿鼻条约》。

正月初四日（1 月 26 日），英国军队侵占香港，香港开埠，成为英国殖民地。

正月初五日（1 月 27 日），道光皇帝下旨对英宣战，并派领侍卫内大臣、皇侄奕山为靖逆将军，户部尚书隆文、湖南提督杨芳为参赞大臣，调集各省军队一万七千人，驰往广东。

正月十九日（2 月 10 日），道光皇帝免除伊里布的钦差大臣职务，而命署理两江总督裕谦为钦差大臣，主持浙江方面的军务。

正月二十日（2 月 11 日），广东巡抚怡良上奏清政府，揭露署理两广总督琦善出卖香港的罪行。

二月初五日（2 月 25 日），英国侵略军进攻广东的虎门镇（位于今广东省东莞市西南部、珠江口东岸），并于次日攻陷虎门镇，广东水师提督关天培率军在靖远炮台拼死抵抗，最后以身殉国。

二月二十一日（3 月 13 日），朝命将署理两广总督琦善革职后，锁拿解往京城问罪，查抄家产。

二月二十八日（3 月 20 日），钦差大臣裕谦亲赴浙江定海，招募水勇，添兵置炮，鼓励军民擒杀侵略者；参赞大臣杨芳与英国驻华副使查理·义律达成暂时停战协议，广东恢复对外贸易。

三月初九日（3 月 31 日），英国驻华副使查理·义律派遣伯麦到印度请求援军。

三月二十五日（4 月 16 日），道光皇帝命林则徐以四品卿衔赴浙江军营协办海防事务。

闰三月初十日（4 月 30 日），英国政府以《穿鼻条约》得利太少，拒绝承认，任命璞鼎查（Henry Pottinger，1789—1856）爵士接替查理·义律为驻华全权公使；巴麦尊向他发出训令，在清政府完全无条件地接受英国的全部要求之前，不能停止军事行动。

闰三月十三日（5 月 3 日），林则徐奉旨从广州天子码头乘船赴浙江；清政府实授裕谦为两江总督。

四月初一日（5 月 21 日），英国军舰全部驶入广东虎门，靖逆将军奕山贸然下令夜袭英国兵船，误烧民船而返。

四月初二日（5 月 22 日），英国侵略军大举反扑，进逼广州。

四月初四日（5 月 24 日），英国军舰先后攻占广州城郊泥城、四方炮台。

四月初六日（5 月 26 日），英国军舰炮轰广州城内，奕山竟令在城头高树白旗，并派广州知府余保纯向英军求和。

四月初七日（5 月 27 日），靖逆将军奕山派广州知府余保纯缒城而出，与英国驻华副使查理·义律订立《广州和约》，同意一周内向英军交纳六百万银元，赎回广州城，清军退出广州城外六十里。

四月初九日（5 月 29 日），小股英军骚扰广州北郊三元里一带，被菜农韦绍光组织民众奋力击退，击毙英军多人。

四月初十日（5 月 30 日），广州北郊三元里一带一百零三乡民众聚集于牛栏冈，抗击前来侵扰的英军，毙伤二百余名，生俘二十余名。

四月十一日（5 月 31 日），广州附近番禺、南海、花县、增城等县义勇数万人包围四方炮台的英军，为广州知府余保纯强令撤离解散，英军在清朝卖国官吏的帮助下撤离。

四月十八日（6 月 7 日），英国驻华副使查理·义律贴出《告示民众》，广东民众发布《广东义民斥英夷说帖》，痛斥英国侵略者。

五月初十日（6 月 28 日），朝命革去林则徐四品卿衔，将林则徐、邓廷桢遣戍新疆伊犁，效力赎罪。

五月二十六日（7 月 14 日），林则徐奉命踏上赴新疆伊犁的戍途。其子林聪彝、林拱枢随侍前往。

五月间，广东北郊十三社八十余乡联合组成抗英义勇，成立升平社学。东北郊、南郊亦先后成立东平社学、南平社学、隆平社学等。

六月十六日（8 月 2 日），黄河在开封府城西北十余里的南厅祥符汛三十一堡堤防决口，造成严重水灾；朝命林则徐赴河南协助大学士、军机大臣王鼎堵筑黄河决口。

六月二十四日（8 月 10 日），英国新任驻华全权公使璞鼎查爵士和新任英国远征军总司令兼海军司令巴尔克（William Parker，1781—1866）抵达澳门。

七月初五日（8 月 21 日），英国驻华全权公使璞鼎查和海军司令巴尔克率领英国舰船北犯闽浙。

七月初十日（8 月 26 日），英国军舰突袭厦门，鼓浪屿、厦门失守，金门镇总兵江继芸、副将凌志力战殉国。

八月十六日（9 月 30 日），英国一艘军舰向台湾基隆炮击，被台湾道姚莹、总兵洪阿率守军开炮击伤，触礁沉没。

八月十七日（10 月 1 日），英国侵略军再次攻陷浙江定海，总兵葛云飞、郑国鸿、王锡朋英勇抵抗，战死殉国。

八月二十六日（10 月 10 日），英国侵略军攻陷宁波镇海，总兵谢朝恩战死，两江总督裕谦登城督战，城破时投水殉国，浙江提督余步云则不战而逃。

八月二十九日（10 月 13 日），英国侵略军攻陷浙江宁波。

九月初四日（10 月 18 日），道光皇帝命协办大学士、吏部尚书、皇侄奕经为扬威将军，户部左侍郎文蔚、蒙古副都统特依顺为参赞大臣，率兵援浙。

九月初五日（10 月 19 日），英国一艘三桅兵船进攻台湾三沙湾，登陆后又被守军击退。

十二月十二日（1842 年 1 月 22 日），湖北崇阳秀才钟人杰发动农民起义，攻占县城，称“钟勤王”。

道光二十二年壬寅(1842)　二十岁

是年，裕钊仍在家攻读举子之业。

正月十六日（2 月 25 日），扬威将军奕经率援军抵达浙江绍兴。

正月二十九日（3 月 10 日），扬威将军奕经下令清军分三路反攻浙江宁波、定海、镇海，皆战败。道光皇帝旋派原两江总督伊里布随杭州将军、钦差大臣耆英一道，向英军求和。

正月三十日（3 月 11 日），英国侵略军的一艘三桅兵船驶入台湾大安港，被守军俘获五十四人。

正月间，浙江镇海、宁波的黑水党，多次奇袭英国军队。

二月初八日（3 月 19 日），大学士、军机大臣王鼎在“效力赎罪”的林则徐的襄助下，终于将黄河决口合龙；于是，朝命林则徐于次日仍启程发往新疆伊犁充军。

三月十六日（4 月 26 日），英国侵略军放弃浙江宁波，退据定海（今舟山市定海区）。

四月初九日（5 月 18 日），英国侵略军攻陷浙江乍浦（今浙江省嘉兴市平湖市）。

五月初五日（6 月 13 日），英国侵略军的三十余艘军舰驶入长江口，攻打吴淞炮台，两江总督牛鉴不战而逃。

五月初八日（6 月 16 日），在宁波军营的嘉兴县丞龚镇麟仿照英国火轮战船的形式，并参考林则徐提供的《车轮船图》，造成五艘以人力代替火力推动齿轮激水的车轮战船，投入了江南水师保卫吴淞口炮台的海战；英国侵略军攻占江苏吴淞、宝山，年近七旬的江南提督陈化成率军英勇抵抗，壮烈殉国。

五月十一日（6 月 19 日），英国侵略军攻占上海县城，大肆抢掠。

五月十五日（6 月 23 日），英国侵略军退出江苏吴淞，逆江西上，一路焚烧杀掠。

五月下旬，英军的增援部队大小船只一百余艘、陆军一万余人陆续抵达中国。

六月十四日（7 月 21 日），英国侵略军六千余人分六路再次攻打浙江镇海（今宁波市镇海区），副都统海龄督部与英国侵略军肉搏，战败后自缢身亡。镇海城破后，英国侵略军进行了大屠杀。

六月二十九日（8 月 5 日），英国舰船八十余艘抵达南京的下关（今鼓楼区）江面。

七月初一日（8 月 6 日），王先谦（1842—1917）出生于湖南长沙一个书香家庭。

七月初八至初九日（8 月 13—14 日），英国侵略军向中国政府提出议和条件。

七月二十四日（8 月 29 日），在南京下关江面的英舰“皋华丽”号上，钦差大臣耆英、伊里布、牛鉴代表清政府接受英国侵略军提出的全部条件，与英国新任驻华全权公使璞鼎查签订《中英南京条约》（又称《江宁条约》）十三款，第一次鸦片战争结束。《中英南京条约》是中国近代史上外国侵略者强迫清政府签订的第一个不平等条约。

九月二十九日（11 月 1 日），澳门的马礼逊学堂迁入香港继续开办，设置汉语、英语、算学、化学、几何、代数、生理、地理、历史、音乐等课程。它是向近代中国传播西学的第一所洋学堂，近代中国早期的改良派容闳和近代中国的第一位西医黄宽就是该学堂的学生。

十月间，广东民众发布反对英国人入城的《全粤义士义民斥英夷公檄》；捻党在安徽亳州抗击清军，清政府命江苏、安徽、河南等省督抚分兵四路进攻。

十一月初六日（12 月 7 日），广州民众自发组织起来焚烧、捣毁教堂、洋馆。

十一月初九日（12 月 10 日），林则徐抵达流放地新疆伊犁的慧远城，与早已到达戍所的邓廷桢相会。

十一月间，魏源编著之《海国图志》完成，五十卷；1847 年刻本，则扩充为六十卷；1852 年刻本增补至一百卷，是我国清末系统介绍世界各国的历史和地理的名著。作者宣称是书“为以夷攻夷而作，为以夷款夷而作，为师夷长技以制夷而作”，对此后的中国社会产生了很大的影响。

十二月二十七日（1843 年 1 月 27 日），重修《大清一统志》完成。

是年，朱琛（1842—1897）出生于安徽泾县一个官宦家庭。

道光二十三年癸卯(1843)　二十一岁

是年，裕钊仍在家攻读举子之业。

五月十七日（6 月 14 日），爆发湖南武冈州（今邵阳市武冈市）曾如炷等领导的农民起义：因反对地主乘灾荒将粮米偷运出境，遭到官府弹压；于是，曾如炷和曾以得、杨老六等率领农民举行起义，围攻县城，击毙知县徐光弼。

五月间，广东花县人洪秀全在其第六次考秀才失败后，对仕途彻底死心，遂创立拜上帝会，开始宣传基督教教义，发展信徒。

钦差大臣耆英与英国驻华全权公使璞鼎查在香港签订《五港出进口应订税则协约》，规定税率基本上以值百抽五为原则，这是中国被迫与外国第一次协定税则。

六月初十日（7 月 7 日），冯云山、洪仁玕在花县的官禄布村（今属广州市花都区新华街道）加入拜上帝会。

六月二十五日（7 月 22 日），《中英五口通商章程》在香港公布，作为《中英南京条约》的补充。

六月间，钦差大臣耆英致函英国驻华全权公使璞鼎查，同意英国人进驻广州城。广州民众闻讯，坚决反对。

同月里，曾国藩奉命充任四川乡试正考官。

七月初一日（7 月 27 日），广州正式对外开埠。

八月十五日（10 月 8 日），钦差大臣耆英与英国驻华全权公使璞鼎查在广东虎门签订《虎门条约》，作为《南京条约》的附约，明文规定了统一的五分税率，从此无论何种货物，按价值每百两抽银五两，一律以百分之五抽税。

九月十一日（11 月 2 日），厦门正式对外开埠。

九月二十六日（11 月 17 日），根据《南京条约》的规定，上海正式对外开放，各国商人均可至上海自由贸易。

十一月十二日（1844 年 1 月 1 日），宁波正式对外开埠。

十二月间，英国在香港设立码头，向华商收取关税，遭到香港民众的坚决反对。

是年，英国传教士在上海创办墨海书馆印刷所，成为外国资本在中国开办的第一家工厂。

是年，广州城东北郊的六社义勇建立抗英组织东平社学。

是年，查燕绪（1843—1917）出生于江苏海门一个书香之家。

道光二十四年甲辰(1844)　二十二岁

是年，裕钊仍在家攻读举子之业。

正月初七日（2 月 24 日），美国专使顾盛（Caleb Cushing，1800—1879）抵达澳门。

正月初十日（2 月 27 日），美国专使顾盛致书两广总督，要求进京定约。

二月初一日（3 月 19 日），清政府任命钦差大臣耆英为两广总督。

二月十五日（4 月 2 日），洪秀全、冯云山离开花县，至珠江三角洲各地进行传教活动。

三月初五日（4 月 22 日），道光皇帝命两广总督耆英为钦差大臣，速往赴任。

三月二十一日（5 月 8 日），台湾嘉义天地会首领洪协率会众举行反清起义。

同日，英国政府派遣汉学家、曾经担任过驻华商务总监的约翰·弗朗西斯·戴维斯（John Francis Davis，又译爹核士、德庇时、大卫斯、德俾士等，1795—1890）出任香港第二任总督并接替璞鼎查兼任驻华全权公使。

三月间，洪秀全、冯云山抵达广东珠江三角洲一带进行传教活动。

四月初一日（5 月 17 日），湖南耒阳人阳大鹏为反对官府假公济私、敲诈勒索，率领农民举行反清起义。

四月初五日（5 月 21 日），洪秀全、冯云山抵达广西贵县赐谷村（今名西谷村，属今贵港市庆丰镇），开展传教活动。

四月十四日（5 月 30 日），钦差大臣、两广总督耆英抵达广州就任。

四月间，广州河南四十八乡民众三千多人举行示威，反对英人图谋占领河南等地。

五月十八日（7 月 3 日），两广总督耆英代表清政府与美国专使顾盛在澳门附近的望厦村签订《中美望厦条约》，从而取得了英国在《南京条约》中的全部特权，并扩大了领事裁判权和关税协定权，还可派兵船到中国沿海各港口“巡查贸易”，在通商口岸建立教堂和医院等。这是美国侵略中国的第一个不平等条约。

同日，福州正式对外开埠。

七月二十三日（9 月 5 日），冯云山离开赐谷村前往广西桂平传教。

九月十三日（10 月 24 日），两广总督耆英代表清政府与法国专使拉萼尼（Théodore de Lagrené）在广州黄埔法国军舰上签订《中法黄埔条约》，取得了中英、中美条约中规定的全部特权，甚至规定“倘有中国人将佛兰西礼拜堂、坟地触犯毁坏，地方官照例严拘重惩”。这是法国侵略中国并强迫清政府签订的第一个不平等条约。

十月初二日（11 月 11 日），清政府批准天主教弛禁。

十月初九日（11 月 18 日），洪秀全离开赐谷村，仍回广东花县老家传教。

十月间，清政府迫于形势，正式设立五口（上海、宁波、福州、厦门、广州）通商大臣，由两江总督兼任。

同月里，洪秀全返回广东，冯云山则仍留在广西紫荆山继续开展传教活动。

十一月初一日（12 月 10 日），上海道台宫慕久与英国驻沪领事签订《上海租地章程》，是日后租界的肇始。

是年，张裕钊娶大冶举人黄宣之长女为妻。 黄氏时年十九岁，婚后育有二男三女。

张裕钊在《黄孺人墓志铭》中说："孺人大冶黄氏……举人讳宣之长女也……年十九，归裕钊。"（见《濂亭文集》卷六，《张裕钊诗文集》第160 页）

是年，杨秀清和萧朝贵遇见赴广西传教的冯云山，受其影响，加入拜上帝会。

是年，美国基督教南浸礼会的传教士罗孝全（Lssachar Jacob Roberts，1802—1871）到广州开设礼拜堂进行传教活动。

是年，英国基督教长老会东方女子教育会派传教士阿尔德赛（Miss Aldersey,又译作"爱尔德赛"）到浙江宁波传教，并创办了女塾。 它是浙江第一所教会学堂，也是中国第一所近代女子学校。

道光二十五年乙巳(1845)　二十三岁

是年，裕钊仍居家攻读举子之业。

年初，李鸿章入京会试，就住在其父李文安的同年、时任翰林院侍读的曾国藩府上，并拜曾氏为师受业。

正月间，冯云山在紫荆山高坑村一边打短工，一边进行传教活动。

三月间，英国的"丽如银行"在香港设立分行，不久又在广州设立了业务机构，是外国在中国开设最早的银行，也是在中国发行钞票最早的外国银行。

同月里，曾国藩钦派为会试同考官，签分第十八房。

四月十三日（5 月 18 日），清政府命直隶、山东、河南各省督抚剿拿"教匪、盗匪"。

五月初二日（6 月 6 日），曾国藩升授右春房右庶子。

五六月间，山东发生特大灾害，曹州等地爆发捻党领导的反清起义。

六月初四日（7 月 8 日），清政府批准比利时通商。

六月初六日（7 月 10 日），清政府命山东巡抚"剿办"曹州府属之捻军。

六月初八日（7 月 12 日），柯逢时（1845—1912）出生于湖北武昌（今鄂州市）。

六月二十八日（8 月 1 日），清政府命两广总督耆英严拿广州反清的三合会、卧龙会等会众。

九月初二日（10 月 2 日），云南永昌（今保山市）七哨汉民将城内回民杀戮几尽，遂激起回民举行反清起义。

九月二十九日（10 月 29 日），清政府下令释放林则徐，回家以四、五品京堂候补。

九月间，曾国藩升授翰林院侍讲学士。

十一月初一日（12 月 10 日），苏松太道宫慕久公布与英国派驻上海的第一任领事巴富尔（Balfour，1809—1894）签订的《上海租地章程》二十三条，划定洋泾浜（今延安东路）以北，李家场（今北京东路）以南的土地作为英国人租借居住地，成为日后资本主义国家在中国强占租界的肇始。

十二月十八日（1846 年 1 月 15 日），广州民众拒绝英国人入城，捣毁知府衙门，取得反入城斗争的第一次胜利。

是年，冯云山在紫荆山发展拜上帝会会众，韦昌辉、石达开先后入会。

是年，爆发广西藤县会党首领邓立奇、钟敏和领导的“劫富豪、济贫民、抗清廷”的反清起义。

是年，英国商人在广州黄埔设立柯拜船坞，为外国资本在中国经营的最早的船舶修造业。

是年，姚莹的《康輶纪行》撰写完成，记述西藏的地理、历史、政治、宗教和风俗习惯，揭露英国的侵略野心。

是年，杨晨（1845—1922）出生于浙江黄岩（今台州市黄岩区）。

道光二十六年丙午(1846)　二十四岁

是年，裕钊仍居家攻读举子之业。

三月初三日（3 月 29 日），福州民众因反对外国传教士的非法传教而捣毁洋馆。

三月二十日（4 月 15 日），文学家、民族英雄、陕西巡抚邓廷桢病逝任上。

三月二十六日（4 月 21 日），张裕镐（1846—1917）出生于武昌县符石乡（今鄂州市沼山镇）张德宝村。

五月间，爆发了江苏昭文县（今常熟）金德顺（一作“金德润”）领导的反对官府加征钱粮的农民起义，旋即失败。

闰五月十五日（7 月 8 日），广州爆发抗议英人无理殴打中国商人、包围英国商馆的反英斗争。

八月初八日（9 月 27 日），袁昶（1846—1900）出生于浙江桐庐一个世代书香的家庭。

八月间，张裕钊赴省城武昌参加乡试，考中举人①，为山东聊城安庆澜分校所得士。同榜中举的尚有同邑范子珹、范鹤生兄弟和随州的黄蒙九，以后都成为挚友。

张裕钊在《范鹤生六十寿序》中说："其后，余与君及君伯兄子珹，并以道光丙午举于乡，时亦甫踰弱冠，意气方盛，尔我投分无间。"（见《濂亭文集》卷三，《张裕钊诗文集》第 78 页）

后又在《天门县知县安府君墓表》中说："君初讳锡龄，后易名讳庆澜，字镜秋。山东聊城人"，"裕钊故君丙午分校所得士也"。（见《濂亭遗文》卷五，《张裕钊诗文集》第 271、273 页）

案：关于张裕钊的科第，另有多种说法。徐世昌云："道光丙申（1836年）举人。"（《清儒学案》卷一百七十七，民国十八年天津徐氏退耕堂刊，第 53 页）赵尔巽、蔡冠洛云："咸丰元年（1851 年）举人。"（《清史稿》卷四百八十六，中华书局 1977 年版，第 13442 页；《清代七百名人传》，中国书店 1984 年版，第 1809 页）易宗夔则曰："道光时进士。"（《新世说》卷六，民国十一年版，第 16 页）以上诸说均误，也未中过进士，考中举人的时间正如其自己所说，在道光二十六年丙午（1846 年）。

同月里，爆发了湖南宁远天地会首领胡有禄、胡有福、罗大纲领导的反清农民起义和云南昌宁桑道三领导的回民反清武装起义。

九月中，湖南祁阳人王宗献在东安发动会党举行反清起义。

九月三十日（11 月 18 日），在香港马礼逊学堂求学的容闳、黄胜、黄宽，在校长塞缪尔·罗宾斯·布朗的带领下，赴美国留学，他们是中国最早的留美学生。

是年，美国商人在上海成立旗昌洋行，以贩运鸦片为主，与英国商人的怡和洋行、宝顺洋行号称三大"鸦片大王"。

是年，英国的丽如银行在上海设立分行。

是年，湖北境内颇不安宁：江陵、咸宁等地商人罢市，捻军自河南入境活动，意大利传教士李若瑟等窜入湖北传教，被拘送广东；社会亦动荡不安，经济凋敝，民不聊生。

---

① 举人：明、清科举制度中，乡试中式（录取）者称为"举人"，雅称"孝廉"。

道光二十七年丁未(1847)　二十五岁

是年，裕钊继续在家攻读举子之业，准备赴京应试。

正月二十五日（3月11日），洪秀全、洪仁玕赴广州，在美国传教士罗孝全处学习基督教义。

二月十八日至二十一日（4月3—6日），英国驻华全权公使德庇时率军突入省河，要求在广州郊外强租土地，激起广州民众的反抗，英军被迫退出，广州民众取得反对英人入城斗争的第二次胜利。

二月二十一日（4月6日），两广总督耆英全盘接受德庇时提出的七项无理要求，其中包括允许英国人两年后入城。

二月二十七日（4月12日），容闳、黄胜、黄宽跟随马礼逊学堂校长塞缪尔·罗宾斯·布朗前往美国留学，抵达纽约。

四月初一日（5月14日），清政府任命林则徐为云贵总督。

四月初二日（5月15日），英国驻华公使德庇时派人在广州河南洲头嘴丈量土地，插旗志界。

四月初四日（5月17日），广州绅民数千人在双洲书院集会抗议英人暴行。

四月初七日（5月20日），广州河南四十八乡民众三千余人，群集英商馆前示威，抗议英人擅自至广州河南洲头嘴丈量土地、插旗志界的行为；同时，广州民众又聚集起十余万壮勇以为后援，迫使英国侵略者暂停在广州建立租界的阴谋活动。

四月下旬，殿试结束，李鸿章取在二甲第十三名，赐进士出身；经过随后的朝考，被选为庶吉士。

六月初九日（7月20日），法国天主教耶稣会确定以上海徐家汇为在华活动总部，强占大片土地，兴建教堂，遭到上海民众的反抗。在法国驻上海领事的要挟下，上海县令将这次斗争压制下去。此次教案是中国近代发生的第一个教案，史称“徐家汇教案”。此后，耶稣会在徐家汇陆续占地一千七百余亩，先后建筑了天主堂、修院、徐汇公学、类思小学、藏书楼、天文台、圣心报馆、圣衣院、圣母院、善牧院、育婴堂等数十个建筑群。

六月初十日（7月21日），洪秀全再次赴广西，与冯云山在桂平紫荆山共同制定了“拜上帝会”的各种仪式和《十款天条》。

六月间，曾国藩擢升内阁学士，兼礼部侍郎衔。

七月二十七日（9月6日），沙皇尼古拉一世任命尼古拉·尼古拉耶维奇·穆拉维约夫（俄文：Николай Николаевич Муравьёв，英文：Nikolay Nikolayevich Muravyov，1809—1881）为俄国东西伯利亚总督，加紧侵占我国黑龙江流域；同时，又派军队入侵我国西部边疆的哈拉塔尔河和伊犁河下游北岸，并建立了拜帕尔要塞。

九月初十日（10月18日），湖南新宁天地会首领雷再浩领导会众举行反清起义。

九月十六日（10月24日），洪秀全、冯云山率会众捣毁象州（今广西来宾市象州县）甘王庙，声威大震。

十月间，钦派曾国藩为武会试正总裁，殿试阅卷大臣。

十一月二十一日（12月28日），王作新的地主团练武装逮捕冯云山，旋被卢六率拜上帝会会众抢回。

十二月十二日（1848年1月17日），冯云山和卢六再次被王作新的地主团练武装逮捕；洪秀全闻讯，立即奔赴广州设法营救。

是年，英国丽如银行在上海、广州设立分行，成为外国在中国开设最早的银行，也是在中国发行钞票最早的外国银行。

是年，蒋佐尧（1847—1906）出生于浙江海宁硖石一个书香世家。

道光二十八年戊申(1848)　二十六岁

是年，裕钊继续在家攻读举子之业，准备赴京应试。

二月初四日（3月8日），英国传教士麦都思（Walter Henry Medhurst，1796—1857）等非法进入江苏青浦县传教，无故殴打中国民众，引起民众反抗。英国驻上海领事阿礼国（Rutherford Alcock，又译作“阿利国”，1807—1897）借故殴辱清朝地方官员，并停付关税，封锁江口，派军舰至南京向两江总督要挟；结果以地方官员被撤职，十人被判刑，赔偿三百银两结案，史称“青浦教案”。

二月十八日（3月22日），英国政府命原海峡殖民地总督文翰（George Bonham）代德庇时出任驻华全权公使兼香港总督。

三月初三日（4月6日），杨秀清假托“天父下凡”传言，以号令拜上帝会会众，坚定革命意志。

四月间，武昌、江夏、嘉鱼等地大水为患，梁子湖、樊水流域田地大多被淹。

五月间，俄国驻京商人具呈请添设新疆伊犁、塔尔巴哈台（今塔城）、喀什噶尔（今喀什）三地进行贸易。

七月初一日（7 月 30 日），俄国商船抵达上海，要求贸易，未果。

秋，张裕钊由鄂赴京，寓居湖广会馆，准备参加明年举行的会试①。

八月初七日（9 月 4 日），刘心源（1848—1915）出生于湖北嘉鱼县龙口（今洪湖市龙口镇）一个书香之家。

九月初九日（10 月 5 日），萧朝贵假托“天兄下凡”传言，以号令拜上帝会会众。

九月间，经多方营救，冯云山出狱，随即赴广东花县。卢六则病死于狱中。

十一月初二日（11 月 27 日），英国驻上海领事与上海道议定扩大上海英国租界范围。

是年，顾锡爵（1848—1917）出生于江苏如皋一个书香之家。

是年，广西天地会首领陈亚贵发动钦州、宾州等地会众起义；张钊则率领天地会的“艇军”在广西梧州起义。

道光二十九年己酉(1849)　二十七岁

年初，裕钊仍寓居湖广会馆，准备参加即将举行的礼部试②。

正月二十二日（2 月 14 日），朝命授内阁学士兼礼部侍郎衔曾国藩为礼部右侍郎。

正月二十五日（2 月 17 日），英国驻华全权公使兼香港总督文翰在广东虎门口外会晤两广总督徐广缙，提出进入广州城的要求，遭拒绝。

二月初二日（2 月 24 日），台湾北路各厅县大水及地震，灾情严重，清政府命闽浙总督刘韵珂派部属查勘。

二月间，祖母余氏（1762—1849）卒于家，享寿八十有八。裕钊得知消息，不得不放弃此科会试，急急忙忙出京返回老家为祖母办理丧事。

---

①　会试：按照明、清科举制度的规定，各省举人聚集京城，每三年才举行一次的选拔考试。会试的主考官（称为“总裁”）有四人，一正三副，由皇帝钦命大学士、尚书、侍郎等大臣充任；另有十八名同考官（多的时候增至二十位），大多由翰林院的翰林充任。在清代，每科所取名额自百名至四百名不等（最少的一科 96 名，最多的一科 406 名）。若乡试有“恩科”，则次年亦举行会试，称“会试恩科”。中式（录取）者，称为“贡士”，具备了参加殿试的资格。

②　礼部试：每三年在京城举行一次的会试，由礼部主持，故人们习惯上称其为“礼部试”；又因其考试是在春天举行（乾隆之前在二月举行，乾隆时起改在三月举行），故又称其为“春闱”。

三月十四日（4 月 6 日），广州社学群众十万余人守卫珠江两岸，英国驻华全权公使兼香港总督文翰被迫宣布放弃立即入城的要求，广州民众取得反对英人入城斗争的第三次胜利。

同日，苏松太道麟桂出示布告，以上海县城与英租界之间，总面积约九百八十六亩的区域，作为法租界。

夏，长江中下游的安徽、湖北、江苏、浙江等省遍遭水灾。武昌堤段因强迫农民出钱加修，堤款不济，重遭水患。

闰四月间，沙俄海军大尉涅维尔斯科伊乘“贝加尔”号炮舰由海上侵入我国库页岛和黑龙江口等地进行勘察。

六月间，洪秀全、冯云山等回到紫荆山建立拜上帝会的领导中心，奉上帝为天父，耶稣为天兄，洪秀全为二兄，冯云山行三，杨秀清行四，萧朝贵行五，韦昌辉行六，石达开行七，共推洪秀全为首。

八月初二日（8 月 18 日），礼部右侍郎曾国藩奉旨兼署兵部右侍郎。

秋间，长江中下游的湖北、安徽、江苏、浙江等省的水灾严重；湖北武昌堤段因失修，以致又遭水患。

十月十三日（11 月 27 日），李元发组织湖南新宁天地会会众再次举行反清起义。

是年，归国华侨陈正成、江源在福建厦门创立小刀会。

是年，葡萄牙侵略者武力霸占我国澳门。

是年，江苏松江府民众爆发反对勒限完粮的斗争，云南腾越厅彝族民众爆发反抗官府的起义，贵州黄平苗族民众爆发反对官府的起义。

是年，贺涛（1849—1912）出生于直隶武强（今河北省衡水市武强县）。

道光三十年庚戌（1850）　二十八岁

年初，张裕钊仍在家温习举业，准备赴京试。

正月十四日（2 月 25 日），道光皇帝爱新觉罗・旻宁[①]病逝。

---

① 爱新觉罗・旻宁（1782—1850），仁宗皇帝第二子，1820—1850 年在位。即位后，正值帝国主义列强觊觎中华、鸦片病人害国、吏治腐败、经济凋败之时，他虽想有所作为，然整个封建社会已病入膏肓，上下因循苟且，官吏腐败，军备松弛，赋税日益加重，故阶级矛盾和民族矛盾日益尖锐，农民起义连年发生。尤其是第一次鸦片战争爆发后，他任用庸人，时战时和，毫无主见，被迫与帝国主义列强签订了一系列丧权辱国的不平等条约，致使中国逐渐沦为半殖民地半封建社会。死后上庙号曰“宣宗”。

正月二十六日（3 月 9 日），道光皇帝的第四个儿子、时年十九岁的爱新觉罗·奕詝继位，改年号曰“咸丰”，以次年为咸丰元年。

二月二十九日（4 月 11 日），沈曾植（1850—1922）出生于北京兵马司中街一个书香官宦的家庭。

三月间，朝廷擢升云南布政使骆秉章为湖南巡抚。

四月间，张裕钊鉴于家庭当下的实际状况，经过慎重考虑，决定今后不再参加会试，而提前进入仕途；故再次由鄂进京，寓居湖广会馆，准备参加朝廷将在八月间举行的国子监①学正学录的选拔考试。

五月初六日（6 月 15 日），张裕钊的恩师、好友安庆澜②病逝孝感知县任上。

同日，李元发领导的湖南天地会起义被镇压，起义失败。

六月初四日（7 月 12 日），礼部右侍郎曾国藩奉旨兼署工部左侍郎。

六月二十六日（8 月 3 日），英国人奚安门（Henry Shearman，？—1856）在上海创办英文周报《北华捷报》（North China Herald）。

六月间，洪秀全发布“团营”令，命各地的拜上帝会会众向广西桂平县金田村集中，准备起义。

七月初六日（8 月 13 日），涅维尔斯科伊率沙俄军队强占我国黑龙江口的庙街，并将其改名为“尼古拉也夫斯克”。

八月初十日（9 月 15 日），广西会党在修仁（荔浦市修仁镇）、荔浦（桂林市荔浦市）发动反清起义。

八月二十一日（9 月 26 日），张裕钊考取国子监学正③学录④，授官内阁中书，从七品衔；裕钊此次考试以文见知于主考官、礼部右侍郎曾国藩，得到曾国藩的单独召见。分别时，曾氏赠以《文选》，对其给予殷切希

---

① 国子监：又称国子学、国子寺，中国古代封建社会设立的教育管理的最高行政机关和最高学府。作为行政机关，其最高长官称“祭酒”，从三品；以下设有各类、各级官职若干，品阶亦各不相同。作为高等学府，每年在籍学生达数千人。

② 安庆澜（1801—1850），原名安锡龄，字子恬，号镜秋。山东聊城县人。道光十七年（1837 年）举人，二十一年（1841 年）进士。历任谷城、孝感、天门知县。实心为民办事，有政绩。二十六年（1846 年），为湖北乡试阅卷官。三十年（1850 年）病逝任上。

③ 学正：官名。宋时于国子监置学正。明、清时仍旧设置，地位在博士、助教之下，学录之上。元以后各州学亦设“学正”，相当于府学之“教授”。

④ 学录：官名。宋时于国子监置学录，掌管执行学规，纠举并处罚太学犯规学生。明、清时仍旧设置，目的是监督学生，不得有法外行动。

望。从此，张裕钊尊曾公为师，被列为门弟子。

张裕钊的好友、亲家黎庶昌曾在《曾文正公年谱》中云：“（八月）二十一日，钦派考试国子监学正学录阅卷大臣，取士五十名，引见记名者二十人。”①

张后沆、张后淦在《哀启》中也说：“庚戌试国子监学正学录，受知于曾文正公之门。因从问古文义法，文正称为豪杰之士。”（见《张裕钊诗文集》附录七，第550页）

赵尔巽亦在《张裕钊传》中云：“曾国藩阅卷，赏其文。既来见，曰：‘子岂尝习子固文耶？’裕钊私自喜。”②

八月二十五日（9月30日），清政府将广西提督闵正凤革职，而调陕西提督向荣为广西提督，前往广西镇压会党起义。

九月初开始，张裕钊在京任职。此时的张裕钊，心里充满着憧憬，希望能够凭借自己的才华，一展其宏图壮志，干出一番大事业，既为国为民，亦光宗耀祖。

九月间，湖北钟祥人、道光二十年（1840年）辞官在家养病的原洮州厅同知、署理平凉知府刘诗卒于家。应其后人之请，裕钊为其作《知府衔洮州厅抚民同知刘君墓表》一文（见《濂亭文集》卷五，《张裕钊诗文集》第108～110页）。

同月里，鉴于南方严峻的形势，朝廷起用在家养病的原云贵总督林则徐为钦差大臣，前往广西镇压拜上帝会的起义。

十月初一日（11月4日），拜上帝会会众在广西平南县思旺墟（今贵港市平南县思旺镇）击溃围剿清军。

同日，钦差大臣林则徐奉领朝命后，抱病从福州老家启程。

十月十九日（11月22日），钦差大臣林则徐病情加重，在赶赴广西途中的潮州普宁县（今揭阳市普宁市）行馆病逝。

十月间，朝命礼部右侍郎曾国藩兼署兵部左侍郎。

十一月十二日（12月15日），在钦差大臣林则徐去世后，朝廷复命在家养病的原两江总督李星沅接替林则徐为钦差大臣，赶赴广西办理军务。

十一月二十日（12月23日），钦差大臣李星沅奉命自长沙启程赴任。

十一月二十九日（1851年1月1日），拜上帝会会众与清军在桂平县金

---

① 黎庶昌：《曾文正公年谱》卷一，光绪二年（1876年）传忠书局刊本，第23页。

② 赵尔巽等撰：《清史稿》卷四百八十六，中华书局1977年版，第13442页。

田村（今贵港市桂平市金田镇）附近的蔡村江展开激战，大败清军。

十一月三十日（1951 年 1 月 2 日），钦差大臣李星沅抵达广西全州。

十二月初十日（1851 年 1 月 11 日），广东花县人洪秀全领导拜上帝会会众在桂平县金田村起义，建立国号，曰“太平天国”，太平天国运动爆发。

十二月十六日（1851 年 1 月 17 日），钦差大臣李星沅进驻广西柳州。

十二月间，广西永淳人李文彩（又名李七）率领十三屯苗族农民举行反清起义。

是年，天主教耶稣会在上海创办徐汇公学，后改称圣依纳爵公学，是天主教在中国开办最早的洋学堂之一。

咸丰元年辛亥(1851)　二十九岁

是年，裕钊仍在京师供职。闲暇之时，常与友人宴集饮酒，赋诗论文，诙嘲谑浪，穷极一时之乐。往来密切者有武昌的柯茂枝、金伯华、范子珹、范鹤生兄弟，黄冈的钱崇兰、吴荣，罗田的熊五纬，江夏的张蕖、洪调笙兄弟。尤为密切的是范氏兄弟。

张裕钊在《范鹤生六十寿序》中说：“洎后走京师，应礼部试，未尝不偕。而吾乡一时英俊，若同邑金小畹伯华、柯根臣茂枝，黄冈吴又恒荣、钱香畹崇兰，罗田熊卧云五纬，江夏张星阶椝、洪兰陔调笙昆季，皆年少志美，猋起鳞萃，相与饮酒赋诗，诙嘲谑浪，穷极一时之乐。”（见《濂亭文集》卷三，《张裕钊诗文集》第 78 页）

又曾在《赠李芋仙士棻》中说：“昔我与君游京师，拍张跳荡好男儿。湘乡老眼赏神骏，一见识是渥洼姿。于时海寓方全盛，禹皋揖让夔龙咏。长安市上走轻车，纵酒夜阑看斗柄。竞雕词赋揖邹枚，旁搜苍雅诹许郑。瞪目大笑群儿愚，致身当辅天子圣。”（见《濂亭遗诗》卷二，《张裕钊诗文集》第 350 页）

正月十八日（2 月 18 日），太平军在大湟江牛排岭（在广西桂平县境内）与清军展开激战。

二月十三日（3 月 15 日），太平军向武宣县（今广西来宾市武宣县）进军，击败前来堵截的广西巡抚周天爵、提督向荣所部清军。

二月二十一日（3 月 23 日），洪秀全在武宣东乡称“天王”，以杨秀清为左辅正军师、领中军主将，萧朝贵为右弼又正军师、领前军主将，冯云山为前导副军师、领后军主将，韦昌辉为后护又副军师、领右军主将，石达开为左军主将。

二月二十二日（3 月 24 日），清政府任命广州副都统乌兰泰驰赴广西，帮办广西军务。

三月初二日（4 月 3 日），太平军在三里圩（今广西来宾市武宣县三里镇）大败周天爵、向荣所部清军。

三月初八日（4 月 9 日），清政府派文华殿大学士赛尚阿为钦差大臣，赴湖南防堵太平军。

三月十一日（4 月 12 日），张裕钊的同年好友、浙江候补道兼署浙江盐运使冯礼藩的父亲冯作新卒于家。

三月二十五日（4 月 26 日），钦差大臣李星沅亲赴武宣（属今广西来宾市）督战。

三月底、四月初，由于将帅不和，各行其是，不服李星沅节制，清军屡战屡败，李星沅旧病复发，朝廷遂命文华殿大学士赛尚阿接替李星沅为钦差大臣，赴广西防堵太平军；而命李星沅回岳州（今岳阳市）驻防、养病。

四月十二日（5 月 12 日），李星沅在湖南岳州（今岳阳市）军营病逝。

四月十六日（5 月 16 日），太平军由武宣东乡进入象州（今广西来宾市象州县）。

五月初十日（6 月 9 日），太平军在象州梁山村、独鳌岭、马鞍山击败乌兰泰所部清军。

五月二十六日（6 月 25 日），礼部右侍郎曾国藩奉旨兼署刑部左侍郎。

七月初十日（8 月 6 日），沙俄政府强迫清政府签订《伊犁塔尔巴哈台通商章程》。

居京师期间，张裕钊通过其师尊曾国藩与同在京师为官的福建闽县王庆云、山东济宁孙楫①、浙江嘉兴钱应溥②等人结识，并成为好友。

曾国藩在其《绵绵穆穆之室日记》的“咸丰元年七月十九日”（8 月 15

① 孙楫（1827—1899），字济川，一字子舟，号驾航，别署壶巢居士。山东济宁人。兵部尚书、军机大臣孙毓汶之侄。咸丰二年（1852 年）进士，选庶吉士，历任内阁中书、礼部主客司郎中、福建道、陕西道监察御史、工科、户部给事中、广东按察使、盐运使、雷州、广州知府、广西右江兵备道、湖南按察使、扬州知府等职，官至顺天府尹。著有《郭亭词集》等。

② 钱应溥（1824—1902），字子密，号葆慎，别署闲静老人、葆真老人。浙江嘉兴人。学者钱泰吉次子。道光二十九年（1849 年）拔贡。初为小京官，太平天国期间入曾国藩幕多年，军中章奏多出其手，因功累官至礼部侍郎、工部尚书、军机大臣。光绪二十五年（1899 年），以病告归。卒后谥“恭勤”。著有《葆真老人日记》等。

日）条记载："王雁汀、孙驾航、钱子密、张廉卿来，共陪三个半时。"①

其间，又因户部左侍郎王庆云而结识其同乡友人、举人魏秀仁②，并成为朋友。在与魏氏交往期间，裕钊曾应邀为其制作有水墨纸本行楷八言联立轴（148 cm×37 cm×2）："缀记篹书以为稽古，钩河摘洛可与谭天。"其题识云："子安尊兄大人雅鉴。濂亭张裕钊。"钤印："裕钊""廉卿"（见上海匡时拍卖有限公司"上海匡时2018春季拍卖会"——"中国书画"专场拍卖品，编号：0151）。

七月十九日（8月15日），太平军自桂平紫荆山分三路出征。

八月中下旬，礼部右侍郎曾国藩应亡师沈维鐈后人之请，应允作《诰授荣禄大夫工部左侍郎沈公行状》③一文，随即将撰写任务交给了弟子张裕钊：

> 曾祖晖，诰赠荣禄大夫。
>
> 祖廷熿，诰赠荣禄大夫。
>
> 父学堦，诰赠荣禄大夫。
>
> 公讳维鐈，字子彝，一字鼎甫，浙江嘉兴人。少而刻厉，自力于学问，然不敝敝为世俗科举之业独慨焉，欲有所造于圣人之遗经与古硕儒之诣。尝受学鸳湖书院，院长段茂堂先生一见，深敬异之。
>
> 嘉庆六年，举于乡；七年，成进士。散馆，授编修。以文学受知仁宗睿皇帝，充皇清文颖馆纂修官，奉命偕辑《全唐文》。又入直懋勤殿，与修《秘殿珠林》《石渠宝笈》，累有白金、文绮之赐。充辛未、癸酉乡、会试同考官各一，再迁为司经局洗马，督湖北学政，在任迁翰林院侍讲转侍读。
>
> 宣宗即位，授翰林院侍讲学士，与修《仁宗实录》。二年，为福建考官。试事毕，遂督学福建。先是前学政韩鼎晋奏称："各省士风非一任事者，或不区良楛，一切痛惩艾之。不肖之徒，累及贤者，大失朝廷

① 见吴相湘编:《湘乡曾氏文献》,台湾学生书局1965年版,第3302页。

② 魏秀仁(1818—1873),字子安,一字子敬,号眠鹤山人。福建侯官人。道光二十六年(1846年)举人。后累试不第,乃入王庆云幕府多年;曾至太原知府保眠琴家坐馆,又赴成都主讲芙蓉书院。晚年归乡,以教书终老。通经史,工诗词,擅小说。所著之小说《花月痕》(又名《花月姻缘》),在当时旧文人中的影响颇大。另著有《石经考》《陔南山馆诗钞》《陔南山馆诗话》《咄咄录》《榕社丛谈》等三十余种。

③ 此文见于沈维鐈(1778—1849)著《补读书斋遗稿》,清光绪元年(1875年)刻本;因不见于张裕钊文集、遗文之中,故全文照录。

所以劝士之意，请分别劝迪，以培士气。”至是命总督赵文恪公慎畛与公集议。因益推论所以，约官吏，育人才，使善者得息，而不类者亦得所惩。言甚切至，奏入从之。在任转侍读学士，擢大理寺少卿。八年，督顺天学政，累迁太仆寺卿、宗人府府丞、都察院左副都御史。十二年，督学安徽。期满，当受代，谕仍留任，在任授工部左侍郎。公于是五督学政矣！

公为学政，所至尝侃侃自将，使表植则端人，士翕然向风，乃□栉而长养之。莠者畏匿，秀者茁出。又因事任功，以为人士休自四省之士与当时尝所共事之人。其所登崇皆曰明，其所摘治皆曰察，其所更置皆曰有功于我。任安徽时，尝以凤阳府属之寿州、凤台去郡阔远，余数百里；又有长淮之阻，风涛覆溺者比比。乃与总督陶文毅公澍、巡抚邓公廷桢建议，奏请更设试院于寿州，使二州县士就试其中。下部议行，人尤以为便。公自分校乡会试及典乡试，号为得人，如侯官林文忠公、晋江陈给谏庆镛，并为当世所重。洎为学政，所取尤多朴士。时论韪公之慎司文柄，有以贤于人人也。十八年，以疾致仕。

公既以笃学懿行伏天下，自少至老，未尝一日辍业。其后罢官居京师，益讲明学术，以风后起。于书无所不窥，人治之大，古今之变，典章沿革、声音训诂之繁，皆掇取其要旨。其治《通鉴》一书，旁考参稽，朱墨点勘，反复数过而不已。尝为《姚文僖公文田〈古音谐〉书后》，言正音部分，以达他部之流变，深究昆山顾氏、婺源江氏之旨。至于他学，亦多所发明，然必折中于义理，归命于有宋诸子及前明、国初诸大儒之书，尤多且久。潜心独诣，口飧而身被焉。尝序长沙唐先生鉴所纂《学案》谓：由汉唐以来，学者中于释老之害，其尤敝者。金溪、姚江之伦，袭儒者之似，以弥缝佛氏，泛滥乎天下，沉溺乎人心。圣清兴，而平湖陆子、桐乡张子出，其焰少熸矣。然犹有詖邪之徒为调停之说以相眩，学者泯泯，罔所适从。激而愈变，乃复有末学小儒，掇拾汉氏之余绪，以与程朱相攻难，此皆学术世道之大忧，而有识者所深闵也。盖公之自得于中，而不肯苟同者如此。然公未尝论著以自襮，而独实以措之人已。上下出处，取与之际，碻然自致于其内，而夷然裕乎其外，诚恭方质可慕。而则服官践职历四十年，体用充备，本末完好，天下识与不识，笃称为贤者。至其引疾早退，皆以其用未竟为惜。其家居，皆依附之；其死也，哭之皆哀云。

道光二十九年，江淮以南大水，西薄荆湖，东至于海，滔滔七省。

浙中郡县漂没，民无所得食。公致书巡抚吴君文镕，告以先后缓亟之策。巡抚君然公言，遂咨以事，求共济。公博采综画，夙夜忧劳，竟以成疾，以是年六月某甲子卒，年七十二。其后，巡抚君卒入告，天子颁帑金数十万，以振穷民，浙人获苏，议自公发也。

公持身约甚。虽贵显矣，而被服寒素。岁禄所入，恒以急人之乏。晚归嘉兴，置墓田若干亩以赡族邻；月给廪粟以赒贫穷，醵金以广恤嫠之额数。凡可济于物者，倾身求之。其于一己之嗜好，泊然无所求也。间独喜藏书籍，多方购访，必致而后已。如程氏《读书分年日程》、罗氏《困知记》、陆氏《思辨录》、张氏《遗书》及《年谱》、祝氏《淑艾录》、汪氏《儒先晤语》诸书，世或不多有，与虽有而漫漶讹脱不可读者，旁罗旧本，手为订正，芟复刊误，付诸梓人，前后至十余种。又闻天门胡氏《读书说》放佚矣，有官其地者，属为访其后裔，刊以行世。盖其深知笃好抉发幽光而惠来者，亦不自知其力之勤也。

子二人：宗涵，刑部司务；宗济，太学生。孙二人：曾棨、曾植。谨具历官、行义及为学之指归，牒付史馆，备甄择焉。

案：此文的原落款为“门下士前史官曾国藩谨状”，但据曾国藩《绵绵穆穆之室日记》（咸丰元年八月二十一日）的记载：“未初至申正，改张廉卿所代作《鼎甫先生行状》。”① 由此可知，此文为张裕钊代其恩师曾国藩所作。正因如此，《曾国藩诗文集》（上海古籍出版社 2013 年版）与《曾国藩全集·诗文集》（岳麓书社 1986 年版）都未将此文收入其中。

八月二十九日（9 月 24 日），上海《北华捷报》刊载一份由英、美、法三国领事联名发表的通告，宣布上海道台任命美国人贝莱士（ N. Baylies ）为上海港务长，成为上海港第一任外籍港务长；并公布《上海港口管理章程》，攫取了中国港口的管理权。

闰八月初一日（9 月 25 日），太平军攻克广西永安州（今梧州市蒙山县）。

十月二十五日（12 月 17 日），太平天国天王洪秀全在永安州建制封王：杨秀清为东王，九千岁；萧朝贵为西王，八千岁；冯云山为南王，七千岁；韦昌辉为北王，六千岁；石达开为翼王，五千岁。 以上所封各王，均受东王节制。 同时，还陆续颁定称谓、历法、蓄发、禁私有金银等法令。清政府闻讯大震，严令钦差大臣赛尚阿、广西提督向荣、帮办广西军务乌兰

① 王澧华：《曾国藩诗文系年》，《湘潭大学学报》（哲学社会科学版）1992 年第 3 期。

泰限期攻破永安城。

十一月二十三日（1852 年 1 月 13 日），好友、汉阳冯礼藩葬父于黄陂郑家湾横山之阳。此前，冯氏曾请裕钊为其亡父表墓。裕钊乃作《汉阳冯府君墓表》以赠（见《濂亭文集》卷五，《张裕钊诗文集》第 131～132 页）。

十二月十四日（1852 年 2 月 3 日），太平天国正式颁行由冯云山创制的《太平天历》。

咸丰二年壬子(1852)　三十岁

是年，张裕钊仍在京城为官。

父善准公至江夏田姓家坐馆授徒。

正月二十四日（3 月 14 日），礼部右侍郎曾国藩奉旨兼署吏部左侍郎。

正月二十八日（3 月 18 日），钦差大臣赛尚阿督各路军炮轰永安城（今梧州市蒙山县）。

二月十五日（4 月 4 日），伊犁（今伊宁）、塔尔巴哈台（今塔城）正式对外开埠。

二月十六日（4 月 5 日），太平军从永安城突围，北上桂林。

二月二十五日（4 月 14 日），朱铭盘（1852—1893）出生于江苏泰兴（今泰州市泰兴市）一个书香之家。

四月初一日（5 月 19 日），太平军在桂林城外大败清军，击毙广西军务帮办乌兰泰（？—1852）；攻打桂林不克，太平军遂撤围北上。

四月初四日（5 月 22 日），太平军攻克广西兴安县（今桂林市兴安县）。

四月十六日（6 月 3 日），太平军攻克广西全州（今桂林市全州县），南王冯云山负伤。

四月二十三日（6 月 10 日），太平军与清军在蓑衣渡（在桂林市全州城东北约十里的湘江边）展开激战，南王冯云山受伤牺牲。

四月二十五日（6 月 12 日），太平军攻克湖南道州（今永州市道县），随后稍事整顿，决定了进取南京的战略方针。

四月间，同乡好友范鸣珂考取进士，授职工部主事。不久，病卒于京。

五月初四日（6 月 21 日），朝命湖南巡抚骆秉章进京觐见（后因战事紧张未去），而调云南巡抚兼署云贵总督张亮基任湖南巡抚。

五月初九日（6 月 26 日），安徽徽宁池广太道惠征之女叶赫那拉氏被选入宫，旋由贵人晋封贵妃；后因生载淳（即后来的同治皇帝）而得宠。

五月间，广西新宁秀才吴凌云（原名“吴元清”）发动了以“锄强扶弱，劫富济贫”为口号的农民反清起义。

同月里，太平天国以东王杨秀清、西王萧朝贵名义发布《奉天讨胡檄布四方谕》《奉天诛妖救世安民谕》《救一切天生天养中国人民谕》等檄文，湖南会党纷纷响应，军威大振。

六月十二日（7 月 28 日），钦命礼部右侍郎曾国藩充江西乡试正考官；曾国藩乘上书谢恩之机，恳请准假两月回籍省亲。

同日，礼部右侍郎曾国藩之母江太夫人在湖南老家去世。

七月初三日（8 月 17 日），太平军攻占湖南郴州（今郴州市苏仙区），会党数万及采煤山夫千余人加入太平军。

七月初六日（8 月 20 日），冗子张后灏（1852—1864）出生。

七月二十五日（9 月 8 日），江西乡试正考官曾国藩行抵安徽太和县小池驿时，得到母亲去世讣闻，立即奏闻朝廷，并日夜不停，回籍奔丧。

七月二十九日（9 月 12 日），太平天国西王萧朝贵（约 1820—1852）在率军攻打湖南长沙时，中炮牺牲。

八月十一日（9 月 23 日），张裕钊目睹内忧外患、朝政腐败、国势日衰，而又无力回天，遂绝意仕进，辞去官职，与同邑好友周列臣、金小畹出京南归。

张裕钊在《冗子慕梁葬志》中云：“其生以咸丰二年七月六日，余时客都中。再逾月，归至家，至则日已夕。”（见《濂亭文集》卷六，《张裕钊诗文集》第 162 页）

九月初二日（10 月 14 日），清政府以钦差大臣赛尚阿贻误军机，将其革职拿问；任命两广总督徐广缙为钦差大臣，署理湖广总督。

九月下旬，张裕钊自京城抵家，与亲人团聚。

在家闲居期间，张裕钊对自己今后的职业作了认真的思考，决定以教书为生。于是，他抓紧时间，仔细研读了古代典籍中有关书院的内容，对书院的历史作了全面的了解，以备他日之需。

十月十九日（11 月 30 日），太平军撤长沙之围，冒雨渡过湘江。

十月二十二日（12 月 3 日），太平军攻占湖南益阳，数千船民加入太平军。

十月二十六日（12 月 7 日），太平军沿江东下，进入湖北境内。

十月间，福建厦门一千五百多民众举行游行示威，反对英国侵略者掠卖华工，遭到英国海军的枪杀，死八人，伤十六人。

十一月初三日（12 月 13 日），太平军渡过洞庭湖，攻占湖南岳州（今岳阳市），获得大批船只，成立水营。

十一月十三日（12 月 23 日），太平军攻克湖北汉阳。

十一月十九日（12 月 29 日），太平军攻占湖北汉口，随即围攻省城武昌。

十一月二十九日（1853 年 1 月 8 日），时丁母忧在家的礼部右侍郎曾国藩，奉命在湖南帮办团练事务，后扩编成湘军。

同日，清政府命广西提督向荣速率军北上，以解武昌之围。

十二月初四日（1853 年 1 月 12 日），太平军攻占省城武昌，武昌城破时，湖北巡抚常大淳投井自杀；顷接朝命，原准备进京觐见的骆秉章暂不进京，署理湖北巡抚。

十二月十三日（1853 年 1 月 21 日），湖南巡抚张亮基奉上谕："前任丁忧侍郎曾国藩籍隶湘乡，于湖南地方人情自必熟悉。著该抚传旨，令其帮同办理本省团练乡民、搜查土匪诸事务，伊必尽力，不负委任。"①

十二月二十二日（1853 年 1 月 30 日），礼部右侍郎曾国藩奉旨后，自家乡来到长沙，与湖南巡抚张亮基商办团练事宜。

十二月二十六日（1853 年 2 月 3 日），朝命撤销湖广总督徐广缙职务，由湖南巡抚张亮基署理湖广总督，而以湖南布政使藩铎署理湖南巡抚。

十二月间，受太平天国影响，张乐行（又作"张洛行"）与龚得树（一作"龚得"）聚集民众万余人，在安徽亳州的雉河集举行起义，抵抗清军，打击地方地主武装；因部众每一股谓之"一捻子"，故称"捻军"。随后，安徽、河南、山东、江苏等地的捻军起义迅速发展。

年末，清军收复江汉地区部分失地。

年底，张裕钊在家陪侍父母、兄嫂、子侄度岁。

是年，裕钊作有《赠方子白翊元》一诗，抒发有才之人不为世用的愤慨（见《濂亭遗诗》卷一，《张裕钊诗文集》第 283 页）。

是年，王树枏（1852—1936）出生于河北新城县（今高碑店市新城镇）一个书香家庭。

---

① 黎庶昌:《曾文正公年谱》(即《曾国藩年谱》)卷一，岳麓书社 1886 年版，第 22 页。

咸丰三年癸丑(1853)　三十一岁

正月上中旬，张裕钊在家陪侍父母、兄嫂、子侄过新年。

正月初二日（2月9日），太平军放弃武昌，大军顺江东下。

正月十一日（2月18日），太平军攻占江西九江。

正月十二日（2月19日），原湖南巡抚张亮基抵达武昌，接受湖广总督篆务。

正月十七日（2月24日），裕钊应夫人黄氏之请，陪她去鄂州西山的灵泉寺进香。

同日，太平军攻占安徽省城安庆。

正月二十五日（3月4日），太平军攻占安徽芜湖。

正月二十八日（3月7日），太平军攻占安徽的太平府（今马鞍山市当涂县）及和州（今马鞍山市和县）。

正月二十九日（3月8日），太平军兵临江苏南京城下。

二月上旬，应湖北按察使江忠源之聘，裕钊来到省城武昌，主讲于武昌勺庭书院。

《文宗显皇帝实录》（二）卷八十三载：一月下旬，“以陕西候补道江忠源为湖北按察使”①。

张裕钊曾在《赠道衔湖北升用知府荆门直隶州知州李刚介公殉难碑记》中云：“咸丰元年，调孝感。明年，调钟祥。其冬，粤贼自长沙轥岳州，犯武昌……明年，贼大掠东走，省城复……是岁，裕钊以新宁江忠烈公聘至鄂城。”（见《濂亭文集》卷五，《张裕钊诗文集》第101～102页）

张后沆、张后浍在《哀启》中亦云：“先严性淡泊。自壬子出都后，即绝意仕进。初主武昌勺庭书院。”（见《张裕钊诗文集》附录七，第551页）

案：勺庭书院创办于清康熙三十九年（1700年），原址在武昌忠孝门胭脂山朱家巷。光绪二十九年（1903年），改名为武昌府中学堂，前后存在203年。

二月初十日（3月19日），太平天国起义军炮轰南京仪凤门，攻入外城，湖北同乡、两江总督陆建瀛（1792—1853）战死。

二月十一日（3月20日），太平军攻占江苏南京，斩江宁将军祥厚、副都统霍隆武等人。

① 《清实录》第四十一册，中华书局1986年版，第67页。

书院刚刚开学，遂逢太平军进攻省城，书院被毁，裕钊只得入江忠源幕，有时也应邀至恩师曾国藩军幕小住，协助他们抵抗太平军。

二月十八日（3 月 27 日），曾国藩在《与江忠源、左宗棠》中云："王子寿、林天直、张廉卿俱到。众贤汇进，龛乱嘘枯，必有厌人心志之政。"①

贺涛在《祭张廉卿先生文》中云：其师在曾幕"大音不响。不劫于名，不纷于哓。冥志独运，乃与神通。前贤有作，我裁我镕。承古接统，不祧之宗"②。

费行简在《近代名人小传》中亦云："尝从曾国藩军中，一小屋而共处者五人。比屋居者，凡三十余人。国藩兴，则治文檄者治文檄，读书者读书。国藩寝而诵声辍。有出与人赌酒者，有共为戏谑者，有引被卧者，唯裕钊自有常课，未尝视国藩寝与为作辍。"③

二月二十日（3 月 29 日），太平天国定都江苏南京，天王洪秀全进入南京，将清两江总督府衙门改作天王府，并将南京改名为天京。

二月二十二日（3 月 31 日），太平天国将领罗大纲等率军攻占江苏镇江；钦差大臣向荣在天京孝陵卫建立江南大营。

二月二十三日（4 月 1 日），太平天国将领林凤祥、李开芳等率太平军攻占江苏扬州。

三月初一日（4 月 8 日），上海英、美领事议定成立上海义勇队，对抗太平军。

三月初九日（4 月 16 日），钦差大臣琦善、胜保抵达江苏扬州，建立江北大营。

三月二十日（4 月 27 日），英国香港总督兼驻华全权公使文翰访问天京。

三月二十四日（5 月 1 日），太平天国发布通告，允许英国商人在太平天国境内经商。

四月初一日（5 月 8 日），太平军派大将李开芳、林凤祥等率军从扬州

① 曾国藩：《与江忠源、左宗棠》，《曾国藩全集》第二十一册，岳麓书社 1994 年版，第 119 页。

② 贺涛：《祭张廉卿先生文》，《贺先生文集》卷二，民国三年京师刊本，第 48 页。

③ 费行简：《近代名人小传》，周骏富辑：《清代传记丛书》第二〇二册，台湾明文书局 1985 年版，第 345 页。

出师北伐。

四月初四日（5 月 11 日），小刀会首领黄得美（亦称“黄德美”）、黄威在福建同安发动起义，打出了官逼民反、反清复明的旗帜。

四月十二日（5 月 19 日），太平军将领胡以晃、赖汉英率军攻克和州（今马鞍山市和县），并开始溯江西征。

四月二十一日（5 月 28 日），太平军北伐军攻占安徽凤阳①。

四月下旬，湖北巡抚崇纶到任，朝命原署理湖北巡抚骆秉章调任湖南巡抚，原署理湖南巡抚藩铎则因病免职。

四月间，红线会首领林俊率会众在福建永春举行反清起义。

季夏，裕钊仍在江忠源幕府，曾作有七言歌行《夏夜府中作》纪其行踪（见《濂亭遗诗》卷一，《张裕钊诗文集》第 283～284 页）。

五月初四日（6 月 10 日），太平天国西征军攻打安徽安庆，随即进围江西南昌。与此同时，太平天国北伐军攻打河南归德（今商丘市）。

五月初七日（6 月 13 日），太平天国北伐军攻占河南归德。

五月上旬，涅维尔斯科伊率军侵占我国哈吉岛，并擅自命名为“尼古拉一世皇帝港”。

五月十八日（6 月 24 日），太平军西征军攻打江西南昌。

五月二十一日（6 月 27 日），太平军北伐军在河南巩县得到洛河船工的帮助，飞渡黄河天堑。

五月二十五日（7 月 1 日），张謇（1853—1926）出生于江苏海门县（今南通市海门市）常（长）乐镇一个殷实之家。

六月间，太平天国北伐军进围河南怀庆府（今沁阳市）。

七月二十日（8 月 24 日），沙俄派军队侵占我国的阔吞屯（今俄罗斯的马林斯克）。

七月二十八日（9 月 1 日），太平军北伐军三攻怀庆府不克，遂北上攻入山西境内。

七八月间，太平军攻克湖北汉阳、江夏，社会动荡不安，裕钊乃随江忠源四处奔走。

八月初二日（9 月 4 日），太平军北伐军攻克垣曲（今山西运城市垣曲县）；江苏天地会首领周立春发动反清起义，占领嘉定（今上海市嘉定区）。

---

① 白敦仁：《巢经巢诗钞笺注》，巴蜀书社 1996 年版，第 126 页。

八月初五日（9月7日），上海小刀会首领刘丽川率领会众起义，占领上海县城。

八月十三日（9月15日），鉴于紧张的局势，奉命帮办团练的曾国藩奏请移驻衡州（今衡阳市）练兵。

八月二十三日（9月25日），太平天国翼王石达开率大军抵达安徽安庆。

八月二十七日（9月29日），太平天国西征军撤南昌之围，攻占江西九江。与此同时，太平天国北伐军攻占直隶的临洺关（在今河北省邯郸市永年县）。

八月间，清政府派副都御史雷以诚以刑部侍郎身份赴扬州帮办军务；雷以诚到任后，即派官吏至扬州城附近的仙女庙、邵伯、宜陵等镇创行厘金，每年可获一千万两厘金，为清政府镇压太平天国革命提供了军费来源。

九月初九日（10月11日），清政府任命惠亲王绵愉为大将军，科尔沁郡王僧格林沁为参赞大臣，守卫京畿。

九月初十日（10月12日），好友、钟祥县令李榞①率乡勇在富池口与太平军作战，被太平军击毙。

九月十八日（10月20日），太平天国西征军再次攻占湖北汉阳、汉口。

九月十九日（10月21日），朝命革去安徽巡抚李嘉端职务。

九月二十七日（10月29日），太平天国北伐军攻占直隶深州（今河北省衡水市深州市），迫近北京；随又分出一支队伍攻占静海（今天津市静海区）、独流（今天津市静海区独流镇），逼近天津。

九月二十八日（10月30日），太平军北伐军攻占杨柳青（今天津市西青区杨柳青镇），进逼天津，顿时京中大乱。

九月间，奉命帮办团练的曾国藩在衡州已募集到一支万人的队伍，正在加紧训练，这也是曾氏创建湘军的开始。

十月初六日（11月6日），太平天国西征军退出湖北汉阳、汉口，屯驻安徽、黄州待援。

十月十四日（11月14日），太平天国护国侯胡以晃、检点曾天养等率军攻取安徽桐城，兵锋直指舒城（今六安市舒城县），皖北危急。朝廷遂

① 李榞(？—1853)，字紫藩，安徽宣城人。道光二十六年(1846年)出任公安县令；后曾任孝咸、钟祥等县知县。咸丰三年(1853年)殉国，谥“刚介”。

擢升江忠源为安徽巡抚，命其速赴安徽就任，以支撑皖北危局。

十月二十一日（11 月 21 日），辞官在家侍母的原汝南通判马树华（1785—1853，字公实，号篠湄）在组织乡民抵御太平军时被杀；数年后，与其去世的弟弟合葬。弟子马其昶特请老师为祖父表墓，裕钊遂作《汝南通判马府君墓表》一文相赠（见《濂亭文集》卷五，《张裕钊诗文集》第121～124 页）。

十月二十九日（11 月 29 日），太平军西征军攻克安徽舒州（今六安市舒城县），向庐州（今合肥市）进军。

十月下旬，因老上司江忠源已赴安徽任职，张裕钊只得辞去幕职回老家闲居。

十月间，奉命帮办团练的曾国藩在衡阳设立船厂，日夜兴工，赶造战船，加紧筹建湘军水师。

十一月初六日（12 月 6 日），法国驻华公使布尔布隆（Alphonse de Bourboulon）带领天主教士克拉夫兰等乘军舰“加西尼”号赴天京访问。

十一月十一日（12 月 11 日），俄国东西伯利亚总督穆拉维约夫向沙皇政府提出开辟黑龙江航线以控制中国东北的秘密报告。

十一月间，太平天国公布其建国纲领——《天朝田亩制度》。

十二月初二日（12 月 31 日），奉命帮办团练的曾国藩又在湘潭设立分厂，以加快造船速度。

十二月十六日（1854 年 1 月 14 日），太平天国将领胡以晃、赖汉英率领太平军西征军攻占安徽庐州（今合肥市），张裕钊的老上司、安徽巡抚江忠源①投水自尽。

同日，太平天国在天京开科取士，以选拔人才；同时开女科，允许妇女应试。

十二月二十五日（1854 年 1 月 23 日），沙皇尼古拉一世批准东西伯利亚总督穆拉维约夫提出的计划，并悍然决定：无论清政府同意与否，都要“沿黑龙江航行”。

是年，湖南郴州人、天地会首领邱昌道托名朱九涛，率领会众在郴州举

① 江忠源(1812—1854)，字岷樵。湖南新宁(今属邵阳市)人。道光十七年(1837年)举人。考进士不中，遂在家办团练，镇压雷再浩农民起义，因功升秀水县令。太平天国运动爆发后，组建楚勇，赴广西参战。后转战湖南、湖北、江西，累官至安徽巡抚。庐州城破，投水自尽。朝廷追赠总督，谥“忠烈”。遗著有《江忠烈公遗集》十卷。

行起义。

咸丰四年甲寅(1854)　三十二岁

是年，张裕钊仍在武昌老家闲居。

正月初七日（2 月 4 日），天下大雪，太平天国将领曾立昌、陈仕保等率北伐援军从安徽安庆出发。

正月初八日（2 月 5 日），太平军北伐军因粮草缺乏，遂放弃直隶静海（今天津市静海区）、独流（今天津市静海区独流镇）南撤。

正月十五日（2 月 12 日），太平天国西征军大将胡以晃在黄州赌城乘清军元宵节酒酣失防之机，火烧吴营，大败清军。湖广总督吴文镕（1792—1854）仓皇出逃，途中与太平军遭遇，投水自尽。

正月十九日（2 月 16 日），太平天国西征军乘胜追击，三占湖北汉阳、汉口。

正月二十六日（2 月 23 日），奉命帮办团练的曾国藩在湖南衡州练成湘军水、陆两军一万七千多人。

正月二十八日（2 月 25 日），曾国藩发表《讨粤匪檄》，奉命率军出衡州（今衡阳市），正式与太平军作战。

二月初六至十三日（3 月 4—11 日），太平天国西征军相继攻克湖南湘阴、靖港、宁乡，长沙大震。

二月二十七日（3 月 25 日），太平天国北伐军南撤，攻打直隶阜城（今河北省衡水市阜城县），与僧格林沁和胜保所部清军展开激战。太平天国平胡侯吉文元（？—1854）战死。

三月初二日（3 月 30 日），湘军首领曾国藩率领水、陆各营攻占湖南岳州（今岳阳市）。

三月初七日（4 月 4 日），驻上海的英国、美国海军陆战队与驻上海的清军发生“泥城（今西藏路桥一带）之战”，捣毁清军营盘。

三月初八日（4 月 5 日），湘军被太平军击败，退走长沙；太平军乘胜攻占湖南岳州、湘阴、宁乡、湘潭等地，对长沙形成夹攻之势。

三月十五日（4 月 12 日），太平天国北伐援军攻占山东临清（今聊城市临清市）。

三月十六至十七日（4 月 13—14 日），英国新任香港总督兼驻华公使包令（Bowring，又译作“宝灵”“宝宁”，1792—1872）、美国驻华公使麦莲（Robert Mclane）先后到达广州，并会晤两广总督叶名琛，提出修约要求，未果。

三月二十六日（4 月 23 日），钦差大臣胜保率清军攻陷临清（今聊城市临清市）。

四月初一日（4 月 27 日），太平天国北伐援军在山东冠县（今聊城市冠县）境内溃散。

四月初二日（4 月 28 日），太平天国西征军在湖南长沙附近的靖港（今长沙市望城区靖港镇）大败湘军水师；同时，湘军分水、陆两路向湘潭进攻。

四月初五日（5 月 1 日），塔齐布、杨载福、彭玉麟率水、陆湘军攻陷湖南湘潭，太平军突围走靖港（今长沙市望城区靖港镇）。

四月初九日（5 月 5 日），太平天国北伐军从阜城（今河北省衡水市阜城县）突围，退守直隶东光县（今河北省沧州市东光县）的连镇。

四月三十日（5 月 26 日），沙俄东西伯利亚总督穆拉维约夫正式发布入侵中国黑龙江的出征令。

五月初一日（5 月 27 日），美国驻华公使麦莲带领传教士裨治文（Elijah Coleman Bridgman，1801—1861）乘坐军舰“塞斯克哈”号访问天京。

五月初四日（5 月 30 日），太平天国北伐军将领李开芳率军占领山东高唐州（今聊城市高唐县）。

同日，沙俄东西伯利亚总督穆拉维约夫率舰船七十五艘，运载哥萨克士兵千余名，闯入黑龙江，建立村屯、炮台、兵站。与此同时，沙俄还派兵在我国西部境内非法建立维尔诺要塞，使它成为后来侵略中国的一个重要据点。

五月二十五日（6 月 20 日），英国驻华公使包令派翻译麦都思(Walter Henry Medhurst，1796—1857)等访问天京。

六月初二日（6 月 26 日），太平天国西征军再次攻克湖北省城武昌。

六月初五日（6 月 29 日），苏松太道兼江海关监督吴健彰与英、美、法三国领事签订《海关征税规则》。

六月十一日（7 月 5 日），英、法、美三国驻上海领事擅自公布《上海英法美租界租地章程》，规定在租界内设巡捕、征税。

同日，天地会首领陈开、李文茂率会众在广东佛山举行反清起义。

六月十三日（7 月 7 日），湘军将领塔齐布率陆军和彭玉麟的水师自长沙出发，进攻湖南岳州。

六月十七日（7 月 11 日），上海租界成立工部局。

六月十八日（7 月 12 日），上海新海关正式建立，由美国、英国、法国人士担任海关管理委员会委员，中国海关被资本主义国家所掌控。

六月二十六日（7 月 20 日），广东天地会起义军十余万人围攻广州。

七月初一日（7 月 25 日），湘军攻陷湖南岳州（今岳阳）城，太平军退守城陵矶（位于岳阳市东北 15 公里江湖交会的右岸，是长江中游第一矶，为南绾三湘、北控荆汉，扼洞庭湖贯通长江的咽喉）。

七月初四日（7 月 28 日），范当世（1854—1905）出生于江苏通州（今南通市）四步井老宅一个书香世家。

七月十六日（8 月 9 日），湘军水师进攻城陵矶，惨败，总兵陈辉龙、道员褚汝航、游击沙镇邦、同知夏銮当日毙命。

七月十八日（8 月 11 日），塔齐布率湘军陆师攻占城陵矶，太平天国著名勇将曾天养战死，太平军西征军退往武昌。

八月十八日（10 月 9 日），湖南宁远胡有禄率领天地会起义军与何贱苟、朱洪英（一作“朱洪音”）联合，攻占广西灌阳（今桂林市灌阳县），建立“升平天国”。胡有禄称定南王，朱洪英称镇南王。

八月二十三日（10 月 14 日），湘军首领曾国藩率湘军与湖北清军反攻武汉，武昌、汉阳相继被湘军夺回，太平军退走黄州田家镇。

八月二十四日（10 月 15 日），英国驻华公使包令、美国驻华公使麦莲、法国公使馆秘书哥士耆抵达天津白河口，进行第一次全面修约交涉。

八月下旬，湘军首领曾国藩率部收复武昌等地后，暂居武昌衙署，闻弟子裕钊尚在家闲居，遂招入幕府襄办文案。

八月间，应湖北巡抚陶恩铭的奏请，朝廷调四川按察使胡林翼任湖北按察使。

在曾国藩幕府，战事之余，曾氏令张裕钊专攻古文；还抽空为他讲授《昭明文选》和指授古文文法。裕钊更是珍惜机会，刻苦钻研，虚心求教，认真研读《史记》《汉书》《后汉书》等典籍。闲暇之时，则与众多俊彦往还交游，于是学业大进。

九月十三日（11 月 3 日），英国驻华公使包令递交前长芦盐政崇伦等修约要求十八条，美国驻华公使麦莲递交修约要求十一条。

同日，湘军分三路从湖北武昌、汉阳出发，水、陆东下，进攻江西的太平军。

九月十八日（11 月 8 日），清政府批准曾国藩统筹三路进兵长江下游的奏议。

九月二十日（11 月 10 日），英、美驻华公使见修约不成，乃起碇南返。

十月初六日（11 月 25 日）寅时，长子张后沅（1854—1895）在武昌老家出生。

十月初七日（11 月 26 日），捻军将领李昭寿在安徽霍山投降清军。

十月十三日（12 月 2 日），太平天国燕王秦日纲所部太平军在湖北黄州的田家镇被湘军击败，退走广济、黄梅。

十月十七日（12 月 6 日），驻上海法军司令辣厄尔（Admiral Laguerre）决定首先命令小刀会投降，遭拒绝后遂率军进攻上海县城内的小刀会起义军。

十月二十二日（12 月 11 日），英国传教士戴德生（James Hudson Taylor，1832—1905）闯进上海县城内小刀会司令部，配合英、美领事送去的要他们开城投降的照会，"尽量劝说他们接受信中提出的调停"，遭到严词拒绝。

初冬，裕钊与自京师回老家的好友范志熙在省城武昌相聚。

十一月初一日至初三日（12 月 20—22 日），太平军在湖北广济、黄梅间的双城驿（今黄冈市武穴市余川镇）、大河埔（今黄冈市黄梅县大河镇）等地战败，遂撤兵南走。

十一月十二日（12 月 31 日），太平军将领罗大纲指挥各军在孔陇驿（今黄冈市黄梅县孔垄镇）阻敌，失败后渡江退守江西九江。

十一月十八日（1855 年 1 月 6 日），湘军紧随太平军之后渡江，进驻九江城外，开始对九江的围攻。

十二月初六日（1855 年 1 月 23 日），湘军首领曾国藩见九江的太平军深沟高垒、坚壁不出，久攻不下，遂派胡林翼、罗泽南分兵进攻江西湖口和梅家洲。

十二月十二日（1855 年 1 月 29 日），安徽望江人、江苏布政使倪良曜（1791—1854，字孟炎，号濂舫）病逝任上。裕钊应友人之请，为之作《代诰授通奉大夫江苏布政使倪公墓碑》一文（见《濂亭文集》卷五，《张裕钊诗文集》第 111～113 页）。

同日，太平军在翼王石达开的指挥下，计诱湘军水师进入鄱阳湖，随即筑垒断其后路。

十二月二十五日（1855 年 2 月 11 日），在太平天国翼王石达开的指挥下，太平军取得“湖口大捷”，大败曾国藩湘军水师；曾国藩被气得跳水自尽，幸被部下救起。

咸丰五年乙卯(1855)　三十三岁

是年，张裕钊仍在恩师曾国藩的幕府。

正月初一日（2 月 17 日），上海小刀会起义失败，首领刘丽川（1820—1855）战死。

同日，太平军乘胜反攻，分三路攻入湖北境内，并四占湖北汉阳。

正月十二日（2 月 28 日），湘军首领曾国藩率军自江西九江启程赴南昌，在鄱阳湖内建造战船，重新整顿水师。

正月十六日（3 月 4 日），湘军首领曾国藩率湘军抵达江西南昌，任命萧捷三为内湖水师统领。

正月十九日（3 月 7 日），清军攻陷东光连镇（今河北上沧州市东光县连镇），太平天国北伐军主将、靖胡侯林凤祥（1825—1855）被俘；后被押解至北京，惨遭杀害。

正月中旬，湖北按察使胡林翼奉旨补授湖北布政使，而以江西九江知府、按察使衔李孟群署理湖北按察使。

正月二十九日（3 月 17 日），太平天国北伐军主将李开芳率军自山东高唐州突围，进驻山东茌平县冯官屯。

正月间，太平天国西征军主将赖汉英率军在江西九江大败湘军。

二月十七日（4 月 3 日），太平天国燕王秦日纲率军在湖北广济大破湖广总督杨霈所部清兵后，乘胜攻破汉口，并第三次攻占武昌。

同日，省城武昌城破，湖北巡抚陶恩培（1801—1855）投紫阳湖自杀。

三月初三日（4 月 18 日），清政府任命湖北布政使胡林翼署理湖北巡抚。

三月十二日（4 月 27 日），太平天国北伐援军在山东冠县溃散。

三月十五日（4 月 30 日），贵州东部苗民受太平天国起义影响，推举张秀眉为首领，竖起反清大旗。

三月间，广东天地会首领陈开、李文茂率领起义军转入广西，攻克浔州（今桂平市）府城，并改浔州为“秀京”，建立“大成国”。

四月上旬，沙俄军队再次武装侵入我国黑龙江，并迁来大批“移民”，在黑龙江左岸强行建立俄国居民点。

四月十六日（5 月 31 日），僧格林沁率清兵引运河水冲灌山东茌平县冯官屯，李开芳率领的北伐军营垒被攻破，太平军北伐失败，李开芳被俘，押解北京。

四月二十七日（6 月 11 日），太平天国北伐军主将、定胡侯李开芳（约 1826—1855）在北京惨遭杀害。

同日，湖广总督杨霈因兵败被清廷革职，而命荆州将军官文为钦差大臣，调任湖广总督，督办湖北军务。

四月间，曾国藩率领湘军主力以湖南岳州为根据地，分兵四出清剿分散在周边各地的太平军。

七月十四日（8 月 26 日），塔城（今新疆伊犁哈萨克自治州塔城市）矿工徐天尧、安玉贤领导各族人民反抗沙俄血腥屠杀我国雅尔噶图金矿矿工，火烧沙俄贸易圈。

七月十八日（8 月 30 日），太平天国西征军在湖北汉口、汉阳大败清军。 湘军大将、湖南提督塔齐布（1817—1855）因久攻九江不下，乃呕血而亡；其原有部众，由湘军将领周凤山接统。

七月二十三日（9 月 4 日），内湖水师统领萧捷三进攻江西湖口战死，曾国藩急调彭玉麟接统内湖水师。

七月间，捻军首领张乐行招集各地捻党首领数百人在雉河集（今安徽省亳州市涡阳县）会盟，商讨各部捻军联合事宜，被推为盟主，号称“大汉永王”（一作“大汉明命王”），下设军师、司马、先锋等职；并祭告天地，宣布信条，建黄、白、蓝、黑、红五旗军制，各设总旗头，称“大趟主”，各旗统将皆听盟主调遣。

八月初八日（9 月 18 日），太平天国国宗韦志俊率太平军在武昌击败署理湖北巡抚胡林翼所部清军。

九月初四日（10 月 14 日），朝命补授曾国藩为兵部右侍郎。

九月十四日（10 月 24 日），张秀眉在贵州台拱领导苗族农民发动反清起义（于 1872 年失败）。

九月间，太平天国翼王石达开率军自安徽安庆西上，进援湖北武昌；太平军大将罗大纲（1804—1855）因反攻芜湖受伤，卒于天京。

十月初一日（11 月 10 日），清江南大营提督和春率军攻陷庐州（今安徽省合肥市）。

十月十五日（11 月 24 日），太平天国翼王石达开率军自湖北攻入江西，连克新昌（今宜春市宜丰县）、瑞州（今宜春市高安市）、临江（今樟树市临江镇）、吉安等城。

十一月初二日（12 月 10 日），英国驻沪领事罗伯逊、美国驻沪领事麦菲、法国驻沪领事爱棠联名公布《上海港引水章程》，将从不平等条约中攫取的引水权具体化。

十二月二十五日（1856 年 2 月 1 日），江苏镇江被清军围困，太平天国燕王秦日纲奉命率部驰援，连破清营，逼近镇江。

十二月间，太平天国翼王石达开率所部夜袭江西樟树镇（今樟树市）湘军大营。

是年，贵州的白莲教支派“号军”发动反清起义，以服饰和旗帜的颜色分为红号、黄号、白号三支队伍。

是年，马其昶（1855—1930）出生于安徽桐城一个书香官宦家庭。

咸丰六年丙辰(1856)　三十四岁

是年，张裕钊仍在恩师曾国藩幕府为幕僚。

正月初二日（2 月 7 日），黎庶昌的长女黎瑞荪（1856—1906）出生，后嫁张裕钊长子张后沆。

正月初三日（2 月 8 日），内湖水师统领彭玉麟率水师抵达江西樟树镇，与湘军将领周凤山所部的陆师相依护。

正月二十四日（2 月 29 日），法国传教士马赖（Auguste Chapdelaine，1814—1856）非法潜入广西西林（今百色市西林县），胡作非为。新任西林知县张鸣凤根据村民的控告，经调查核实，将马赖等二十六名不法教徒逮捕，并依法判处马赖和两名教徒死刑，其余分别论罪处罚，史称“西林教案”，又称“马神甫事件”。法国以此为借口发动了第二次鸦片战争，强迫清政府订立《天津条约》，并赔款二百万银两。

正月二十五日（3 月 1 日），太平天国翼王石达开率军攻占江西吉安，随即率军北上。

二月十八日（3 月 24 日），太平军袭破湘军樟树镇（今樟树市）大营。

二月二十二日（3 月 28 日），太平天国西征军攻克江西抚州。

二月二十八日（4 月 3 日），太平天国燕王秦日纲与江苏镇江守将吴孝如大败清军，解镇江之围，并派军攻克江苏扬州、浦口，第一次大破江北大营。

二月二十九日（4 月 4 日），太平天国西征军攻占江西建昌府。至此，江西十三府中的八府五十州县皆被太平军所掌控。

二月间，张裕钊的侧室祁氏（1856—？）出生。

同月里，湖南巡抚骆秉章派刘长佑、萧启江率湘军驰援江西。

三月初，署理湖北巡抚胡林翼和湘军悍将、布政使衔罗泽南率清军攻打武昌。

三月初八日（4 月 12 日），太平军在武昌击毙湘军悍将、布政使衔罗泽南（1808—1856）。

三月十二日（4 月 16 日），太平军攻占江苏浦口（今南京市浦口区）。

三月十六日（4 月 20 日），贵州镇远贺鸣金卒于施秉城。几年后，其子泗州直隶知州贺绪蕃迁父茔葬于祖坟，并请裕钊为之表墓。裕钊乃作《赠朝议大夫贺君墓表》相赠（见《濂亭集外文辑存・墓表 墓志铭 诔碑》，《张裕钊诗文集》第 524～525 页）。

三月二十八日（5 月 2 日），太平天国翼王石达开率军攻占宁国（别称“宁阳”“宁城”）府（今安徽省宣城市宁国市）。

同日，美国驻华公使伯驾（Peter Parker，1804—1888）照会两广总督叶名琛，提出修约要求。

四月二十九日（6 月 1 日），太平天国燕王秦日纲率军在镇江高资（今江苏丹徒）大破江苏巡抚吉尔杭阿所部清军，吉尔杭阿（？—1856）战败自杀。

三四月间，英、法国驻华公使亦先后至广州会晤两广总督叶名琛，进行第二次修约交涉。

五月十八日（6 月 20 日），太平天国翼王石达开和燕王秦日纲联手第一次攻破清军江南大营，清军全线溃败，湖北提督、钦差大臣向荣逃至丹阳。

五月间，美国政府以《望厦条约》已届满十二年为借口，在英、法两国的支持下，再次提出全面修改条约的要求，遭到清政府的拒绝。

六月二十四日（7 月 23 日），两广总督叶名琛上奏，英、美、法各国公使以定约十二年，请赴京修约，遭清政府拒绝。

夏，应好友雪盦之请，裕钊曾为其作有水墨纸本楷书书法扇片镜心。其文及题识云：“虽绮〇纨〇英华……已是故夷门。　丙辰夏月，为雪盦先生属书，即正，张裕钊。”钤印：“裕钊”（见上海嘉泰拍卖有限公司“图览盛世——2008 上海嘉泰迎国庆书画专场拍卖会”——“中国书画”专场拍卖品，编号：0185）。

七月初一日（8 月 1 日），应曾国藩六弟曾国华之请，署理湖北巡抚胡林翼派刘腾鸿、普承尧、吴坤率援军抵达江西瑞州城外。

七月初九日（8 月 9 日），湖北提督、钦差大臣向荣（1792—1856）在丹阳军营病逝。

七月二十二日（8 月 22 日），太平天国东王、九千岁杨秀清逼天王洪秀全封其为“万岁”。

八月初四日（9 月 2 日），太平天国发生内讧，北王韦昌辉奉天王诏诛杀东王杨秀清（1823—1856）于天京。

八月初六日（9 月 4 日），韦昌辉又诱骗杨秀清的部属，将他们全部屠杀。

八月十八日（9 月 16 日），云南永昌秀才杜文秀率领回民，提出“兴汉”“锄满”“除奸”的口号，在蒙化（今大理州巍山彝族回族自治县）发动反清起义，攻占大理。

八月中旬，太平天国翼王石达开奉诏赶回天京，谴责北王韦昌辉滥杀无辜；韦见状蓄意杀石，石缒城逃往安徽安庆，而他留在天京城内的家属则全部被杀。

八月二十九日（9 月 27 日），法国政府借口“马神甫事件”，通知英国政府，将组建一支远征军赴中国，与英国联合出兵侵华。

九月上旬，钦差大臣和春、帮办大臣张国梁重建江南大营。

九月初十日（10 月 8 日），英国侵略者制造了“亚罗号事件”，为向中国发动侵略战争作准备。

九月十九日（10 月 17 日），云南大理回民起义军在大理成立“大元帅府”，推举起义首领杜文秀为“总统兵马大元帅”；并联合当地汉族和其他少数民族的起义武装一道反清，与太平天国遥相呼应。

九月二十五至二十九日（10 月 23—27 日），英国军舰向广州珠江内河进犯，相继占领猎德炮台（在今广州市天河区）和珠海炮台，并炮轰广州城垣，挑起了第二次鸦片战争。

十月初一日（10 月 29 日），英国军队进攻广州，一度攻入广州城内，抢掠两广总督府，旋遭军民奋力抗击，当晚英军即被迫退出。

同日，钦差大臣德兴阿重建江北大营。

十月十一日（11 月 8 日），太平天国翼王石达开自安徽安庆出师，讨伐北王韦昌辉、燕王秦日纲。旋，天王洪秀全下旨诛杀北王韦昌辉（1823—1856）、燕王秦日纲（1821—1856），加封石达开为“电师通军主将义王”，提理政务，回天京辅政。

十一月初六日（12 月 3 日），英国侵略军再次攻打广州城，被广州守军击退。

十一月十八日（12 月 15 日），广州民众火烧十三行①洋楼及英、法、美商行。

十一月二十二日（12 月 19 日），署理湖北巡抚胡林翼乘太平军内讧、战斗力大大削弱的有利时机，率围城清军一举攻下武昌、汉阳，江汉一带被清军控制住；随即，湖北援军水、陆东下，攻向江西。

王定安曾在《湘军记》中记载："（十一月）胡林翼复武昌，官文复汉阳，李续宾分三道追贼……十二月湖北肃清。"②

十一月二十八日（12 月 25 日），因克复湖北省城武昌之功，朝廷实授胡林翼为湖北巡抚，并赏戴头品顶戴。

十二月十三日（1857 年 1 月 8 日），太平军将领林启容在江西九江打败杨载福、李续宾所部湘军，以功封"贞天侯"。

十二月十五日（1857 年 1 月 20 日），英国侵略军陆续从广州撤退，等待援军。

十二月间，沙俄政府悍然宣布设立以庙街（曾将其改名为"尼古拉也夫斯克"）为中心的"滨海省"，占领中国吉林三姓（今黑龙江哈尔滨市依兰县）副都统所辖之黑龙江下游地区和库页岛等地的大片土地。

咸丰七年丁巳(1857)　三十五岁

是年，张裕钊仍在曾国藩幕府为幕僚。

二月初四日（2 月 27 日），太平天国将领陈玉成、李秀成率部攻占安徽舒城。

同日，兵部右侍郎曾国藩的父亲曾麟书（1790—1857）在湘乡老家去世。

二月初八日（3 月 3 日），太平天国将领陈玉成率领所部太平军攻占安徽六安。

二月十一日（3 月 6 日），兵部右侍郎曾国藩于江西瑞安军营得知父亲曾麟书去世噩耗，即上书朝廷，请求恩准回籍奔丧。

二月二十日（3 月 15 日），湖南天地会首领、"升平天国"镇南王朱洪英率军攻陷广西柳州府（今柳州市）。

二月二十一日（3 月 16 日），兵部右侍郎曾国藩偕六弟国华从瑞州动

① 十三行：鸦片战争前广州港口官府特许对外经营贸易商行的总称。

② 王定安：《湘军记》，岳麓书社 1983 年版，第 37 页。

身，回籍奔丧。

二月二十三日（3 月 18 日），太平军将领李秀成联合捻军首领李昭寿、龚得树攻占安徽霍邱（今六安市霍邱县）。

同日，沙俄东西伯利亚总督穆拉维约夫向沙俄政府提出新的侵华战争计划。

二月二十九日（3 月 24 日），湖北巡抚胡林翼派湖北按察使李孟群率兵驰援安徽庐州。

同日，兵部右侍郎曾国藩和六弟曾国华抵达家中，咸丰皇帝赏假三月，令其在家治丧。

三月初二日（3 月 27 日），太平军攻入湖北英山。

四月中下旬，太平军分道攻入湖北东部的黄梅、广济、蕲州（今蕲春）、蕲水（今浠水）、罗田等地，并败清军于蕲州的张家塝。

四月二十二日（5 月 15 日），夏孙桐（1857—1941）出生于江苏江阴一个官宦家庭。

五月十一日（6 月 2 日），太平天国翼王石达开因天王洪秀全的猜忌，擅自离京出走，带走十多万太平军，使太平军的力量大大削弱；天京由安王洪仁发、福王洪仁达执掌朝政。

五月十五日（6 月 6 日），蒯光典（1857—1911）出生于安徽合肥一个书香官宦之家。

五月下旬，湖北巡抚胡林翼率楚军自武昌进驻黄州前线。

闰五月十一日（7 月 2 日），英国侵华军全权代表额尔金（James Bruce Elgin，1811—1863）率军抵达香港。

闰五月二十五日（7 月 16 日），帮办军务大臣张国梁率清军攻陷江苏句容，进逼天京。

闰五月二十七日（7 月 18 日），太平军将领陈玉成分道进军湖北黄梅、广济、蕲州等地。

六月十六日（8 月 5 日），俄国驻华公使普提雅廷（Евфи́мий Васи́льевич Путя́тин，1803—1883）乘船抵达直隶大沽口外。

六月下旬，湖北巡抚胡林翼发布公告，全省实行新的漕粮政策，大大减轻百姓负担。

七月初一日（8 月 20 日），太平天国天王洪秀全削去洪仁发、洪仁达的王爵，争取翼王石达开回朝辅政。

七月十四日（9 月 2 日），湘军攻陷江西瑞州（今高安市），刘腾鸿先一日战死。

七月二十九日（9 月 17 日），清政府拒绝俄国驻华公使的要求，普提雅廷离开天津海面去日本。

七月间，张裕钊随曾国藩的大营进驻湖北浠水县的巴河镇。

八月十八日（10 月 5 日），太平天国翼王石达开率军自安徽安庆经建德（今杭州市建德市）进入江西，开始远征。

八月二十九日（10 月 16 日），法国驻华全权代表葛罗（Jean-Baptiste Louis Gros，1793—1870）率领法国侵略军抵达香港。

九月初九日（10 月 26 日），湘军攻占江西湖口、梅家洲，彭玉麟的内湖水师冲出鄱阳湖，与杨载福的外江水师会合。

十月初二日（11 月 17 日），安徽布政使李孟群率军进驻安徽六安。

十月上中旬，鉴于当时的严峻形势，太平天国天王洪秀全任命春官又正丞相蒙得恩为正掌率、成天豫陈玉成为又正掌率、合天侯李秀成为副掌率，共掌朝政。

十月三十日（12 月 15 日），英、法联军侵占广州河南地区，要求入城、赔款。

十月间，裕钊在曾氏幕府与好友王家璧、柯茂枝、樊一峰等相聚。

十一月初九日（12 月 24 日），英、法联军向两广总督叶名琛发出最后通牒，声称若在四十八小时内不交出广州，将大举攻城。

十一月十二日（12 月 27 日），钦差大臣和春、帮办大臣张国梁率军攻陷江苏镇江，太平军将领吴孝如率部退回天京。

十一月十三至十四日（12 月 28—29 日），英、法联军炮轰广州，广州沦陷。

十一月二十一日（1858 年 1 月 5 日），因为汉奸的出卖，两广总督叶名琛被英、法联军俘虏。

十一月二十四日（1858 年 1 月 8 日），帮办大臣张国梁率军进逼天京，再建江南大营。

十一月二十五日（1858 年 1 月 9 日），以英国驻广州领事巴夏礼（Sir Harry Smith Parkes，1828—1885）为首的广州外人委员会开始对广州实行殖民统治。

十二月初八日（1858 年 1 月 22 日），刘长佑、萧启江率湘军攻陷江西临江府（今樟树市临江镇）。

十二月二十八日（1858 年 2 月 11 日），英国驻华专使额尔金的代表俄理范（L. Oliphant）偕同英、法、美三国驻上海领事到苏州向江苏巡抚赵德辙投递照会。

十二月间，广州附近各乡义勇联合组成佛山团练局，以抵抗帝国主义的侵略。

咸丰八年戊午(1858)　三十六岁

年初始，张裕钊随兵部右侍郎曾国藩的大营移驻夏口，依水为营。

其间，裕钊与安徽宿松人、湖北布政使罗遵殿之子罗少村（后来曾任湖北都转盐运使）结识。

张裕钊在《题罗少村都转曾文正胡文忠手迹册子》中曾云："裕钊以咸丰戊午，始晤都转于青山曾文正公舟中"（见《濂亭文集》卷一，《张裕钊诗文集》第 25 页）。

正月初五日（2 月 18 日），佛山团练局武装迁驻石井（今广州市白云区石井镇），并决定组织万余团众围攻广州城，因受到广东巡抚柏贵的阻止，未果。

正月十三日（2 月 26 日），英、法、美三国驻沪领事照会两江总督，要求派全权大臣赴上海谈判。

同日，太平天国成天豫陈玉成率太平军攻占湖北麻城。

二月初五日（3 月 19 日），康有为（1858—1927）出生于广东南海西樵山（今佛山市南海区西樵镇）银塘乡一个官僚地主家庭。

二月十四日（3 月 28 日），广东在籍侍郎罗惇衍、太常寺卿龙元禧、给事中苏廷魁三位绅士奉旨在顺德县成立广东团练总局。

二月间，佛山团练局组织广州绅民罢市，随后又发动香港、澳门绅民罢市、罢工。

三月初二日（4 月 15 日），清政府派直隶总督谭廷襄为钦差大臣，负责与列强谈判。

三月上旬，英、法、俄、美四国驻华公使率舰队陆续抵达天津白河口。

三月十一日（4 月 24 日），英、法、俄、美四国驻华公使发出照会，提出侵略条款。

三月始，太平天国前军主将陈玉成率太平军相继攻克湖北英山、罗田、麻城（今麻城市）、黄安（今红安）等县，与湘军将领鲍超争战。

四月初一日（5 月 13 日），太平天国合天侯李秀成率太平军攻占安徽滁州（今滁州市）。

四月初七日（5 月 19 日），湘军将领李续宾、杨载福率水、陆两军攻陷江西九江，太平天国守将、忠贞侯林启容（1821—1858）等一万七千官兵战死。

四月初八日（5 月 20 日），英、法联军在俄、美的支持下，攻陷天津大沽炮台。

四月初十日（5 月 22 日），俄国东西伯利亚总督穆拉维约夫率军侵入我国新疆瑷珲。

四月十一日（5 月 23 日），俄国东西伯利亚总督穆拉维约夫向清政府黑龙江将军奕山提出割让土地的无理要求。

四月十四日（5 月 26 日），英、法联军侵入天津郊外。

四月十六日（5 月 28 日），清政府黑龙江将军奕山在沙俄的武力要挟和外交讹诈下，被迫与沙俄东西伯利亚总督穆拉维约夫签订《中俄瑷珲条约》。

同日，大学士桂良、吏部尚书花沙纳受咸丰皇帝指派，为钦差大臣，赴天津与英、法、俄、美诸国议和。

四月二十日（6 月 1 日），湘军将领萧启江、刘坤一等率军攻占江西抚州府。

四月二十一日（6 月 2 日），朝命僧格林沁为钦差大臣，督办京、津军务。

同日，钦差大臣、大学士桂良、吏部尚书花沙纳抵达天津，正式与英、法、俄、美诸国议和。

四月二十二日（6 月 3 日），广东东莞团练在榕树头，新安、龙眼洞团练在三宝圩打败前来围剿团练的英、法联军。

四月二十四日（6 月 5 日），湘军将领张运兰、王开化率部攻陷江西建昌府。

四月二十五日（6 月 6 日），东莞团练在榕树头又大败前来报复的英国军队，毙敌一百多人，英国驻广州领事巴夏礼差点被俘。

四至五月间，香港、澳门工人举行罢工，反对英、法联军侵占广州。

五月初二日（6 月 12 日），沙俄霸占我国乌苏里江口的伯力，并改名为“哈巴罗夫卡”（1893 年又改名为“哈巴罗夫斯克”）。

五月初三日（6 月 13 日），钦差大臣桂良、花沙纳与俄国驻华公使普提雅廷签订《中俄天津条约》。

五月初八日（6 月 18 日），钦差大臣桂良、花沙纳与美国驻华公使列卫廉（William Bradford Reed，1806—1876）签订《中美天津条约》。

五月十六日（6月26日），钦差大臣桂良、花沙纳与英国驻华全权代表额尔金签订《中英天津条约》。

五月十七日（6月27日），钦差大臣桂良、花沙纳与法国驻华全权代表葛罗签订《中法天津条约》。

五月二十日（6月30日），咸丰皇帝批准与俄、美、英、法签订的不平等条约。

五月二十八日（7月8日），根据和约的要求，英、法联军陆续撤离天津。

同日，清政府擢升安徽布政使李孟群为安徽巡抚。

六月初三日（7月13日），兵部右侍郎曾国藩奉旨率湘军前往办理浙江军务。

六月十一日（7月21日），广州周边地区七千多名团练民众夜袭广州城。

六月二十六日（8月5日），兵部右侍郎曾国藩率大营抵达湖北武昌，与湖北巡抚胡林翼会商进兵、筹饷之策。

七月初三日（8月11日），英、法联军三千余人进犯广东新安（今深圳市），一度攻入城内；经军民奋力反击，毙敌一百多人，将敌击退。

七月上旬，在紧张的军事空隙，裕钊的古文还得到师尊曾国藩的批阅。

曾国藩在日记中记载：七月初一日（8月9日），“阅张廉卿文”。初四日（8月12日），“阅张廉卿古文”。初五日（8月13日），“夜批廉卿古文毕”①。

七月十一日（8月19日），湖北巡抚胡林翼之母汤太夫人（1775—1858）病逝武昌抚署。

七月十五日（8月23日），太平军攻克安徽庐州（今合肥市）。

七月间，太平天国前军主将陈玉成和后军主将李秀成招集各路太平军将领至安徽枞阳（今安庆市枞阳县）集会，讨论粉碎江南大营和江北大营的办法，制定阻止清军进攻、解救天京的作战方案。

八月初一日（9月7日），清塔尔巴哈台参赞大臣明谊与沙俄代表签订《中俄塔尔巴哈台议定补贴条约》。

八月初六日（9月12日），太平天国国宗杨辅清率军攻占安徽婺源。

八月初七日（9月13日），湘军攻陷江西庐陵（今吉安市）。

---

① 曾国藩：《日记》（一），《曾国藩全集》第十六册，岳麓书社1987年版，第250～252页。

八月初八日（9 月 14 日），兵部右侍郎曾国藩抵达河口（今湖北孝感市大悟县河口镇）军营，接统张运兰、萧启江、吴国佐各军。

八月十一日（9 月 17 日），经朝廷恩准给假，胡林翼扶母亲灵柩回籍安葬；其湖北巡抚一职，暂由湖广总督官文兼署。

八月十五日（9 月 21 日），同知曾国荃率湘军攻占江西吉安府，以功擢升知府加道员衔。

八月二十日（9 月 26 日），太平天国英王陈玉成和忠王李秀成联合发动了浦口（今南京市浦口区）战役，大破钦差大臣德兴阿所部清军，解天京之围。

九月初三日（10 月 9 日），太平军第三次攻克江苏扬州，第二次攻破江北大营。

九月初五日（10 月 11 日），兵部右侍郎曾国藩率大营抵达江西建昌府，扎营城外。

九月初九日（10 月 15 日），湘军主力合围安徽省城安庆。

十月初三日（11 月 8 日），钦差大臣桂良、花沙纳与英国驻华全权代表额尔金在上海签订《中英通商章程善后条约》。

十月初十日（11 月 15 日），太平天国英王陈玉成和忠王李秀成率领太平军大破湘军主力，取得三河（今安徽省庐州市肥西县三河镇）大捷，歼灭湘军精锐六千多人，安徽安庆之围不战自解。湘军大将、浙江布政使、加巡抚衔李续宾（1818—1858）和曾国藩的六弟曾国华（1822—1858）亦死于是役。

十一月二十一日（12 月 25 日），太平天国天王洪秀全给英国驻华公使额尔金所作之《对西洋番弟御诏》，送达安徽芜湖英国军舰“莱塔布登”号。

十一月三十日（1859 年 1 月 3 日），将母亲的灵柩安葬祖茔后，前湖北巡抚胡林翼又匆匆赶到湖北武昌履任。

十一月间，太平军中军主将杨辅清在江西景德镇大败湘军张运兰部，左军主将李世贤在安徽宁国府湾沚镇歼灭浙江提督邓绍良军。

十二月初一日（1859 年 1 月 4 日），英国侵略军攻打广州附近的三元里牛栏冈，被乡民击退。

同日，美国传教士嘉约翰（John Glasgow Kerr，1824—1901）在广州开办博济医院，成为外国传教士在华开办最早的一所教会医院。

十二月十一日（1859 年 1 月 14 日），已援例回家丁父忧、时正寓居江西南昌总核粮台报效的其兄李瀚章家的前赏加按察使衔李鸿章，前往建昌府（今江西省抚州市南城县）湘军大营，谒见其师曾国藩，被曾氏留营襄办军务。

十二月下旬，张裕钊辞别尊师曾国藩，回武昌老家度岁。

同月里，应湖北巡抚胡林翼的邀请，江宁名士汪士铎自安庆抵达武昌省城，进入其幕府。

是年底，湖北巡抚胡林翼准备编纂《读史兵略》，与幕宾汪士铎商议，并请他荐举编辑人员，张裕钊在其推荐人员之中。

咸丰九年己未(1859)　三十七岁

正月，张裕钊在武昌（今鄂州市）老家与家人团聚过年，并接到胡巡抚的聘书。

二月初一日（3 月 5 日），裕钊安顿好家中的事情，便应邀来到省城武昌与汪士铎、胡兆春[①]、莫友芝、丁取忠、张华理等人一起进入湖北巡抚胡林翼幕府，从《左传》《通鉴》《明史》等书中选取有关军事方面的内容，编纂成《读史兵略》一书。

二月十二日（3 月 16 日），兵部右侍郎曾国藩率大营自江西建昌出发，移驻抚州。

二月十六日（3 月 20 日），太平天国英王陈玉成联合捻军再次进攻安徽，在庐州城外活捉了原安徽巡抚李孟群，并要他投降；李孟群拒不投降。

二月间，张裕钊患了一场病，不久即愈，曾作有《病起柬汪梅村士铎》一诗纪其事（见《濂亭遗诗》卷一，《张裕钊诗文集》第 284 页）。

其时，恩师、兵部右侍郎曾国藩已驻军湖北黄州，故师生书函往还密切，谈学论文甚欢。其古文得到曾氏的具体指导，笔力日进。

三月十一日（4 月 13 日），曾国藩在《加张裕钊片》中说：“足下为古文，笔力稍患其弱。昔姚惜抱论古文之途，有得于阳与刚之美者，有得于阴与柔之美者，二端判分，画然不谋。余尝数阳刚者约得四家：曰庄子，曰扬雄，曰韩愈、柳宗元。阴柔者约得四家：曰司马迁，曰刘向，曰欧阳修、曾巩。然柔和渊懿之中必有坚劲之质、雄直之气运乎其中，乃有以自立。足下气体近柔，望熟读扬、韩各文，而参以两汉古赋，以救其短，何

① 胡兆春，生卒年不详，字东谷，湖北汉阳人。著有《尊闻堂诗集》《尊闻堂文集》《尊闻堂试帖》等。

如？ 再候廉卿年兄著安。”①曾国藩当天的日记中曾记有给张裕钊写信之事。

三月十四日（4 月 16 日），原安徽巡抚李孟群（1830—1859）在庐州（今合肥市）被太平天国英王陈玉成处死。

三月二十日（4 月 22 日），太平天国天王洪秀全的族弟洪仁玕由香港辗转抵达天京。

四月初九日（5 月 11 日），天王洪秀全封族弟洪仁玕为干王，总理朝政。

四月二十七日（5 月 29 日），知府加道员衔曾国荃率新募兵勇抵达江西抚州。

五月十一日（6 月 11 日），知府加道员衔曾国荃率军自抚州出发，驰援景德镇，李瀚章同行参谋军事。

五月十七日（6 月 17 日），以交换《天津条约》批准书为借口，英国新任驻华公使卜鲁斯（Frederick William Adolphus Bruce，1814—1867）和海军上将何伯（Sir James Hope，1808—1881）率舰队抵达天津大沽口外。

五月二十五日（6 月 25 日），英、法、美三国军舰联合轰击天津大沽炮台，被守军击退；毙伤侵略军近五百人，英军司令何伯负重伤；直隶提督史荣椿（？—1859）等官兵三十余人战死。

五月二十七日（6 月 27 日），沙俄新任驻华公使伊格那提也夫（Николай Павлович Игнатьев）抵达北京。

六月初二日（7 月 1 日），太平军中军主将杨辅清与湘军曾国荃部大战于江西景德镇。

六月十四日（7 月 13 日），太平军战败，撤走皖南，湘军进占江西景德镇，曾国荃以功擢升道员。

六七月间，上海民众广泛散发揭帖，并捣毁天主教堂，开展反对外国侵略者掠卖华工的活动。

七月十八日（8 月 16 日），美国驻华公使华若翰（John Elliott Ward，1814—1902）与清政府代表在北塘（今天津市滨海新区北塘镇）互换《中美天津条约》批准书。

八月十一日（9 月 7 日），兵部右侍郎曾国藩在湖北黄州与湖北巡抚胡林翼共商攻取安徽诸事宜。

① 曾国藩:《加张裕钊片》,《曾国藩全集》第二十二册,岳麓书社 1991 年版,第 934 页。

八月二十三日（9 月 19 日），兵部右侍郎曾国藩抵达省城武昌，拜见湖广总督官文，会商军事。

八月下旬，张裕钊得知师尊曾国藩因公务自黄州抵达省城武昌，分外高兴，曾多次前往看望并请教。

曾国藩曾在其日记中记载：二十五日（9 月 21 日）夜，“张送古文四首，精进可畏”。二十八日（9 月 24 日）上午，“会客五次，与张廉卿谈最畅”。

八月二十九日（9 月 25 日），裕钊作《与曾国藩》书，感谢恩师所赐买书之资，并禀告师尊，汪梅村的“〇〇〇小学之文”，原本想楷书后奉上，因杂事缠身不得暇，只得将原稿呈上；梅村亦打算今日前来拜谒（见《张裕钊诗文集》附录一，第 488～489 页）。

九月上中旬，曾国藩在日记中记载：九月三日（9 月 28 日），“张廉卿于午刻及夜间来船痛谈古文，喜吾学之有同志者，忻慰无已”。四日（9 月 29 日）晚，“方子白、张廉卿来舟次谈文”。五日（9 月 30 日），“与张裕钊谈文，颇邕”。六日（10 月 1 日）中午，“请客，雪琴及王孝凤兄弟、张廉卿小宴；恰刘国斌自常德归，与座”。七日（10 月 2 日）午后，“张廉卿来，与之论古文颇邕，灯时去”。八日（10 月 3 日），“张廉卿来，久谈。饭后为张廉卿写手卷一，书予甲辰年所作《无箴》……午初小睡，旋与廉卿论国朝诸大儒优劣。午饭后……旋送廉卿去。廉卿近日好学不倦，作古文亦极精进，余门徒中可望有成就者，端推此人。临别依依，余亦笃爱，不忍舍去。求为其祖作墓志，今日尝应之也。”十二日（10 月 7 日），早“饭后拟作张廉卿之祖墓表，久未下笔……申刻下笔作文，至二更三点毕，潦草成篇，全无精彩。余近日作文，患在心血日亏，思不能入，较之甲辰年所作《五箴》、戊申年所作《送刘蕻云序》，乃远不逮”。

九月上旬，师尊曾国藩应裕钊之请，为其祖父作《武昌张府君墓表》① 一文完成。

九月初四日（9 月 29 日），兵部右侍郎曾国藩由武昌返抵黄州，与湖北巡抚胡林翼共定四路进攻安徽之策。

九月十六日（10 月 11 日），裕钊作《与曾国藩》书，谓蒙师尊赐“先大父墓表，感幸不可名言”，而师尊的“道德文章，岂有让于欧阳公”；且

---

① 曾国藩:《武昌张府君墓表》,《曾国藩全集·诗文》,岳麓书社 1986 年版,第 260～261 页。

师尊对弟子的“奖进而策励”，“惓惓无已”，弟子固“将自加勉焉”（见《张裕钊诗文集》附录一，第 489 页）。

裕钊在巡抚衙门，利用闲暇时间，常与友朋外出游览，或燕集唱和，相继写有《赠刘生兆兰》《秋夜》《无题》《无题》《无题》《无题》等诗作（见《濂亭遗诗》卷一，《张裕钊诗文集》第 284、285、286 页）。

九月二十日（10 月 15 日），太平天国翼王石达开率部攻占广西庆远府（今河池市宜州市）。

九月二十三日（10 月 18 日），太平天国在天京举行科试，天王洪秀全任命干王洪仁玕为文衡总裁。

十月二十四日（11 月 18 日），兵部右侍郎曾国藩率各军自黄冈浠水的巴河镇出发，前往进攻安徽。

十月二十二至二十七日（11 月 16—21 日），太平天国忠王李秀成率军攻破江苏浦口（今南京市浦口区）清军大营，击毙湖北提督周天培（？—1859）。

十一月十三日（12 月 6 日），兵部右侍郎曾国藩率各军自黄州黄梅进驻安徽宿松。

十二月初一日（12 月 24 日），太平军将领杨辅清、黄文金等从叛将韦志俊手中夺回贵池（今安徽省池州市）。

十二月初二日（12 月 25 日），久无好友消息，裕钊乃作《致范月槎》[①]一书寄赠：

月槎二丈大人左右：

自甲寅省门一别，五载于兹，中间兵甲相寻，阻我良觌，饥渴寤寐，无日能忘。前月榜发，知老丈又报康了，殊为愤懑。然骊珠在握，终有操千金而求之者，当不以此介意也。裕钊役尘中依然故我，来岁礼闱春榜，自知于我无缘，亦不为此无益之行矣。玉函有讯否？渠家自伯母太夫人以下俱安否？裕钊前得渠一函，尚至今未复，有暇当寄一纸书耳。紫函殂谢，今犹使我心怦怦，使彼苍有知，不应夺此人也。回忆联襟都门，胜流满座，自谓一时盛事。数年之间，风流云散，国家多故，身世增感，每一念此，中夜长吁，老丈能无同慨乎？有寄钱湘畹信一函，恳俟便鸿附去。季贞再战再捷，而湘畹依然坦率，此亦有数存其间

① 此书函见于《清代名人书札》（第二册），北京师范大学出版社 2009 年版，第 381～382 页；因不见于《张裕钊诗文集》，故全文照录。

耶！然湘畹亦必非久困者也。云山阻隔，悠悠我思。倘遇便邮，幸为报我。肃此，敬请道安，惟亮察不赐。

张裕钊顿首　　十二月二日

十二月二十二日（1860 年 1 月 14 日），太平天国英王陈玉成联合征北主将张乐行在安徽潜山（今安庆市潜山县）大败湘军。

十二月二十四日（1860 年 1 月 16 日），太平天国英王陈玉成率援军将鲍超围困于小池驿（今安徽省安庆市太湖县小池镇），日夜环攻。

十二月二十七日（1860 年 1 月 19 日），兵部右侍郎曾国藩急调唐训方率军驰援小池驿（太湖县小池镇）。

十二月三十日（1860 年 1 月 22 日），清军将领多隆阿、蒋凝学等亦奉命率援军往救小池驿（太湖县小池镇），谋解鲍超之围。

十二月间，蓝大顺（又名“蓝朝璧”）和其弟蓝二顺及李短鞑在家乡云南昭通发动农民起义，建立“顺天”政权，称帝；后与西北太平军联合抗清，被封为“文王”。

是年，华蘅芳写成近代中国第一部数学著作——《抛物浅说》。它是一部汇集中西数学最新成果的结晶。后来，他又用自己掌握的数学理论进行推导演算，为我国自造蒸汽机得出了准确的数据，并与徐寿共同制造了中国第一台蒸汽机。

是年，姚永朴（1861—1939）出生于安徽桐城一个官宦家庭。

咸丰十年庚申（1860）　三十八岁

是年，张裕钊仍在湖北巡抚抚署编纂《读史兵略》。

正月初二日（1 月 24 日），太平天国忠王李秀成率军攻占广德州（今安徽省宣城市广德县）。

正月初七日（1 月 29 日），太平天国忠王李秀成率太平军攻占浙江吉安（今湖州市吉安县）。

正月初十日（2 月 1 日），清军攻陷江苏江浦（今属南京市浦口区）、九洑洲（今属南京市浦口区），天京被合围。

正月十九日（2 月 10 日），清将金国琛、余际昌奉命率军穿越潜山之天堂水孔岭，突至小池驿（太湖县小池镇）后山，袭击太平军之背，鲍超乘机率军冲出重围。

正月间，为道台蒋凝学的五十寿诞，其夫人则于前年（咸丰八年）满五十，其子乃设宴邀宾为父母祝寿，并请裕钊写了《蒋之醇观察暨李恭人五十寿序》为之贺寿（见《濂亭文集》卷三，《张裕钊诗文集》第72～73页）。

同月里，太平天国天王洪秀全封左军主将李世贤为侍王，中军主将杨辅清为辅王。

也是在此月中，英、法两国政府决定再派额尔金、葛罗为驻华特使，率军侵华。

二月十八日（3月10日），朝命江宁布政使薛焕以巡抚衔帮办五口通商事宜。

二月二十七日（3月19日），太平军攻占浙江杭州，迫使江南大营分兵往援；城破时，浙江巡抚罗遵殿（1798—1860）自杀，其一家五口同时遇难。

同日，张裕钊作有《与曾国藩》一书，谓顷奉钧函，得知湘军作战顺利，甚喜，并为师尊献议："私心臆度，以为用兵之道贵神速，则虑有轻进致衄之虞；务持重，则又有师老财匮、事久变生之患。必早夜积虑，候衅蹈瑕，先事孰筹，乘机迅发，庶无二者之失。"又汇报其近况：近在胡宫保节署，"闲居独处，尝深念学问之事，必根本盛大，然后充实而有光辉"，故"专力读书作文"，现"寄呈近所为文四篇，辞义浅薄"，请师尊斧正。前从宫保处借得《援鹑堂笔记》一部，"其中论文得失"，很不错，故随信赋呈钧览，阅后请仍掷还。又附来楹帖一副，"敬求夫子军事之暇，赐之法书，不胜悚企"（见《张裕钊诗文集》附录一，第489～490页）。

二月间，同乡好友、汉阳刘世仲将前往江浙游览，张裕钊乃为之饯行，并作有《送刘殿埙序》一文相赠（见《濂亭文集》卷二，《张裕钊诗文集》第28～29页）。

三月初三日（3月24日），太平军主动退出浙江杭州。

三月十八日（4月8日），太平天国忠王李秀成率军攻占安徽建平（今宣城市郎溪县）后，决定回援天京。

闰三月初一日（4月21日），太平天国英王陈玉成率军自安徽全椒回援天京。

闰三月初二日（4月22日），英、法联军攻占浙江舟山。

闰三月十六日（5月6日），太平军再次攻破江南大营，江南提督张国梁（1823—1860）逃至丹阳，几天后落水而死；钦差大臣和春（？—1860）不久亦在浒墅关自杀。随后，太平军主力乘胜追击，相继攻占江苏丹阳、常州、无锡等地。

闰三月中旬，英、法联军攻占定海（今浙江省舟山市定海区）。

闰三月二十一日（5 月 11 日），太平天国举行军事会议，决定先攻克江苏苏州、常州，然后回师进行第二次西征。

闰三月中下旬，张裕钊与曾国藩函札往还不断，所作古文得到曾氏赞许。

曾国藩在日记中记载：十七日（5 月 7 日），“接张廉卿信，寄文四篇，有王介甫之风，日进不已，可畏可爱”。廿二日（5 月 12 日），“酉刻阅张廉卿古文，加批”。廿三日（5 月 13 日）中饭后，“将张廉卿古文批阅毕”（见曾国藩《日记》一，第 485、486 页）。

闰三月二十七日（5 月 17 日），曾国藩在《复张裕钊》中说：“读来示，所称‘先事熟筹，乘机迅发’云云，为之愧赧。……尊作古文著句，俱有筋力，日进无疆，至为欣慰。辄就鄙见评骘一二，以资互证。仆近亦作得文数首，都不称意。”①

四月初二日（5 月 22 日），湖北巡抚胡林翼偕候补四品京堂左宗棠来到安徽宿松兵部右侍郎曾国藩的大营，与曾国藩、李鸿章共商攻取安庆、围困天京等事宜——这就是近代史上有名的晚清“中兴四杰”的聚会，它决定了此后整个战局的走向。当天，他们四人还一起迎接了已故浙江巡抚罗遵殿的灵柩，并前往罗家吊唁。曾国藩当天的日记曾记有此事。

四月初六日（5 月 26 日），太平军攻克江苏常州。

四月初七日（5 月 27 日），英国侵略军攻占辽宁大连湾。

四月初十日（5 月 30 日），道员曾国荃率湘军进围安徽安庆。

四月上旬，贵州西部威宁（今贵州威宁彝族回族苗族自治县）的苗、彝、回等族农民万余人为反对官府的苛捐杂税和各种迫害民众的制度，在陶新春（又名“陶虎”）和陶三春兄弟的领导下，举行反清起义，与太平天国遥相呼应。

四月十三日（6 月 2 日），太平军攻克江苏苏州，并建立苏福省，以苏州为省会；城破之时，江苏巡抚徐有壬战死，两江总督何桂清及其他江苏官员则逃往上海。

同日，英、美等国为阻止太平军攻占上海，由清朝苏松太道吴煦和买办杨坊出面，委派美国军事流氓华尔（Huaer，Frederick Townsend Ward，1831—1862）招募外国籍亡命徒及军人数百人组成雇佣军——洋枪队，华尔任队长，而以另外两个美国人白齐文（H. A. Burgevine，又译作“白聚

① 曾国藩：《复张裕钊》，《曾国藩全集》第二十二册，岳麓书社为 1991 年版，第 1352 页。

文”，1836—1865）和法尔思德（Edward Forrester）为副队长，在上海附近与太平军作战。

四月十九日（6月8日），法国侵略军攻占山东烟台。

四月中旬，英、法联军封锁渤海湾。

四月二十一日（6月10日），朝命将两江总督何桂清革职拿问，赏加曾国藩兵部尚书衔、署理两江总督。

四月二十六日（6月15日），太平军攻占浙江嘉兴。

四月间，江苏苏州学子查燕绪①为避兵乱来到武昌，与张裕钊相遇；不久，查氏提出要拜裕钊为师，学习古文之法。裕钊未允，但答应闲暇之时可指导其学习古文。

四五月间，沙俄军队强占我国北方重要的港口——海参崴，并将其改名为“符拉迪沃斯托克”（意为“统治东方”）。

五月初二日（6月20日），在湘军水师的配合下，原太平天国将领韦俊投入清军大营，并引兵攻陷安徽枞阳（今枞阳县枞阳镇），使安庆对外的联系被切断。

五月十三日（7月1日），太平军攻打江苏松江（今上海市松江区）。

五月二十八日（7月16日），华尔率领洋枪队袭占江苏松江。

六月十一日（7月28日），英、法联军的舰队抵达直隶大沽口（今天津市东南五十公里海河入海口）外；俄国驻华公使伊格那提也夫亦率八艘军舰同时抵达。

六月十五日（8月1日），英、法联军由俄国人引路，不战而占领直隶北塘（今天津市滨海新区北塘镇）。

六月十六日（8月2日），太平军在松江府青浦县（今上海市青浦区）大败“洋枪队”。

六月二十日（8月6日），裕钊作《与曾国藩》书，谓“敬闻夫子大人恭承简命，节制两江”，实“中朝之夙德”“南服之重寄”；并为师尊献

---

① 查燕绪(1843—1917)，字翼甫，号檵亭；藏书处名“木渐斋”。先为浙江海宁人，后迁居江苏苏州。出生藏书世家。咸丰十年(1860年)避乱武昌，拜张裕钊为师。后曾聘修《湖北通志》。光绪十一年(1885年)中举人。光绪十三年(1887年)随出使大臣黎庶昌赴日。光绪二十年(1894年)荐为知县。光绪三十四年(1908年)部松江府同知。辛亥革命后，弃官归隐，以藏书、刻书自娱。工诗文，富收藏，所藏多宋元刻本。著有《檵亭诗文集》《群书异话》等。

策："窃妄意方今大局，湖南、湖北、江西三省，势处上游，实为根本之地"；尤其是"江西今属辖境，必使人心固，军储裕，吏治清，可与南北两省鼎峙为三"；于是，"根本立而处势固"，可使"进退战守""足恃"（见《张裕钊诗文集》附录一，第491页）。

六月二十四日（8月10日），清政府任命曾国藩为两江总督兼钦差大臣，督办江南军务，大江南北水、陆各军均归其节制。总督府暂驻安徽祁门（今黄山市祁门县）。

六月二十六日（8月12日），英、法联军攻陷直隶新河及军粮城（今天津市东丽区）。

六月二十八日（8月14日），英、法联军攻占直隶塘沽（今天津市滨海新区的中心区）。

七月初二日（8月18日），太平军第一次进攻上海县城，不克。

七月初五日（8月21日），英、法联军再次攻陷直隶大沽炮台（今天津市东南五十公里海河入海口），直隶提督乐善阵亡。

七月初八日（8月24日），英、法联军攻占直隶天津。

七月十三日（8月29日），曾国藩作《复张裕钊》云："三次惠书，次第收到……来示从江西吏治人心着手，可谓探骊得珠，鄙人虽陋，亦日夜不忘此义。"①

七月二十三日（9月8日），清政府派怡亲王载垣、兵部尚书穆荫为钦差大臣，前往通州与英、法联军议和。

七月间，华尔曾两次率领洋枪队进犯江苏青浦县，被太平军击退；太平军则乘机收复江苏松江府。

同月里，左宗棠以候补四品京堂、随曾国藩襄办军务的身份，在湖南招募训练五千楚军。随即，左宗棠奉命率楚军驰援安徽。

八月初一日（9月15日），朝命两江总督兼钦差大臣曾国藩督办宁国军务，原督办宁国军务、湖南提督周天受听其调遣。

八月初四日（9月18日），英、法联军攻打直隶张家湾，攻占直隶通州（今北京市通州区）。

八月初七日（9月21日），英、法联军进攻直隶八里桥（又名"永康桥"，在通州城西）。

---

① 曾国藩：《复张裕钊》，《曾国藩全集》第二十二册，岳麓书社1991年版，第1497页。

八月初八日（9 月 22 日），咸丰皇帝自圆明园逃往热河（今河北省承德市），而留恭亲王奕䜣在京办理与侵略者的议和事宜。

八月十二日（9 月 26 日），太平军攻克宁国府（今安徽宣城市），湖南提督周天受战死。

八月十六日（9 月 30 日），太平天国英王陈玉成和忠王李秀成各率数万太平军，分两路进军，实施合围武昌、以救援安庆的总战略，开始了第二次西征。

八月二十二日（10 月 6 日），英、法联军大败僧格林沁、瑞麟军，攻占北京西北郊，大肆抢劫圆明园珍藏的文物。

八月二十五日（10 月 9 日），太平军攻克安徽徽州府。

八月二十九日（10 月 13 日），英、法联军攻入北京城，并控制了北京。

同日，美国传教士罗孝全（原名 Issachar Jacob Roberts，1802—1871）抵达天京，被天王洪秀全委任为外务丞相。

九月初五至初六日（10 月 18—19 日），英、法联军数千人纵火焚烧圆明园；北京西郊谢庄猎户冯三保、冯婉贞率领村民武装反抗侵略军，毙敌百余人。

九月十一日（10 月 24 日），英国侵略军以焚烧紫禁城相要挟，钦差大臣奕䜣与英国全权代表额尔金签订《中英北京条约》。

九月十二日（10 月 25 日），法国侵略军以焚烧紫禁城相要挟，钦差大臣奕䜣与法国全权代表葛罗签订《中法北京条约》。

九月底，英、法两国在逼迫清政府签订《北京条约》后，开始撤离北京。

十月初二日（11 月 14 日），俄国亦乘机威胁，钦差大臣奕䜣与俄国驻华公使伊格那提也夫签订《中俄北京条约》。

十月十一日（11 月 23 日），是尊师曾国藩的五十华诞，裕钊不能前往，只好将自己为恩师所作之寿屏寄去。

十月十九日（12 月 1 日），太平天国忠王李秀成率大军由羊栈岭进山，攻克安徽黟县，距祁门曾国藩大营仅六十里；曾国藩写下遗书，决心死战以报效清廷。

同日，裕钊作《与曾国藩》书，专门为师尊推荐人才：弟子之友“汉阳刘殿埙世仲”，乃“出类之士”：“其人性情肫挚，志节炳然。而笃学不厌，于天官、历算尤精”；且对师尊“不胜慕望，欲侍左右，亲承教益”。随信函寄呈文数篇，企盼师尊抽暇“训定”，并“赐还”（见《张裕钊诗文集》附录一，第491～492页）。

十月二十日（12月2日），鲍超、张运兰率所部湘军驰至，太平天国忠王李秀成连战失利，遂引军退出岭外，绕道入浙江，祁门之危遂解。

同日，左宗棠率领新募湖湘兵勇抵达江西景德镇，朝廷擢升严树森为河南巡抚。

十二月初十日（1861年1月20日），清政府正式设立总理各国事务衙门（简称“总理衙门”，又称“总署”或“译署”），命恭亲王奕䜣、大学士桂良、户部左侍郎文祥为管理大臣；以崇厚为三口通商大臣，驻天津；以薛焕为五口通商大臣，驻上海。

同日，天津正式对外开埠。

十二月十二日（1861年1月22日），在众人的共同努力下，《读史兵略》编辑完成。

十二月十四日（1861年1月24日），清政府总理各国事务衙门加委英国人、前总管新关总税务司李泰国（Horatia Nelson Lay，1833—1898）为中国海关总税务司。

十二月二十九日（1861年2月8日），英国传教士慕维廉（William Muirhead，1822—1900）至天京访问。

是年，前辈好友、湖北巡抚胡林翼为张裕钊制作有水墨纸本行草《节录孙过庭书论》四屏（162 cm × 39.5 cm × 4，文略）。其题识云：“廉卿先生教正，林翼。”钤印：“胡林翼印”“润芝”（见四川德轩拍卖有限公司“2013年春季艺术品拍卖会”——“中国古代书法”专场拍卖品）。

是年，爆发有东北义州（今辽宁省锦州市义县）王达、李维藩、马傻子领导的农民、矿工起义。

咸丰十一年辛酉（1861）　三十九岁

正月十一日（2月20日），英国侵略头目何伯（James Hope）至天京访问。

正月二十二日（3月3日），太平天国英王陈玉成率太平军自安徽桐城出发，开始第二次西征。

正月二十八日（3月9日），捻军攻占河南朱仙镇，进逼河南开封。

正月二十九日（3 月 10 日），太平天国英王陈玉成大败湖北余际昌所部楚军，攻占安徽霍山。

正月间，因《读史兵略》编成，正在校核、刻印中，裕钊闲暇时间较多，故时与居汉阳崇正书院讲席的好友万斛泉①往来切磋诗文。

同月里，贵州独山宿儒莫友芝自其九弟、怀宁（今安庆市怀宁县）知县莫祥芝处前往祁门（今黄山市祁门县）拜访分别十余载的老友、两江总督曾国藩，途经太湖时，恰遇故友、湖北巡抚胡林翼（莫氏是胡林翼父亲的弟子，二人早年曾同学）正奉命率军在此地堵截太平军，遂被留居幕府，胡请他随后一起回武昌帮助勘校《读史兵略》一书。因同在抚署，张裕钊与之一见如故，自此结识并成为好友。

二月初六日（3 月 16 日），同年好友冯礼藩之母曾太夫人卒于家。冯氏乃约请裕钊届时为母亲表墓。

二月初八日（3 月 18 日），太平天国英王陈玉成率部攻占湖北黄州府，对岸的武昌（今鄂州市）官民逃徙一空。

二月十一日（3 月 21 日），英国参赞巴夏礼与汉阳府、县议定汉口英租界。

同日，湖北巡抚胡林翼率军由湖北英山移驻安徽太湖，谋以长期围困安徽安庆。

二月十四日（3 月 24 日），赏加按察使衔道员彭玉麟率水师自安庆出发，回援湖北。

二月十五日（3 月 25 日），即日起，西方各国的驻华公使陆续驻节北京。

二月二十二日（4 月 1 日），山东黑旗军首领宋景诗率部攻占山东聊城。

---

① 万斛泉（1808—1904），原名永致，字齐玉，号清轩。兴国州（今湖北省黄石市阳新县）人。少时家贫，好学不倦，深研程朱理学，时称“万理学先生”。道光十三年（1833 年）在太尉山结庐，授徒自给。地方大吏招入幕，不就。道光三十年（1850 年）始，主讲汉阳崇正书院、武昌勺庭书院，同光年间主讲上海龙门书院，继为苏州紫阳书院校理。晚年归乡任叠山书院院长，卒于任。朝廷颁赐有国子监学正、国子监博士、国子监五品卿司业衔。精理学，通经史，工诗文。著有《资治通鉴纲目前编辨误》二卷、《资治通鉴正编正误补》三卷、《春秋四传诂经》十四卷、《尉山堂稿》十三卷等；另校理重订有《朱子全集》、《张杨园先生全集》、《新三字经》、《童蒙须知韵语》、吴廷栋《掘修集》、吴讷《小学集解》等多种。

二月二十六日（4月5日），太平天国忠王李秀成率部攻克江西樟树镇。

二月三十日（4月9日），太平天国侍王李世贤率大军攻占江西景德镇，皖南镇总兵陈大富战死；祁门湘军大营粮运中断，文报不通，陷于困境。

二月间，乘安徽捻军进攻山东之际，山东“幅党”①首领周克生、丘春、黄路山、宋斌、宋三冈、万甲申、孔化祥、程四虎、岳相林、张九仔、王洪平、刘淑愈、李宗堂纷纷率众起义，并相互支持，联合捻军一起抗清。

三月初二日（4月11日），两江总督曾国藩由祁门大营赶赴休宁，调集各军进攻安徽徽州，以打开通往浙江之路。

三月初九日（4月18日），安徽安庆告急，太平天国英王陈玉成只得回师救援安庆；太平天国侍王李世贤亦率军由江西驰援浙江。

三月十一日（4月20日），太平天国忠王李秀成率军攻占江西吉安府，随即挥军北上，直趋端州、临江。

三月十四日（4月23日），太平天国侍王李世贤在江西乐平与左宗棠大战失利，撤兵走浙江，祁门大营之围乃解。

三月二十三日（5月2日），太平天国干王洪仁玕、章王林绍璋率太平军再援安徽安庆不利，退守安徽桐城。

三月二十四日（5月3日），太平天国侍王李世贤率部攻占浙江常山（今衢州市常山县）。

三月二十六日（5月5日），两江总督曾国藩留张运兰所部湘军守安徽祁门，自率总督大营人员出岭移驻东流（今安徽池州市东至县）。

三月间，山东长枪会（又名“一心团”）首领倪广和、郭秉钧、郭秉刚、高丕振、刘占考、丁书堂率领会众（实为团练武装）数万人举行反清起义，与捻军联合抗清。

四月初一日（5月10日），镇江正式对外开埠。

四月初六日（5月15日），太平天国忠王李秀成率军攻占江西端州府。

四月十九日（5月28日），太平军攻占金华府（今浙江省金华市）。

四月二十日（5月29日），法国驻华公使哥士耆（Kleczkowski）与三

① 幅党起义军称“幅军”，故史称“幅党起义”为“幅军起义”。幅党早期起义发生在1853年，领袖有刘平、刘双印、孔化祥、程四虎等人，后遭清军镇压而失败。

口通商大臣崇厚订立《天津紫竹林租地条款》。

五月初五日（6 月 12 日），因法国天主教主教胡缚理（Louis Faurie）在贵阳强占民产、横行不法，激起民愤，青岩镇团丁遂将晁家关教会学堂焚毁，并将几名不法教徒秘密处死。侥幸逃脱的胡缚理反向法国公使馆告状，引起两国间的交涉。次年正月十五日，法国传教士文乃耳（Jean-Pierre Néel）见前案一直未予处理，遂乘过节之际，在开州（今贵阳市开阳县）怂恿教徒抗捐，破坏政令，引起民教冲突，被知州抓获并判处死刑。后在法国公使的威胁下，清政府下令将地方官员革职，拨提督衙门给胡缚理作教堂，赔偿一万二千银两方才结案。因这两起教案关联较密，故史书将其合称为“贵阳教案”。

五月初八日（6 月 15 日），太平天国忠王李秀成率领西征军的东路军，经兴国、大冶，攻占武昌，与黄州的赖文光部隔江相望。于是，湖北兴国、大冶、武昌、江夏、通山、通城、嘉鱼、蒲圻等地的农民起义军纷纷加入太平军，人数达数十万，军威大振。

五月十二日（6 月 19 日），湖北巡抚胡林翼由江西太湖动身，返回武昌。

五月二十三日（6 月 30 日），英国人赫德（Robert Hart，1835—1911）代办总税务司，开始把持中国海关。

五月间，《读史兵略》四十六卷，由湖北巡抚抚署刊刻完成。

六月初一日（7 月 8 日），安庆城外的太平军各军营垒全部被曾国荃率湘军攻破，太平军八千人死难。

六月初二日（7 月 9 日），太平天国忠王李秀成见侍王李世贤在乐平（今江西省景德镇市乐平市）、襄王刘官方在黟县（今安徽省黄山市黟县）被清军打败，损失太平军精锐数万人，只得统率西征军的南路军自湖北咸宁向浙江退军。

六月二十六日（8 月 2 日），金钱会首领赵起在钱仓（今浙江省温州市平阳县钱仓镇）的北山庙率会众起义，举起反清大旗。

六月间，因《读史兵略》已勘校、刊刻完成，莫友芝告别诸友，自武昌前往安徽去拜访老友、两江总督曾国藩。

七月初三日（8 月 8 日），莫友芝终于在东流（今池州市东至县东流镇）与老友、两江总督曾国藩相见，被曾国藩留作幕宾。

曾国藩在当天的日记中记载：“午刻清理文件。莫子偲来，久谈二时许，即在此便饭。子偲名友芝，贵州独山人，道光二十七年在京城相遇于书肆，旋与刘椒云相友善。自此一别十五年，中间通书问一二次而已。因其弟祥芝在此，渠来省亲，因得再晤。学问淹博，操作不苟，畏友也。"

七月十六日（8 月 21 日），广西按察使蒋益澧率清军攻占浔州（今广西玉林市桂平市），大成国①首领陈开（1822—1861）遇难。

同日，咸丰皇帝病危，召见怡亲王载垣、郑亲王端华、御前大臣景寿、协办大学士户部尚书肃顺及军机大臣穆荫、匡源、杜翰、焦祐瀛代写朱谕：立载淳为皇太子，载淳生母那拉氏和钮祜禄氏尊为皇太后，并命前述八位大臣赞襄政务。这就是历史上著名的"顾命八大臣"或"赞襄政务八大臣"。

七月十七日（8 月 22 日），咸丰皇帝爱新觉罗·奕詝（1831—1861）崩于热河避暑山庄行宫寝宫，六岁的皇子载淳继位，年号"祺祥"。

七月十九日（8 月 24 日），太平军各路援军再入安徽集贤关（安庆的西线门户），日夜猛攻道员曾国荃所率湘军的外壕。

八月初一日（9 月 5 日），两江总督曾国藩命湘军挖掘地道、炸塌城墙，一举攻破安庆城。太平军安庆保卫战失败，守将叶芸来、吴定彩和城中二万多名将士战死。从此，江南局势进一步朝着有利于清廷的方向发展。

八月初二日（9 月 6 日），太平天国英王陈玉成率各军退出集贤关，经石牌、宿松、黄梅、英山、六安，退至安徽庐州。

八月初十日（9 月 14 日），清廷御史董元醇上疏提出"暂请皇太后垂帘听决"，叶赫那拉氏要辅政大臣照办；肃顺以"本朝无太后垂帘故事，令军机处拟旨驳还"。

八月十二日（9 月 16 日），湖北巡抚胡林翼病危，上奏请假，朝命安徽巡抚李续宜署理湖北巡抚。

八月二十一日（9 月 25 日），两江总督曾国藩的总督府自安徽祁门（今黄山市祁门县）迁至安徽安庆，设公馆于原英王府中。

---

① 大成国：咸丰年间两广天地会在广西建立的政权。咸丰四年（1854 年），广东天地会首领陈开、李文茂率会众起义，围攻广州。次年战败撤围，转入广西作战。闰七月中，起义军攻占浔州（今桂平市），建立大成国，年号"洪德"。又改浔州为"秀州"，府城称"秀京"，桂平改为"秀水"，平南改"武城"，贵县改"怀城"。陈开号"镇南王"，李文茂号"平靖王"，梁培友号"平东王"，区润号"平西王"，梁大昌号"定北王"，并开炉铸洪德通宝钱。咸丰十一年（1861 年），起义被清廷镇压，大成国遂告灭亡。

八月二十六日（9 月 30 日），前辈好友、湖北巡抚胡林翼[1]病逝任上，裕钊十分悲痛，乃作《祭胡文忠公文》以悼之（见《濂亭文集》卷八，《张裕钊诗文集》第 199～200 页）。

九月初一日（10 月 4 日），清廷上东、西两太后徽号为慈安太后、慈禧太后。

九月初二日（10 月 5 日），记名按察使、布政使衔曾国荃率军自安徽安庆出发，沿江而下，一路攻向太平天国的首都——天京。

九月初三日（10 月 6 日），两江总督曾国藩得知湖北巡抚胡林翼病逝噩耗，非常悲痛，给予他很高的评价。

曾国藩在他当天的日记中写道："胡宫保于八月二十六日亥时去世，哀痛不已。赤心以忧国家，小心以事友生，苦心以护诸将，天下宁复有似斯人者哉！"

九月初四日（10 月 7 日），慈禧太后解除载垣等人掌握的禁卫兵权，同时争取到掌握京畿与直、鲁重兵的兵部侍郎胜保和僧格林沁的支持，准备发动政变。

九月十七日（10 月 20 日），朝命补授李续宜为湖北巡抚，广东按察使加布政使衔彭玉麟为安徽巡抚。

九月二十三日（10 月 26 日），两宫皇太后携幼帝奉大行皇帝梓宫从承德启程回京。

九月二十九日（11 月 1 日），小皇帝奉两宫皇太后回到紫禁城皇宫。

九月间，办理完胡林翼的丧事，原来编纂《读史兵略》的一班人员，皆纷纷离去，各奔东西。张裕钊思前想后，打算稍做休整后便去安徽看望恩师曾国藩。只有好友汪士铎，为怀念其老师胡林翼恩德的湖北按察使阎敬铭所邀请，一人留了下来：一方面将《皇朝中外一统舆图》继续完成，另一

① 胡林翼(1812—1861)，字贶生，号润芝，亦作润之、咏芝。湖南益阳县泉交河人。道光十六年(1836 年)进士，授翰林院编修。先后充会试同考官、江南乡试副主考。历任安顺、镇远、黎平知府及贵东道。咸丰四年(1854 年)，迁四川按察使；次年，调湖北按察使，升湖北布政使，署理巡抚。咸丰六年(1856 年)，实授湖北巡抚。咸丰八年(1858 年)，因功赏太子少保衔，给骑都尉世职。咸丰十一年(1861 年)，病逝任上，赠总督，谥"文忠"。抚鄂期间，政绩卓著，与曾国藩、李鸿章、左宗棠并称为晚清"中兴四大名臣"。工古文。著有《读史兵略》四十六卷，奏议、书牍十卷等；后人辑有《胡文忠公遗集》八十二卷。曾绘制《大清一统舆图》，为中国早期较完整地全国地图。

方面则负责胡林翼遗集的编纂。

十月初一日（11 月 3 日），慈禧太后联合恭亲王奕䜣发动宫廷政变①，免除肃顺等八人赞襄政务大臣职务；而命恭亲王奕䜣为议政王，组成新的军机处。

十月初五日（11 月 7 日），爱新觉罗·载淳正式登基，改“祺祥”年号为“同治”，以明年为同治元年。所谓“同治”者，即由慈安、慈禧两位皇太后共同治理天下，垂帘听政，开始了慈禧太后对中国四十八年的统治。

十月初六日（11 月 8 日），诏令诛杀肃顺，赐载垣、端华自尽，并将另外五位顾命大臣革职或遣戍。

十月十八日（11 月 20 日），清政府命钦差大臣、两江总督曾国藩统辖江苏、安徽、江西、浙江四省军务，巡抚、提、镇以下文武官员皆归其节制。

十一月初八日（12 月 9 日），太平军在主将范汝增、黄呈忠的指挥下，攻占浙江宁波。

十一月上旬，裕钊自武昌抵达安庆两江总督府看望恩师曾国藩，并入其幕府，曾氏令其襄办文案。闲暇之时，与曾国藩以谈文为乐，并得到曾氏“学问又已大进”的赞誉。

十一月间，曾国藩在日记中记载：八日（12 月 9 日）上午，“张廉卿来，与之论古文之法，全在气字上用功夫”。十日（12 月 11 日）中饭后，“与张廉卿谈古文，围棋一局”。十三日（12 月 14 日）上午，“方子白、张廉卿来，谈文甚久”。十四日（12 月 15 日）上午，“至方子白、张廉卿处久坐”。十五日（12 月 16 日）午刻前，“与方子白、张廉卿久谈”。十六日（12 月 17 日）上午，“至方子白、张廉卿处一坐……日内与张廉卿屡说，渠学问又已大进。而余志学廿年，至今毫无进步，耄已及矣”。十七日（12 月 18 日）上午，“至方子白、张廉卿处啓谈”。十八日（12 月 19 日）上午，“方子白、张廉卿来，久谈”。酉初后，“旋至方子白、张廉卿处一坐”。廿日（12 月 21 日）中饭前，“至方子白、张廉卿处一叙”。廿一日（12 月 22 日）中饭后，“至廉卿处少叙”；廿二日（12 月 23 日），“请莫子偲、方子白、张廉卿、洪琴西、李眉仙、穆海航等中饭，

① 此次宫廷政变因发生在辛酉年，故史称“辛酉政变”；又因发生在祺祥年间，故史称“祺祥政变”；而此次政变的地点在北京，故史称“北京政变”。

至申初散”。廿三日（12 月 24 日）上午，“至张廉卿处久坐，渠将以今日回家也”。

十一月十六日（12 月 17 日），经钦差大臣、两江总督曾国藩奏请，朝命左宗棠统兵援浙，广信、徽州、饶州诸军皆归其节制。

十一月二十八日（12 月 29 日），太平天国忠王李秀成部将攻占浙江杭州，杭州将军瑞昌（？—1861）、浙江巡抚王有龄（1810—1861）皆战死。

十一月下旬，张裕钊拜别尊师曾国藩仍回到武昌，后与曾国藩函札往还密切。曾氏遂多方为张裕钊谋取待遇较优厚的馆地。

十一月间，钦差大臣、两江总督曾国藩在怀宁黄石矶、安庆大观亭创设内军械所（又称“安庆军械所”），制造子弹、火药、枪炮，官办新式军事工业以此为始；著名科学家华蘅芳曾在此主持制造了中国第一艘轮船。

英国商人奚安门（Henry Shearman）在上海创办第一家中文日报——《上海新报》。

十二月初二日（1862 年 1 月 1 日），汉口正式对外开埠。

同日，太平天国幼赞王蒙时雍、章王林绍璋、顺王李春联名发出照会，驳斥英国侵略者的无理要求。

十二月初八日（1862 年 1 月 7 日），太平天国忠王李秀成将太平军主力分成五路，开始第二次进军上海。

十二月十一日（1862 年 1 月 10 日），曾国藩作《复阎敬铭》云：“张廉卿思得阅卷二三处，敬求留心。”①

十二月十四日（1862 年 1 月 13 日），上海官绅在洋泾浜成立会防局（即中外会防公所），专门对付太平军。

十二月二十四日（1862 年 1 月 23 日），因军功，尤其是钦差大臣、两江总督曾国藩的举荐，朝廷擢升左宗棠为浙江巡抚。

十二月间，朝命补授沈葆桢为江西巡抚，李桓为江西布政使，李续宜调任安徽巡抚，严树森调任湖北巡抚，免去彭玉麟安徽巡抚职务，改为候补兵部侍郎。

同月里，在省城武昌，张裕钊与携带大量藏书转徙来江汉避乱的浙江海宁人、查燕绪之外舅、藏书家蒋光焴结识，并成为好友。

年底，张裕钊回到武昌老家陪家人度岁。

---

① 曾国藩:《复阎敬铭》,《曾国藩全集》第二十三册，岳麓书社 1992 年版，第 2372 页。

同治元年壬戌(1862)　四十岁

年初，张裕钊在武昌老家陪家人过新年。

正月初一日（1 月 30 日），朝命曾国藩以两江总督协办大学士。

正月初十日（2 月 8 日），清政府批准上海成立中外会防局（即中外会防公所）。

正月十四日（2 月 12 日），太平天国英王陈玉成派遣扶王陈得才、遵王赖文光率太平军会同捻军西进河南。

正月十七日（2 月 15 日），朝命补授鲍超为浙江提督，蒋益沣为浙江布政使，陈士杰为江苏按察使，曾国荃为浙江按察使。

正月中旬，张裕钊来到省城武昌，一边指导查燕绪学习古文，一边另谋别差。

正月二十四日（2 月 22 日），道员李鸿章奉曾国藩之命在安徽安庆募集地方武装，正式组建成一支新的军队——淮军，准备与太平军作战。

正月二十七日（2 月 25 日），英、法联军会同洋枪队袭击上海浦东高桥（今上海市浦东新区高桥镇）。

正月间，朝廷调河南巡抚严树森任湖北巡抚，原来就在其幕府的桐城名宿方宗诚遂随其来到湖北省城武昌。

二月十六日（3 月 16 日），清政府将华尔洋枪队改名为“常胜军”。

二月十七日（3 月 17 日），由于法国天主教传教士罗安当（Antoine Anot）在江西南昌作恶多端激起民愤，民众将城内各处教堂焚毁而引起两国交涉。清政府急欲勾结法国侵略者镇压太平天国起义，遂指令江西巡抚沈葆桢赔款一万八千银两结案，史称“南昌教案”。

二月二十七日（3 月 27 日），美商旗昌洋行成立旗昌轮船公司，以长江航运为营业重点，是上海港第一家外商轮船公司。

二月间，裕钊的老师朱依柳先生①与其族人纂修谱牒，走书省城，请弟子为其尊人、邑增生朱泳（字魁北，号省庵）作传。裕钊乃作《省庵公传》寄赠（见《濂亭集外文辑存·传杂记》，《张裕钊诗文集》第 443～445 页）。

三月初六日（4 月 4 日），太平天国慕王谭绍光率所部与英国海军将领

① 朱时和，生卒年不详，字衣柳，武昌（今湖北鄂州市）人。邑增生，以授徒为生。张裕锴、张裕钊兄弟曾从其学应举业。

何伯所率之英、法侵略军和华尔所率之常胜军，战于上海七宝（今闵行区七宝镇）等地，给予侵略者沉重打击，何伯被击伤。

三月初十日（4 月 8 日），应上海会防公所邀请，道员加按察使衔李鸿章率所部淮军八千人，租用外轮八艘，由英国兵舰护航，自安徽安庆出发赴上海。

三月十九日（4 月 17 日），太平天国扶王陈得才、遵王赖文光率太平军自河南进军陕西，陕西回民首领任武在渭南起义响应。

三月二十六日（4 月 24 日），因恩师曾国藩擢升两江总督、协办大学士，裕钊去函祝贺。曾国藩作《复张裕钊》回复云："足下相知较深，鄙人忧惧之忱，自当鉴及。"①

三月三十日（4 月 28 日），李鸿章率淮军全部抵达上海，并奉旨署理江苏巡抚。

三月间，裕钊的前辈、好友王庆云②在山西汾州（今临汾市隰县）去世。

四月初三日（5 月 1 日），英、法侵略军和"常胜军"攻陷嘉定（今上海市嘉定区）。

四月十二日（5 月 10 日），清军勾结英、法侵略军攻占浙江宁波。

四月十五日（5 月 13 日），荆州将军多隆阿率清军攻陷安徽庐州，太平天国英王陈玉成率部退守寿州（今安徽省六安市寿县）。

四月十七日（5 月 15 日），太平天国英王陈玉成在寿州为团练首领苗沛霖所诱执，被解送至颍州（今安徽省阜阳市）清军"督办皖豫剿匪事宜"的钦差大臣胜保大营。

四月十九日（5 月 17 日），英、法侵略军进攻奉贤（今上海市奉贤区）之南桥镇，法军水师提督卜罗德（Admiral Protet，1808—1862）被太平军击毙。

四月二十八日（5 月 26 日），太平天国忠王李秀成率部击败英、法联军

① 曾国藩：《复张裕钊》，《曾国藩全集》第二十四册，岳麓书社 1992 年版，第 2654 页。

② 王庆云（1798—1862），字家镮，一字贤关，号乐一，又号雁汀。福建闽县人。嘉庆二十四年（1819 年）举人，道光九年（1829 年）进士。历任翰林院编修、广西乡试主考官、贵州学政、翰林院侍讲学士、通政使司副使、户部左侍郎、陕西巡抚、山西巡抚、四川总督、两广总督、都察院左都御史、工部尚书、两广总督等职。卒后谥"文勤"，入祀山西名宦祠。工诗文。著有《熙朝政纪》《石渠余记》《王文勤奏稿》《石延寿馆文集》《荆花馆遗诗》等。

和常胜军，攻克嘉定（今上海市嘉定区），并率太平军第三次进军上海。

四月二十九日（5月27日），太平天国扶王陈得才、遵王赖文光率所部攻占陕西渭南。回民首领任武等乘机率众在渭南、大荔等地起义。

五月初三日（5月30日），江苏布政使曾国荃率湘军主力驻扎南京雨花台，开始对天京实施围困。

同日，太平天国慕王谭绍光率部攻克湖州府（今浙江省湖州市吴兴区）。

五月初八日（6月4日），太平天国英王陈玉成（1837—1862）在河南延津（今新乡市延津县）被清军杀害，年仅二十六岁。

五月十三日（6月9日），太平天国慕王谭绍光率军攻克江苏青浦（今上海市青浦区），活捉常胜军副领队法尔思德。

五月二十四日（6月20日），太平军叛徒、清将韦志俊率军攻陷安徽枞阳（今铜陵市枞阳县）。

五月间，应好友旋庵之请，裕钊为其录姚武功诗作水墨纸本《楷书四则》手卷（35.5 cm×126.5 cm）。其诗略云："县去帝城远……不拟作书题。簿书多不会……惟写五千言。日出方能起……下马上西坡。朝朝门不闭……休官日已迟。"其题识云："同治纪元五月，录姚武功诗以奉旋庵尊兄大人属正。廉卿张裕钊。"钤印："裕钊""廉卿"（见中国嘉德国际拍卖有限公司"中国嘉德2012秋季拍卖会"——"中国古代书法"专场拍卖品，编号：1723）。

同月里，裕钊闲居无事，自书水墨纸本楷书欧阳文忠与石推官书手卷（35.5 cm×253 cm）。其文及题识云："修顿首再拜白公操足下：前岁于洛阳得在郓州所寄书……今有之乎，亦曰无也。然则〇谓而若是曰，特欲与世异而已。积雨新晴，笔砚俱润，偶录欧阳文忠与石推官书。廉卿。"钤印："张裕钊""廉卿"（见中国嘉德国际拍卖有限公司"中国嘉德2012秋季拍卖会"——"中国古代书法"专场拍卖品，编号：1723）。

六月十五日（7月11日），浙江提督鲍超率湘军攻陷安徽宁国府（今宣城市宁国市）。

六月十七日（7月13日），曾国藩作《加严树森片》云："张廉卿前客文忠署内，前有一函来谋一书院馆，今年已无及矣。求鼎力荐一明年较优之席，感同身受。"①

① 曾国藩：《加严树森片》，《曾国藩全集》第二十四册，岳麓书社1992年版，第2280页。

七月十八日（8 月 13 日），中、俄双方在新疆塔尔巴哈台举行勘分西北边界的谈判。

七月二十八日（8 月 23 日），同治皇帝向全国颁布“求言诏”。

七月二十九日（8 月 24 日），恭亲王奕䜣、李鸿章、曾国藩联名奏准设立北京同文馆（简称“同文馆”），附属于总理各国事务衙门；该馆挑选八旗儿童入馆学习英文，由英人包尔腾（Burdon）为英文教习，徐树琳为汉文教习，以培养翻译人员为目的。

同日，曾国藩作有《复张裕钊》书云：“前致严帅信，恳为足下觅一较优馆地，却未指明何处。严帅复书似亦应允，秋、冬间或可定局，刻间未便再以书牍指定黄州也。”①

案：据曾国藩信中内容来看，在曾国藩写此信前，张裕钊应该写过信函给老师，希望老师能为他在黄州谋到一个教职。只是可惜，今天此信函已见不到了。

七月间，山东淄川秀才刘德培率领信和团团众在淄博举行反清起义，建立“大汉政府”，被推为“督招讨大元帅”（后改称“大汉德主”）。

八月二十九日（9 月 22 日），太平军在浙江慈溪与常胜军激战，击毙常胜军统领华尔。随后，常胜军由美国人白齐文担任统领。

八月间，贵州遵义廪贡生②黎庶昌第二次参加顺天乡试落榜后，经过反复考虑，遂向都察院呈交了一份《上穆宗毅皇帝书》；该书七千余言，列举了亟应改革的“危道”十五种，表现出强烈的忧国忧民之情。

闰八月十九日（10 月 12 日），浙江巡抚左宗棠在宁波与法国侵略军组成常捷军，由法军水师副将、法国舰队司令勒伯勒东（Albert-Édouard Le Brethon de Caligny，1833—1863）任统领，宁波海关税务司法国人日意格（Prosper Marie Giquel，1835—1886）为帮统。

闰八月二十日（10 月 13 日），太平天国忠王李秀成率所部太平军自江苏苏州驰援天京，在雨花台与湘军展开激战。

九月上旬，遵义廪贡生黎庶昌又向都察院呈递了一份万言书——《上穆宗毅皇帝第二书》，更是从二十五个方面阐明了自己的看法，表现出敏锐的

① 曾国藩：《复张裕钊》，《曾国藩全集》第二十四册，岳麓书社，1992 年版，第 2955 页。

② 廪贡生：廪膳生员（府、州、县学中领取生活补助的生员）经岁、科两试均列高等而贡入国子监者，被称为“廪贡生”。

社会洞察力、精辟的政治见解和济世经邦的才识。

九月十六日（11 月 7 日），汉阳好友、时任江西盐运使冯礼藩之母曾太夫人的灵柩祔葬于黄陂郑家湾横山之阳的祖茔。此前，冯礼藩曾请裕钊为之表墓。裕钊遂撰《冯母曾太夫人墓表》相赠（见《濂亭文集》卷五，《张裕钊诗文集》第 133～135 页）。

九月二十三日（11 月 14 日），青海回民首领马文义（即马朵三）率领西宁回民举行反清起义。

十月初五日（11 月 26 日），太平天国忠王李秀成与湘军在天京城外激战四十余日不胜，乃撤军，转攻江北。

十月初八日（11 月 29 日），朝廷颁发上谕："黎庶昌以边省诸生，摅悃陈书，于时务尚见留心，方今延揽人才，如恐不及。黎庶昌著加恩以知县用，发交曾国藩军营差遣委用，以资造就。该员其勉图实践，用副殊恩。"①

十月十二日（12 月 3 日），朝命实授李鸿章江苏巡抚。

冬，因好友万清轩的介绍，张裕钊与在湖北巡抚严渭春幕府的桐城学者、文学家方宗诚结交，并成为好友。

方宗诚曾在《叙交一首赠张廉卿》中说："同治壬戌，余客楚北，交兴国万清轩，君子儒也。其冬，因清轩获友武昌张廉卿。"②

案：闻钧天先生《张裕钊年谱校注》云："廿九岁，咸丰元年辛亥(1851 年）在京供职。自入京应礼部试迄任中书官职以至离京时，鄂籍考生，相与往来者，有柯茂芝……又方存之亦常过从。"（见杨祖武主编：《张裕钊书法艺术》，华夏出版社，1996 年）又丁有国先生在注张裕钊《赠方存之》之"白首相逢渺七年"时云："1861 年，作者往安庆谒见曾国藩，在曾幕府会见过方存之，至此，已有七年。"（见丁有国：《濂亭遗诗注评》，接力出版社，2004 年）两说均误：张裕钊与方宗诚二人的初识，既不在咸丰元年的京师，亦不在咸丰十一年的安庆，而是同治元年的武昌。据《方存之先生行年录》记载，咸丰八年（1858 年）以前，方宗诚一直居住桐城老家，以教书授徒为生；直到咸丰九年初，应山东布政使吴廷栋之邀赴济南入其幕，才走出桐城，与外界交往。而从咸丰十一年（1861 年）二月起，至同治元年（1862 年）十二月的这段时间，方宗诚乃受聘在河南巡抚、湖北巡

① 转引自黄万机：《黎庶昌评传》，贵州人民出版社 1889 年版，第 37～38 页。

② 方宗诚：《叙交一首赠张廉卿》，《柏堂遗书·柏堂集续编》卷九，光绪刻本。

抚严树森的幕府，并不在安徽安庆的曾国藩幕府。方宗诚进入曾国藩幕府的时间在同治二年（1863 年）正月。

十一月十九日（1863 年 1 月 8 日），太平天国扶王陈得才、遵王赖文光率太平军进军陕西兴安府（今安康市）。

十一月二十七日（1863 年 1 月 16 日），清政府总税务司李泰国与英国海军上校舍纳德·阿思本（Sherard Osborne）订立统领清政府所置兵轮协定①。

十一月二十八日（1863 年 1 月 17 日），太平军在浙江绍兴与常捷军激战，击毙常捷军统领勒伯勒东。

十二月十三日（1863 年 1 月 31 日），太平天国翼王石达开率军自四川叙州（今宜宾市）进入云南。

十二月二十六日（1863 年 2 月 13 日），清政府命江苏巡抚李鸿章为办理通商大臣事务钦差大臣。

十二月二十七日（1863 年 2 月 14 日），朝命两广总督刘长佑调任直隶总督。

同日，冈仓无心（1863—1913）出生于日本神奈川县横滨的一个藩士家庭。

年底，张裕钊仍回武昌老家陪家人度岁。

是年，张裕钊的岳父黄宣因病卒于家②，时年 55 岁（虚岁）。

同治二年癸亥(1863)　四十一岁

年初，张裕钊应湖北志局之聘，赴省城武昌编志，随裕钊一起进志局编志的尚有后辈友人查燕绪、蒋佐尧③。

---

① 清政府曾出资，委托英国海军上校舍纳德·阿思本组建一支舰队——阿思本舰队（又名“英中联合舰队”），舰队所有之七艘大小军舰均委托李泰国购自英国，舰队的军官及水手亦大部分在英国招募。

② 黄宣（1808—1862），字仲卿，湖北大冶人。“少负英达之资，习知人情，术业通敏”，道光十七年（1837 年）举人。后累试不第，又因病失明，益郁愤。

③ 蒋佐尧（1847—1906），原名学晓，字宾日，号郃石，晚号郃野老农；藏书处曰“宾日楼”“西涧草堂”“衍芬草堂”。浙江海宁硖石人。将光煟之季子。早年肄业勺庭书院。岁贡生。后累试不举，遂放弃科举仕进，以诗文、书画自娱。继承其父遗留藏书 10 余万卷，专辟宾日楼等以藏之。晚年足不出户，专意整理古籍。善诗文，工书法，尤工小楷；亦精绘画，所绘扇面，流传甚广；又擅篆刻。著有《宾日楼诗文集》《宾日楼诗文稿》等。

正月初二日（2 月 19 日），太平军在浙江绍兴大败清军与英、法联军，击毙法军副将买忒勒（Tardif de Moidrey，一作“法尔第福”）、英军参将定龄（Tinling）。

正月十三日（3 月 2 日），浙江巡抚左宗棠率楚军攻陷浙江金华。

正月二十二日（3 月 11 日），江苏巡抚李鸿章奏设广方言馆于上海。

正月二十六日（3 月 15 日），清军勾结英、法军队攻占浙江绍兴。

正月间，好友方宗诚辞去湖北巡抚严树森幕职，应邀赴安庆入两江总督曾国藩幕府，开始纂修《两江忠义录》。

二月初一日（3 月 19 日），钦差大臣僧格林沁率清军攻陷捻军的根据地——雉河集（今安徽省亳州市涡阳县县治所在地）。

二月初五日（3 月 23 日），捻军首领、太平天国沃王张乐行因叛徒出卖，在西阳集（今安徽省亳州市涡阳县西阳镇）被俘，随即送往钦差大臣僧格林沁大营。

二月初七日（3 月 25 日），英国少校军官戈登（Charles George Gordon）接统常胜军。

二月十八日（4 月 5 日），捻军首领、太平天国沃王张乐行（1810—1863）与其子张喜、义子王琬儿在义门集（今涡阳县义门镇）附近的周家营僧格林沁大营被杀害。

二月间，在好友蒋光焴的一再请求和敦促下，同在湖北志局编志的海宁人查燕绪、蒋佐尧正式拜张裕钊为师，并得为学之要。

弟子查燕绪在《张廉卿先生文集后跋》中记载说：

> 同治癸亥之春，燕绪客鄂垣，与蒋子佐尧，同受业先生之门。时方专攻举子业，未遑他及也。先生间作一文，承命缮写，虽私自录副以藏，亦茫不识古文义法何如也。其年冬十一月，先生将归里，乃呼燕绪而诏之曰：“宋贤有言：‘学者，学为仁义也。’故《孟子》七篇，壹以仁义晓人。汝能即‘无欲害人’‘无穿窬’二语深绎而内省之，学之始基立矣。”已复赐以序言，谆谆相诫，其诱掖奖励之者，特逾侪辈。（见《张裕钊诗文集》附录七，第 576 页）

三月十五日（5 月 2 日），新任常胜军统领、英军少校戈登率常胜军与淮军一起攻陷太仓（今江苏省苏州市太仓市）。

三月十八日（5 月 5 日），清廷擢升浙江按察使曾国荃为浙江巡抚，未赴任，仍留雨花台率军围困天京；又擢升左宗棠为闽浙总督，仍兼署浙江巡抚，而调前闽浙总督耆龄为福州将军。

三月十九日（5 月 6 日），黎庶昌出京后，途经湖北武昌抵达安庆曾国藩大营，被委以“稽查保甲”的差使。

三月二十七日（5 月 14 日），太平天国翼王石达开率所部太平军抵达四川大渡河南岸的紫打地（今雅安市石棉县安顺场附近），为大渡河所阻。

同日，姚蕴素（1863—1944）出生于安徽桐城一个书香官宦世家。

四月二十五日（6 月 11 日），太平天国翼王石达开所部太平军在四川大渡河南岸与松林河交汇处的紫打地，遭到川、滇、湘军的合击，全军覆没，石达开被俘。

四月二十六至二十八日（6 月 12—14 日），沙俄侵略军多次越过博罗吉尔卡伦（中国哨所），对中国边境进行骚扰。

五月初十日（6 月 25 日），太平天国翼王石达开（1831—1863）在成都被四川总督骆秉章杀害。

五月十五日（6 月 30 日），湘军水、陆联合攻克太平军防守严密的九洑洲（在今南京市浦口区的长江激流中），天京粮道中断。

五月二十六日（7 月 11 日），太平天国天王洪秀全在上海《北华捷报》英文周刊刊登号召太平军将士战斗到底的诏旨。

八月初九日（9 月 21 日），上海英、美租界正式合并，改称为“公共租界”。

八月十二日（9 月 24 日），马化龙、穆生华率领的回民起义军攻占甘肃的平凉。

八月二十日（10 月 2 日），太平天国西北远征军攻占陕西汉中（今汉中市）。

九月间，湘军主力相继攻克天京城外的各处要隘，天京被合围。

十月初三日（11 月 13 日），太平军中的英国人呤唎（Augustus F. Lindley，1840—1873）在上海附近俘获常胜军之“飞而复来号”轮船，改船名为“太平号”，后在保卫无锡的战斗中，“太平号”缴获清军炮船五十一艘。

十月初五日（11 月 15 日），清政府解除李泰国中国海关总税务司职务，正式任命曾任上海海关总税务司的罗伯特·赫德为中国海关总税务司。在其任期内又新增设海关三十多处，并制定由外人管理中国海关的制度，从而使外国人控制中国的财政收入达四十八年之久。

十月初七日（11 月 17 日），湘军将领彭玉麟、鲍超率水、陆两军攻克江苏高淳（今南京市高淳区）、东坝（今南京市高淳区东坝镇）等城隘，由皖南进入苏南。

十月二十四日（12 月 4 日），太平天国慕王谭绍光（1835—1863）在苏州被叛徒纳王郜永宽杀害，郜永宽献城投敌，苏州被清军占领。

十月二十六日（12 月 6 日），江苏巡抚李鸿章诛杀纳王郜永宽（1836—1863）等降将。

十月间，得知父病消息，张裕钊遂辞志局职，回家侍父。临行前，传授查燕绪、蒋佐尧为文之法，并叮嘱他们要多读古人之书。

十一月初二日（12 月 12 日），清军攻陷江苏无锡，太平天国潮王黄子隆（？—1863）父子殉难。

十二月间，两江总督曾国藩为筹办江南制造局，派遣容闳赴美国购买机器。

江苏巡抚李鸿章命英国人马格里（Macartney Halliday，1833—1906）在苏州成立西洋炮局，为淮军提供军火。

俄国茶商李凡诺夫（S. W. Litvinoff，又译作“季凡诺夫”“李维诺夫”“李特芬诺夫”“利文诺夫”）在汉口创办顺丰砖茶厂，成为俄国在中国建立的第一家工厂。

年底，张裕钊在武昌老家侍父、度岁。

是年，吴汝纶和其兄肫甫顺利通过县试、府试与院试，取得秀才资格。

是年，经朝廷批准，江苏巡抚李鸿章在上海创立了一所外国语言专科学校——外国语言文字学馆（又名“同文学馆”），后来改名为“上海广方言馆”。

是年，贵州人王朝选和其弟王礼乾在贵东南的开州（今贵阳市开阳县）与回民起义军作战时，双双战死。家乡人为纪念他们，在此立碑，并托人邀请张裕钊为他们撰写碑文。张裕钊乃作《赠知州衔候选州同贵筑王君殉难碑记》相赠（见《濂亭遗文》卷四，《张裕钊诗文集》第 264～266 页）。

是年，好友汪士铎将胡林翼主持的《皇朝中外一统舆图》(《大清一统舆图》)完成，并刊刻行世。

同治三年甲子(1864)　四十二岁

年初，张裕钊仍在武昌老家侍父、闲居。

正月初三日（2 月 10 日），太平天国西北远征军自陕西南部东下，由扶王陈得才、遵王赖文光、祐王蓝成春各领一路驰援天京。

正月中下旬，好友蒋光焴[1]见浙东各大城镇已被清军控制，比较安全，遂决定携藏书东归，遂致函告知张裕钊。

适湖北志局又来函聘请张裕钊赴武昌编志。于是，张裕钊又来到省城，进入湖北志局编志。闲暇之时，常与蒋光焴等好友相聚唱和。在蒋氏离鄂归浙之前，张裕钊曾写有《赠蒋寅昉部曹序》一文相贻（见《濂亭文集》卷二，《张裕钊诗文集》第52页）。

正月二十一日（2月28日），浙江巡抚曾国荃率湘军主力攻占天京钟山要塞——天堡城（位于南京太平门外紫金山西峰山顶）。

正月二十三日（3月1日），常胜军攻占江苏宜兴（今无锡市宜兴市）。

正月二十四日（3月2日），浙江巡抚曾国荃率湘军主力进驻天京太平门及神策门外，天京被团团围困。

正月间，弟子查燕绪将归海宁，张裕钊作《赠查生燕绪序》为之送行（见《濂亭文集》卷二，《张裕钊诗文集》第37～38页），勉励其要学古人之道，行乎仁义之途。

自二月上旬开始，张裕钊为一家人的生计着想，除编志外，还应邀至勺庭书院兼课；弟子蒋佐尧则跟随恩师入勺庭书院学习。

二月二十四日（3月31日），太平军在江苏江阴（今无锡市江阴市）大败常胜军，伤毙英国侵略军三百余人；闽浙总督左宗棠率所部楚军联合法国洋枪队攻克浙江杭州。

二月二十九日（4月5日），汪士铎将自己负责新刊刻的《皇朝中外一统舆图》（即《大清一统舆图》）寄赠给好友曾国藩一套。

曾国藩曾在当天的日记中记载："是日，汪梅村寄新刻《皇朝中外一统舆图》，凡三十二册。首册序跋、凡例……大致以康熙、乾隆两朝内府图及近人李兆洛图为蓝本，而增小地名颇多，亦巨制也。"

三月间，江苏巡抚兼五口通商大臣李鸿章在苏州创设苏州炮局，制造兵器，使之成为中国最早用机器制造兵器的工厂。

---

① 蒋光焴（1825—1895），字寅昉，号吟舫，又号敬斋。藏书楼名"衍芬草堂"。浙江海宁硖石镇人。诸生。两次乡试不中后，遂放弃仕进，继承其祖、父辈的藏书嗜好，并将其发扬光大。所藏之书达1605部，24813册，数十万卷；且其中甚多为宋、元、明时期的刻本。当时知名学者如钱泰吉、俞樾、邵懿辰、张廷济等皆慕名前往访问。著有《敬斋杂著》《名讳辩》《敬斋杂诗小说》等。

同月里，经好友蒋光焴的介绍，张裕钊写信给时在江苏忠义局任编修的浙江嘉善人钟文烝，（即《与钟子勤文烝书》，见《濂亭文集》卷四，《张裕钊诗文集》第 86～87 页）与之结识并成为好友。

四月初六日（5 月 11 日），戈登率领常胜军和淮军攻陷江苏常州，太平天国护王陈坤书（？—1864）殉难。

四月十二日（5 月 17 日），太平天国扶王陈得才、遵王赖文光、梁王张宗禹率部围攻河南信阳州（今信阳市）。

四月二十六日（5 月 31 日），常胜军在江苏昆山被解散。

四月二十七日（6 月 1 日），太平天国天王洪秀全（1814—1864）在天京病逝。

五月初三日（6 月 6 日），太平天国天王洪秀全之长子、幼天王洪天贵福即位，时年十六岁。

五月初十日（6 月 13 日），太平天国遵王赖文光、梁王张宗禹率军进逼湖北汉口，武汉大震。

五月二十日（6 月 23 日），广州同文馆建成开馆。

五月二十八日（7 月 1 日），英国人在中国出版的影响最大的英文报纸——《字林西报》（又称《字林报》，*North China Daily News*，实由《北华捷报》扩充而来，并改为日报），在上海创刊，成为上海公共租界工部局的喉舌。

五月三十日（7 月 3 日），浙江巡抚曾国荃率湘军主力攻占天京的另一军事要塞——地堡城（位于今南京城太平门的龙脖子）。

六月十六日（7 月 19 日），湘军取得抵抗太平军的决定性胜利——浙江巡抚曾国荃率领所部湘军一举攻克太平天国都城天京，并纵兵焚掠屠杀，大火七日不熄。

案：张裕钊后来常常撰文极力赞颂曾国藩镇压太平天国之功。《濂亭文集》中笔涉太平天国运动的篇章比比皆是，为太平天国运动这一影响中国近代历史走向的重大事件，留下了宝贵的历史资料。

六月中旬，两江总督曾国藩率大军进驻南京，并委派黎庶昌协助办理善后事宜。

六月二十日（7 月 23 日），太平天国忠王李秀成在天京城破、护卫幼天王突围时，与幼天王失散，在方山丁村（今南京市江宁区科学园）被湘军士兵所俘。

六月二十一日（7 月 24 日），太平天国堵王黄文金在浙江湖州大败清兵。

六月二十四日（7 月 27 日），朝命赏加两江总督曾国藩太子太保衔，赐封一等侯爵，世袭罔替，赏戴双眼花翎。

六月二十六日（7 月 29 日），太平天国幼天王洪天贵福流亡至浙江湖州。

六月二十七日（7 月 30 日），经同乡好友方宗诚的引荐，前来金陵准备参加十一月举行乡试的吴汝纶与曾国藩结识，并呈文向曾氏请教。曾国藩亦甚欣赏吴氏的才华。

曾国藩在同日的日记中记载："中饭后，阅桐城吴汝纶所为古文，方存之荐来，以为义理、考证、词章皆可成就，余观之信然，不独为桐城后起之英也。"①

六月二十九日（8 月 1 日），朝命赏加浙江巡抚曾国荃太子少保衔，赐一等伯爵。

六月间，两江总督曾国藩为弟子裕钊谋求一职不果。

七月初五日（8 月 6 日），英国在香港创办汇丰银行。

七月初六日（8 月 7 日），太平天国忠王李秀成（1823—1864）在南京被两江总督曾国藩杀害。

七月十二日（8 月 13 日），太平天国干王洪仁玕突围至浙江湖州与堵王黄文金会合。于是，干王洪仁玕、堵王黄文金等拥戴幼天王洪天贵福，继续斗争。

七月二十三日（8 月 24 日），太平天国扶王陈得才、遵王赖文光所部太平军在湖北麻城被钦差大臣僧格林沁所部击败。

七月二十七日（8 月 28 日），浙江湖州为清军攻陷，太平天国幼天王洪天贵福、干王洪仁玕、堵王黄文金败走广德（今浙江省广德市）；辅王杨辅清败退上海，随后去澳门。

八月十八日（9 月 18 日），太平天国启王梁成富所部太平军攻占甘肃阶州（今陇南市武都区）。

八月二十二日（9 月 22 日），兄张裕锴之子张后灏②病逝，时年仅十二。

九月初七日（10 月 7 日），沙俄强迫清政府勘办西北界事宜大臣明谊在新疆塔城签订《中俄勘分西北界约记》。

---

① 曾国藩:《日记》(二),《曾国藩全集》第十七册,岳麓书社 1988 年版,第 1024 页。

② 张后灏(1852—1864),字慕梁。兄张裕锴长子。

九月初八日（10 月 8 日），曾国藩将两江总督府自安庆移驻江宁，暂设于原英王府中。

九月初九日（10 月 9 日），太平天国幼天王洪天贵福、干王洪仁玕等部太平军在江西石城（今赣州市石城县）杨家牌军溃，干王洪仁玕等人被清军所俘。

九月十四日（10 月 14 日），太平天国侍王李世贤率所部太平军攻占福建漳州府。

九月十五日（10 月 15 日），常捷军在浙江被遣散。

九月二十五日（10 月 25 日），太平天国幼天王洪天贵福在江西石城（今赣州市石城县）的荒山中被清军俘虏。

九月间，张裕钊次子张后浍（1864—1927）在武昌老家出生。

同月里，朝命论功行赏，赐封闽浙总督左宗棠为一等伯爵，锡名曰“恪靖”。

十月初九日（11 月 7 日），太平天国扶王陈得才部太平军在安徽霍山黑石渡与清军作战失利，部将马融和等率七万太平军投降钦差大臣僧格林沁，陈得才（？ —1864）自杀；旋，马融和等被僧格林沁所杀。

十月二十日（11 月 18 日），太平天国幼天王洪天贵福（1849—1864）在江西南昌被杀害，太平天国政权覆灭。

十月二十五日（11 月 23 日），太平天国干王洪仁玕（1822—1864）在江西南昌遇害。

十月二十七日（11 月 25 日），好友汪士铎留在湖北完成编纂《皇朝中外一统舆图》（此时已刊刻行世）、《胡文忠公遗集》（此时已在武昌节署开雕）和《胡文忠公抚鄂记》[①]任务后，遂回到老家江宁，且当天便去拜见了两江总督曾国藩；曾国藩热情地接待了他，并安排他进金陵书局就职。

曾国藩曾在当天的日记中记载：“汪梅村来久谈。 请梅村与张啸山、李壬叔等中饭，申初散。”[②]

十月下旬，太平天国遵王赖文光率所部太平军与捻军首领梁王张宗禹所率之捻军，在鄂、豫边境进行合并与整编，组建成一只集中统一的新捻军，继续与清军对抗。

---

① 汪士铎：《胡文忠公抚鄂记》，三卷，有清末抄本，又有 1988 年岳麓书社《湘军史料丛刊》本。

② 曾国藩：《日记》（二），《曾国藩全集》第十七册，岳麓书社 1988 年版，第 1082 页。

十一月初一日（11 月 29 日），张裕钊作《与曾国藩》书，祝贺师尊“平定江南，龛除大难。拯斯民于水火，系天下之安危。盛德殊勋，帝心简在”，其功业有过于古名臣贤哲，“诚所谓旷世而一逢者”。“而裕钊远隔千里之外，不获时侍左右”，实“为私憾者”。另告诉师尊自己的近况，向师尊求援：勺庭书院讲席，“已势不可留，遂于日前辞退”，此后，“尚无讬足之所”，望师尊能“寓书杜小舫观察，于汉口咸鹾局位置一地，每月可三十金者，乃稍足自给”（见《张裕钊诗文集》附录一，第 492～493 页）。

此时，张裕钊已辞去勺庭书院兼职，专心在湖北志局修志。

曾国藩在十一月二十七日（12 月 25 日）的日记中记载云：“张裕钊、万斛泉修省志。”

十一月十四日（12 月 12 日），太平天国遵王赖文光、梁王张宗禹和捻军首领任柱（化邦）在河南邓州（今南阳市邓州市）击败钦差大臣僧格林沁。

十一月下旬，江南乡试结束，吴汝纶中第九名举人，谒见两江总督曾国藩、乡试监临官李鸿章，称弟子。

十一月间，京师同文馆美国教习丁韪良（William Alexander Parsons Martin，1827—1916）所译之《万国公法》（*Elements of International Law*）刊行。

十二月初十日（1865 年 1 月 7 日），曾国藩作《复张裕钊》云：“惟湖北书院既无可谋，汉口鹾局亦未便推荐。从前盐务冗费多端，新立章程概从删汰，并无干脩之例，碍难措辞。”①

同日，张裕钊的父亲善准公（1796—1864）在武昌老家病逝。

张裕钊在《先府君暨先妣事略》中说：“其卒，以同治三年十二月十日，年六十有九。”（见《濂亭文集》卷七，《张裕钊诗文集》第 183 页）

十二月十九日（1865 年 1 月 16 日），上海法租界法国商人创立自来火行。

十二月间，两江总督曾国藩曾致信弟子张裕钊，招其赴金陵入其幕。裕钊因丁父忧不能前往，遂致函谢之。

张裕钊在《复某邑侯书》中云：“昔岁之冬，湘乡曾相国诒书招赴金

① 曾国藩：《复张裕钊》，《曾国藩全集》第二十七册，岳麓书社 1994 年版，第 4861～4862 页。

陵。裕钊……辞谢。”（见《濂亭文集》卷四，《张裕钊诗文集》第 90 页）

同月里，中亚浩罕汗国军事头目阿古伯在英、俄两国侵略者的支持下，率兵侵入我国新疆。

是年，张裕钊作有《书感》一诗，以抒其感慨（见《濂亭遗诗》卷一，《张裕钊诗文集》第 282 页）。

是年，英国在上海成立利生、利华、利升三家银行。

同治四年乙丑(1865)　四十三岁

年初，张裕钊应知府觉罗同之邀，至湖北安陆府试院参加今年的岁试阅卷。

正月初三日（1 月 29 日），太平天国遵王赖文光、梁王张宗禹在鲁山（今河南省平顶山市鲁山县）击败钦差大臣僧格林沁所部清军。

正月二十三日（2 月 18 日），两江总督曾国藩在接到张裕钊之父去世的讣告后，不仅寄赠祭幛和奠仪，还作《复唁张裕钊》云：“廉卿仁弟礼次：腊月初十布复一函，新正接到讣书，惊悉尊大人锦堂弃养，骇愕曷任！尊大人身通六艺，齿届七旬，郑广文道出羲黄，韩博士学窥姚姒，诗礼早传于令子，璟瑜更辉于诸孙。方期松格之弥高，讵意椿龄之遽谢？礼庐哀痛，如何可言！惟念足下握谨怀瑜，而远游是戒，依侍庭闱，凡所以养志承欢者，固已曲尽孝思，无所于憾。尚冀顺变节哀，仰慰慈侍，无过毁伤，是所至祷。专泐，布唁孝履。附具祭幛一悬，奠仪二十金，即希察收。诸惟珍卫，不备。”①

正月间，吴汝纶自安徽桐城启程赴京，参加今年将举行的会试。

二月初六日（3 月 3 日），英国汇丰银行在香港正式挂牌营业。

二月十九日（3 月 16 日），张裕钊的母亲金孺人（1793—1865）卒于武昌老家。

张裕钊在《先府君暨先妣事略》中云：“府君既卒，明年二月十九日，而先妣金孺人卒。恸乎！距府君之卒三月耳……卒年七十有三。”（见《濂亭文集》卷七，《张裕钊诗文集》第 183～184 页）

二月二十一日（3 月 18 日），太平天国戴王黄呈忠率所部太平军攻占福建漳浦（今漳州市漳浦县）。

---

① 曾国藩:《复唁张裕钊》,《曾国藩全集》第二十七册，岳麓书社 1994 年版，第 4915～4916 页。

二月间，朝命补授广东布政使李瀚章为湖南巡抚，兵部侍郎彭玉麟署理漕运总督（彭上书坚辞不受）。

三月初七日（4月2日），太平天国遵王赖文光、梁王张宗禹率所部太平军向山东曹县（今菏泽市曹县）进军。

三月初八日（4月3日），英国汇丰银行在上海设立分行，成为长期垄断中国金融霸权的银行。

三月间，张裕钊将父母之灵柩合葬于祖茔，并写有《先府君暨先妣事略》一文以纪之（见《濂亭文集》卷七，《张裕钊诗文集》第181～184页）。

四月初十日（5月4日），应好友慕虁之请，张裕钊为其制作水墨纸本楷书《朱伯庐治家格言》四屏立轴（167 cm×45.5 cm×4）。其屏轴文及题识云："朱柏庐先生治家格言　黎明即起，洒扫庭除，要内外整洁；既昏便息，关锁门户，必亲自检点……读书志在圣贤，为官心存君国，守分安命，顺时听天，为人若此，庶乎近焉。　慕虁先生雅正，乙丑立夏，张裕钊。"钤印："张裕钊"（白）、"廉卿"（朱）（见北京东方大观国际拍卖有限公司"2015春季拍卖会"——"金石契"专场拍卖品，编号：0679）。

四月中旬，会试榜发，吴汝纶中式第八名贡士。

四月二十日（5月14日），朝命加称两江总督曾国藩一等侯爵，锡名"毅勇侯"。

四月二十一日（5月15日），清军攻陷福建漳州，太平天国侍王李世贤率所部太平军突围而出。

四月二十四日（5月18日），太平天国遵王赖文光和梁王张宗禹在山东曹州（今菏泽市）西北之高楼寨设伏，大败清军，击毙清廷钦差大臣僧格林沁（1811—1865）亲王，京师震恐。

四月二十九日（5月23日），清政府命钦差大臣、两江总督曾国藩赴山东围攻捻军，以江苏巡抚李鸿章署理两江总督。

四月下旬，殿试结束，吴汝纶取中三甲第一名进士，即总第一百零四名进士，授职内阁中书；曾国藩奇其文，爱其才，遂上奏请留佐幕府。

曾国藩曾说："吾门人可期有成者，惟张（裕钊）、吴（汝纶）两生。"①

五月初九日（6月2日），钦差大臣、两江总督曾国藩再接谕旨，命其

① 赵尔巽等撰：《清史稿》卷四八六，中华书局1977年版，第13442页。

督办直隶、山东、河南三省军务，所有旗、绿各营及地方文武员弁皆归其节制。

同日，署理两江总督李鸿章派潘鼎新率五千淮军乘轮船航海至天津，堵截捻军的北上之路，以卫护京师。

五月十三日（6月6日），清军攻陷甘肃阶州（今陇南市武都区），太平天国启王梁成富（？—1865）兵败死难。

五月十七日（6月10日），钦差大臣、三省军务督办曾国藩在得知张裕钊母亲去世的消息后，不仅寄赠祭幛和奠仪，亦作《复张裕钊》云："春间迭接赴书，惊悉尊严慈相继弃养，骇愕曷任！素谂至性过人，天怀肫笃，方椿龄之告谢，又萱荫之旋摧，自必异常哀痛……尚冀节哀顺变……匆匆布唁孝履，附具祭幛一悬，奠仪五十金，即希察收。诸惟珍卫，不备……正月曾作《江忠烈神道碑》，足下视之，不甚退否？后生为古文者，遵义黎庶昌、桐城吴汝纶可望有成，小儿也可望也。"①

五月二十五日（6月18日），钦差大臣、三省军务督办曾国藩确定其剿捻之策：重镇设防，划河圈围，清野查圩，马队追踪；并率大营人员自江宁登船出发，北上剿捻。

闰五月十五日（7月7日），张裕钊收到好友、湖北钟祥县令朱福海（字荣成）四月十日（5月4日）寄来的书函，诚邀裕钊赴钟祥修志；裕钊因居父母之丧，遂谢辞其修志之请，然颇感主人盛意，乃作《复某邑侯书附修志末议六条》一文（见《濂亭文集》卷四，《张裕钊诗文集》第88～93页）寄赠，随书函寄去的还有修志建议六条。

闰五月二十九日（7月21日），钦差大臣、三省军务督办曾国藩的大营抵达临淮关（安徽省滁州市凤阳县临淮关镇）驻扎。

六月二十八日（8月19日），侨居宝应（今扬州市宝应县）东乡的诸生薛福成，得知钦差大臣、三省军务督办曾国藩于北上剿捻途中正在各郡县张榜招贤，遂在长兄、时在家丁父忧的原工部员外郎薛福辰的陪同下，来到宝应运河码头曾国藩的坐船上拜见，呈递上其撰写的洋洋万言之《上曾侯相书》，就"养人才、广垦田、兴屯政、治捻寇、澄吏治、厚民生、筹海防、挽时变"等重要问题提出自己的看法。

钦差大臣、三省军务督办曾国藩阅后，大加赞赏，当即就将薛福成留在

---

① 曾国藩：《复张裕钊》，《曾国藩全集》第二十七册，岳麓书社1994年版，第5051～5052页。

左右当差。

曾国藩在当天的日记中记载说："故友薛晓帆之子福成，递条陈约万余言。阅毕，嘉赏无已。"自此，薛福成便以"门下晚生"的身份留在曾国藩幕府草拟文稿达七年之久，与张裕钊、吴汝纶、黎庶昌一起被称为"曾门四弟子"。

七月初三日（8月23日），太平天国侍王李世贤（1834—1865）在广东镇平（今梅州市蕉岭县）被部将康王汪海洋杀害。

七月初九日（8月29日），太平天国耒王陆顺德率所部太平军攻入广东长乐（今梅州市五华县）。

七月十九日（9月8日），四川酉阳（今重庆市酉阳土家族苗族自治县）发生第一次反洋教斗争。法国传教士玛弼乐（Francois Mabileau）入酉阳城传教，欺压民众，胡作非为，被民众殴毙，史称"酉阳教案"。

七月间，中国海关总税务司由上海迁至北京。

八月初一日（9月20日），清军攻陷广东长乐（今梅州市五华县），太平天国耒王陆顺德（1818—1865）因叛徒出卖而殉难。

同日，钦差大臣、三省军务督办曾国藩和署理两江总督兼五口通商大臣李鸿章在上海创建江南机器制造总局。

八月初四日（9月23日），钦差大臣、三省军务督办曾国藩的大营抵达江苏徐州。

经过几年来的频繁交往和仔细观察，曾国藩甚是欣赏黎庶昌的才干，已将其列入门墙，时时教以为文之法。

曾国藩在八月十八日（10月7日）的日记中记载："旋与黎莼斋久谈，教以作文之法，兼令细看禀批。"①

八月二十六日（10月15日），请假南归省亲的新科进士、内阁中书吴汝纶，在途经江苏徐州时，前往军营拜谒了奉命北上剿捻的钦差大臣、三省军务督办曾国藩。

曾国藩同日的日记曾记载："吴汝纶来久谈。吴，桐城人，本年进士，年仅二十六岁，而古文、经学、时文皆卓然不群，异才也。"②

九月初五日（10月24日），吴汝纶再次前往军营拜谒曾国藩，曾氏乘机邀请吴汝纶来自己幕中相助；吴汝纶见钦差大臣、三省军务督办曾国藩诚

① 曾国藩：《日记》（二），《曾国藩全集》，岳麓书社1988年版，第1193页。
② 曾国藩：《日记》（二），《曾国藩全集》，岳麓书社1988年版，第1197页。

心相邀，乃爽快答应他的邀请。

曾国藩同日在写给儿子的信中说："顷桐城吴汝纶挚甫来此。渠以本年连捷，得内阁中书，告假出京。余劝令不必遽尔进京当差，明年可至余幕中专心读书，多作古文……挚甫闻此言欣然乐从。"

九月初七日（10 月 26 日），清政府允准招商开办云南铜矿。

十月二十一日（12 月 8 日），太平天国康王汪海洋率所部太平军攻占广东嘉应州（今梅州市）。

十二月初七日（1866 年 1 月 23 日），太平天国遵王赖文光率所部太平军攻占湖北黄陂，进逼汉口。

十二月十二日（1866 年 1 月 28 日），太平天国康王汪海洋所率太平军在广东嘉应州（今梅州市）与清军作战，被清军击溃，康王身负重伤。

十二月十六日（1866 年 2 月 1 日），太平天国康王汪海洋（1830—1866）因伤重身亡，诸将共推偕王谭体元为首。

十二月二十二日（1866 年 2 月 7 日），太平天国偕王谭体元率太平军余部退出广东嘉应州（今梅州市）。

十二月二十五日（1866 年 2 月 10 日）夜，太平天国偕王谭体元率太平军余部在嘉应州南边的黄沙嶂遭清军伏击，不少将士因迷路坠崖而亡；偕王谭体元身中数弹，拼死杀出。

是年，署理两江总督兼五口通商大臣李鸿章在南京雨花台创建金陵机器制造局，又称"金陵机器局"，简称"宁局"。

是年，安徽建德县（今池州市东至县）富绅周乐鸣（1785—1865）去世，年八十一；先葬于段家岭祖坟，十余年后改葬于周家山。其后人、亦是裕钊朋友的周馥特请张裕钊为其祖父表墓。于是，张裕钊写了《建德周府君墓表》一文相赠（见《濂亭遗文》卷五，《张裕钊诗文集》第 273～275 页）。

同治五年丙寅(1866)　四十四岁

年初，张裕钊在武昌老家陪家人过新年。

正月二十三日（3 月 9 日），太平天国偕王谭体元（1836—1866）因伤重被俘，在嘉应州之松口堡（今梅州市梅县区松口镇）被处以极刑；至此，南部太平军的反清斗争结束。

正月二十六日（3 月 12 日），朝命湖北巡抚李鹤年调任河南巡抚，而以浙江巡抚曾国荃调任湖北巡抚。

仲春，张裕钊曾至江陵游览。随后应知县孙福海之邀至钟祥，预修《钟祥县志》。

张裕钊曾在《钟祥县志后序》中云：“荣成孙君某，摄县事钟祥，与邑人谋辑县志。而余适游于郢，孙君以旧志所次建置、沿革、山川、堤防、藩封，颇疏讹，属为考定。”（见《濂亭文集》卷一，《张裕钊诗文集》第15页）。

后又在《李刚介公殉难碑记》中云：“与所部八百人皆斗死，咸丰三年九月十日也……裕钊以往岁至钟祥，距公死难之岁，十有四年矣。”（见《濂亭文集》卷五，《张裕钊诗文集》第102页）

二月十九日（4月4日），钦差大臣、三省军务督办曾国藩率大营抵达山东济宁驻扎。

二月二十三日（4月8日），太平天国梁王张宗禹率所部太平军自河南攻入山东定陶（今菏泽市定陶县）。

二月间，江西、福建的“斋教”首领陈顺光、杨维忠、安崇德等人在崇安（今福建省武夷山市崇安县）率会众起义，举起了“天国普有”的反清大旗。

四月初一日（5月14日），马傻子所率之东北矿工、农民起义军失败，马傻子战败遇难。

四月中旬，吴汝纶应邀抵达山东沛宁（今属济宁市），正式进入钦差大臣、三省军务督办曾国藩的幕府。“时中外大政常决于国藩、鸿章二人，其奏疏多出汝纶手”，吴汝纶后来同张裕钊、黎庶昌、薛福成一起被称为“曾门四弟子”。

吴汝纶自己曾说：“余始从曾文正公军，在（山东）沛宁玉露禅寺。”①

曾国藩曾在四月十六日（5月29日）的日记中记载说：“吴挚甫自桐城来，久谈。”②

五月十三日（6月25日），闽浙总督左宗棠奏设船政学堂于福州，成为我国最早的海军学校。

五月二十二日（7月4日），钦差大臣、三省军务督办曾国藩奏定以弱

---

① 吴闿生:《桐城吴先生文·诗集》,沈云龙:《近代中国史料丛刊》(正编)37辑365号,(台北)文海出版社1966年版,第424页

② 曾国藩:《日记》(二),《曾国藩全集》,岳麓书社1988年版,第1259页。

军驻防四镇，而抽出强军组成游击之师，分四路跟追捻军之策。

七月初十日（8 月 19 日），闽浙总督左宗棠在福州设立福州船政局（又名“福建船政局”“马尾船政局”，即今福建省马尾造船厂有限公司），为专门制造轮船的近代造船工业；不久，由原江西巡抚、福建船政大臣沈葆桢接办，发展成为当时远东最大的造船厂。

八月初九日（9 月 17 日），钦差大臣、三省军务督办曾国藩率大营抵达河南周口驻扎。

八月十七日（9 月 25 日），鉴于甘肃回民起义声势甚大，加之捻军势力复振，为尽快镇压西北的回民起义和剿灭捻军，朝廷乃下旨调闽浙总督左宗棠为陕甘总督。

八月二十八日（10 月 6 日），恭亲王奕䜣等大臣上奏请在天津设立军火制造局，清政府命三口通商大臣、署理直隶总督崇厚筹办。

九月初十日（10 月 18 日），为原荆门直隶州知州李榞殉难十四年的忌日。经钟祥绅民请求、地方大吏上报、朝廷批准，是年在李氏殉难之地——富池口建碑纪念。其子云骑尉、盐提举衔、湖北候补通判李雯致书张裕钊，请他为亡父撰写碑文。裕钊遂为其写了《赠道衔湖北升用知府荆门直隶州知州李刚介公殉难碑记》一文，并书丹上石（见《濂亭文集》卷五，《张裕钊诗文集》第 101～103 页）。

张裕钊在《李刚介公殉难碑记》中曾云：“裕钊以往岁至钟祥，距公死难之岁，十有四年矣。”（见《濂亭文集》卷五，《张裕钊诗文集》第 102 页）

九月十二日（10 月 20 日），太平军和捻军联合组建的新捻军根据形势的发展，分为东、西两支：由遵王赖文光、鲁王任柱、首王范汝增和魏王李蕴泰率领东捻军，在中原地区活动；由梁王张宗禹、幼沃王张禹爵和怀王邱远才率领西捻军，西进陕甘，分头抗击清军。

九月间，适安陆府（案：其时，安陆府府治就在钟祥）试院增修号舍之役竣工，某学使希望裕钊能代其作文纪其事，裕钊乃欣然作《代某学使安陆府试院增修号舍记》一文（见《濂亭文集》卷八，《张裕钊诗文集》第 197～198 页）。

同月里，湖北巡抚曾国荃率军驻扎襄阳，并具疏参劾湖广总督官文。

十月初六日（11 月 12 日），孙中山（1866—1925）出生于广东香山县翠亨村（今中山市南朗镇翠亨村）一个农民家庭。

十月十三日（11 月 19 日），钦差大臣、三省军务督办曾国藩以自己多病难速愈而致进攻捻军无效为由，上书奏请朝廷开协办大学士、两江总督之缺，另外委派钦差大臣接办剿捻军务，自己愿意以散员身份留营效力。

十一月初一日（12 月 7 日），清政府任命署理两江总督李鸿章为钦差大臣，接替曾国藩进剿捻军的事务；同时赏假一月，命曾国藩暂在营中调理。

十一月初六日（12 月 12 日），朝命曾国藩仍回两江总督本任，江苏巡抚李鸿章授为钦差大臣，专办剿捻事宜。

十一月初八日（12 月 14 日），太平天国梁王张宗禹等率西捻军进逼陕西西安。

十一月十六日（12 月 22 日），太平天国遵王赖文光等率东捻军攻占湖北麻城。

十二月初六日（1867 年 1 月 11 日），太平天国遵王赖文光等率东捻军在湖北安陆府（今荆门市钟祥市）罗家集击败提督郭松林所部新湘军，郭松林身受重伤。

十二月十八日（1867 年 1 月 23 日），太平天国梁王张宗禹等率西捻军在西安城东灞桥十里坡歼灭陕西巡抚刘蓉所部湘军，进围西安。

十二月二十一日（1867 年 1 月 26 日），太平天国遵王赖文光等率东捻军在湖北德安府新家闸（今孝感市安陆市）歼灭广西右江镇总兵张树珊所部淮军，张树珊战死。

十二月二十八日（1867 年 2 月 3 日），陕甘总督左宗棠的行营抵达汉口的后湖驻扎。

是年，裕钊曾与丁忧在家的好友范鸣龢相聚，并写有《赠范鹤生吏部鸣龢》一诗纪其事（见《濂亭遗诗》卷一，《张裕钊诗文集》第 282 页）。

是年，裕钊的好友刘世仲①在安徽军营病逝。

是年，德国商人在上海设立“科发药房”，是德国在中国开设的第一家工厂。

是年，姚永概（1866—1923）出生于安徽桐城一个世代官宦家庭。

---

① 刘世仲(1822—1866)，字殿埙，号星予。湖北汉阳(今武汉市东西湖区东山农场)人。其父刘传韶为汉阳名宿。自幼秉承家教，致力于学，博览群籍，学识丰富。19 岁即为廪生，然困于科场，至咸丰九年(1859 年)方中举人。曾两赴礼部试，均不中。后入曾国藩幕。同治五年(1866 年)病逝安徽军营。追赠同知衔。工诗文，善书法，又通天文、算学、地志、历法、音韵、医术等。著有《笔谈》《乐府》《幕府传》等。

同治六年丁卯(1867)　四十五岁

是年，张裕钊仍在钟祥志局修志。

张裕钊《致二兄》书函之封面上注明：“丁卯十一月朔三日自钟祥县志局械寄。”（此家书今藏河北保定莲花书院）

正月十一日（2月15日），清政府任命钦差大臣、专办剿捻事务大臣李鸿章为湖广总督，仍督办剿捻事宜；原湖南巡抚李瀚章调任江苏巡抚，暂署理湖广总督。

正月十五日（2月19日），太平天国遵王赖文光等率东捻军在湖北安陆取得尹隆河大捷，旋被湘军的鲍超部击败。

同日，两江总督曾国藩率领部属抵达江苏徐州。

正月十八日（2月22日），朝廷任命陕甘总督左宗棠为钦差大臣，督办陕甘军务，专任进剿西捻事宜，并催其尽快启程赴任。

二月初三日（3月8日），钦差大臣李鸿章率大营自江苏徐州移驻河南周口。

二月十八日（3月23日），太平天国遵王赖文光等率东捻军在湖北蕲水（今黄冈市浠水县）六神港大败新湘军，击毙清记名布政使彭毓橘。

三月初六日（4月10日），两江总督曾国藩率部属抵达江宁，还驻两江总督府。

三月间，三口通商大臣崇厚在天津创设军火机器总局，后改名为“天津机器制造局”（简称“天津机器局”）。

四月二十四日（5月27日），太平天国梁王张宗禹等率西捻军再次攻打西安失利。

四月间，应好友味如先生之请，张裕钊曾为其制作有水墨金笺行楷书法扇片（17 cm×49 cm）。其书法及题识云：“龙驾云翔育随之，谷含凯风轻阳既谢，气应有祝融炎氛，是扇可散此欝。隆白泽苏，其汁如饴。食之辟谷，味有余滋。逍遥忘劳，物惟难及齐之一归，凤凰灵鸟实冠羽群八……惟帝阍有谓昆仑月精。　丁卯四月，味如先生教正，廉卿张裕钊。”钤印：“裕钊”（白）（见上海泓盛拍卖有限公司“2013秋季拍卖会”——“中国书画（一）”专场拍卖品，编号：0041）。

五月初九日（6月10日），朝命补授曾国藩体仁阁大学士，仍留两江总督任。

五月十二日（6月13日），美国派军舰入侵中国台湾，被台湾军民击退。

同日，太平天国遵王赖文光等率领东捻军在山东梁山突破清军运河防线，攻入山东，进逼济南。

五月十三日（6 月 14 日），钦差大臣、陕甘总督左宗棠率大军兵分三路入陕。

五月二十九日（6 月 30 日），太平天国遵王赖文光等率东捻军进逼山东烟台，为英、法侵略军击退。

六月间，经好友汪士铎等人几易寒暑编纂的《胡文忠公遗集》（线装三十二册八十六卷），在武昌节署木刻完成行世。

七月二十日（8 月 19 日），太平天国遵王赖文光等率东捻军突破清军胶莱防线，西走潍县（今山东省潍坊市）。

七月二十九日（8 月 28 日），太平天国遵王赖文光等率东捻军自山东进入江苏赣榆（今连云港市赣榆区）。

九月二十七日（10 月 24 日），太平天国梁王张宗禹等率西捻军进入陕北。

十月十五日（11 月 10 日），由江苏巡抚、署理湖广总督李瀚章、湖北巡抚曾国荃倡议并奏请朝廷同意，湖北官书局在正觉寺正式开张。

十月二十四日（11 月 19 日），太平天国遵王赖文光等率领之东捻军在江苏赣榆（今连云港市赣榆区）战败，东捻军骁将、鲁王任柱（？ —1867）遇难，东捻军军势陡转。

十月二十五日（11 月 20 日），湖北武昌城内火药库起火，引发爆炸，周边房屋尽焚，伤亡甚众，损失惨重。

十月二十六日（11 月 21 日），清政府聘请美国卸任驻华公使蒲安臣（Anson Burlingame，1820—1870）为出使美、英、法、普、俄等国大臣，办理中外交涉事宜。

十月二十七日（11 月 22 日），太平天国梁王张宗禹等率领西捻军联合回民起义军攻克陕西绥德州（今榆林市绥德县）。

十月间，宫岛大八（1867—1943）出生于日本岩代（今日本福岛县）一个藩士家庭。

十一月初四日（11 月 29 日），直隶总督刘长佑被革职，由文华殿大学士官文署理直隶总督。

十一月十七日（12 月 12 日），骆秉章病逝于四川总督、协办大学士任上。

十一月二十二日（12 月 17 日），太平天国梁王张宗禹等率西捻军由陕西宜川渡黄河攻占山西吉州。

十一月二十九日（12 月 24 日），直隶提督刘传铭在山东寿光海滨击败东捻军；太平天国首王范汝增（1840—1867）在弥河（今潍坊市青州市弥河镇）战死。

十二月初八日（1868 年 1 月 2 日），太平天国梁王张宗禹等率西捻军由山西垣曲（今运城市垣曲县）进入河南济源县（今济源市）。

十二月十一日（1868 年 1 月 5 日），太平天国遵王赖文光等率领之东捻军在江苏扬州的瓦窑堡（今泰安镇山河村）战败，遵王赖文光被俘。

十二月十六日（1868 年 1 月 10 日），太平天国遵王、东捻军首领赖文光（1827—1868）在扬州城外老虎山被杀，东捻军的反清斗争结束。

十二月二十二日（1868 年 1 月 16 日），朝廷因体仁阁大学士、两江总督曾国藩剿捻有功，赏云骑尉世职。

十二月下旬，《钟祥县志》完成，拟付梓，张裕钊为之作《钟祥县志后序》一文（见《濂亭文集》卷一，《张裕钊诗文集》第 15～16 页）。

案：民国二十六年刊行的《钟祥县志》卷一《大事记》中记载："同治六年，知县孙福海（字荣成）聘武昌举人张裕钊会同邑人续修县志。"此记载的时间不准确：本年应该是县志完成和付梓的时间。

年底，张裕钊赶回武昌老家与家人团聚度岁。

是年，张裕钊尊亡父生前之命撰有《兄子慕梁葬志》一文（见《濂亭文集》卷六，《张裕钊诗文集》第 162 页）。

是年，"总统兵马大元帅"杜文秀组织二十万兵力围攻云南昆明，先后攻占云南五十三个县。

是年，阿古柏在新疆建立所谓"哲德沙尔汗国"（意为"七城"，包括喀什噶尔、和田、阿克苏、库车、莎车、叶尔羌、吐鲁番），自称为汗。

同治七年戊辰(1868)　四十六岁

年初，张裕钊在武昌老家陪家人过年。

正月初二日（1 月 26 日），体仁阁大学士、两江总督曾国藩在督署接见原美国驻华公使、即将率领中国使团出访美、英、法、普、俄各国的办理中外交涉事务大臣蒲安臣。

正月十二日（2 月 5 日），太平天国梁王张宗禹等率西捻军逼近直隶易州（今河北省保定市易县），京师大震。

正月中旬，张裕钊应湖北布政使兼署巡抚何璟之邀，再赴武昌入鄂城书局供职，闲暇之时则专意考据典籍及钻研书法。

正月二十六日（2 月 19 日），清政府命钦差大臣、陕甘总督左宗棠总统直隶境内各路清军防堵捻军。

正月间，张裕钊为弟子范氏兄弟三人（案：范当世原名范铸，二弟范钟，三弟范铠，时有“通州三范”之称）选辑有《五古选读》读本，其中有旁批和眉批五十六则（条）（见中国科学院图书馆所藏张裕钊选《五古选读》八卷，精钞本；又见《张裕钊诗文集》附录五之《张裕钊〈五古选读〉批语辑存》，第 538～546 页）。

二月初三日（2 月 25 日），蒲安臣、志刚、孙家穀奉旨自上海启程，出使美、英、法、普、俄等国。

二月二十三日（3 月 16 日），太平天国幼沃王张禹爵（？—1868）和怀王邱远才（？—1868）在河北饶阳（今衡水市饶阳县）与清军激战，战死。

三月二十日（4 月 12 日），太平天国梁王张宗禹等率西捻军在河南滑县击败清军，阵斩记名提督陈振邦。

三月三十日（4 月 22 日），清政府命钦差大臣李鸿章总统山东境内各路清军围攻捻军。

春夏之交，裕钊在武昌与自京城回乡丁忧的好友范鹤生相聚。

张裕钊在《范鹤生六十寿序》中曾说：“余以光绪六年夏游山左，适范鹤生以郎中改官，观察江右，道过济南，不期而遇于山左使院……与君睽违乖隔，离十余年不相见。逮君奉讳归，甫得聚处两载，寻复别去。又十年，而今乃一遇于此。”（见《濂亭文集》卷三，《张裕钊诗文集》第 78～79）。

四月初四日（4 月 26 日），太平天国梁王张宗禹等率西捻军进攻直隶静海（今天津市静海区）。

四月初五日（4 月 27 日），太平天国梁王张宗禹等率西捻军进至天津濠墙外十二里之稍直口（在今西青区西营门街），清政府指使直隶总督崇厚“知会英国、法国炮船，将濠墙协同守御，以固津防”。

四月二十四日（5 月 16 日），朝命改授体仁阁大学士曾国藩为武英殿大学士。

四月间，福建省台湾府因教会势力欺压民众，激起民众公愤，拆毁英、法教堂，发生“台湾教案”。

同月里，英国驻华公使阿利国派军舰攻陷台湾安平炮台，杀死副将江国镇及兵士多人；清政府允诺赔款、惩凶，取消台湾官厂的樟脑专卖权，并重建英、法教堂，将鹿港同知和凤山知县革职结案。

闰四月十七日（6 月 7 日），甘肃回民起义军首领董福祥向钦差大臣、陕甘总督左宗棠投降。

闰四月二十四日（6 月 14 日），清政府命盛京将军都兴阿为钦差大臣，赴天津会同左宗棠、李鸿章进攻捻军。

同日，张裕钊作《与曾国藩》书，禀告师尊，“自皖江拜别”，“于今八年矣”；虽“远客郢中，未及奉一书于左右”，“然怀思慕望之隐，寤寐反侧，不可弥忘”；遂“决计夏、秋二时，终当买舟东下，走谒程门，匪独希教诲之益，但获一望见颜色，用纾数年恋恋之思”（见《张裕钊诗文集》附录一，第 493～494 页）。

闰四月二十五日（6 月 15 日），好友湖南平江钟君以其所藏之明代三原人、名臣焦原溥的家书凡十纸见示，并请为之作跋。张裕钊阅后乃作《跋明三原焦公家书》相赠（见《濂亭文集》卷一，《张裕钊诗文集》第 22～23 页）。

六月初九日（7 月 28 日），清政府出使美、英、法、普、俄等国大臣蒲安臣在华盛顿代表清政府与美国签订《中美续增条约》，即《蒲安臣条约》。

六月十八日（8 月 6 日），武英殿大学士、两江总督曾国藩致函署理湖北巡抚何璟（即《复何璟》），请其转达自己邀请张裕钊赴金陵相聚之意：“敝门人张裕钊廉卿，暌隔八年，现闻假馆尊处，请嘱其买舟东下，来此一叙，不久可返鄂也。”①

同日，曾国藩又致书（即《复张裕钊》）弟子张裕钊，邀其赴宁相聚。其书云：“顷接闰月杪惠书，远承记注，感汹曷任！乙丑五月接到尊府讣函，曾有唁信并寄刍敬五十金，及祭幛等件，未审收到否？比年询访朋好，多云台端修纂汉阳、安陆等志书，卒亦未有确耗。兹审校书鄂局，文史足娱，著述多暇，至以为慰。暌隔多年，衰态日增。颇思文旆东来，借话积悰。可否挂席乘风，翩然过访？企望无已。”②

六月中旬，英国传教士戴德生（Hudson James Taylor，1832—1905）在扬州强行租屋，开设教堂，激起民愤，其住所被捣毁，引起外事纠纷，史称“扬州教案”。教案发生后，英国驻上海领事麦华佗乘军舰至南京进行

① 曾国藩：《复何璟》，《曾国藩全集》第二十九册，岳麓书社 194 年版，第 6635 页。

② 曾国藩：《复张裕钊》，《曾国藩全集》第二十九册，岳麓书社 1994 年版，第 6637 页。

要挟，两江总督曾国藩将扬州知府撤职，赔偿损失，并在教堂门前立碑以保护教堂。

六月二十八日（8 月 16 日），西捻军在黄河、运河和山东茌平（今聊城市茌平县）陡骇河陷入清军的重重包围，全军覆灭；太平天国梁王、捻军首领张宗禹（？—1968）率少数部众杀出重围，在徒骇河边牺牲（一说不知所终）。捻军的反清起义至此失败。

七月初十日（8 月 27 日），朝命钦差大臣李鸿章以湖广总督授协办大学士，刘铭传封一等男爵。

七月二十七日（9 月 13 日），上谕：两江总督“曾国藩著调补直隶”；随后，朝廷调闽浙总督马新贻接任两江总督。

八月十三日（9 月 28 日），江南制造总局制造的第一艘轮船竣工，取名“恬吉”，后改名“惠吉”。这是中国自己制造的第一艘轮船。

曾国藩在当天的日记中曾记载：“早饭后，出门看上海新造之火轮船，名曰‘恬吉’轮船。至汉西门，闻雪琴已进城矣，因在舟次候之，请其同行。由汉西门坐小轮船至下关，已（见）恬吉轮船。巳正二刻开行，行至采石矶下之翠螺山，凡十二刻，行九十里。又自翠螺归至下关，凡六刻，行九十里。下水速于上水者一倍。中国初造第一号轮船，而速且稳如此，殊可喜也。”

八月十九日（10 月 4 日），钦差大臣、陕甘总督左宗棠出京西征。

八月下旬，张裕钊应邀自武昌至金陵拜访师尊曾国藩，并入其幕府。

曾国藩日记中记载：八月二十四日（10 月 9 日），“中饭后阅本日文件。与张廉卿久谈……夜核批稿各簿。阅张廉卿近所为古文，喜其入古甚深，因为加圈批五首”。二十五日（10 月 10 日），“傍夕，与张廉卿至后园谈论古文。渠所作古文十余首，余于昨夕及本日午刻圈批一过矣”。二十九日（10 月 14 日）上午，“与方存之、张廉卿一谈”。九月一日（10 月 16 日）晚上，“倦甚，不愿治事。至张廉卿房一谈”。三日（10 月 18 日），“二更后倦甚，不愿治事。至张廉卿房一谈”。十六日（10 月 31 日），“傍夕与廉卿、存之久谈”。

在金陵曾国藩幕府期间，张裕钊与多年未见之好友、桐城方宗诚相聚，裕钊曾作有《赠方存之宗诚》纪其事（见《濂亭遗诗》卷一，《张裕钊诗文集》第 287 页）。

又与前辈学者、怀宁邓传密结识，成为好友，并应邀为其父、篆刻大师邓石如（1743—1805）的《石交图》题款——作《题完白山人石交图》一文相赠（见《濂亭文集》卷一，《张裕钊诗文集》第27页）。

张裕钊在《题完白山人石交图》中云："同治戊辰秋，裕钊晤怀宁邓君守之江宁。邓君出视裕钊《石交图》。图中为其尊人石如先生，及上元梅石居先生，相与集于寄圃者。湘乡相国取两先生字名之。"（见《濂亭文集》卷一，《张裕钊诗文集》第27页）

又与江苏武进县人赵烈文（字惠甫）结识，成为好友，并应邀为其作《题昆陵赵氏耕读传家图》相赠（见《濂亭文集》卷一，《张裕钊诗文集》第26～27页）。

又与时在金陵书局的江苏德清人戴望结识，张裕钊作有《赠戴子高望》一诗纪其交往（见《濂亭遗诗》卷一，《张裕钊诗文集》第288页）。

又与已在曾国藩幕府多年的贵州遵义人黎庶昌一见如故，遂订交并成为挚友；裕钊写有《赠黎蓴斋序（戊辰）》[①]一文相赠：

万有不齐之物，千百世之变，百官亿兆人之所有事，积算之所不能穷，而一以气为盛衰。春雨时至，百植冒土怒出，不几日而纷纶乎四郊。尘埃、游丝、飞鸟之羽翮，乘之以游虚空，四无所著，而上至于无极。蠉飞蠕动、跂行哙息之属，得气则长，失气则僵。邦家之兴，气至而昌，气单而亡。夫气之为物也致精，而其力也致强，其极也，动日星、感鬼神、靡金石，旁薄际乎上下，穷天下莫之御亢。其在于人，则郁之为忠孝，奋之为事业，而炳之为文章，一气之所为而已。人之生也，〇然而无气，是生犹死也，土禺而能强行者耳。

国家自道光中叶以来，用事者专务铲削刮磨，天下之气殆于渐尽，而海内之乱起。伏莽之凶丑，殴群不逞之徒，遍毒区寓，破大小城邑以数百计，而莫之制。其后一二巨人，奋臂踔起，刚毅强力劲正之士，猋发而应之，乃始克扶纲维，摧凶焰。数年之间，巨寇以次稍稍龛定，而其气复少衰矣。乌乎！天下之隐忧，方伏于胸腹肘腋之间。长此靡靡，往而无所穷，吾未知其有能为生人之所恃，举此而胜之者也。

往者相国曾公以书告裕钊，称能为文章者三人焉，其一为遵义黎蓴斋。及今岁裕钊来江宁，乃得见蓴斋使府，读其所为文，信乎相国之言岂欺余哉！然余独伟蓴斋有高世之志，而其气足以副之，固非独以文而已。虽其文乃益与其志气称，余交天下士，罕有若蓴斋者也。虽然，尝

① 此文见于《张廉卿杂文》（二册），今藏于上海图书馆，每册首页上均有"右任珍藏"钤印，可见原系于右任所藏；因不见于《张裕钊诗文集》，故全文照录。

试与蕈斋观乎两间，彼气处乎其中，所以能役万有而胜之者，果何自而致然与？其必有主乎是者矣，虽其在人也，岂独无所依而立与？且夫裕乎其中，与其激于外者，终其气之盈与竭，必可坐而判也。实求乎吾气之所由充，驯至而渐之以久。累积乎铢杪，而继乃横塞乎天地，夫如是，而后吾之所必至也莫之御。嗟乎，蕈斋其能无益勉乎是哉！

张裕钊曾在《与黎莼斋书》中说："前在金陵，相从谭艺，讥评古今人，私心甚快"（见《濂亭文集》卷四，《张裕钊诗文集》第80页），可见其关系密切。

还在金陵与分别多年、如今已应江苏巡抚丁日昌之邀出任江南书局总校的好友、贵州独山莫友芝相聚。

一日，友人戴子厚先生过访，出其所绘之《岱顶看云图》请题，裕钊遂作《题戴子厚先生〈岱顶看云图〉》相赠（见《濂亭遗诗》卷一，《张裕钊诗文集》第288页）。

九月上旬，武英殿大学士曾国藩向朝廷进呈《黎庶昌请留江苏候补片》，保荐黎庶昌以直隶州知州留江苏补用。

九月中旬，江苏巡抚丁日昌按曾氏之意招黎庶昌入其幕府。

九月间，将迎来湘军副将王廷贵（字觐臣）的五十寿诞，裕钊与友朋一起谋划为他贺寿，并写了一篇《王觐臣副戎五十寿序》相赠（见《濂亭文集》卷三，《张裕钊诗文集》第59～61页）。

十月十一日（11月24日），是武英殿大学士、两江总督曾国藩的五十八岁寿诞。曾氏的同僚故吏、亲朋弟子惜其去宁不可留，乃共谋为之祝寿，并将祝寿文嘱之张裕钊。裕钊遂作《湘乡相国曾公五十有八寿序》一文献于尊师，给其尊师极高的赞誉："公提一旅起湘中，义声感动天下。豪隽魁杰，才节伟人，云兴而从之。渊谋群策，雷动神应，万众一呼，顺风而迈。遂南清江表，北至于河朔。匈妖荡息，天地清曙。手援赤子，出之水火之中。寿冒煦育，濒萎而苏。十五年之间，而海内大定，泽流于千里。"（见《濂亭文集》卷三，《张裕钊诗文集》第57页）

十月十二日（11月25日），张裕钊与吴汝纶结识，从此成为挚友。此日，回家探亲昨天才赶到金陵参加其师曾国藩五十八岁寿诞的吴汝纶，今天早早就来拜访神交已久的张裕钊；二人一见如故，促膝畅谈，不知不觉一直谈到深夜方才离去。兴犹未尽，几天后，吴汝纶又邀方宗诚一同前去畅谈了一次。

吴汝纶曾在其日记中记载云：十月十二日（11月25日），"夜与张廉卿久谈为文之法。廉卿最爱古人澹远处。其谓气脉即主意贯注处，言最切当。又谓为文大要四事：意、格、辞、气而已”。十五日（11 月 28 日），“与张廉卿、方存翁夜话，畅言文章，兼及经史”（见郭立志：《桐城吴先生年谱》卷一，雍睦堂丛书本，第 8～9 页）。

张裕钊在《吴育泉先生暨马太宜人六十寿序》中云：“同治七年秋来江宁，乃晤至甫相国曾公使署，索其文读之，诚辨博英伟，气逸发不可衔控。裕钊深退避，以为不能及也。而至甫顾盛推余文。”（见《濂亭文集》卷三，《张裕钊诗文集》第 70～71 页）

早在一个多月前，吴汝纶在读到张裕钊文章的时候，就留下了深刻的印象。吴汝纶曾在日记中记载云：“九月朔，阅张廉卿文……所为文多劲悍生炼，无恬俗之病，近今之能手也。”①

在与吴汝纶的交往过程中，吴汝纶告知好友，明年将是其父育泉先生和生母马太宜人的六十双寿，并约请好友为其父母写寿序；裕钊欣然应允，遂作《吴育泉先生暨马太宜人六十寿序》一文相赠（见《濂亭文集》卷三，《张裕钊诗文集》第 70～72 页）。

十月中旬，张裕钊偶遇已多年未见、前来参加恩主曾国藩五十八岁寿诞、同时亦顺便拜见、看望恩师莫友芝的姚濬昌，欣喜异常。姚濬昌见到张裕钊，亦分外高兴，当即作有《江宁晤廉卿赠之》一诗以表达其喜悦的心情。

十月下旬，恩师曾国藩在十分繁忙的情况下，还时常为张裕钊批改古文，其日记记载：十月二十一日（12 月 4 日），“批张廉卿文”。二十三日（12 月 6 日）夜，“批张廉卿文七首”。

十月三十日（12 月 13 日），上海设立会审公廨。

十月间，张裕钊在金陵与新科翰林、正请假回乡省亲的吴县吴大澂②结

---

① 郭立志：《桐城吴先生年谱》卷一，雍睦堂民国三十三年（1944 年）排印本，第 8 页。全书正谱所用《桐城吴先生年谱》均系此版，后文不再一一详注。

② 吴大澂（1835—1902），初名大淳，字止敬，又字清卿，号恒轩，别号白云山樵，晚号愙斋、郑龛、白云病叟。江苏吴县人。同治七年（1868 年）进士，选庶吉士。历官翰林院编修、陕西、甘肃学政、河南、河北道员、太仆寺卿、太常寺卿、通政使、左都御史、广东巡抚、河道总督、湖南巡抚等职。中日甲午战争爆发，奉命督军抗战，兵败被免职。1898 年被朝廷革职。晚年曾主讲龙门书院。工诗文，擅书画，精篆刻，喜金石。著有《愙斋诗文集》《说文古籀补》《字说》《愙斋集古录》《权衡度量实验考》《恒轩所见所藏吉金录》《吉林勘界记》《皇华纪程》《十六金符斋印存》等。

识，并成为好友。

张裕钊在《赠吴清卿庶常序》中曾说："裕钊以同治戊辰冬，识之于江宁。"（见《濂亭文集》卷二，《张裕钊诗文集》第 49 页）

十一月初，武英殿大学士、两江总督曾国藩接朝廷旨令，命其北上入京觐见，然后赴直隶总督任。裕钊不仅作有《送湘乡相国曾公之任直隶总督序》一文为尊师送行（见《濂亭文集》卷二，《张裕钊诗文集》第 40～41 页）；还写有《叠原韵留别诸公时客金陵》一诗，与友朋们道别（见《濂亭遗诗》卷一，《张裕钊诗文集》第 287 页）。

十一月初四日（12 月 17 日），好友吴汝纶随恩师曾国藩自金陵登船，启程北上。

曾国藩在日记中记载：十一月初四日（12 月 17 日），"余北上入觐"。

十一月初七日（12 月 20 日），黎庶昌和其他友朋一起前去为恩师送行，愁容悲戚，难舍难分，让曾国藩大为感动，遂在当天的日记中记道："十一月初七日，日来送行者，多依恋不舍之情，黎莼斋等尤为惓惓，余亦黯然不忍别也。"

十一月上中旬，张裕钊偕好友莫友芝送武英殿大学士、两江总督曾国藩入京觐见至扬州。

曾国藩日记记载：十一日（12 月 24 日）上午，"开船后行一里许，旋又停泊，候莫子偲、张廉卿再来久谈"。

与恩师分别后，张、莫二人便携手游览了三吴之地。张裕钊曾作有《邗江夜雨》一诗纪其行（见《濂亭遗诗》卷一，《张裕钊诗文集》第 288 页）。

张裕钊在《莫子偲墓志铭》中云："同治七年冬，余与子偲自金陵偕送文正公于邗上。返过维扬，登焦山，道丹徒，至吴门，并舟行者累月，日日接膝谈语，十事而合者七八。"（见《濂亭文集》卷六，《张裕钊诗文集》第 142 页）

十一月十四日（12 月 27 日），由中国海关总税务司赫德制定的《中国引水总章》正式公布并在全国各港施行，它是一个在旧中国实行了八十年之久的殖民主义性质的引水章程。

十一月二十日（1869 年 1 月 2 日），四川酉阳（今重庆市酉阳土家族苗族自治县）发生第二次反洋教斗争：法国传教士李国在酉阳组织教堂洋枪武装，修筑城堡，奴役民众，激起公愤；民团首领何彩率众进城焚毁新修的教堂，杀死不法传教士李国；教堂武装则乘机报复，杀死民众一百四十五人，伤七百余人，焚毁民房一百余户。在法国公使的威胁下，清政府以处死民众二人，徒刑十人，赔款三万银两结案，史称“酉阳教案”。

十二月十三日（1869 年 1 月 25 日），武英殿大学士、前两江总督曾国藩奉旨抵达京师，寓贤良寺，等候陛见。

十二月十七日（1869 年 1 月 29 日），英国海军兵船多艘炮击广东潮州的鸥汀、浮陇等乡，打死乡民六十九人，烧毁民房四百余间。

年底，张裕钊与莫友芝依依惜别，至杭州度岁；莫友芝则返回金陵，与家人团聚。

是年，广东新宁（今江门市台山县）人邝其照刊行其所撰著的第一本字典《字典集成》（*English and Chinese Lexicon*，1887 年重订本名《华英字典集成》）——这也是由中国人编纂的第一本英汉字典。

同治八年己巳(1869)　四十七岁

正月上旬，张裕钊在杭州尚未过完年，便乘舟抵达苏州，与自金陵抵达苏州的莫友芝会合，在好友吴大澂的陪同下，一道饱览吴中胜境。

张裕钊在《莫子偲墓志铭》中云：“余寻别子偲，赴杭州。明年，复来吴，与子偲益买舟，遍览灵岩石楼石壁之胜，观梅于邓尉。越日，至天平山，谋且上其巅。子偲苦足力乏，坐寺中待余。余乃独从一小童，攀藤葛，凌怪石，陟绝顶，以望太湖。既下，子偲迎余而笑，相诧以为极一时之乐。”（见《濂亭文集》卷六，《张裕钊诗文集》第 142 页）

张裕钊又在《赠吴清卿庶常序》中云：“明年春，复相从游处于吴门者，十有余日。”（见《濂亭文集》卷二，《张裕钊诗文集》第 49 页）

弟子查燕绪得知张先生抵达苏州，当即带着所作之文前往拜谒，请教为文之法。

查燕绪在《张廉卿先生文集后跋》中曾说：“己巳春，先生始至苏州，燕绪既得录文若干首，因请问古文法。先生曰：‘为文之要，其始在熟读古人之文而已矣。读古人书，不于其声气参之，则精神命脉之所存，终无由得其深也。’”（见《张裕钊诗文集》附录七，第 576 页）

正月十七日（2 月 27 日），武英殿大学士、前两江总督曾国藩奉旨再次入宫觐见，奏陈直隶应办事宜以练兵、饬吏、治河为至要。

正月二十二日（3 月 4 日），吴汝纶随武英殿大学士曾国藩奉命出京，赴直隶总督任所。

正月二十七日（3月9日），武英殿大学士曾国藩携吴汝纶一行抵达直隶保定任所。

二月初二日（3月14日），武英殿大学士曾国藩接办直隶总督及长芦盐政篆务。

二月十八日（3月30日），西北回民起义军在萧金镇（今甘肃省庆阳市西峰区萧金镇）会师，并十八营为四大营。

三月十一日（4月22日），张裕钊在苏州（或是在自苏返鄂途中）给其某好友写了一封信（即《致某人》[1]），从中可知其游踪：

前在韩江，诸叨雅爱，感何可言。揖别后，次日即渡江而南。舟行岑寂，殊难为怀，幸风利帆顺，初八日即抵吴门。遥维老伯大人体候佳安，悉符心颂。桐生处修禊（如题），因途次无聊，借以破闷，邯郸学步，终恐贻笑词坛耳。填词向来容心，未敢妄作，率录寄呈，大雅教之。桐生处不另启。诗稿一纸，乞转送。此请吟安，不一。

愚弟张裕钊顿首　　三月十一日

案：此函札中之“某人”，虽不知其真实姓名，然从函札中之语气、行文来看，应为张裕钊关系较密切的一位长者、朋友。函札中提到的友人“桐生”，即潘祖同。潘祖同（1829—1902），字桐生，号谱琴，晚号岁可老人。室名“竹山堂”“岁可堂”。江苏吴县人。潘世恩第二子潘曾莹之长子，潘祖荫从兄，潘承弼的祖父。咸丰六年（1856年）进士，选庶吉士，散馆后曾任翰林院编修、国史馆协修，累官至户部左侍郎。后因受咸丰八年（1858年）顺天乡试舞弊案的牵连，被免官，充军新疆；戍边期满，赦归，永不叙用，在家以书画、诗赋和收藏自娱，是吴中有名的收藏家。著有《竹山堂诗文集》《竹山堂诗补》《竹山堂联话》《竹山堂随笔》等。

三月十六日（4月27日），清政府与沙俄改订《陆路通商章程》。

三月间，张裕钊自苏州返回金陵，然后仍自金陵返回鄂城书局供职。

张裕钊在其《送何小宋方伯璟之任山西》题下曾自注云：“己巳，时馆鄂城书局。”（见《濂亭遗诗》卷一，《张裕钊诗文集》第289页）

四月中旬，武英殿大学士、直隶总督曾国藩上书朝廷，奏请将吴汝纶改官直隶，以直隶州同知补用。

四月间，贵州遵义因天主教徒擅自毁坏庙宇引起冲突，打死民众二十余

① 徐世中：《张裕钊佚文考略》，《古籍整理研究学刊》2014年第3期；因不见于《张裕钊诗文集》，故全文照录。

人，清政府反以处分五名地方官、处死民众一人，徒刑四人，赔款七万银两结案，史称“遵义教案”。

同月里，张裕钊曾致函恩师曾国藩问候，并将书局所刻印之书寄赠恩师阅览。

武英殿大学士、直隶总督曾国藩在接到弟子书函和寄赠之书后，亦回函致谢，并在《复张裕钊》中云：“前岁在金陵小聚两月，讨论文史，积愫同倾。及首路北征，又承渡江远送，临别怅惘，不可为怀。浙东奇胜，湖光山绿争入锦囊，欣羡何似！……湖北书局所刻《国语》《国策》《释文》《文选》等书，顷已寄到敝处，大致俱尚可观。闻足下在局多不适意，幸李相极相推重，当可解嘲。筱泉中丞受代以后，计亦必水乳交融。来示追忆昔游，恨不朝夕相从。韩、孟云龙之感，彼此盖有同情。独恨仆少不努力，老而益荒，曾不得为识途之马，为神骥一导先路耳。”①

五月初一日（6 月 10 日），福州船政局制造的第一艘轮船——“万年清号”竣工；至 1880 年的十二年间，该局共建造成二十三艘轮船。

七月初七日（8 月 14 日），武英殿大学士、直隶总督曾国藩作《劝学篇·示直隶士子》，提出儒学有义理、考据、经济、辞章四科，唯义理为治学根本。

八月十一日（9 月 16 日），山东巡抚丁宝桢将外出招摇的太监安德海就地正法。

八月十九日（9 月 24 日），英、俄、德、美、法五国驻华公使在北京与清政府订立《上海公共租界土地章程》《法租界市政组织法》。

十月二十三日（11 月 26 日），清政府聘任美国传教士丁韪良（W. A. P Martin）为“京师同文馆”总教习。

十月间，朝命好友、时任湖北布政使兼署湖北巡抚的何璟调任山西布政使，即将赴晋就任。张裕钊作有《送何小宋方伯璟之任山西》一诗为其赠行（见《濂亭遗诗》卷一，《张裕钊诗文集》第 289 页）。

十一月间，钦差大臣、陕甘总督左宗棠的行营由泾州（今甘肃省平凉市泾川县）进驻平凉。

十一月间，应好友碧泉之请，张裕钊为其制作有水墨纸本行楷李煜《浪淘沙令》词立轴（127.5 cm × 55.5 cm）。其轴文及题识云：“帘外雨潺潺，春意阑珊。罗衾不耐五更寒。梦里不知身是客，一晌贪欢。　独自

① 曾国藩：《复张裕钊》，《曾国藩全集》第三十册，岳麓书社 1994 年版，第 7022～7023 页。

莫凭栏，无限江山。别时容易见时难。流水落花春去也，天上人间。李后主《浪淘沙》词一阕，录奉碧泉八兄先生属书。己巳冬，弟廉卿张裕钊。”钤印：“张裕钊”“廉卿”（见天津文物拍卖有限公司“2004 年春季拍卖会”——“中国书画（二）”专场拍卖品，编号：1100）。

十二月初七日（1870 年 1 月 8 日），朝命湖广总督李鸿章驰赴贵州督办军务，并办理遵义教案；尚未启程，而陕西告急，故朝廷又命其率师援陕。在好友李公即将启程赴秦之时，张裕钊遂作《送合肥李相国督师秦中序》以赠之（见《濂亭文集》卷二，《张裕钊诗文集》第 47～48 页）。

是时，好友吴大澂正在湖广总督李鸿章的幕府，亦将从李公赴秦；张裕钊应邀为之作《赠吴清卿庶常序》一文纪其事（见《濂亭文集》卷二，《张裕钊诗文集》第 48～49 页）。

年底，张裕钊回武昌老家陪家人度岁。

是年，张裕钊的前辈学者、好友邓传密[①]在天津去世。

同治九年庚午(1870)　四十八岁

正月中旬，张裕钊在老家过完新年，仍赴武昌鄂中书局供职。

正月二十日（2 月 19 日），恩师曾国藩作《复张裕钊》云：“金陵两《汉书》告成，已嘱洪琴西太守转致一部，聊佐邺架之储，近日想已寄到。其《史记》《三国志》须春夏间乃可成书，届时再当续寄。或尊处便寄琴西一信，渠现为书局提调也。”[②]

正月二十四日（2 月 23 日），清政府出使大臣蒲安臣因感染肺炎，在俄国圣彼得堡病逝。

三月间，武英殿大学士、直隶总督曾国藩肝病渐重，左目视线模糊，右目完全失明。

四月间，在恩师曾国藩的多方努力下，黎庶昌结束了八年多的幕僚生涯，终于补了吴江知县的实缺，开始其独立的吏治生涯。

五月初八日（6 月 6 日），清政府批准英国驻华公使威妥玛（Thomas

---

① 邓传密(1795—1870)，字守之，号少白。安徽怀宁(今安庆市怀宁县)人。书法、篆刻大师邓石如之子。曾从李兆洛学，与陈用光、包世臣、龚自珍、魏源、何绍基等名流交厚。咸丰间，转徙江湘十余年，历主濂溪、湘乡、石鼓等书院。晚年入曾国藩幕。工诗，善篆刻，尤精书法。时人均谓其篆隶有家法。著有《千字文字义详解》《读书随笔》《诗文稿》等。

② 曾国藩:《复张裕钊》,《曾国藩全集》第三十册，岳麓书社 1994 年版，第 7023 页。

Francis Wade）的要求，沿海架设海底电线。

五月二十三日（6月21日），天津民众聚集教堂和法国领事馆示威，反对法国天主教堂拐卖并残害中国儿童，殴毙杀人凶手、法国领事丰大业（Henri Victor Fontanier）。事发后，英、美、法、德、俄、比、西七国的十艘兵船集结天津、烟台一带海面示威，史称“天津教案”。

五月二十五日（6月23日），清政府命武英殿大学士、直隶总督曾国藩查办天津教案。

五月二十六日（6月24日），武英殿大学士、直隶总督曾国藩接到谕旨后，忍着病痛的折磨赶赴天津，前往查处天津教案。

曾国藩在当天的日记中写道：“五月二十六日，接奉廷寄，派余赴天津查办事件，因病未愈，踌躇不决，与吴挚甫一谈。”

五月三十日（6月28日），清政府任命三口通商大臣崇厚为出使法国钦差大臣，赴法国赔礼道歉。

五月间，张裕钊因此前数次接到弟子查燕绪的信函都有事未复，便给他写了一封《复查翼甫书》寄赠（见《濂亭文集》卷四，《张裕钊诗文集》第97～99页）。

六月初三日（7月1日），清政府派科布多参赞大臣奎昌赴新疆塔尔巴哈台与沙俄代表巴布科夫勘办立界。

六月初五日（7月3日），张裕钊之妻黄孺人（1826—1870）卒于家。

六月初七日（7月5日），张裕钊及长子张后沅从省城赶回家中，料理丧事。

张裕钊作有《黄孺人墓志铭》，其中云：“且其卒也，裕钊携长子后沅方居省城中，及归而孺人已前卒二日矣……孺人之卒，以同治九年六月五日，年四十有五。有子二人，其次曰后淦；女子五人。孙二人：孝沐、孝栘。”（见《濂亭文集》卷六，《张裕钊诗文集》第161页）

案：据张氏家谱载，张裕钊殁后有子二人，女五人。其中夫人黄氏育有子二人，女三人；另二女为侧室祁氏所生。祁氏去世后，葬于陕西。

六月初十日（7月8日），武英殿大学士、直隶总督曾国藩携吴汝纶一行人抵达天津，开始调查处理天津教案。

六月中下旬，张裕钊作有《答吴至甫书》一文，与好友吴汝纶讨论为文之法——这也是张裕钊的一篇重要文论。其论文以立意为主，主张顺其自然；并将顺其自然看成是文章的最高境界，与桐城三祖固守死板的“义法”相比，有了显著的进步（见《濂亭文集》卷四，《张裕钊诗文集》第83～

85 页）。

六月二十三日（7 月 21 日），武英殿大学士、直隶总督曾国藩顶着诸多压力，上奏天津教案案情及处理意见：将天津知府张先藻、知县刘杰革职，充军发配至黑龙江，判处为首杀人民众二十人死刑，二十五人充军流放，付给法国赔偿款与抚恤金四十九万七千二百八十五两白银，准其重建教堂。

六月下旬，工部尚书毛昶熙奉旨抵达天津，协助直隶总督曾国藩办案。

六月间，范当世顺利通过府试、院试，取中秀才。

七月二十五日（8 月 21 日），江苏巡抚丁日昌奉旨抵达天津，协助直隶总督曾国藩办案。

七月二十六日（8 月 22 日），两江总督马新贻在校场阅兵结束后返回督署的途中遇刺身亡。凶手系河南汝阳人张汶祥，此即轰动朝野的“刺马案”。

八月初三日（8 月 29 日），鉴于官民对天津教案处理的意见极大，朝廷下旨调直隶总督曾国藩回任两江总督，而调湖广总督李鸿章再任直隶总督兼北洋大臣。

八月间，范当世第一次赴江宁参加江南乡试，不中。

九月初六日（9 月 30 日），李鸿章与曾国藩在天津交办直隶总督篆务。

九月二十三日（10 月 17 日），武英殿大学士、两江总督曾国藩奉旨进京觐见。

十月十一日（11 月 3 日），为武英殿大学士、两江总督曾国藩的六十大寿，御赐“勋高柱石”匾额。

十月十二日（11 月 4 日），直隶总督李鸿章接办天津机器局（原名“军火机器总局”），并改称“天津机器制造局”。

十月二十日（11 月 12 日），清政府裁撤三口通商大臣，其职能划归直隶总督管理。

十月间，恩师曾国藩在京师时已与各方协商好，并于离京赴任途中致书张裕钊，请他速来金陵任教。

闰十月二十日（12 月 12 日），武英殿大学士、两江总督曾国藩抵达江宁，暂住江宁盐巡道衙司。

闰十月二十二日（12 月 14 日），武英殿大学士曾国藩再赴两江总督任，在金陵接受关防印信。

十一月中旬，张裕钊应恩师曾国藩之邀，自武昌抵达江宁，主讲金陵凤池书院，并亲手在庭院中种植枇杷树一株。自今年始，裕钊主凤池书院达十二年之久。

曾国藩日记中记载：十一月十三日（1871 年 1 月 3 日），“张廉卿、欧阳星泉自湖北来，谈颇久”。十二月三日（1871 年 1 月 23 日）上午，“莫子偲、张廉卿来久谈”。八日（1871 年 1 月 28 日），“昨日，筠仙寄到其子依永所作诗二卷，临帖篆、隶、楷各一种。本日，莫子偲、张廉卿来，出以示之，叹为奇慧，惜其早逝，欷歔久之”。

案：凤池书院建于清乾隆三十二年（1767 年），院址在原江宁、上元县学名宦祠后，名“文会楼”，规模狭隘。嘉庆二十五年（1820 年），江苏巡抚陈桂生因其父陈玉万曾主讲过此书院，而自己亦曾随父在此书院学习过，遂在书院建“承训楼”（意为曾在此接受过父训），以奉祀父亲。道光二十一年（1841 年），将院址迁至旧王府五亩园之东重建，集楼台、池馆、亭榭于一体，擅一时之胜。咸丰年间，毁于兵火。同治七年（1868 年），知府涂宗瀛购置新廊民房为书院（现隶属于秦淮区饮虹园街道）。

十一月十六日（1871 年 1 月 6 日），陕甘回民起义重要据点金积堡（今宁夏吴忠市利通区金积镇）被清军攻破，陕甘回民起义首领马化龙降清。

十一月十七日（1871 年 1 月 7 日），武英殿大学士、两江总督曾国藩奉命充任通商事务大臣。

十一月二十九日（1871 年 1 月 19 日），刑部尚书郑敦谨抵达江宁，奉旨查办马新贻遇刺案。

年底，张裕钊在金陵凤池书院度岁。

是年，王韬在香港集股买下英华书院，旋又创办《循环日报》，自任主编，宣传资产阶级改良思想，提出变法自强的主张。

同治十年辛未(1871)　四十九岁

是年，张裕钊仍主讲金陵凤池书院。

正月间，经武英殿大学士、两江总督曾国藩的极力举荐，好友吴汝纶被朝廷任命为直隶深州知州。

二月初一日（3 月 21 日），鲁西白莲教起义首领宋景诗（1842—？）在安徽亳州（今亳州市）被俘。

二月十五日（4 月 4 日），好友吴汝纶奉父母及全家二十余口，自老家启程赴金陵，稍作停留休整，然后北上赴任所。

二月二十九日（4 月 18 日），上海至香港之间的海底电缆铺设完成。

二月间，武英殿大学士、两江总督曾国藩与刑部尚书郑敦谨联名奏结马新贻被刺案。

吴汝纶在江宁停留期间，曾专程看望挚友张裕钊，与其畅论文学。

三月初八日（4 月 27 日），吴汝纶记载说："至凤池书院，与廉卿留连竟日，畅论文学。"（见《桐城吴先生年谱》卷一，第 12 页）

教授闲暇之时，张裕钊时常前去看望、拜访恩师曾国藩，与其谈论诗文。

曾国藩在日记中记载：四月八日（5 月 26 日）上午，"出门至吴竹如处久坐，又至张廉卿处一谈，午初归"。十二日（5 月 30 日）午刻，"张廉卿谈甚久"。二十五日（6 月 12 日）午初，"张廉卿谈颇久"。六月二十一日（8 月 7 日）中饭后，"张廉卿自家来，久谈"。

五月十四日（7 月 1 日），沙俄"伊宁远征军长官"科尔帕柯夫斯基率领俄军强占我国新疆绥定（今四川省达州市）。

五月十七日（7 月 4 日），沙俄军队强占我国新疆伊犁，并悍然宣布永远占领伊犁九城，归俄国驻阿拉木图的谢米列廛斯克的行政长官管理。

五月间，张裕钊请老师曾公为其父撰写墓表（即《张君树程墓志铭》[①]）。

曾国藩在日记中记载：五月二十三日（7 月 10 日）下午，"思作《武昌张树程墓志》，而良久不能下笔，张廉卿之父也。傍夕小睡。夜作《张君墓志》约二百余字"。二十四日（7 月 11 日）下午，"将昨日《墓志》又作三百余字。傍夕小睡。夜又作百余字，志文作毕。二更后将作《铭辞》，久思不能下笔，志文亦仅抄录张廉卿之节略。甚矣，余之陋也"。二十五日（7 月 12 日）上午，"作《铭辞》苦索不得，勉强凑成十余句，敷衍成篇"[②]。

同月里，武英殿大学士、两江总督曾国藩奏结提督李昭寿、提督陈国瑞寻仇斗殴案：李昭寿革职，陈国瑞以都司降补。

六月初九日（7 月 26 日），好友吴汝纶携全家北上赴任，抵达直隶深州。

六月初十日（7 月 27 日），好友吴汝纶正式接篆视事，开始了他的地方官生涯。

六月二十七日（8 月 13 日），福建古田民众拆毁英国教堂，史称"古田教案"。

---

① 曾国藩：《张君树程墓志铭》，《曾国藩全集》第十四册，岳麓书社 1986 年版，第 287～288 页。

② 曾国藩：《日记》，《曾国藩全集》第十八册，岳麓书社 1989 年版，第 1855、1863 页。

六月间，裕钊曾给好友蘧莽（蔡念慈）去过一封书函[1]：

蘧莽仁兄阁下：前函未寄，适礼庭与藕庄至，恳涤师作《墓志》，寿老复以《祠堂记》属书。连日炎威酷暑，居地湫隘，烦闷不堪言状。子密初六太夫人寿诞，是否由敝处代备？星阶府军有疏求外用之资讯，能否如愿？裕钊拜手。

案：此书函虽短，但涉及不少人："蘧莽"可能是指浙江仁和人蔡念慈（生卒年不详，字慰会，号劬莽，亦号蘧莽），道光二十一年（1841年）进士，选庶吉士，曾出任福建乡试副主考；"藕庄"指浙江海宁人应澧（生卒年不详，字子传，号藕庄），杭世骏女婿，曾官训导，著有《暗然室文稿》；"涤师"指张裕钊的恩师曾国藩，时任两江总督；"子密"指浙江嘉兴人钱应溥（1824—1902，字子密，号葆慎），钱泰吉次子，道光二十九年（1849年）拔贡生，咸丰元年（1850年）在京师与张裕钊结识，太平天国期间为曾国藩幕僚，军中章奏多出其手。至于"礼庭""寿老""星阶"等是指何人，或是何人之字号，今尚不得而知。

七月上旬，张裕钊请尊师曾公为其内弟黄鹤立谋一个职位。

曾国藩在七月二日（8月17日）《致吴坤修》的信中说："有黄巡检鹤立号笛楼者，为武昌张廉卿舍人裕钊之内弟。以廉卿积学敦行，善为古文，仆延之主讲江宁凤池书院。备述黄君勤慎可恃，惟其贫苦异常，欲求一差，俾资历练，且借薪水为啖饭之资。仆观其人，亦诚笃不苟，尚希惠赐照拂，量予位置。"[2]

七月上中旬，裕钊时常去两江总督府看望老师，向老师请教。

曾国藩在日记中记载：七月六日（8月21日）下午，"间阅张廉卿所圈批《史记》"。十八日（9月2日）上午，"孙琴西、张廉卿坐甚久"。

七月十九日（9月3日），武英殿大学士、两江总督曾国藩和直隶总督李鸿章联合上奏，请派陈兰彬、容闳带学生出国，学习军政、船政、步算、制造等科学技术。

八月十一日（9月25日），裕钊听说恩师将外出检阅军营一段时间，遂前往总督府看望老师，为其送行。

曾国藩在日记中记载：八月十一日（9月25日）上午，"吴彤云、张廉

① 此书函见于郑汝德整理、雷群明选编：《郑逸梅收藏名人手札百通》，学林出版社1989年版，第44～45页；因不见于《张裕钊诗文集》，故全文照录。

② 曾国藩：《致吴坤修》，《曾国藩全集》第三十册，岳麓书社1994年版，第7487页。

卿两起坐最久”。

八月十二日（9月26日），武英殿大学士、两江总督曾国藩检阅江宁督标及练军、湘军各营。

八月十三日至十月初六日（9月27日—11月18日），武英殿大学士、两江总督曾国藩自江宁登船启程，先后到扬州、清江浦、徐州、丹阳、常州、常熟、苏州、松江等地检阅军营。

九月十四日（10月15日），裕钊的好友、经学家、目录版本学家、书法家、文学家莫友芝①病逝于扬州兴化县的舟中。

九月十五日（10月16日），同治皇帝爱新觉罗·载淳大婚，册封阿鲁特氏为皇后。

十月初七日（11月19日），武英殿大学士、两江总督曾国藩抵达上海，巡阅江南机器制造总局所属各厂。

十月十一日（11月23日），武英殿大学士、两江总督曾国藩在上海设席庆贺六十一岁生日。

十月十三日（11月25日），武英殿大学士、两江总督曾国藩自上海启航，乘轮船返回江宁。

十月十五日（11月27日），武英殿大学士、两江总督曾国藩抵达江宁，回到总督府署。

弟子薛福成、张裕钊等听说恩师已回到江宁，遂先后前来看望。

曾国藩在十月十六日（11月28日）的日记中记载说：“薛叔耘来谈，天已暝矣。”

曾国藩在十月十八日（11月30日）的日记中记载说：“（中饭后）张廉卿来久坐，天已黑矣。”

十月二十七日（12月9日），亡友莫友芝的灵柩已从扬州兴化县运到江宁，裕钊前往看望恩师并与恩师商议祭奠莫友芝之事。

---

①　莫友芝(1811—1871)，字子偲，号郘亭，又号紫泉、眲叟。贵州独山(今黔南布依族苗族自治州独山县)人。道光十一年(1831年)举人，后累试不第。曾主讲遵义湘川书院。咸丰年间，先后入胡林翼、曾国藩幕。同治四年(1865年)，任金陵书局总编校，定居金陵。同治九年(1870年)，任扬州书局主校刊。次年病逝扬州。承家学，博览群籍，学识渊博；精通音韵、训诂、金石、目录版本学，与遵义郑珍并称“西南巨儒”。富藏书，工诗文，善书法，为宋诗派的代表作家之一。著述丰富，有《眲亭诗抄》六卷、《眲亭遗文》八卷、《声韵考略》四卷、《过庭碎录》十二卷、《宋元旧本书经眼录》三卷及附录一卷、《韵学源流》、《影山词》二卷、外集一卷等。另与郑珍编纂有《遵义府志》四十八卷，编辑有《黔诗纪略》三十二卷。

曾国藩在日记中记载：二十七日（12 月 9 日）中饭后，“张廉卿来一谈”。

十一月初六日（12 月 17 日），张裕钊和恩师曾国藩及友朋们前往莫愁湖妙严庵参加好友莫友芝的祭奠仪式。恩师曾国藩所撰之挽联既引人注目，又感人至深：

京华一见便倾心，当时书肆订交，早钦宿学；

江表十年常聚首，今日酒樽和泪，来吊诗魂。

案：曾国藩在同治十年十一月初二日（1871 年 12 月 13 日）的日记中曾记载：“中饭后阅本日文件……写祭帐二副，作莫子偲挽联一副。傍夕至内室一坐。夜改莫子偲挽联。”由此可见，曾国藩不仅丝毫没有朝廷高官、幕府幕主的身架，也没有半点矫揉造作的文辞，有的只是对知己老友的真情倾诉。正因如此，在当时才会有那么多的才华卓异之士愿意为他效力；也正因如此，这副对联才会被后人广为传播。

十一月二十二日（1872 年 1 月 2 日），原两江总督衙门、后来的太平天国天王府，已翻修一新，两江总督衙门自江宁盐巡道移入新署。

十一月间，经武英殿大学士、两江总督曾国藩的多方协调，调吴江知县黎庶昌出任江苏青浦（今上海市青浦区）知州。

十二月初四日（1872 年 1 月 13 日），自两年前开始，中经李鸿章、马新贻、曾国藩三任总督修葺的金山江天寺于上月竣工；直隶总督李鸿章驰书江宁请武英殿大学士、两江总督曾相国作记以纪其事，曾公则将其属之裕钊。裕钊遂作《代湘乡曾相国重修金山江天寺记》以纪其事（见《濂亭文集》卷八，《张裕钊诗文集》第 192～194 页）。

十二月初九日（1872 年 1 月 18 日），查氏后人在其先祖去世十八年后，将其灵柩葬于海宁某所。此前，弟子查燕绪曾遵其父查湄之命，请尊师为其祖父、候选郎中查绍籛表墓。张裕钊乃欣然作《候选郎中查君墓表》一文相赠（见《濂亭文集》卷五，《张裕钊诗文集》第 127～129 页）。

十二月十三日（1872 年 1 月 22 日），书院的事情已忙得差不多，又快过年了，张裕钊乃到新的总督府去看望恩师。

曾国藩在日记中记载：十二月十三日（1872 年 1 月 22 日），“梅小岩、张廉卿、李季泉、应敏斋四人皆久谈，灯后许久始退”。

十二月间，裕钊曾收到同乡、好友范志熙寄来的书函，告知其祖母去世的消息。得知此噩耗，裕钊甚是悲伤，因不能前往吊念，遂及时写了一封书函（即《致范志熙》[1]）寄去安慰好友，并与好友彭佩双一起随信寄去了奠仪：

月槎仁丈大人阁下：

夏初曾肃一函，至八月始由崔兄转致，计尘台览。自秋徂冬，正深洄溯，忽奉讣音，惊悉太伯母太夫人遽返瑶京，逖听之余，良用骇悼。以仁丈至孝蒸蒸，今者猝遭大故，哀楚亦何可言。惟念太伯母太夫人受封于国，凝祉于家，宜尔子孙，绥我眉寿，一旦乘化，考终天乐，神香迎生，无量寿国，固已生无遗憾，死有余芬，伏冀节哀自玉，勿过哀毁，以勉尽大事，是所切祷。裕钊缘山川阻隔，不克祗奉刍香，躬亲叩奠，实深歉悚。兹偕彭佩双刺史谨具微仪，附邮敬致。俟它日灵言返，道过白门，尚当恭诣舟中，一助执绋耳。手肃，敬请礼安，不宣。

年姻愚侄张裕钊顿首

彭佩双以有疾未及作书，嘱笔致唁。又白。

年底，张裕钊留在金陵的凤池书院度岁。

是年，同年好友、时任海州（今江苏连云港市）知府的黄克家，突然辞官归隐，上官留之不住。临别之际，裕钊曾作有《送黄蒙九序》一文为其赠行（见《濂亭文集》卷二，《张裕钊诗文集》第38～39页）。

案：此文以古代圣贤为例，论述人的出入进退、显晦穷达，既有对理想观念的阐述，又有对现实流俗的尖锐批评；行文则由古及今，古今对比展开，并将概括论述和事例的胪举结合起来，突出了黄克家特立独行的个性特点。文章虽不长，却结构谨严，论理充分；语言虽质朴婉转，却锋芒自现，显示了作者善于说理的能力。字里行间亦流露出作者对朋友的挚爱之情。正因如此，张裕钊的这篇赠序便成为流传后世的散文名篇，被《续古文观止》《中华散文精粹·明清卷》等书所收录。

是年，应直隶总督李鸿章之聘，学者黄彭年赴保定主持《畿辅通志》的修纂。

同治十一年壬申(1872)　五十岁

是年，张裕钊仍主讲江宁凤池书院。

正月初二日（2月10日），武英殿大学士、两江总督曾国藩前往拜访因

[1] 徐世中：《张裕钊佚文考略》，《古籍整理研究学刊》2014年第3期；因此书函不见于《张裕钊诗文集》，故全文照录。

病辞官寓居江宁的湖南前辈名臣、前刑部侍郎吴廷栋；谈及昔日故旧零落殆尽，黯然而别。

正月十四日（2 月 22 日），值道光皇帝忌辰，曾国藩回首往事，泫然泪下。

正月十九日（2 月 27 日），武英殿大学士、两江总督曾国藩领衔上奏朝廷：促请对"派遣留学生一事"尽快落实；并建议清政府在美国设立中国留学生事务所，推荐陈兰彬、容闳为正副委员常驻美国管理；同时在上海设立"幼童出洋肄业局"，荐举刘翰清"总理沪局选送事宜"。

正月二十二日（3 月 1 日），武英殿大学士、两江总督曾国藩时发肝痛、脚麻之症，良久乃复。

正月二十三日（3 月 2 日），即日起，武英殿大学士、两江总督曾国藩时发脚麻之症，舌蹇，不能语。

正月二十六日（3 月 5 日），武英殿大学士、两江总督曾国藩听说亦称病辞官的前辈名臣、好友苏廷魁将过金陵，乃出城迎接；途中肝痛、脚麻之症又犯，且舌蹇不能语，只得返回府中休息。

正月二十八日（3 月 7 日），武英殿大学士、两江总督曾国藩与途经金陵、前来拜访的前东河河道总督、前辈好友苏廷魁相见；当天，又与直隶总督李瀚章会奏《淮盐行楚章程》一折。

正月下旬，闻恩师曾公病重，张裕钊时时过府看望、侍侧。

正月间，好友黎庶昌闻恩师患病，曾专程从江苏青浦来金陵看望恩师曾国藩，并请恩师为其父亲黎恺撰写墓志①。

二月初二日（3 月 10 日），曾国藩翻阅案牍，正拿笔作批，病又发，乃罢。

二月初四日（3 月 12 日）下午，恩师曾国藩又犯脚麻、舌蹇之症，卒于武英殿大学士、两江总督任上。

恩师的去世，使张裕钊感到极为悲痛，连夜写作了《祭曾文正公文》一文（见《濂亭文集》卷八，《张裕钊诗文集》第 200～201 页），深表哀悼。

张裕钊在《九枝》中曾说："曾文正师于余文，兴化刘庸斋于余文及书，皆许为海内第一"［见《张廉卿先生诗文稿》，（台北）文海出版社 1982 年版，第 280 页］。每忆及恩师对自己的提携、赞许与鼓励，便非常

① 曾国藩：《遵义黎君墓志铭》，《曾国藩全集》第十四册，岳麓书社 1986 年版，第 340～342 页。

悲痛。

黎庶昌得知恩师曾公病逝消息，十分悲痛，立即从江苏青浦赶来金陵吊念；随后遂收集、整理恩师的生平事迹，撰成《曾国藩年谱》（原名《曾文正公年谱》）十二卷，又作有《曾太傅毅勇侯别传》万余言，以缅怀恩师之深情——这成为后世研究曾国藩生平事迹的重要文献。

此时已辞去金陵书局职位在家闲居的汪士铎，闻知两江总督曾国藩病逝任上的消息，异常悲痛，不仅当时写了《祭曾文正公文》一文；而且后来相继写了《曾文正公祠祭文》《曾文正公祠成值公生日祭祝文》《曾文正公生辰祭文》《胜棋楼祀曾文正公》《莫愁湖拜曾文正公小像》《曾文正公小像》《戊寅十月十一日》《追怀曾文正公》等诗文①，由此可见二人感情之深厚。

当朝廷得知曾国藩去世的消息，乃命辍朝三日以悼之；随又追赠曾国藩为“太傅”，谥“文正”。

远在直隶深州的弟子吴汝纶，得知恩师曾公去世消息，非常悲痛，一方面遣人至江宁来吊唁，一方面写信给直隶总督李鸿章，希望李相能“速办一疏，俾宣付史馆，以为百世实录。曾相之于胡文忠，亦是意也”②。

二月间，亡友莫友芝之弟、时任江宁知县的莫祥芝和儿子、时任两淮候补盐大使的莫绳孙请假扶柩归葬。临行前，请张裕钊为其作墓志。裕钊慨然作《莫子偲墓志铭》一文相贻（见《濂亭文集》卷六，《张裕钊诗文集》第141～143页）。

同月里，因剿平西捻有功，朝命以知州衔在直隶候补的弟子薛福成，在恩师曾公病逝期间，前来江宁协助曾纪泽料理后事；曾氏的丧事办完后，薛福成乃赴苏州书局供职。

三月初六日（4月13日），贵州台拱（今黔东南苗族侗族自治州台江县台拱镇）苗民起义首领张秀眉（原名宝兄，1823—1872）在乌东（今黔东南苗族侗族自治州雷山县丹江镇）与清军激战，兵败被俘；旋被押往湖南长沙杀害，贵州苗民起义至此失败。

---

① 前列汪氏诗文，详见《汪梅村先生文集》十二卷附《外集》一卷（有光绪七年刻本，又收入1995年上海古籍出版社《续修四库全书·集部·别集类》）和《汪悔翁诗续钞》（1926年影印邓氏丰宝堂抄本）。

② 吴汝纶：《上李相书》，《吴汝纶文集》附录二，朱秀梅点校，上海古籍出版社2017年版，第522～523页。正谱所引《吴汝纶文集》均出自此版，后文不再一一详注。

三月十五日（4 月 22 日），为江苏盐巡道袁笃臣之母王太夫人的七十七岁寿辰，在金陵的同僚部属、亲朋好友同为其祝寿。裕钊应友朋之邀，为之作《代袁母王太夫人七旬晋七寿序》相赠（见《濂亭集外文辑存 · 赠序寿序》，《张裕钊诗文集》第 411～413 页）。

三月二十三日（4 月 30 日），英国人美查（Ernest Major，1830—1908）在上海创办《申报》。

四月初九日（5 月 15 日），日本续派使臣柳原前光（やなぎわら さきみつ，1850—1894）至天津会见直隶总督李鸿章，要求改换正约。

四月十三日（5 月 19 日），清政府署理伊犁将军荣全与沙俄代表在塔尔巴哈台（今新疆塔城市）谈判，交涉交还伊犁问题。

五月初三日（6 月 8 日），沙俄特使柯尔巴斯背着中国政府与阿古柏签订《俄阿商务协定》五条。

五月二十日（6 月 25 日），曾国潢（曾国藩的二弟）率侄儿纪泽、纪鸿扶曾国藩的灵柩自江宁抵达湖南长沙。

六月十三日（7 月 18 日），沙俄代表佯允交还伊犁，要求修改塔尔巴哈台所定边界，并要求开放乌鲁木齐、哈密等六座城市为商埠。

六月十四日（7 月 19 日），曾氏族人葬前武英殿大学士、两江总督曾国藩于长沙南门外金盆岭之阳。

七月初九日（8 月 12 日），陈兰彬、容闳等人率领梁敦彦、詹天佑等三十名中国幼童赴美国留学。这是近代中国政府派遣到外国学习的第一批留学生，中国近代历史上的留学生运动亦从此开始。这也是两江总督曾国藩生前各方奔走、敦促、大力支持的结果。

八月十二日（9 月 14 日），张裕钊作《与徐宗亮》书，谓顷奉两函，甚感仁兄之“古谊深情，超越世俗”；“足下读书养亲，家居自适，心定神闲，他日千秋之业，当属之吾子矣”；而弟“百年粗粝，千里孤羁，筋力日衰，神智日敝，而大道茫茫，未知竟在何处”；“承询玉勾草堂杜集，业已蒇事”，质量以不错，“遵谕，附陈价单数纸，希察入”；弟“不日当以事归里，俟道过皖城时，一切再为面罄”；随信附来《曾文正祭文》和《莫子偲墓志》两文，待过皖时就正（见《张裕钊诗文集》附录一，第 494～495 页）。

十月初六日（11 月 6 日），秘鲁政府任命海军上校、葛尔西耶为出使中国和日本的特命全权公使。

十月间，好友、原江南盐巡道孙依言擢升安徽按察使，入京觐见后赴任所，途经金陵，友朋们为其接风、饯行，众赠以诗，裕钊则写了一篇《送孙琴卤序》相赠（见《濂亭集外文辑存（二）》，《张裕钊诗文集》第 392～394 页）。

冬，张裕钊曾应邀赴省城安庆，与在安徽省通志局主持修纂《安徽通志》的好友徐宗亮相聚；随后，裕钊自安庆启程归武昌老家。

十一月二十三日（12 月 23 日），直隶总督兼北洋通商大臣李鸿章奏请清政府在上海试办轮船招商局，官督民办，并派沙船富商朱其昂、朱其诏兄弟在上海洋泾浜永安街设局招集商股，定名为“轮船招商公局”，从事客运和漕运等项运输业务。这是中国近代第一家轮船航运公司。

十一月二十七日（12 月 27 日），清军久困大理，“平南国”“总统兵马大元帅”杜文秀（1823—1872）服毒自杀。

十二月初二日（12 月 31 日），清兵攻入大理城，大理回民起义军溃散。

十二月初九至十一日（1873 年 1 月 7—9 日），清军在云南大理血腥屠杀起义回民万余人。

年底，张裕钊在武昌老家与家人度岁。

是年，张裕钊将恩师曾国藩的遗文——《劝戒浅语》十六条整理校订成册，并写了一篇序文（即《劝诫浅语序代》，见《濂亭遗文》卷一，《张裕钊诗文集》第 211～212 页）置于册前。好友、都转盐运使彭懋谦[①]听说后，立即出资将其刊出，既是作为官吏学习、自省的教科书，又是对恩师的最好缅怀。

湖北武昌罗宝悦祭酒之《蒙求迩言》再版，其孙某请蒋崔庄为之序，而蒋氏则以其委于裕钊。张裕钊遂作《蒙求迩言罗祭酒家彦宝悦撰序代蒋崔庄》相贻（见《濂亭集外文辑存（一）》，《张裕钊诗文集》第 389～390 页）。

是年，华侨商人陈启源在广东南海县设立继昌隆缫丝厂，成为中国第一

① 彭懋谦（1836—1905），字小皋，陕西石泉人。同治十年（1871 年）进士，授工部主事。不久该捐道员，签分广东，历任税务、矿务总办。光绪八年（1882 年）出任会试监试官。随即出任惠州、潮州、嘉应州督粮道。因为官清廉，政绩突出，朝廷赏给按察使衔，又秦保二品顶戴。光绪十三年（1887 年）辞官归乡，出资成立溥利公局，鼓励和号召民众种桑养蚕。主讲关中书院，捐赠各类图书颇多。光绪二十六年（1900 年），陕西巡抚慕名聘其至赈务局任职。平生喜校核、刊刻经书、古籍和乡贤的遗著，为清末关中名儒。

家民族资本经营的机器缫丝厂。

是年，英国商人成立中国航运公司，其总公司设在伦敦，分公司设在上海，业务由太古洋行代理，通称“太古轮船公司”。

同治十二年癸酉(1873)　五十一岁

年初，张裕钊在武昌老家与家人过年。

正月中旬，张裕钊曾应邀自老家赴省城武昌，前来与亦至武昌办事的好友徐宗亮相会，然错过未遇。

正月二十六日（2 月 23 日），慈禧太后宣布归政，同治皇帝亲政。

同日，梁启超（1873—1929）出生于广东新会县茶坑村（今江门市新会区会城街道茶坑村）一个书香之家。

二月间，张裕钊告别家人仍赴金陵凤池书院任职。

三月十一日（4 月 7 日），裕钊作《与徐宗亮》书，谓正月间在鄂城未能与钱宗亮相聚，“为之惘然”；弟“昨始复入城，往返仆仆，心耗神疲”；“承命为《太淑人寿序》，至今始得撰就，敬呈是正”；钱宗亮主持纂修的《安徽通志》，“他日必当驾康风山、韩五泉而上之矣”；“伯相所许鹾局一事，目下复有变局”，只“欲以古今书院讲席相处”，弟“再四辞谢，尚未获命”；“前假《庄子》《屈子》各一部，谨用附还，希察入”（见《张裕钊诗文集》附录一，第 495 页）。

三月十四日（4 月 10 日），好友、深州同知吴汝纶之父吴元甲（1809—1873，字育泉）在汝纶官署病逝。吴汝纶按例辞职丁忧，扶父亲灵柩归乡，并驰书好友张裕钊，谓将于某月某日葬亡父于某所，请为墓志。张裕钊乃应邀写了一篇《吴徵君墓志铭》寄赠（见《濂亭文集》卷六，《张裕钊诗文集》第 145～147 页）。

夏初，好友徐宗亮①因事曾自安庆赴金陵，与张裕钊相聚数日。

四月二十五日（5 月 21 日），美国传教士在江西瑞昌强行建立教堂，而对官民的劝告置之不理，激起民愤，士民奋起拆毁教堂，史称“瑞昌

① 徐宗亮(1828—1904)，字晦甫，号椒岑，一作菽岑。安徽桐城人。父徐丰玉官至湖北按察使，咸丰间殉国。少袭骑都尉世职，历参胡林翼、李续宜、李鸿章等幕，以文章交游公卿间。曾主持纂修《安徽通志》。光绪十三年(1887 年)，随黑龙江将军恭镗赴黑龙江。历三年，撰成《黑龙江述略》六卷。晚年，曾参与《通商约章类纂》《天津府志》《沧州志》《长芦盐法志》等书的编纂工作。工诗文，尤以文著名。著有《善思斋诗文钞》《归庐谈往录》等。

教案”。

五月初三日（5 月 28 日），清军攻占腾越厅（今云南省保山市腾冲县），云南回民起义至此失败。

五月上旬，张裕钊患了一场病，病愈后曾写有《病起·癸酉，时主讲金陵凤池书院》一诗纪其事（见《濂亭遗诗》卷一，《张裕钊诗文集》第 289 页）。

五月十八日（6 月 12 日），中国第二批官费留学生蔡廷轩等三十人启程赴美留学。

五月下旬，张裕钊因身体有病，遂请假回了一趟武昌老家。

六月间，张裕钊自武昌返金陵，途中曾去安徽通志局拜访好友徐宗亮，适好友有事回老家去了，未遇。

同月里，张裕钊曾给时任保定莲池书院山长的好友黄彭年写信，并随信寄去自己代恩师曾国藩所写的《金山江天寺记》一文，请其批评斧正。

案：可惜的是，由于时间久远、社会动荡，张裕钊的这封信今天已见不到了。

闰六月初四日（7 月 27 日），浙江新昌县会党数千人发动起义，围攻县城，旋败。

闰六月初九日（8 月 1 日），清军围攻肃州（今甘肃省酒泉市肃州区）回民起义军。

闰六月二十六日（8 月 18 日），在收到好友张裕钊所寄书函及文章后，黄彭年在其当天的《陶楼日记》中，记有自己对《金山江天寺记》一文的评价：

> 观张廉卿书并所撰《金山江天寺记》，文气疏劲。中段“金山兴废之迹夥矣，以其名与地之著也。故曩者之废，过者尤心恻焉。当粤贼盗据金陵，环吴之疆，如崩如沸，畴暇问斯寺之修复，而今乃克睹其成。……以今日之既废而复兴，则由斯以往欲兴者之无或遽废，固天实主其间，抑岂非人事之与有责哉”一段尤有神理。①

案：黄氏在日记中所记张裕钊《金山江天寺记》的文字，虽与今本（如王达敏校点本《张裕钊诗文集》等）此篇的文字有颇多不同，但他却为我们提供了诸多信息。

七月间，法国传教士在四川黔江县（今重庆市黔江区）强行建立教堂，又强迫民众信教，劫掠财物，奸淫妇女，激起民愤，不法传教士被殴毙；清

① 白雪华:《黄彭年评张裕钊〈金山江天寺记〉》,《文学遗产》2008 年第 4 期。

政府在法国驻华公使的威胁下，以处分知县，判处民众四人死刑，二人徒刑，赔款四万银两结案，史称“黔江教案”。

八月初一日（9月22日），清政府派遣陈兰彬赴古巴查看华工遭受虐待情形。

八月十三日（10月4日），张裕钊作《与徐宗亮》书，谓前不久足下来看我，“深慰渴悰”，只是“匆匆揖别，未尽所怀”，而弟“来金陵，道过皖城，即诣局中奉访”，又与吾兄擦肩而过，“为之惘然”；“足下文章，已超出时辈万万，但望养之，使益苍劲醇熟”，“不难也”；“闻吴至甫在深州，甚有治绩，殊快人意”，惜其无暇“闭户读书，使其学有成”，而“为吾党增重”，则“更佳耳”；舍亲黄鹤立“闻新得贵局差委”，望“时加旬迪，励之以植身勤职”；近闻罗少村“奉檄办沙市厘局，此固大府悯其穷”，恐亦“非所乐就也”（见《张裕钊诗文集》附录一，第495～496页）。

八月中下旬，湖北乡试结束，张裕钊的弟子刘心源[1]考取举人。

费行简《近代名人小传·张裕钊》中曾云：“（张裕钊）工书，整齐遒丽，而意致穆然。弟子刘心源得其仿佛。”[2]

九月十五日（11月4日），清军攻陷肃州（今甘肃省酒泉市肃州区），对回民起义军进行残酷大屠杀。

九月间，是湖南浏阳人李兴锐[3]观察之母周太夫人的七十寿诞，在江南

---

① 刘心源（1848—1917），谱名文申，考名崧毓，字亚甫，号冰若，又号幼丹，自号夔叟，别号龙江先生。室名“奇觚室”。湖北嘉鱼人。同治十二年（1873年）举人，光绪二年（1876年）进士。历官翰林院编修、国史馆协修、江南道、广东道、京畿道监察御史、四川夔州知府、成都知府、江西督粮道、江西按察使、广东按察使、广西布政使等职。1910年领导了湖北的保路运动，并出任湖北商办铁路公司协理。入民国，历任湖北临时会议议长、湖北民政长、北京约法会议议员等职。1914年任湖南巡按使，不久病归。1917年中秋卒于家。善诗文，工书法，精金石、文字。著有《奇觚室古文审》八卷、《奇觚室乐石文述》四十卷、《吉金文述》二十卷、《火齐木难三代六书存》十八卷、《凡诲书》十卷及《孙子事证》《楚辞王注笺》《游西山记》《豫轺纪程》《川程坐游记》各一卷。

② 费行简：《近代名人小传》，中国书店1988年版，第16页。

③ 李兴锐（1827—1904），字晋初，号勉林，湖南浏阳人。诸生。早孤。咸丰二年（1852年）在乡办团练，助江忠源镇压农民起义。咸丰五年（1855年），入曾国藩幕，总管粮台，深得曾氏信任。同治七年（1868年），以功补大名知府；不久，以功升道员。光绪元年（1875年）任上海机器制造局总办。光绪十五年（1889年）任天津海关道。光绪二十三年（1897年）授福建按察使。光绪二十六年（1900年），迁江西巡抚。光绪二十八年（1902年）署理广东巡抚。次年，署理闽浙总督。光绪三十年（1904年），擢升两江总督。卒于任。

的乡人、友好谋为老夫人祝寿，而以祝寿文托之张裕钊，裕钊乃作《李母周太夫人七十寿序》相赠（见《濂亭集外文辑存·赠序 寿序》，《张裕钊诗文集》第414～415页）。

十月初一日（11月20日），法国海军军官、探险家马利·约瑟夫·弗朗西斯·安邺（Marie Joseph Francis Garnier）奉命率领法军突袭占领越南河内。

十一月初五日（12月24日），刘永福率黑旗军与法国侵略军在河内激战，击毙法军主将安邺（1835—1873）。

十二月初九日（1874年1月26日），同年好友、时正在张家坐馆授徒的黄克家①因病去世。裕钊相助为棺敛。

十二月十六日（1874年2月2日），英国侵略者背着中国政府与阿古柏缔结《通商条约》十二条。

十二月间，湖南沅陵县人、福建台湾道吴君（1823—？）葬其妻孙氏（1817—1872）于宅后校场坪之原。此前，吴君之子曾请裕钊为其母撰墓志。裕钊遂作《吴母孙夫人墓志铭》相赠（见《濂亭文集》卷六，《张裕钊诗文集》第158～159页）。

是年，张裕钊的好友戴望②在金陵书局病逝。

是年，直隶总督李鸿章改“轮船招商公局”为“轮船招商局”，派唐廷枢为总办，徐润、朱其昂、盛宣怀为会办，先后在汉口、九江、镇江设立栈房、码头，在天津、牛庄、烟台、福州、厦门、广州、香港、汕头、宁波、镇江、九江、汉口和长崎、横滨、神户、吕宋、安南、新加坡、槟榔屿设立分局，开辟沿江、沿海及国外航线。至1876年有轮船11艘；1877年，又以222万两银子买进美商“旗昌洋行”的旧船16条及其码头、仓库等财产，招商局初具规模。

是年，耶稣会在上海徐家汇建造天文台，设有气象和地震两部，与世界各地天文台站保持联系。1900年又在上海近郊的佘山顶上建造天文台，专

---

① 黄克家(1822—1873)，字蒙九。湖北随州人。道光二十六年(1846年)举人。后历官觉罗官学汉文教习、内阁中书、江苏候补知府、海州直隶州知州等。不久，辞官归里。后应好友之请馆于张裕钊家。同治十二年(1873年)，卒于南京馆舍。

② 戴望(1837—1873)，字子高。浙江德清县人。少有大志，弃举业，从陈奂、宋凤翔等名宿学经学。同治四年(1865年)，曾国藩招致金陵书局，校勘群经。卒时年仅37岁，无子嗣，由好友唐端甫经理其丧。著有《谪麐堂集》《管子校正》等。

司天文观测，并在上海外滩建立了一座报风塔。

同治十三年甲戌(1874)　五十二岁

是年，张裕钊仍主讲江宁的凤池书院。

正月二十七日（3 月 15 日），法国胁迫安南（今越南）派黎峻、阮文祥在西贡与法国代表杜白蕾签订卖国的《法越媾和同盟条约》，安南沦为法国的保护国。

正月间，亡友黄克家之子黄承蕃、黄承翰[①]扶父柩归葬随州，请世伯为其父撰写墓志。裕钊乃作《诰授中宪大夫即选道江苏候选知府黄君墓志铭》相赠（见《濂亭文集》卷六，《张裕钊诗文集》第 153～155 页）。

二月间，通州秀才张謇应邀来到金陵，入江宁办理三江京控发审局[②]总办孙云锦幕府掌书记之职。

二月下旬至三月中旬，日本政府成立“台湾事务局”，任命大隈重信为长官，在长崎设立侵台军基地；又以陆军中将西乡从道为台湾事务都督，发兵四五千人（号称一万五千人），企图从台湾南端入侵台湾。

三月十八日（5 月 3 日），上海民众发动了反对法国侵略军侵占四明公所（又称“宁波会馆”）的斗争。

三月二十三日（5 月 8 日），日本政府借口台湾杀死琉球船民一事，命大隈重信、西乡从道和前美国驻厦门领事李仙得（G. W. Le Gendre）指挥日军在台湾南部的琅峤港口登陆，遭到台湾高山族和汉族民众的抗击。

三月二十九日（5 月 14 日），清政府派福建船政大臣沈葆桢以巡阅为名，率兵轮前往台湾察看海防。

三月间，应好友方宗诚之邀，裕钊为其作《书方存之家训卷后·到处留心皆是学七字》相赠（见《濂亭集外文辑存·书后　序　论》，《张裕钊诗文集》第 385 页）。

初夏，裕钊曾作有五言歌行《幽居》《端居》等诗反映其当时的生活状况（见《濂亭遗诗》卷一，《张裕钊诗文集》第 290、292 页）。

四月初八日（5 月 23 日），沙俄拒不交还新疆伊犁，清政府命陕甘总督

---

① 黄承蕃，生卒年不详，黄克家长子，官中书科中书。黄承翰，黄克家次子，官候选郎中。

② 江宁办理三江京控发审局：清代后期，各省州、县官所不能处理之重要诉讼案件，由督抚委派候补官员审讯，为非正式的审讯机关。

左宗棠迅速西进。

四月十八日（6 月 2 日），日本侵略军分三路进攻福建台湾，焚烧牡丹社等处。

五月初六日（6 月 19 日），好友吴汝纶接受江苏巡抚张树声的邀请，告别家人启程赴苏州入其幕。

五月十三日（6 月 26 日），经过八个月艰难曲折的谈判，清政府与秘鲁政府签订了中国历史上第一个保护华工的专门条约《中秘会议专条》以及《中秘移民通商条约十九款》。

五月三十日（7 月 13 日），好友吴汝纶自安徽桐城抵达苏州，进入江苏巡抚抚署为幕僚。

七月初八日（8 月 19 日），经发审局总办孙云锦的介绍，张謇前往凤池书院拜谒张裕钊，求其书法，又请教学习古文法。

张謇日记中记载：七月八日，"见张廉卿裕钊前辈，并求书"①。

张裕钊告诉张謇，学习古文要读韩昌黎，而"读韩昌黎，须先读王半山（王安石），读《晋书》"。

与张謇同来凤池书院谒见张先生的尚有黄山师山书院山长、前辈名流孙寿祺。

八月初十日（9 月 20 日），张謇再次前往凤池书院拜谒张裕钊，叩问古文之法。通过交谈，张裕钊颇欣赏张謇的才华。

张謇日记中记载：八月十日，"往见张廉卿、李小湖两先生"。

在此后的近两年时间里，张謇得到张裕钊的悉心指导，系统地阅读了《史记》《汉书》《三国志》《通鉴》《文选》以及唐宋名家的诗词文赋，并研究了《易经》《诗经》《尚书》《周礼》等经典文献的注疏说文，学业进步迅速。

八月十三日（9 月 23 日），原武英殿大学士、两江总督曾国藩的结发妻子欧阳夫人病逝。

八月间，为好友、安徽按察使孙衣言的六十寿诞，同僚部属、亲朋好友争为之寿。张裕钊亦作《孙琴卤廉访六十寿序》一文相赠（见《濂亭集外文辑存·赠序　寿序》，《张裕钊诗文集》第 422～423 页）。

九月中，张裕钊曾作有《斜日》《幼安》《种花》等诗反映自己的心境

① 张謇：《张謇全集》第六卷《日记》，江苏古籍出版社 1994 年版，第 32 页。正谱后文出现张謇《日记》相关内容皆简注或不注。

（见《濂亭遗诗》卷一，《张裕钊诗文集》第290～292页）。

九月二十二日（10月31日），清政府总理衙门与日本内务卿、全权大使大久保利通（おおくぼ としみち，1830—1878）在北京签订中日《台事专约》三款及凭单，日本侵略者从清廷方面讨得“保民义举”的称誉，并索得五十万银两的补偿。

九月间，好友、江西贵溪人、翰林院庶吉士朱琛①请张裕钊为其八年前病逝的父亲、原通政使司通政使朱公撰写墓碑。裕钊乃作《诰授通议大夫例晋资政大夫通政使司通政使朱公墓碑》相赠（见《濂亭文集》卷五，《张裕钊诗文集》第125～126页）。

初冬，张裕钊作《与黎莼斋书》一文寄赠好友，阐明自己对为文的看法：文章为至难至得之事，而归于资质才气和致力学识；其传与不传，其久远与短暂，其若显若晦，皆由天数，初不必设心措意；只要知乎圣人之道，以达乎天地万物之原即可（见《濂亭文集》卷四，《张裕钊诗文集》第80～81页）。

十月初九日（11月17日），中国第三批官费留学生唐绍仪等三十人启程赴美留学。

十月间，将迎来江苏布政使梅启照（字筱岩，一作小岩）和夫人雷氏的五十双寿，亲朋、同僚、部属一起谋划为其庆寿。张裕钊应某公之邀写了《代某公梅小岩方伯暨雷夫人五十寿序》（见《濂亭文集》卷三，《张裕钊诗文集》第62～65页）。

十一月初五日（12月13日），曾纪泽等亲友改葬曾国藩于湖南善化县湘西平塘伏龙山之阳乾山，与欧阳夫人合葬。

十一月间，朱铭盘入两淮盐运使方子箴幕府，张謇入淮军将领吴长庆幕府。

十二月初五日（1875年1月12日），同治皇帝爱新觉罗·载淳驾崩。两宫皇太后宣醇亲王奕譞之子载湉入继大统，嗣皇帝位，时年仅四岁；以次年为光绪元年。两宫皇太后再次垂帘听政。

是年，张裕钊尚写有《城上晚眺遇雨却归》《杂诗》等诗作（见《濂亭遗诗》卷一，《张裕钊诗文集》第292、293页）。

---

① 朱琛，生卒年不详，字献廷，号小唐，江西贵溪人。朱梦元之子。同治十年（1871年）进士，选庶吉士。散馆授翰林院编修，后升侍讲学士。光绪十八年（1892年）擢升詹事府詹事。工诗文。著有《遁夫诗草》、《显考景唐府君（朱梦元）行述》（一卷）等。

是年，为记名总督、两江督标中军副将周锡三之父、长沙周林封的六十三岁寿诞、母亲彭太夫人的六十寿诞，裕钊曾应邀为其作《周封翁暨彭太夫人寿序》相赠（见《濂亭集外文辑存·赠序　寿序》，《张裕钊诗文集》第420～422页）。

是年，裕钊曾应友朋之邀，作有《邓恭人七旬寿序代》一文（见《濂亭集外文辑存·赠序 寿序》，《张裕钊诗文集》第417～419页）。

是年，两江总督兼办理通商事务大臣李宗羲之次子、县学生李本方前来江宁侍奉父亲，甚是思念亡母欧阳氏[①]，在征得父亲的同意后，特回老家为亡母立碑；行前曾请父亲好友张裕钊为其母作碑铭。裕钊乃作《欧阳夫人墓碑铭》一文相赠（见《濂亭集外文辑存·墓表　墓志铭　诔　碑》，《张裕钊诗文集》第428～431页）。

是年，故乡省城士绅在经心书院内立碑，曾驰函邀请张裕钊为其作记。裕钊欣然作《经心书院记》一文寄赠（见《濂亭集外文辑存·传 杂记》，《张裕钊诗文集》第449～452页）。

光绪元年乙亥(1875)　五十三岁

是年，张裕钊仍主讲江宁的凤池书院。

正月十六日（2月21日），云南民众在永昌（今保山市）打死非法进入云南武装探路，并肆意行凶的英国使馆翻译马嘉理（Augustus Raymond Margary），引起两国争端，史称“马嘉理事件”。

正月二十日（2月25日），爱新觉罗·载湉正式即位，慈禧太后掌握实权。

一日，张裕钊前往玄武湖游览，情不自禁地来到梁州上的湖神庙；伫立在恩师曾公的画像前，百感交集，久久不忍离去。回到家即写了《玄武湖寺中曾文正公画像》（二首），以寄托其哀思（见《濂亭遗诗》卷一，《张裕钊诗文集》第299页）。

二月初十日（3月19日），英国驻华公使威妥玛正式向总理衙门提出六项要求，就马嘉理事件与清政府进行交涉。

二月间，张裕钊在给学生授课之余，亦走出户外，享受春光，曾作有《游北山》《夜泊》《庭前桃花始开》《即景》《昼永》《春日郊行》《春

① 李宗羲之原配欧阳氏去世于同治七年十二月，并于同治十年十二月十八日(1872年1月27日)葬于开县(今重庆市开州区)之迎仙山祖茔。

日》等诗作，以表达其心情（见《濂亭遗诗》卷一，《张裕钊诗文集》第293～297页）。

二月里，好友薛福成自苏州启程赴京谒见，在途经山东时，特地去看望时在山东巡抚丁宝桢幕中的四弟薛福保。在巡抚衙门，薛福成从邸报上看到了两宫的懿旨：决定广开言路，希望全国各级各类大小官员向朝廷积极建言献策。于是，薛福成连夜撰写了《应诏陈言书》，并请山东巡抚丁宝桢代为上奏。其中提出了著名的“治平六策”和“海防密议十条”。这份上书立即引起最高统治者的重视，下旨将“六策”和“十议”交四部和总理衙门核议。顷刻间，薛福成名满朝野。

三月二十八日（5月3日），清政府任命陕甘总督左宗棠为钦差大臣，督办新疆军务，着手规复新疆。

夏，因好友吴汝纶的推荐，张裕钊收桐城马其昶[①]列入门墙，授以古文之法。

吴汝纶曾在《马通伯求见张廉卿以诗介之》中云：“吾徒有马生，暗室夜求烛。若令扫公门，借湜尚可续。寄声作傧介，此诺吾已宿。”[②]

张裕钊亦曾作《吴挚甫以书来介其邑马生通白其昶令游于裕钊之门次韵酬之》纪其事（见《濂亭遗诗》卷一，《张裕钊诗文集》第299～300页）。

马其昶在《书张廉卿先生手札后》中曾说：“吴先生……又言：‘今天下宿于文者，无过张廉卿。子往问焉，吾为之介。’赋诗一篇，谐庄杂出，谓‘得之桐城者，宜还之桐城’。其昶至江宁，谒张先生凤池书院。先生则大喜，赋诗为答。于是，其昶年二十有一矣。后屡赴江宁试，从游久，益多闻绪论。先生之言曰：‘文之道至精。古之能者，义不苟立，词不苟措，陈义必取其最高而尤雅者，造言必深古，不使片词杂乎凡近。其

① 马其昶(1855—1930)，字通伯，一字通白，晚号抱润翁。安徽桐城人。附贡生。先后从方东树、戴均衡、方宗诚、吴汝纶、张裕钊等名师游，称弟子。后累试不举，遂淡泊仕进，致力教育；对地方大吏的荐举，一概谢绝。曾主讲庐江潜川书院，出任桐城中学堂堂长。宣统时，以学部主事用，旋补总务司主事。入民国，举为县议会议长、安徽高等学堂监督、参政院参政。袁世凯复辟，拒绝加入“筹安会”。曾被聘为清史馆总纂。晚年归乡，卒于里。其学识渊博，工诗文，尤以古文名于时，被称之为“桐城派的殿军”。著述丰富，有《抱润轩文集》《桐城文录》《存养诗钞》《周易费氏学》《毛诗学》《礼记节本》《中庸篇义》《三经谊诂》《老子故》《庄子故》《屈赋微》《金刚经次诂》《尚书谊诂》等传世。

② 吴汝纶撰：《吴汝纶全集》(一)，施培毅、徐寿凯总校：黄山书社2002年版，第398页。

句调声响，必在在叶乎铿锵鼓舞之节。’又曰：‘培其源，无速厥成，善学者宜俟其自至。’一日，棹小舟，招其昶游妙相庵，登台观落日，诵杜公《出塞》诸什，音响震越。回顾钟山，云气滃起，须臾弥满。雨甚，侵夜及晓。庵内一室，祀曾文正公，相与危坐其下。先生为述文正轶事，慨今者之无其人，天下幸终平治矣乎。昒爽，走扣王荩臣副戎壁门，借马骑行。王未起，大惊出迎，不与骑。餐罢，复乘舟归。”①

后来，好友汪士铎听到这一消息，非常高兴，当即写了长篇五言歌行《赠桐城马通伯并柬张廉卿》相赠。

其间，黎庶昌由管淮阴堤工支应调任筦扬州荷花池厘金局。

四月二十六日（5 月 30 日），清政府派直隶总督兼北洋通商大臣李鸿章督办北洋海防，两江总督兼南洋通商大臣沈葆桢督办南洋海防。

六月十三日（7 月 15 日），同乡好友、刑部郎中殷应兆之祖父、大冶富绅殷学源在老家去世。

七月十四日（8 月 14 日），好友吴汝纶之母马太淑人病逝于家，家人准备葬于父墓之旁；吴汝纶驰函张裕钊，望其能为亡母撰写一篇葬志。张裕钊遂作《吴母马太淑人祔葬志》一文寄赠（见《濂亭文集》卷六，《张裕钊诗文集》第 149～150 页）。

八月初一日（8 月 31 日），清政府任命兵部侍郎郭嵩焘为出使英国钦差大臣，1878 年又兼任驻法公使，此为中国政府正式派遣常驻各国公使的开始。

八月二十一日（9 月 20 日），日本蓄意制造了江华岛事件（又称“云扬号事件”），出兵侵略朝鲜，迫使朝鲜与日本签订《江华条约》。

八月间，闲居江宁的同乡、好友李佛生将至北方游览。临别之际，请好友赠言，张裕钊便写了一篇《送李佛生序》为之赠行（见《濂亭文集》卷二，《张裕钊诗文集》第 50～51 页）。

九月十六日（10 月 14 日），中国第四批官费留学生四十人启程赴美留学。

九月二十一日（10 月 19 日），是好友、时任夔州知府的蒯德模的六十华诞，裕钊曾作有《寿蒯子范观察德模》诗寄赠（见《濂亭遗诗》卷一，《张裕钊诗文集》第 294 页）。

---

① 马其昶《书张廉卿先生手札后》，《抱润轩文集》卷三，宣统元年安徽官纸印书局刊本，第 7～8 页；又见《张裕钊诗文集》附录七，上海古籍出版社 2007 年版，第 579 页。

九月间，裕钊作有《即事》《日暮》《登高有感》等诗，反映其生活态度及感慨（见《濂亭遗诗》卷一，《张裕钊诗文集》第296、298页）。

一日，同乡好友、适来金陵办差的张盛藻[①]前来拜访，并出示其前不久从仪征城中所得之异石请题。裕钊遂作七言长篇歌行《张春陔侍御盛藻仪征城中得异石甚佳为赋此篇》相赠（见《濂亭遗诗》卷一，《张裕钊诗文集》第297～298页）。

同月里，应直隶总督李鸿章之邀，好友薛福成进入李氏幕府，成为其幕府的智囊人物。

十月初四日（11月1日），清政府批准山东巡抚丁宝桢在烟台、威海卫、登州府修筑炮台，在济南建立山东机器局。

十月中，张裕钊因长子张后沆的婚事曾自金陵凤池书院回鄂一趟，并作有《舟中晓起》《晓发》等诗纪其行（见《濂亭遗诗》卷一，《张裕钊诗文集》第295、296页）。

张裕钊在回鄂途中与友人、人称江苏才子的冯煦[②]在轮船上相遇；冯氏颇为兴奋，有诗赠裕钊；裕钊亦甚高兴，遂作《金坛冯梦华煦副车相遇白云轮舟中以诗见赠次韵酬之》一诗相赠，对其勉励有加（见《濂亭遗诗》卷一，《张裕钊诗文集》第300页）。

在省城武昌，又与好友罗少村[③]相遇；罗君以其所藏之曾文正、胡文忠公手迹见示，并请张裕钊题词。裕钊在近二十年后再与好友相见，感慨甚多，遂作《题罗少村都转曾文正胡文忠手迹册子》相赠（见《濂亭文集》卷

---

① 张盛藻(1819—1896)，字春陔，又字素君。湖北枝江董市人。道光十七年(1837年)拔贡。曾官户部主事、员外郎及江南道监察御史、山东道监察御史等职。同治间曾供职金陵书局。光绪二年(1876年)任为温州府知府。光绪七年(1881年)任满辞归，终老家乡。工诗文。著有《笠杖集》《三雁纪游》等。今人编有《张盛藻集》。

② 冯煦(1843—1927)，原名熙，字梦华，号蒿庵、蒿史，晚号蒿叟，晚年自称“蒿隐公”。江苏金坛人。少好词赋，有“江南才子”之称。光绪八年(1882年)举人，十二年(1886年)取探花。历官翰林院编修、会典馆、国史馆纂修、安徽凤阳知府、山西河东道、四川按察使兼署布政使、安徽布政使、安徽巡抚等职。后被罢官，卜居宝应。民国后，侨居沪上，创办义赈协会，以赈济灾民。著有《蒿庵类稿》三十二卷、《蒿庵类稿续编》三卷、《蒙香室词》(一名《蒿庵词》)二卷、《蒿庵随笔》四卷、《蒿庵词话》、《蒿庵日记》等。另辑有《宋六十一家词选》十二卷；纂修有《江苏通志稿》《金坛县志》《宝应县志》等。

③ 罗少村即罗忠祐，生卒年不详，字少村，安徽宿松人。浙江巡抚罗遵殿之子。以父功走上仕途，官至湖北都转盐运使。著有《壮节公名宦录》《且至堂遗稿》等；辑有《罗壮节公表忠录》(二卷末一卷)及《曾文正胡文忠手迹册子》等。

一，《张裕钊诗文集》第 25～26 页）。

十一月十四日（12 月 11 日），清政府任命陈兰彬、容闳分别为出使美国和秘鲁的钦差大臣。

十二月中、下旬，张裕钊自鄂返回江宁，在江宁与妻儿度岁。

十二月间，将是同乡好友、江宁候补道台范月槎的六十寿诞，裕钊作《范月槎观察六十寿序》为好友贺寿（见《濂亭文集》卷三，《张裕钊诗文集》第 66～68 页）。

是年，张裕钊尚写有《书即景》《读〈雪松斋集〉》《夜》等诗作（见《濂亭遗诗》卷一，《张裕钊诗文集》第 298、299 页）和《书〈元后传〉后》一文（见《濂亭文集》卷一，《张裕钊诗文集》第 2～4 页）。

是年，罢官后闲居金陵的湖北孝感人李佛笙，与张裕钊相交往来成为朋友；他曾写信并附上自己所写之文，向张裕钊请教为文之法。裕钊对其好学精神颇为欣赏，作有《答李佛笙太守书》一文相赠（见《濂亭文集》卷四，《张裕钊诗文集》第 93～95 页）。

是年，沙俄在黑龙江进行第四次“武装航行”，并在其中、上游地区建立了二十个哥萨克“村屯”。

是年，裕钊的前辈、友人孙寿祺①在师山书院病逝。

光绪二年丙子(1876)　五十四岁

是年，张裕钊仍主讲金陵的凤池书院。

正月初七日（2 月 1 日），湖北孝感县乡民与前往传教的英国传教士发生冲突，引起两国争端，史称“孝感教案”。

正月间，张裕钊在江宁凤池书院为长子完婚；张后沆②娶父亲好友黎庶昌的长女瑞荪为妇。

此时，亲家、好友黎庶昌已由扬州荷花池厘金局调榷通州花布厘捐。

春，张裕钊在教授之余，亦时时走到户外享受春光，相继作有《春日上

---

① 孙寿祺(1812—1875)，字锡祉，一字子福，号侣梅。江苏太仓（今苏州市太仓市）人。道光二十四年(1844 年)进士，授刑部主事。后入福州将军文煜军幕。同治三年(1864 年)，擢升柳州知府。同治六年(1867 年)辞官，为黄山师山书院山长。著有《柳州集》《孙子福遗草》等。

② 张后沆(1854—1895)，字导岷，号静庐。监生。光绪七年(1881 年)，作为公使随员随黎庶昌出使日本。归国后例叙候选州同。后授陕西候补同知、陕西宁陕厅抚民同知。光绪二十一年(1895 年)病逝西安。

谢公墩》《春感》《与友人夜话》《暝》《深夜对月作》等诗纪其心情（见《濂亭遗诗》卷一，《张裕钊诗文集》第300～302页）。

三月十三日（4月7日），四川江北厅（今重庆市江北区）因反对传教士强行传教，陈子千率数千民众捣毁教堂，在冲突中民众被打死五十余人，史称“江北教案”。

三月二十一日（4月15日），直隶总督李鸿章派淮军将领卞长胜等七人赴德国学习军事。

四月中、下旬，朝廷举行的会试结束，弟子刘心源中进士，选庶吉士，入翰林院。

四月间，亲家、好友黎庶昌为缅怀恩师所撰之《曾文正公年谱》十二卷，由传忠书局刊刻行世。

夏，张裕钊在教授之余，曾写有《夏午》《台城》《舟行》《长夏》《雨后》等诗作（见《濂亭遗诗》卷一，《张裕钊诗文集》第304、305页）。

五月十九日（6月10日），四川涪陵（今重庆市涪陵区）民众因不满传教士的胡作非为，焚毁教堂多处。

五月二十日（6月11日），应直隶总督李鸿章之邀，好友吴汝纶告别家人启程赴天津。

五月间，好友韩叔起出示其亡子景修、景伊的遗诗请为审定并赐序。张裕钊亦甚惜二子之聪慧早亡，同情好友之悲苦，乃作《退学轩同怀遗稿序》相贻（见《濂亭文集》卷一，《张裕钊诗文集》第21页）。

闰五月初九日（6月30日），英国商人在上海擅自修筑的“淞沪铁路”通车，以九吨重的机车牵引一列客车，每天往来上海吴淞间六次。这是外国人在中国修筑和经营的第一条铁路。

闰五月二十九日（7月20日），钦差大臣、陕甘总督左宗棠指挥的清军刘锦棠部击败阿古柏叛军，克复新疆乌鲁木齐，平定天山北路。

闰五月间，弟子张謇应淮军统领、提督吴长庆之邀，至浦口（今南京市浦口区）军营掌机要文书。

闰五月中旬至六月上旬，安徽建平县因传教士强行传教、打死民众二人，引起纠纷；清政府反而判处民众三人死刑，徒刑二人，赔款三万三千三百五十六两银子结案，史称“建平教案”。

六月初八日（7月28日），清政府派直隶总督李鸿章为全权大臣赴山东烟台与英国驻华公使威妥玛谈判马嘉理案。

六月十四日（8 月 3 日），好友唐仁寿[1]病逝于金陵书局，裕钊立即前往吊唁。

六月初十至十七日（7 月 30—8 月 6 日），好友吴汝纶至凤池书院与裕钊相聚，谈诗论文。

吴汝纶曾记载说："在金陵留七日，读张廉卿近著文，视前益奇。留凤池书院，与之盘桓连日，临别尚依依也。"（《桐城吴先生年谱》卷一，第 26 页）

七月二十六日（9 月 13 日），直隶总督李鸿章与英国驻华公使威妥玛签订《中英烟台条约》，在"另议专条"中规定：英国如派探路队从北京经甘肃、青海赴西藏，或经四川入藏，或由印度来藏，总理衙门应"察酌情形"发给护照或令西藏地方派员照料。

秋，张裕钊在教授之余，亦时常至户外游览，曾相继作有《秋日江宁城临望》《野望》《晚步溪上》《秋晚》等诗抒发其感慨（见《濂亭遗诗》卷一，《张裕钊诗文集》第 303、305 页）。

其间，裕钊曾作有《与马其昶》一书："读足下《上孙方伯书》，往复再四，不能已。不谓精进乃至如此，欧公所谓'老夫当让此人出一头地'者也。足下学介甫文，已甚肖似，此后便当上窥昌黎。介甫之瘦硬精谨，诚为罕俦，恨意境少隘。更进以他家恢廓之，使不窘于边幅，则善之善者已。丙子秋日，张裕钊。"（见《张裕钊诗文集》附录一，第 497 页）

八月初七日（9 月 14 日），好友吴汝纶抵达天津，进入李鸿章幕府，为其主持文案。

八月中下旬，张裕钊曾与好友、亲家黎庶昌相约游通州狼山，与好友赵烈文游常熟虞山，并作有《游狼山记》和《游虞山记》纪其游踪。

张裕钊曾记载此事云："光绪二年秋八月，黎莼斋筦榷务通州，余过焉。既望（10 月 3 日），与莼斋游于州南之狼山"（《游狼山记》，见《濂亭文集》卷八，《张裕钊诗文集》第 187 页）。"十八日（10 月 5 日），与黎莼斋游狼山，坐萃景楼，望虞山乐之。二十一日（10 月 8 日），买舟渡江。明晨（10 月 9 日），及常熟。时赵易州惠甫，适解官归，居于常熟，遂偕往游焉"（《游虞山记》，见《濂亭文集》卷八，《张

---

[1] 唐仁寿(1829—1876)，字端甫，号镜香。藏书楼名"讽字堂"。浙江海宁人。诸生。少负异秉，从学者钱泰吉游多年；然科场困顿，累试不举。同治中，曾国藩招至金陵书局，与汪士铎、莫友芝、张文虎、李善兰等校刊群籍。富藏书，工诗。著有《讽字室诗稿》等。

裕钊诗文集》第 188 页）。

八月二十四日（10 月 11 日），张裕钊告别友朋，离开常熟返回金陵。

其间，弟子查燕绪曾至金陵拜谒先生，适张裕钊有狼山、虞山之游，未遇。

查氏曾自己说："燕绪以丙子初秋，借事往谒先生。适游狼山，遂南渡海，从虞山以达于苏。"（见查燕绪：《张廉卿先生文集后跋》，《张裕钊诗文集》附录七，第 576～577 页）

九月初八日（10 月 24 日），清政府以二十八万五千两归银购买英国商人所修筑之"淞沪铁路"，后拆迁运至台湾，拟修筑铁路，因经费无着，又运回上海转运北方。

九月十五日（10 月 31 日），经首任出使大臣郭嵩焘提名，黎庶昌被确定为出使英国公使三等参赞。

九月中下旬，亲家、好友黎庶昌将家移寓上海，便匆匆赶到京城报到。临行前，张裕钊曾作《送黎莼斋使英吉利序》一文为好友送行（见《濂亭文集》卷二，《张裕钊诗文集》第 34～36 页）。

九月二十五日（11 月 10 日），亲家、好友黎庶昌等随员跟随出使大臣郭嵩焘自北京起程，经天津至上海。

九月间，亡友唐仁寿之子嘉登，扶父柩将归葬海宁，请世伯为其父撰写墓志。张裕钊乃作《唐端甫墓志铭》相贻（见《濂亭文集》卷六，《张裕钊诗文集》第 137～139 页）。

十月初八日（11 月 23 日），《上海新报》馆设立。

十月十七日（12 月 2 日），亲家、好友黎庶昌等随员跟随出使大臣郭嵩焘登上英国"塔拉万阔"号轮船，自上海吴淞口启航，前往英国赴任。

十月二十日（12 月 5 日），弟子张謇再次至凤池书院向张裕钊请教。此时，张謇经孙云锦的介绍结识了淮军统领、提督吴长庆，成为吴长庆的幕僚。

十一月初，受张姓族人之托，裕钊自江宁返回故里，总理修谱之事。几个月后，重修族谱完成，裕钊曾作有《张氏重修族谱序》一文纪其事（见《濂亭集外文辑存·书后　序　论》，《张裕钊诗文集》第 385～387 页）。

其间，张裕钊曾应邀为隔村同宗的嘉禾先生及其夫人黄孺人作有《嘉禾先生暨黄孺人合传》一文（见《濂亭集外文辑存·传 杂记》，《张裕钊诗文集》第 445～446 页）。

十一月二十五日（1877 年 1 月 9 日），张裕锴、张裕钊兄弟之恩师杨慰农[①]先生在家中去世。裕钊得知噩耗，立即赶往恩师家中祭奠，并作有《祭杨慰农先生文》以悼之（见《濂亭文集》卷八，《张裕钊诗文集》第 202～203 页）。

十一月间，沙俄特使库洛巴金与阿古柏背着中国政府签订《俄阿边界条约》。

十二月初二日（1877 年 1 月 15 日），清政府派福建船政学堂学生严复、萨镇冰等三十人赴英、法学习航海、造船技术。

十二月初八日（1877 年 1 月 21 日），历时约两个半月的时间，出使大臣郭嵩焘带领黎庶昌一行随员终于抵达英国伦敦。

年底，裕钊因重修族谱事尚未完工，故留在老家与家人度岁。

在老家度岁期间，张裕钊开始整理归有光评点的《史记》书稿（后附有方苞的点评《史记》四卷），打算尽快筹集资金刊行。

十二月间，朱铭盘因病不能随方子箴入川（方氏已擢升四川按察使），遂回家养病。

居武昌老家期间，张裕钊曾写有《樊巷道中》《独酌》《雨霁》《晚兴》等诗作（见《濂亭遗诗》卷一，《张裕钊诗文集》第 304、306 页）。

是年，经直隶总督李鸿章的荐举，好友吴汝纶署理天津知府。

是年，《曾国藩全集》由李瀚章编辑刊行，计一百六十七卷，包括奏稿、书札、批牍、年谱、杂著、家书等，是研究太平天国、湘军、捻军的重要资料。

是年，张裕钊尚写有《兜鍪》《当时》《读史》《饮酒》等诗作（见《濂亭遗诗》卷一，《张裕钊诗文集》第 302～303、306 页）。

是年，是好友、江宁知县莫祥芝的五十华诞，裕钊曾作《莫善徵刺史五十寿序》一文相赠（见《濂亭集外文辑存（二）》，《张裕钊诗文集》第 395～396 页）。

是年，亦是好友、湖南浏阳人李兴锐观察的五十寿诞，裕钊曾作《李勉林观察五十寿序》相赠（见《濂亭集外文辑存（二）》，《张裕钊诗文集》第 396～397 页）。

---

① 杨慰农即杨世霖(1799—1877),字慰农,湖北武昌县东沟月山杨村人。道光十五年(1835 年)举人。经大挑选授保康县教谕达十八年。咸丰三年(1853 年),擢升襄阳府教授。同治十一年(1872 年)辞归。

是年，基督教青年会传入中国，并在上海设立了第一个青年会。

光绪三年丁丑(1877)　五十五岁

年初，处理完续修族谱事宜，张裕钊仍自武昌老家赴江宁凤池书院任教。

正月间，张裕钊曾至浦口（今南京市浦口区）吴长庆军中探望好友，并与弟子张謇相聚、畅谈。

二月十八日（4 月 1 日），湖北宜昌、安徽芜湖、浙江温州正式对外开埠。

二月间，朱铭盘身体康复后，遂应邀至浦口入广东水师提督吴长庆军幕，并结识张謇、周彦昇、束畏皇、邱履平、林怡庵等人。

三月初三日（4 月 16 日），钦差大臣左宗棠指挥清军越过天山向南疆进攻，克复达坂城。

三月十二至十三日（4 月 25—26 日），钦差大臣左宗棠指挥清军相继克服鲁克沁城、连木沁台、胜金台、哈拉和卓城、会克吐鲁番。

四月初十日（5 月 22 日），新疆叛乱首领阿古柏（1820—1877）溃败，逃至库尔勒服毒自杀，其子伯克胡里仓促继位，盘踞西四城，负隅顽抗。

五月初五日（6 月 15 日），上海有线电报研制成功，是日第一次拍发。

六月二十一日（7 月 31 日），为欧阳修的生日，好友范月槎在愚园招友朋宴集赋诗，张裕钊亦应邀参加了此次活动。

六月间，将迎来好友、原两江总督李宗羲的六十寿诞，其部属、友朋皆谋为其祝寿，裕钊则作《李雨亭制军六十寿序》一文赠贺（见《濂亭集外文辑存（二）》，《张裕钊诗文集》第 398～400 页）。

八月间，将迎来安徽太湖人、李鸿章之岳父、原广东按察使赵畇（1808—1877，字芸谱，号岵存，晚号遂园）的七十大寿，友朋皆为谋庆寿。裕钊应朋友之邀，代作《赵遂园先生七十寿序代》一文（见《濂亭集外文辑存（二）》，《张裕钊诗文集》第 400～402 页）。

同月里，直隶总督李鸿章派唐廷枢等在滦州设立“开平矿务局”，官督商办，开采开平镇煤矿，是我国最早使用机器开采的一个大型煤矿。

九月上中旬，左宗棠西征军刘锦棠部相继收复喀喇沙尔、库尔勒城、复拜城、阿克苏、乌什等地。

九月二十一日（10 月 27 日），时任翰林院检讨的蒯光典之父、张裕钊之友蒯德模[①]病逝夔州知府任上。

其间，张裕钊的长孙、张后沆的长子孝沐（1877—？）出生。

十月十九日（11 月 23 日），四川涪州（今属重庆市）、内江、南充、巴州（今巴中市巴州区）等地民众为反对西方传教士的非法传教而拆毁教堂。

十一月十四至二十四日（12 月 18—28 日），左宗棠西征军刘锦棠部相继收复喀什噶尔、叶尔羌城、英吉沙尔等地，阿古柏余部白彦虎等逃入俄境。

十一月二十九日（1878 年 1 月 2 日），左宗棠西征军董福祥部收复和阗。至此，除伊犁地区之外的新疆领土全部收复。

是年，为湖南湘潭人、江苏提督谭青崖的母亲谢太夫人的六十大寿，谭提督大宴宾客为母亲祝寿；裕钊应某公之邀写了《代某公谭母谢太夫人六十寿序》一文为其贺寿（见《濂亭文集》卷三，《张裕钊诗文集》第 73～75 页）。

是年，为湖南长沙人、时任长江水师提督的黄翼升（字昌岐，一作昌期）的六十寿诞，亲朋僚属为其祝寿；裕钊应友人之请，作《代某公黄昌歧军门六十寿序》相贻（见《濂亭文集》卷三，《张裕钊诗文集》第 76～77 页）。

是年，好友杨守敬的《楷法溯源》辑成，得朋友资助刊行。

是年，同乡好友殷应兆与其兄弟葬祖父于大冶飞鹅岭祖茔。此前，曾邀张裕钊为其作墓志，故裕钊作有《大冶殷君墓志铭》相赠（见《濂亭集外文辑存·墓表 墓志铭 诔 碑》，《张裕钊诗文集》第 431～432 页）。

是年，张裕钊的好友丁取忠[②]在湖南长沙病逝。

---

① 蒯德模(1816—1877)，字子范，晚号庶园老人。安徽合肥人。少与李瀚章、李鸿章兄弟同学。累试不举，咸丰末以诸生在籍办团练，支持清军镇压太平军、捻军，以功保训导、教谕加五品衔。同治初，为李瀚章掌榷务，以功晋知县。后因办事干练，颇为曾国藩、丁日昌等大吏赏识，由知县累保至知府、加道衔、候补道员。后因积劳成疾，病逝于四川夔州知府任上。工诗文。著有《带耕堂遗诗》五卷、《带耕堂四书文》、《吴中判牍》、《蚕桑实济》、《验方杂录》等。

② 丁取忠(1810—1877)，字肃存，号果臣，一号云梧，湖南长沙高塘岭北湖塘(今属望城县区)人。诸生。早年曾入城南书院学习，与邹汉勋、李锡藩等同学，师从贺熙龄。后应胡林翼之聘，入其幕，在武昌校改各类图书。同治四年(1865 年)，又应曾国藩之聘，入江南制造局，参与翻译西方著作。晚年归长沙，以授徒、著述、刊书以终。精通数学。编著有《数学拾遗》《粟布演草》《白芙堂算学丛书》等。

是年，张裕钊的好友钟文烝[①]在上海敬业书院病逝。

光绪四年戊寅(1878)　五十六岁

是年，张裕钊仍主讲江宁凤池书院。

新年伊始，张裕钊作《新岁口占》《遣闷》以纪之（见《濂亭遗诗》卷一，《张裕钊诗文集》第306、307页）。

二月间，为直隶总督李鸿章之母李太夫人的七十九岁寿辰，适值李鸿章之四弟、原甘肃甘凉兵备道李鹤章又有为子娶媳之庆，一时间“四方来贺，冠盖充庭”。张裕钊曾应邀作有《李太夫人七旬晋九寿序》一文献上（见《濂亭集外文辑存·赠序　寿序》，《张裕钊诗文集》第403～405页）。

三月间，好友张煦堂在自己位于武昌省城高观山上住宅之西再建一座小轩，属张裕钊为之起名并作记。裕钊乃为之起名“俟轩”并作《俟轩记》相赠（见《濂亭集外文辑存·传　杂记》，《张裕钊诗文集》第446～447页）。

四月初五日（5月6日），为立夏之日，裕钊作有《戊寅立夏日》一诗纪之（见《濂亭遗诗》卷一，《张裕钊诗文集》第311页）。

夏日闲居，张裕钊作有《晚霁》《即事》《晚步》等诗纪其心情（见《濂亭遗诗》卷一，《张裕钊诗文集》第310～311、315页）。

闲暇之时，张裕钊与寓居金陵的同乡好友李佛笙常相往来、酬和。裕钊曾作有《步李佛笙见赠原韵》（二首）诗赠好友（见《濂亭遗诗》卷一，《张裕钊诗文集》第315页）。

不久，同乡好友李佛笙离金陵北游，张裕钊不仅写了长篇七言歌行《长歌送李佛笙》（见《濂亭遗诗》卷一，《张裕钊诗文集》第316页），还写了《送李佛笙序》一文为其赠行（见《濂亭文集》卷二，《张裕钊诗文集》第50～51页）。

五月二十二日（6月22日），清政府派吏部左侍郎崇厚为出使俄国大臣，前往谈判归还伊犁问题。

---

① 钟文烝(1818—1877)，字殿才，号子勤，又号伯美。浙江嘉善人。道光九年(1829年)入诂经精舍学习。二十六年(1846年)举人。次年试礼部不第，遂绝意仕进，潜心著述。同治二年(1863年)聘为江苏忠义局编修。同治五年(1866年)，受聘主讲上海敬业书院达十二年之久。光绪三年(1877年)卒于书院。系乾嘉学派学者。著有《春秋穀梁经传补注》二十四卷，另有《信美室集》行世。

六月二十五日（7 月 24 日），开平煤矿正式开局。

七月二十七日（8 月 25 日），清政府召回驻英、德正、副公使郭嵩焘、刘锡鸿，而派曾纪泽、李凤苞为驻英、德正、副公使。

七月间，由于吴长庆提督的资助，在门人刘炳燮、长子张后沆的协助下，历时近三年，张裕钊辑录整理的《归震川评点史记》一书刊刻完成。裕钊曾撰有《〈归震川评点史记〉后序》一文纪其事（见《濂亭文集》卷一，《张裕钊诗文集》第 11～12 页）。

八月间，爆发琼州道（今海南岛）汉、黎族人民的抗清起义。

同月里，张裕钊因事曾自金陵赴杭州一趟，途中作有《武林道中》（二首）、《睡起口占》等诗纪其事（见《濂亭遗诗》卷一，《张裕钊诗文集》第 307 页）。

稍事停留，裕钊便自杭州前往苏州，停留二日，与弟子查燕绪相会；弟子请刻先生文集，裕钊不允；然后，自苏州返回金陵。

查燕绪在《张廉卿先生文集后跋》中云："又其后三年，先生复自杭至苏，舟留二日。燕绪从容请刊文集，先生却之。固请，卒不获命。"（见《张裕钊诗文集》附录七，第 577 页）

九月初九日（10 月 4 日），乃传统的重阳节，张裕钊应霭园主人李子安之邀，至其家小聚，并应请为其作水墨纸本楷书横披《论蕃书》长卷（29.5 cm×180 cm）。其文曰："诸番文字不同而多本于梵书。流入中国，代有大鸿胪之职，译经润文之官，恐不能尽通其旨，不可论也。梵书左旋，其势右转；华书右旋，其势向左。华以正错成文，梵以编缠成体。华则一音该一事，梵则一字或贯数音。华以直相随，梵以相横缀。华书以目传，故必详于书；梵以口传，如曲谱然，书但识其大略。华之读别声，故就声而借。梵之读别音，故即音而借。梵人别音在音不在字，华人别字在字不在音，故梵音甚简，不过几个屈曲耳，差别不多，亦不成文理，而有无字之音焉。人若不别音，如切均之学，自汉自以前人皆不识，自西域流入中国，所以图均之类，子多能言之，而儒者皆不识焉。"其题识云："光绪戊寅九月九日，录于李氏霭园，子安仁弟属。廉卿张裕钊。"钤印："张裕钊""廉卿"（见中国嘉德国际拍卖有限公司"中国嘉德 2013 年春季拍卖会"——"中国古代书法"专场拍卖品，编号：1363）。

九月初十日（10 月 5 日），四川候补道彭启智呈禀南、北洋大臣，请准设立上海机器织布局，李鸿章、沈葆桢先后批准。

深秋时节，张裕钊收到刚刚被罢官回到四川老家主编《剑州志》的好友、原湖南布政使李榕寄来问候的诗章，立即写了《次李申甫方伯见赠原韵》一诗寄赠（见《濂亭遗诗》卷一，《张裕钊诗文集》第318页）。

十月中，友人丹徒赵季梅以其所藏之明代周忠毅公手书疏稿、杂文稿若干篇见示，并请跋其后。裕钊阅后遂作《跋明周忠毅公手迹》相赠（见《濂亭文集》卷一，《张裕钊诗文集》第23～24页）。

十月二十八日（11月22日），出使英法大臣曾纪泽一行乘坐“阿马松”号邮轮，驶离上海，前往赴任。

十月间，好友吴长庆请张裕钊为其在二十四年前与太平军作战死难的、朝廷追赠四品卿衔的父亲吴廷香（1807—1854，字奉璋，亦字兰轩）表墓。裕钊遂为其作《庐江吴徵君墓表》相赠（见《濂亭文集》卷五，《张裕钊诗文集》第116～119页）。

十一月，为夫人黄氏立碑，张裕钊作《黄孺人墓志铭》并书丹，以缅怀之（见《濂亭文集》卷六，《张裕钊诗文集》第160～161页）。

十一月间，裕钊闲居无事，曾作有水墨纸本行书朱子家训（四帧）镜片（78.5 cm×20.5 cm×4）。其文及题识云：“黎明即起，洒扫庭除，要内外整洁。既昏便息，关锁门户，必亲自检点。一粥一饭，当思来处不易。半丝半缕，恒念物力维艰……家门和顺，虽饔飧不继，亦有余欢。国课早完，即囊橐无余，自得至乐。读书志在圣贤，非徒科第。为官志存君国，岂计身家。守分安命，顺时听天。为人若此，庶乎近焉。　戊寅冬日，录昆山朱氏治家格言，聊作自娱也。廉卿张裕钊。”钤印：“张裕钊印”（朱）（见西泠印社拍卖有限公司“2018年秋季拍卖会”——“中国书画—古代作品”专场拍卖品，编号：0670）。

十二月十二日（1879年1月4日），出使英法大臣曾纪泽一行历时一个半月，抵达巴黎；曾纪泽又奉调郭使随员黎庶昌为二等参赞，长驻法国。

十二月十八日（1879年1月10日），曾纪泽在处理完相关事情后，便正式以大清国公使的身份向法国总统递交国书；随后又拜见英国女王，向其递交国书。

是年，道员朱其昂在天津设立“贻来牟机器磨坊”，使用蒸汽磨面；钦差大臣、陕甘总督左宗棠筹建兰州机器织呢局。

是年，张裕钊曾作《偶书》一诗，推尊诗歌的“萧疏暗淡”之境（见《濂亭遗诗》卷一，《张裕钊诗文集》第318页）。

是年，张裕钊尚写有《夜与友人论文》《漫兴》《醉中作》《读〈史记〉》《灯下放歌》《归思》《杂诗（七首）》《咏史》《夜》《登燕子矶》《读史》等诗作（见《濂亭遗诗》卷一，《张裕钊诗文集》第308、309～310、312～314、317、318页）。

是年，安徽合肥李氏族人续纂家乘，张裕钊曾应邀为李文安的内弟、李瀚章、李鸿章、李鹤章兄弟的舅舅兼塾师李府君撰写家传——《李府君家传》（见《濂亭集外文辑存·传 杂记》，《张裕钊诗文集》第436～437页）。

同时，张裕钊还应邀撰写有《李母崔太夫人传》一文（见《濂亭集外文辑存·传　杂记》，《张裕钊诗文集》第438～439页）。

是年，张裕钊的友人、湘军将领蒋凝学①在陕西病逝。

光绪五年己卯(1879)　五十七岁

是年，张裕钊仍主讲江宁凤池书院。

正月初八日（1月29日），福建建章府迪口（今南平市建瓯市迪口镇）民众因反对传教士胡作非为而将地方教堂拆毁。

正月二十日（2月10日），为唐代大诗人白居易的生日，江宁耆宿俊彦一十八人，游觞于城南之愚园。游乐将结束时，主人胡恩燮请知府黄沛皆作《愚园雅集图》，又托范月槎出面，请裕钊为其记。裕钊辞而不获，乃作《愚园雅集图记》纪其事（见《濂亭文集》卷八，《张裕钊诗文集》第190～191页）。

正月间，张謇曾多次至凤池书院向张裕钊请教，并正式拜张裕钊为师，获侍门墙。

张謇在日记中记载：正月初六日（1月27日），“以文呈廉卿先生”。十五日（2月5日），“谒廉卿先生……廉卿先生论文，谓须多读，入门从王介甫文”。二十日（2月10日），“写廉师……之讯”。

张謇在《祭张濂亭夫子文》中亦说：“自单于之上岁，获依侍于门墙。瘝支离而抑过，祓謑诟而假长。而临文论事，许为诤弟而不病其刚。举益阳之晚德，为吾人之津行。悼气节之风陨，夜漫漫而索盲。诏謇也使听

① 蒋凝学(1910—1878)，字先民，号之纯，亦作之醇，湖南湘乡人。咸丰初，在籍治乡团。咸丰五年(1855年)加入湘军，跟随罗泽南攻克武昌，奖国子监典簿。后随其转战南北，因军功历任知县、同知、知府、署理按察使等职。同治九年(1870年)，擢升山西按察使。光绪元年(1875年)，迁陕西布政使。光绪四年(1878年)，以病辞归，未行而卒。

受，谓有生气者之必存一阳。”①

季春，弟子朱铭盘曾前来凤池书院看望老师，临别之时，张裕钊曾作有五言长篇歌行《赠朱生铭盘》（三首）相赠，对其寄予殷切的希望（见《濂亭遗诗》卷一，《张裕钊诗文集》第323～324页）。

一日，偶然得到宋徽宗所画鹰的画幅，鉴赏之余，感慨良多，遂写了七言歌行《宋徽宗画鹰》，以表达自己的看法（见《濂亭遗诗》卷一，《张裕钊诗文集》第325页）。

二月间，为直隶总督李鸿章之母李太夫人的八十寿诞，友朋僚属皆谋为之庆贺，并推张裕钊为寿文。张裕钊遂作《李太夫人八旬寿序》一文献上（见《濂亭集外文辑存·赠序 寿序》，《张裕钊诗文集》第405～406页）。

同时，张裕钊又应友朋们的嘱托，还作有《又代李太夫人八十寿序》《又代李太夫人八十寿序》等祝寿文（见《濂亭集外文辑存·赠序 寿序》，《张裕钊诗文集》第407～411页）。

三月初八日（3月30日），日本侵占琉球国，废琉球国王，而改琉球为冲绳县。

四月下旬至五月中旬，直隶唐山胥各庄（今河北省唐山市丰南区胥各庄镇）运煤铁路正式动工，是我国自办铁路之始。

五月下旬至六月中旬，上海耶松船厂工人因抗议封建把头克扣工资而举行罢工。

六月二十一日（8月8日），是北宋大臣、大文学家欧阳修的诞生之日，同乡好友、时为江宁候补道的范月槎招友朋至愚园宴集，裕钊曾作有《范月槎观察以欧阳公生日招同人宴集愚园即席赋此》一诗以纪其事（见《濂亭遗诗》卷一，《张裕钊诗文集》第321页）。

一日，好友范月槎过访，并出示《雨窗觅句图》请题。裕钊乃作七言歌行《题范月槎〈雨窗觅句图〉》相赠（见《濂亭遗诗》卷一，《张裕钊诗文集》第322页）。

课余，弟子方宝彝出示《雪夜课经图》请老师题诗，裕钊遂作七言歌行《〈雪夜课经图〉为方生宝彝题》相赠（见《濂亭遗诗》卷一，《张裕钊诗文集》第321～322页）。

秋天，是收获的季节，张裕钊写有《秋夜即事》《秋望》《秋怀》等诗

① 张謇：《祭张濂亭夫子文》，《张季子文录》卷十六，中华书局1931年版，第7页。

作，以反映其心情和愿望（见《濂亭遗诗》卷一，《张裕钊诗文集》第319～320页）。

其间，张裕钊曾收到好友、桐城姚濬昌[①]寄来的问候诗章——《寄怀张廉卿内翰》（见姚濬昌《幸余求定稿》，清光绪十七年刻本），甚为高兴，立即作《奉酬姚慕庭丈濬昌见怀原韵二首》寄赠（见《濂亭遗诗》卷一，《张裕钊诗文集》第323页）。

案：姚濬昌乃抗英保台英雄、文学家姚莹的次子，张裕钊弟子姚永朴、姚永概之父，弟子马其昶、范当世之岳父。诸生。咸丰十年（1860年），姚濬昌赴祁门曾国藩大营谒见，甚受曾氏赏识，并留在幕府效力。次年十一月上旬，张裕钊赴安庆曾国藩两江总督府看望恩师，与恩师相处半个多月。其间，与姚濬昌结识，并一见如故，成为好友。同月下旬，张裕钊与姚氏分别后仍返回武昌；姚濬昌则在曾幕数年，并于同治三年（1864年）六月因功保授江西湖口县知县；两人的再次相逢，已是同治七年（1868年）的秋冬之际。而自此次分手后，两人已有十多年未见面了。

同年好友、时任江宁布政使的梅启照将赴杭州就任浙江巡抚。张裕钊乃为之饯行，并作《送梅中丞序》一文相赠（见《濂亭文集》卷二，《张裕钊诗文集》第29～30页）。

八月十七日（10月2日），出使俄国大臣崇厚在未经清政府同意的情况下，竟擅自在克里米亚半岛的里瓦几亚，与俄国订立丧权辱国的《里瓦几亚条约》（即《交收伊犁条约》）。

八月二十三日（10月8日），宛平（今北京市京西矿区）富商段益三领得窑照，允准开采直隶通兴煤矿（后改名“门头沟煤矿”，今属北京市门头沟区）。

八月二十六日（10月11日），出使俄国大臣崇厚未经朝廷许可，遂匆匆离俄返国。

八月间，好友薛福成感念时艰，将近几年自己所思考的系统呼吁“变

---

① 姚濬昌(1833—1900)，字孟成，号慕庭，晚号幸余。安徽桐城人。监生。早年入曾国藩幕府。后因功保荐为江西湖口知县，并曾两任安福知县。光绪三年(1877年)，曾辞官归家闲居八年。晚年，为生计所迫，又重新出仕，任为湖北南漳、竹山知县。卒于竹山任。为官清廉，去世后，其后人竟无资运棺归里。通经史，工诗文。著有《读易推见》三卷、《慎终举要》一卷、《乡俗纠谬》一卷、《叩瓴琐语》四卷、《幸余求定稿》(自订诗集)十二卷、《五瑞斋诗钞》六卷、《五瑞斋诗续钞》九卷等。

法”，抵御外国侵略的思想，写成《筹洋刍议》十四篇，计二万余字，呈送给直隶总督李鸿章，得到李鸿章的赞赏，并将它呈递给了总理各国事务衙门。于是，《筹洋刍议》很快就在海内外广泛流传，成为中国近代早期改良思想的代表著作。

同月里，弟子张謇在总督、巡抚、学政三院的会考中，获第一名，即“贡元”；然而，在当月举行的乡试中，却名落孙山。

九月初五日（10 月 19 日），两江总督沈葆桢奏议出使俄国大臣崇厚丧失国权，条约各款万不可行。

九月中，好友吴汝纶再次署理直隶天津知府。

九月二十七日（11 月 10 日），上海祥生船厂工人为抗议洋人殴打工人而举行罢工。

九月间，裕钊的次孙、张后沆的次子孝栘（1879—？）在江宁出生。

同月里，裕钊因事自金陵返回故乡，途中作有《月夜江行》《夜登晴川阁》等诗纪其行（见《濂亭遗诗》卷一，《张裕钊诗文集》第 320～321 页）。

十月间，桐城马氏后人为刊行先祖所作之《翊翊斋遗书》，以广其传，驰书请序于张裕钊。《翊翊斋遗书》为马其昶的曾祖父马邦基（字一斋）所著。裕钊乃欣然为之作《〈翊翊斋遗书〉序》相赠（见《濂亭文集》卷一，《张裕钊诗文集》第 19～20 页）。

十一月初二日（12 月 14 日），美国传教士在福建延平（今南平市延平区）开枪伤人，遭到当地民众痛殴。

十一月十八日（12 月 30 日），弟子张謇之母金孺人病亡，驰书张裕钊相告，并请尊师为撰墓志。

十一月二十四日（1880 年 1 月 5 日），清政府将出使俄国大臣崇厚开缺候议，其所议条约章程交廷臣集议。

十一月间，好友、亲家黎庶昌自国外驰书请张裕钊为其已去世六十年的祖父黎安理撰写墓表。张裕钊遂为之作《诰赠奉政大夫山东长山县知县黎府君墓表》相赠（见《濂亭文集》卷五，《张裕钊诗文集》第 105～108 页）。

十二月初五日（1880 年 1 月 16 日），司经局洗马张之洞奏请严惩崇厚，早筹御侮。

十二月十六日（1880 年 1 月 27 日），清政府将原吏部左侍郎、出使俄国大臣崇厚革职拿问，定为“监斩候”。

十二月间，张裕钊曾有杭州、苏州之行，与弟子查燕绪相见，并作有

《雪后吴山晚眺》诗纪其行（见《濂亭遗诗》卷二，《张裕钊诗文集》第338页）。

查氏曾自己说："（丙子）后三年，先生复自杭至苏，舟留二日。燕绪从容请刊文集，先生却之。固请，卒不获命"（查燕绪《张廉卿先生文集后序》，《张裕钊诗文集》附录七，第577页）。

同月里，亲家、好友黎庶昌又受驻美、日（西班牙）、秘国公使陈兰彬之聘，赴马德里出任驻西班牙二等参赞。

年底，张裕钊自苏州返抵金陵与家人度岁。

是年，张裕钊曾应湖南巴陵（今岳阳市）人、湖北补用道、武昌知府兼署荆宜施道方大湜之请，为其先祖、前广西巡抚方显（？—1741，字周谟）作《诰授资政大夫广西巡抚方公家传》一文（见《濂亭文集》卷七，《张裕钊诗文集》第164～170页）。

继而，张裕钊又应湖南巴陵（今岳阳市）人、湖北补用道、武昌知府兼署荆宜施道方大湜之请，为其先祖、前浙江宁绍台道方桂（方显之次子，？—1786，字友兰，号云轩）作《赠中议大夫前浙江宁绍台道方君家传》一文（见《濂亭文集》卷七，《张裕钊诗文集》第175～178页）。

是年，张裕钊曾应大冶殷氏子伯扬之请，为其亡父殷学源撰《大冶殷君墓志铭》一文（见《濂亭集外文辑存·墓表 墓志铭 诔 碑》，《张裕钊诗文集》第431～432页）。

是年，张裕钊尚写有《读吴柳堂吏部遗疏》《偶题》《芭蕉》等诗作（见《濂亭遗诗》卷一，《张裕钊诗文集》第318～319页）。

是年，直隶总督李鸿章在大沽（今属天津市滨海新区）北塘（今属天津市滨海新区）海口炮台试设至天津的电报，为中国创办最早的电报。

光绪六年庚辰(1880)　五十八岁

是年，张裕钊仍主讲江宁的凤池书院。

正月初三日（2月12日），清政府任命一等毅勇侯、大理寺少卿、出使英法大臣曾纪泽为出使俄国钦差大臣，取代崇厚赴俄国继续办理伊犁交涉。

正月初十日（2月19日），清政府正式照会沙俄政府，不承认《里瓦几亚条约》。

正月间，好友、愚园主人胡恩燮曾过凤池书院看望张裕钊，并出示其诗册请题。张裕钊鉴赏过后乃作《题愚园主人诗册》（二首）相赠（见《濂亭遗诗》卷二，《张裕钊诗文集》第 327 页）。

一日，张裕钊在庭院漫步，看到十年前自己亲手栽种的枇杷树如今已垂荫满庭，而恩师曾国藩早已作古，自己虽年近花甲，却还是一事无成；感时抚事，不胜今昔之感，乃作《书院中枇杷一株同治辛未之岁余手种也今十载矣垂荫满庭而吾尚客此感时抚事为赋此篇》以抒发其感慨（见《濂亭遗诗》卷二，《张裕钊诗文集》第 331 页）。

二月初三日（3 月 13 日），好友吴汝纶卸署理直隶天津知府任。

二月间，张裕钊重刊《毛诗古音考》，并作《重刊毛诗古音考·序》纪其事（见《濂亭文集》卷一，《张裕钊诗文集》第 13～14 页）。

三月十三日（4 月 21 日），弟子张謇葬母于通州城东之耕阳原，张裕钊应邀为其撰《通州张生母金孺人墓志铭》寄赠（见《濂亭遗文》卷五，《张裕钊诗文集》第 277～279 页）。

三月间，张裕钊曾有扬州之行，因弟子张謇的介绍，在邗江舟中与其同乡范当世相晤；范当世遂向张先生请教为文之法，颇得张氏欣赏。

四月上旬，清政府为向俄国索回新疆伊犁，频调劲旅分布诸边以为防备；又命浙江提督吴长庆立即进京陛见。

此期间，张裕钊正好有事要去山东济南，于是，张謇、范当世等友弟遂同行北上。张謇曾云："四月，吴公有陛见之行，余与杨子青安震、彭芾亭汝沄偕。张先生以事去山东，肯堂以事至扬州，同发。"（张謇《日记》附录，第 842 页）

张謇又在日记中记载云：四月三日（5 月 11 日），"廉师以去山东，同行"。四月四日（5 月 12 日），"陪廉师游平山堂。同游为芾亭、铜士"（张謇《日记》，第 192～193 页）。

一路上，裕钊无论是舟中，还是骡车中，每天都坚持作书。

弟子张謇在《题濂亭师真书册》中云："庚辰秋（案：此处之"秋"，应为"夏"之误），侍杖履由江而淮至泲南，舟中晨起，作书如故。登舆则悬牙管于襟扣，撮管运腕，空中作书，亦未尝辍。"①

在山东济南的使署，张裕钊偶遇即将赴江右道任所的挚友范鹤生。挚友多年不见，相聚甚欢。明年将是范氏的六十华诞，故范氏早早与好友相约，请好友到时为其写一篇寿序，裕钊自然满口答应。

---

① 张謇:《题濂亭师真书册》,《张季子文录》卷六,中华书局 1931 年版,第 6 页。

四月间，由吴秉权观察奉山东巡抚周公之命，督修之东平戴村坝，历时七阅月，挖河道百余里，筑三道石坝、一道水坝、石矶垛二座、坝台四座，顺利竣工，使汶水分流，一入运河，一入大清河归海，变水患为水利。张裕钊应邀为之作《重修戴村坝记》相赠（见《濂亭集外文辑存·传 杂记》，《张裕钊诗文集》第447～449页）。

五月初八日（6月15日），总理衙门奏称崇厚获罪后，英、法、德驻华公使均要求宽免。

五月十九日（6月26日），清政府命暂免崇厚斩罪，并知照俄国。

五月间，由湖北谷城民众向官府请求，又经地方大吏向朝廷上报，朝廷同意将已去世三十年的原县令安庆澜入祀于同邑之名宦祠。世侄宝荃、宝蓉此前曾驰书金陵，请张裕钊为其父撰写墓表。张裕钊遂作《天门县知县安府君墓表》一文寄赠（见《濂亭遗文》卷五，《张裕钊诗文集》第271～273页）。

六月上旬，张裕钊处理完有关事宜，遂自山东济南返回金陵凤池书院。

六月二十六日（8月1日），出使俄国钦差大臣曾纪泽率领谈判团队抵达俄京圣彼得堡。

六月间，江苏高淳县杨县令因江宁府修志需要，启动了县志的编纂工作。

夏日闲居，裕钊写有《雨过》《高阁》等诗作（见《濂亭遗诗》卷二，《张裕钊诗文集》第327～328页）。

七月初六日（8月11日），清政府调陕甘总督、钦差大臣左宗棠入京，并对俄妥协。

七月初七日（8月12日），清政府开释原出使俄国大臣崇厚。

同日，张裕钊在收到兄长的书函后，作有《致张裕锴》①一书寄赠：

弟裕钊谨禀二兄大人侍前：

一昨初四日奉到六月廿五日手谕，具悉家中俱平安为慰。书院中亦均安好，可无悬系。弟以四月初旬往山东，至六月初旬始返至金陵，幸一路平顺无恙。归时取道泰安，遂得一登岱顶，此数十年来所怀想而未得至者，今得一偿夙愿，亦一快也。来谕所言取土诸事，且可俟暇时为

① 此书函见于《清代名人书札》（第二册），北京师范大学出版社2009年版，第376～377页；因不见于《张裕钊诗文集》，故全文照录。

之。然弟注意终在平洋一穴，以其平妥真确可以信心。但彼既已觉，价值必不能甚轻，若彼再来相就自佳。不然，暇日可托铜士仍乘机一往钩取为妙。绵喜、孝沐得璜丞甥用心教导，颇为得力。惟旅喜自春间来至金陵，即患淋沥兼疝气，旧疾复发，经服药医治，虽已十减七八，而终未能痊愈。刻下尚患头昏手心热诸症，药已久停未服，惟属令加意摄养，俟其自瘳而已。渠素日本不能潜心伏案，以此乃益荒废耳。璜丞甥今岁颇肆力于《说文》诸书，乃殊有解悟处，已能稍稍窥见门径，将来于学问一途，大有可望，为之喜而不寐。此子于乡里诸后备中，固当为高出一切也。

黄九丈处，弟另作一函与之，可封好觅便寄去。邓府匾联已早写就，付姬辅带归，渠考后归家时必交到也。陆升所欠之五百文，在渠工钱扣除。

弟裕钊谨禀　　七月初七日

七月二十二日（8月27日），张裕钊在收到兄长信函后，为免其担心，乃及时给兄长写去一信（即《致张裕锴》[①]），向其报告自己的相关情况：

弟裕钊谨禀二兄大人侍前：

月初，旅喜行抵金陵后，曾寄一函，由朱甥梦燕转递，尔时想当递到矣。兹于前日奉到手谕，具悉兄及家中均安吉为慰。此间亦俱平善，孝沐亦结实如常。月之初九日午刻，得一孙女，此亦自佳，且临产极顺利。产后，母女并极安好，乃尤可喜者。旅喜院试不售，惟尔后复行应试，往返千余里，殊为费事。然渠今岁意气甚盛，自期必得，经此番挫抑，使知世事之难，一切不敢掉以轻心浮气，乃殊有益。子弟但问读书，实能成不能成耳！功名迟早，乃甚不汲汲，世人多以速化捷得为贵，弟意颇不谓然。绵喜作破承起讲，尚无甚进境，但经书兼读兼温，日以为常。服药糕似稍有效，第饮食总不能如法耳。吾乡多有受旱处，尚不十分为害否？此间年景乃颇不恶也。后潭甚肯背书，日间须时令休息，切勿赶忙，但日日诵读足矣。李全明岁恐未必仍旧，应坦可令在厨房，时复操习一切，第且勿露耳。

弟裕钊谨上　　七月廿二日

寄回蓝格纸四十张

① 徐世中：《张裕钊佚文考略》，《古籍整理研究学刊》2014年第3期；因不见于《张裕钊诗文集》中，故全文照录。

七月间，泰兴朱铭盘偕通州范当世[1]前来凤池书院拜见张先生，并出示其文请先生审定。临别之际，裕钊作《赠范生当世序》一文为之送行（见《濂亭文集》卷二，《张裕钊诗文集》第 31～32 页）。

其间，接弟子张謇讣告，告知其嫡母葛太孺人病逝消息，并请恩师为之作诔。张裕钊遂遵属作《张母葛太孺人诔》寄赠（见《濂亭集外文辑存·墓表　墓志铭　诔　碑》，《张裕钊诗文集》第 432～433 页）。

夏去秋来，张裕钊作有《新秋》一诗，由景物的变化，抒发节序催人的感慨（见《濂亭遗诗》卷二，《张裕钊诗文集》第 328 页）。

随后，张裕钊又相继写了《雨》《秋夜怀人》《暝》《秋思》等诗作（见《濂亭遗诗》卷二，《张裕钊诗文集》第 335～337 页）。

仲秋之日，张裕钊登城楼四望，只见秋风吹过，落叶纷飞，一片萧瑟之境，归后作《秋日登城南楼》纪其事（见《濂亭遗诗》卷二，《张裕钊诗文集》第 332 页）。

不久，张又相继写有《日日》《雨夜》等反映自己愁思的诗作（见《濂亭遗诗》卷二，《张裕钊诗文集》第 337、338 页）。

一日，好友范月槎来访，将其刚刚得到的栖霞寺残碑拓本出示请题。张裕钊鉴赏一番后，作了《范月槎丈属题栖霞寺残碑拓本碑文陈江总撰，李霨书》一诗相赠（见《濂亭遗诗》卷二，《张裕钊诗文集》第 331～332 页）。

季秋，朝廷招好友、江宁副都统富桂卿赴京觐见，并将派往东北任职；临别之际，富氏请好友赠言。张裕钊遂作《送富桂卿都护入觐序》一文相赠（见《濂亭文集》卷二，《张裕钊诗文集》第 53～55 页）。

八月十二日（9 月 16 日），左宗棠创办的兰州机器织呢局正式开工。

八月十四日（9 月 18 日），直隶总督李鸿章奏设南、北洋电报，获准在天津设立电报总局，并于紫竹林、大沽口、济宁、清江、镇江、苏州、上海七处各设电报分局，架设天津至上海间的电线（1881 年 4 月开始铺设电线，

[1] 范当世(1854—1905)，原名铸，字铜士，后改无错，号肯堂；因在家排行居首，又号伯子，别署伯于。江苏通州(今南通市)人。少有才名。同治十年(1871 年)廪贡生。后累试不举。与张謇、朱铭盘合称“通州三生”。光绪五年(1879 年)外出游学，曾从刘熙载、张裕钊学。后曾赴武昌主笔《湖北通志》的“嫠妇传”。又曾聘主冀州观津书院。光绪十八年(1892 年)受聘至天津，入李鸿章府宅任家庭教师。光绪二十一年(1895 年)，主讲东渐书院。晚年在家乡兴办教育，参与筹建南通小学堂。工诗文，尤以古文著称，与贺涛齐名，有“南范北贺”之称；由于其弟钟、铠齐名，称为“通州三范”。著有《范伯子诗文集》(文集十二卷，诗集十九卷)；后其弟子徐昂汇刻其诗文为《范伯子先生全集》。

同年12月完工）。

十月上旬，好友方宗诚辞直隶枣强县令职归乡，途经金陵，张裕钊等友朋曾与其燕集相聚，并请其评阅所作古文。

方宗诚《庚辰南归记》中记载："十月九日（11月11日），至金陵，晤甘愚亭表兄绍盘。访旧友江宁汪梅村先生士铎，全椒薛慰农太守时雨，泾洪琴西观察汝奎，武昌张廉卿中翰裕钊。……廉卿工古文辞，宗法甚正。……十四日（11月16日），愚亭登舟送予至大胜观……舟中读洪忠宣传《夷坚志》《蕉窗随笔》，评阅张廉卿古文。……十一月三日（12月4日），抵安庆。"①

十月下旬，安徽桐城姚永朴②游金陵，并前往拜访张裕钊，请问古文之法。

姚永朴曾作《予交海内贤士甚寡偶怀逝者得五君泫然成咏》云："弱冠游白下，犹及见濂亭。作书蕉叶底，蛟螭逐腕成。诏予为文章，著论未宜轻。中正或伤腐，偏激且召争。此非有真得，何以收远名。"③

姚氏又在《旧闻随笔》中记载云："武昌张廉卿先生裕钊，训后进为诗古文，必使自吾邑诸老入手。尝曰：'桐城诸老与唐宋八家一鼻孔出气。'又曰：'学文不信桐城诸老绪论，必堕庞杂叫嚣之习。'"④

仲冬闲居，张裕钊曾写有反映自己政治态度和生活态度的《古诗》七首（见《濂亭遗诗》卷二，《张裕钊诗文集》第333～334页）。

有时翻阅史书，偶有所思，张裕钊又作有《子房》《海外》等诗寄其慨

① 方宗诚：《庚辰南归记》，《柏堂集余编》卷五，光绪刻本。

② 姚永朴（1859—1939），字仲实，号蜕私，晚号蜕私老人。安徽桐城人。姚莹之孙，姚浚昌之子，姚永概之兄。幼承庭训，刻苦向学。光绪二十年（1894年）举人，曾官候选训导。后专力治经，并从事教育。历任广东起风书院山长和山东、安徽等省高等学堂教习。宣统元年（1909年），出任学部咨议官。不久，执教京师高等法政学堂、京师大学堂。曾受聘编纂《清史稿》。又受徐树铮之聘入正则学校。1926年赴南京，任东南大学教授。1928年回安徽，任安徽大学教授。1936年秋，谢病归里。抗战爆发，赴云南，卒于昆明。工诗文，其古文尤为人称道。著述颇丰。著有《蜕私轩诗文集》（即《蜕私轩集》）五卷、《文学研究法》、《读经记》、《尚书说略》、《蜕私轩易说》、《诗说》、《论语解注合编》、《古今体诗约选》、《惜抱轩诗训纂》、《伦理学》、《诸子考略》、《群经考略》、《群儒考略》、《十三经述要》、《七经问答》、《大学古本解》等。

③ 姚永朴：《蜕私轩集》卷一，民国十年（1921年）秋浦周明泰刻本，第11页。

④ 姚永朴：《旧闻随笔》卷三，民国八年（1919年）刻本，第17页。

（见《濂亭遗诗》卷二，《张裕钊诗文集》第 336、337 页）。

其间，大冶黄氏续修族谱成，驰书张裕钊请为之序。裕钊遂作《黄氏族谱序》寄赠（见《濂亭集外文辑存（一）》，《张裕钊诗文集》第 388～389 页）。

十一月间，浙江提督吴长庆奉命帮办山东防务，张裕钊在好友即将启程赴任之际，特作《送吴筱轩军门序》为之赠行，对好友寄予厚望（见《濂亭文集》卷二，《张裕钊诗文集》第 42～44 页）。

弟子张謇原就在吴提督幕府，且深得吴公倚重。此次吴公赴山东登州驻防，张謇亦随之前往。张裕钊乃作《送张生謇之山东序》为之送行，并予以谆谆教导和殷切希望（见《濂亭文集》卷二，《张裕钊诗文集》第 45～46 页）。

十二月初一日（12 月 31 日），直隶总督李鸿章奏请兴建铁路。

十二月二十日（1881 年 2 月 8 日），朝廷命左宗棠为两江总督兼南洋通商大臣。

十二月中下旬，张裕钊被聘为《高淳县志》主编，并曾前往高淳洽谈编志相关事宜。

是年，湖广总督李瀚章和湖北巡抚彭祖贤在省城武昌设立修志局，开始编纂《湖北通志》。

是年，张裕钊在教授之余，尚写有《晓泊》《空堂》《闺思》《漫兴》《夜坐》《弱水》《早起》《夜》《山泽》《月落》《不寐》《饮酒》等诗作（见《濂亭遗诗》卷二，《张裕钊诗文集》第 326、327、328、329、330、331、332、334～335 页）。

光绪七年辛巳(1881)　　五十九岁

是年，张裕钊仍主讲江宁的凤池书院。

正月二十六日（2 月 24 日），出使俄国钦差大臣曾纪泽与沙俄签订《中俄伊犁条约》（又称《中俄改订条约》《圣彼得堡条约》）和《改订陆路通商章程》，为中国挽回了部分主权损失。

正月二十九日（2 月 27 日），朝廷调两江总督左宗棠为东阁大学士并管理兵部事务，在军机大臣上行走，又在总理各国事务衙门行走，参与中枢决策。

三月初十日（4 月 8 日），咸丰皇帝皇后钮祜禄氏、慈安太后在宫中猝死。

三月间，吴汝纶补直隶冀州知州。张裕钊曾作有七律《简吴至甫》（二首）诗寄赠，表达其思念之情（见《濂亭遗诗》卷二，《张裕钊诗文集》第342页）。

同月里，值恩师曾国藩去世十年之际，曾氏的门生故吏、友朋部属集资将位于金陵城西龙蟠里的曾文正公祠修葺一新。张裕钊应经纪其事之记名提督、督标中军副将谭君之邀，作《金陵曾文正公祠修葺记》一文，以缅怀恩师（见《濂亭文集》卷八，《张裕钊诗文集》第195～196页）。

亦在此月里，清政府擢升出使欧洲二等参赞黎庶昌为记名道员，赏给二品顶戴，派充出使日本钦差大臣，并命其速速回京陛见。

是年春，张裕钊的好友、淮军将领吴秉权①在山东任上病逝。

四月二十五日（5月22日），清政府颁布《开平矿务局章程》。

五月十三日（6月9日），唐山胥各庄运煤铁路建成，"中国火箭号"车头首次行驶。

五月十四日（6月10日），直隶总督李鸿章深知吴汝纶的人品和学识，希望他有更好的发展，通过其小儿子李经迈试探吴汝纶，想荐举他做光绪皇帝的"师傅"，被吴汝纶婉言谢绝。

五月间，张裕钊为高淳县修志事宜至高淳，在返回金陵的途中，裕钊与同乡友人柯逢时相遇；柯氏向他转告了彭祖贤巡抚欲聘请他回武昌修志的愿望。回到金陵后，适弟子查燕绪将柯逢时此前所写请他转呈的信函送到；裕钊经反复考虑，打算接受邀请，回武昌为家乡的文化工程尽一份力。于是，他给好友柯逢时写了一封《复柯逊庵书》寄赠（见《濂亭遗文》卷三，《张裕钊诗文集》第247～248页）。

六月初一日（6月26日），东垂边务督办吴大澂奏请在吉林设立机器局，制造新式枪械子弹，获准。

六月十八日（7月13日），山东济南美国传教士强买民房改建教堂，泺源书院师生发出揭帖，要求收回房屋；传教士却向美国公使报告，谎称教堂

---

① 吴秉权（1832—1881），谱名建勋，字秉权，以字行，号平轩，安徽肥西县人。早年在乡读书，援例授监生。咸丰间参加太平军，因功累官至将军。同治二年（1863年），在浙江投降淮军潘鼎新部，转与太平军作战，因功授道员。同治十一年（1872年）奉李鸿章命调天津办理赈务。次年，总理天津海防营务处，加布政使衔。光绪四年（1878年），奉命办理山西赈务。次年，总理山东水陆营务处，督修东平戴村坝。光绪六年（1880年），以上书建议对俄作战策略，授巡抚赏识，调管军械处，并兼管机器制造局。次年春，病逝任上。

已被拆毁，要求赔偿；美国公使馆派参赞到济南向地方官要挟，以退还原房价和赔款结案，史称“济南教案”。

六月，高淳县的县志由于此前准备充分，已经编纂完成；杨县令邀请张裕钊来高淳作最后的审定并赐序。 裕钊遂再次前往高淳，在审定结束后，遂写了《高淳县志·序》一文以说明相关情况（见《濂亭文集》卷一，《张裕钊诗文集》第16～18页）。

七月二十八日（8月22日），好友吴汝纶自天津启程赴冀州。

闰七月初十日（9月3日），好友吴汝纶抵达直隶冀州就任。

八月中旬，亲家、好友黎庶昌奉朝命经四十多天的海上颠簸，抵达上海，与家人团聚。

八月二十三日（10月15日），广东南海县（今佛山市南海区）西樵缫丝工人因受迷信思想影响捣毁裕厚昌缫丝厂机器。

八月下旬，张裕钊正式辞去金陵凤池书院山长之职，在家一边作返乡的准备，一边为儿子赴日作准备。

在准备返乡期间，张裕钊曾写有《秋雨》《深夜》《江楼》《遣意》《对酒》《秋日晚步》《秋晚》等诗作，以抒发其孤寂惆怅之感（见《濂亭遗诗》卷二，《张裕钊诗文集》第339、340、343～344、345～346页）。

九月初三日（10月25日），出使日本钦差大臣黎庶昌抵达京城，等待陛见并办理出使日本的相关手续以及荐举随员。

九月初九日（10月31日），好友李佛笙以诗招张裕钊游城内之清凉山，至则与杨晨①编修结识，并作有《九日李佛笙以诗招仆同杨蓉初编修晨登清凉山次韵奉酬》《是日归来复得长句再呈佛生》等诗纪其事（见《濂亭遗诗》卷二，《张裕钊诗文集》第346～347页）。

九月间，为挚友范鸣龢②的六十华诞，张裕钊应诺为其作《范鹤生六十寿序》，既致殷挚之谊，又以之为贺（见《濂亭文集》卷三，《张裕钊诗文

---

① 杨晨（1845—1922），原名保定，字定孚，又字蓉初，晚号“月河渔隐”。浙江黄岩人。同治四年（1865年）举人，光绪三年（1877年）进士。历官翰林院编修、山东道、江南道、四川道监察御史等职，官至工部、刑部给事中。富藏书，工诗文。著有《三国会要》《敦书偲闻》《瀛洲偲闻》《崇雅堂诗文稿》《台州艺文略》《路桥志略》《定兴县志》等。另刊有《台州丛书后集》16种。

② 范鸣龢（1822—？），字鹤生。湖北武昌葛店人。张裕钊挚友。道光二十六年（1846年）举人，咸丰二年（1852年）进士。选庶吉士。曾官内阁中书、吏部主事。后出为知府。光绪六年（1880年），擢升江西督粮道。著有《淡灾蠡述》等。

集》第 78～79 页）。

同月里，英国商人创办上海自来水公司。

十月初十日（12 月 1 日），中国第一条电报线（天津至上海）铺成并投入使用。

十月上旬，出使日本钦差大臣黎庶昌奉旨觐见并办理完赴日的相关手续后，返回上海。

张裕钊的长子张后沆乃黎庶昌的女婿，故被正式聘为公使随员，随其岳父一起赴日。

因张裕钊的举荐，好友、人已在日本的上一任出使大臣何如璋的随员杨守敬，被续聘为出使日本公使随员；张裕钊还专门去信，请杨守敬此后对其子张后沆多加管束。

杨守敬曾在《邻苏老人年谱》中云："正月，以出使英国参赞遵义黎莼斋（庶昌）充日本钦使……及黎公到横滨，何公以守敬为黎公奏调之人，着至横滨接待。守敬往拜，则见故人张廉卿（裕钊）之子静庐（沆）在焉，并有廉卿一信，属守敬为管束，乃知廉卿与黎公为儿女姻家，其子即黎公之女婿。黎公所以奏调守敬者，为廉卿之力荐也。"①

案：《邻苏老人年谱》系杨氏晚年所写，故其中对朝廷任命黎庶昌为出使日本钦差大臣的时间有两月之差。

九月下旬至十月中旬，张裕钊专程往游了扬州、上海，途中写有《晓发燕子矶》《晚泊》《旅夜》《舟出邵伯湖》《秦邮道中》《舟中月夜》《淮上即事》等诗作纪其行（见《濂亭遗诗》卷二，《张裕钊诗文集》第 347、348、349、353 页）。

在上海，张裕钊曾为好友、亲家翁黎庶昌设宴饯行，不仅作了《送黎莼斋使日本》（二首）诗相赠（见《濂亭遗诗》卷二，《张裕钊诗文集》第 350 页），对他的此次出使表现出了极大的关心、热情的赞誉和殷切的希望；还作了《送黎莼斋使英吉利序》为之赠行（见《濂亭文集》卷二，《张裕钊诗文集》第 34～36 页）。

在上海，张裕钊与二十年未见面的好友李士棻偶然相遇，十分兴奋，乃作长篇七言古体《赠李芋仙士棻》以纪其事（见《濂亭遗诗》卷二，《张裕钊诗文集》第 350～351 页）。

---

① 杨守敬：《邻苏老人年谱》，《杨守敬集》（第一册），湖北人民出版社/湖北教育出版社 1988 年版，第 17 页。

在与好友李士棻分手之时，应好友之请，张裕钊还为其制作有水墨纸本行书七言联立轴一副（150 cm × 38 cm × 2）寄赠："念我能书数字至，与尔同销万古愁。"其题识云："集子美、太白句寄赠，芋仙老哥即请是正。廉卿弟张裕钊。"钤印："张裕钊印"（白）、"濂亭"（朱）（见中贸圣佳国际拍卖有限公司"2011 年春季艺术品拍卖会"——"名家书法屏联（一）"专场拍卖品，编号：0749）。

又与多年未见的好友邱心坦[①]相聚，分外高兴，并作有《赠邱履平心坦》一诗纪其事（见《濂亭遗诗》卷二，《张裕钊诗文集》第 349 页）。

又与广东著名收藏家谭墒[②]结识，并应其请为其制作有水墨纸本行书《笙赋》节句立轴（149 cm × 79 cm）。其轴文及题识云："援鸣笙而将吹，先嗢哕而理气。初雍容以安暇，中佛郁以怫愲。终嵬峨以蹇谔，又飒沓以繁沸。网孟浪以惆怅，若欲绝而复肆。懰檄枭以奔邀，似将放而中匮。愀怆恻减，虺韡煜熠。泛滛汜艳，霅爗岌岌。　裕钊。"钤印："廉卿"（白）（见西泠印社拍卖有限公司"2014 年春季拍卖会"——"中国书画—古代作品"专场拍卖品，编号：0507）。

十月中旬，张裕钊赴沪迎接即将东渡日本任公使的好友、亲家黎庶昌到金陵小住。

十月二十日（12 月 11 日），张裕钊致函长子张后沅，让其在家作准备，谓将请其岳父至金陵小住。

张裕钊在《示沅儿》中曾云："我以十七日抵沪，汝外舅亦于次日归矣。已定约携汝出洋，计月底月初我当同汝外舅携汝妇及孝沐等至金陵，可将敬之所住之房收拾洁净，为汝外舅下榻之所……十月廿日廉卿书。"（此函今藏于保定莲池书院）

十月下旬，出使日本大臣黎庶昌随亲家、好友张裕钊至金陵小住。

十一月二十七日（1882 年 1 月 16 日），《申报》首次刊用国内电讯。

十一月下旬，张裕钊偕长媳一起送长子张后沅赴上海，准备启程赴日。

---

① 邱心坦(1840—1903)，字履平。江苏海州南城(今连云港市海州区南城街)人。自幼随父读书，学兼文武，名满乡里。曾国藩招致幕中，以军功累迁至副将。后推荐给吴长庆，委之以检阅使，曾随吴入援朝鲜。甲午战败，极为愤怒，离开军旅。袁世凯慕其才华，荐任直隶静海县令，有政绩。后得知袁氏人品，乃辞职归乡。病卒于家。工诗。著有《归来轩集》(去世后，张謇为其整理出版)。

② 谭墒，生卒年不详，字观成，广东阳江人。居上海，与张大千兄弟、吴湖帆等名流关系密切。富收藏，精鉴赏。

十二月初一日（1882 年 1 月 20 日），出使日本钦差大臣黎庶昌带领家眷和从侄黎汝谦、长婿张后沆以及出使随员乘“驭远”兵船，自上海启航赴日。

十二月初五日（1882 年 1 月 24 日），出使日本钦差大臣黎庶昌一行抵达日本长崎。

十二月上旬，张裕钊送走好友、亲家及长子，遂自沪上乘船返回故乡与家人团聚。

十二月十三日（1882 年 2 月 1 日），出使日本钦差大臣黎庶昌一行抵达日本神户。

十二月二十一日（1882 年 2 月 9 日），出使日本钦差大臣黎庶昌一行抵达日本横滨。

十二月二十六日（1882 年 2 月 14 日），出使日本钦差大臣黎庶昌一行人抵达东京，与前任公使何如璋办理完交接手续，随即前往日本外务部拜见外务卿井上馨，接洽公务。

年底，张裕钊携家人回到武昌老家度岁。

是年，张裕钊将亡妻黄孺人的灵柩葬入武昌县灵溪乡柯家山之祖坟，作有《黄孺人墓志铭》，并书丹以悼之（见《濂亭文集》卷六，《张裕钊诗文集》第 160～161 页）。

是年，张裕钊尚写有《昆仑》《感兴》《九枝》《纪事》《读史》《唐贞女》《泉水篇为方贞女作》《漂母祠》等诗作（见《濂亭遗诗》卷二，《张裕钊诗文集》第 339、340～341、342、344、345、349～350 页）。

是年，经直隶总督李鸿章出面协调，王树枏除继续在保阳书局编纂《畿辅通志》之外，尚兼信都书院主讲。

案：冀州知州吴汝纶到任后，曾几次致函莲池书院主讲、《畿辅通志》总纂黄彭年，与其商量，欲聘王树枏主讲信都书院；而黄彭年出于纂修《畿辅通志》的考虑，一直未同意。最后还是请直隶总督李鸿章出面协调，让王树枏半月在书局，半月在书院，才得以妥善解决。

是年，归安（今浙江省湖州市）富商黄佐卿在上海创办公和永缫丝厂，次年正式开工，是上海最早的民族资本机器缫丝厂。

是年，香港仁记洋行买办梁云汉（又名梁安，字鹤巢）在广州设立肇兴公司，经营海外航运及贸易。

是年，英商怡和洋行将华海轮船公司和扬子轮船公司合并为印华轮船公司，通称“怡和轮船公司”。

光绪八年壬午(1882)　六十岁

年初，张裕钊受湖广总督李瀚章和湖北巡抚彭祖贤之聘，至省城武昌入湖北志局，由范当世等人襄助，撰辑《湖北通志·嫠妇传》。

三月初六日（4 月 23 日），直隶总督李鸿章奏请在上海试办机器织布局。

三月初八日（4 月 25 日），以原法国交趾支那舰队司令李威利为头目的法国侵略军，突然出兵侵占安南（今越南）河内。

三月中，弟子查燕绪对乃师之古文成就推崇备至，遂将自己历年来所收集到的先生之文整理、汇集起来，得文八十五篇，编成《濂亭文集》八卷，交梓人刻版。

在查氏整理、编辑的《濂亭文集》（八卷）中，不能确定其准确写作时间的文章尚有《书郑氏易注后》《书元后传后》《书艺文志后》《再书艺文志后》《书魏其武安传后》《书外戚世家后》《书越世家后》（见《濂亭文集》卷一，《张裕钊诗文集》第 1～10 页）；《答刘生书》《答黎莼斋书》《与张熙堂大令书》（见《濂亭文集》卷四，《张裕钊诗文集》第 87～88、95～96、99～100 页）；《文学余君墓志铭》（见《濂亭文集》卷六，《张裕钊诗文集》第 151～153 页）；《方府君家传》《虫单传》（见《濂亭文集》卷七，《张裕钊诗文集》第 173～174、184～186 页）；《北山独游记》（见《濂亭文集》卷八，《张裕钊诗文集》第 198～199 页）。

三月间，江宁知府孙云锦和张裕钊同时向时任冀州知州的吴汝纶举荐范当世出任观津书院主讲。

张謇曾云：张裕钊“荐肯堂于冀州知州吴挚甫先生汝纶”（张謇《日记》附录，第 843 页）。

四月初二日（5 月 18 日），《字林西报》的中文版《沪报》在上海创刊（后售予日人之东亚同文会，改为《同文沪报》）。

五月初二日（6 月 17 日），张裕钊在收到好友范志熙的信函后，乃作《致范月槎》[1]一函寄赠：

---

① 此函见于《清代名人书札》(第二册)，北京师范大学出版社 2009 年版，第 381～382 页；因《张裕钊诗文集》中未录，故全文照录。

月丈大人阁下：

顷奉手书，敬悉壹是，兼承赐寄诗章，缠绵真挚，情深文明，捧读再三，不忍释手。但奖饰过甚，非不肖所能堪荷耳。惭感惭感，所命代求墓碣一事，因人事匆匆，不敢草率应命，候迟日当敬为区处也。黄州勷校一席，有仲远观察为之推毂，必当延请有道。裕钊于今日归省，见已束装，不能至观察处去矣。伏祈原之。前属局务事，已转托周寿珊刺史，并将吾丈名条交付。刺史亦深以裕钊言为可信，惟刻下人浮于事，未知何日得有机缘耳。湘畹一函已收到，费心之至。与小畹书即当寄去也。胡东翁已代为致声，有信至都中。鹤生处希为道意。裕钊未及附寄数字，甚歉甚歉。小函处并祈道候。忙中草草奉复，即颂元安，惟亮察不赐。

裕钊顿首　　五月二日辰刻

太伯母太夫人尊前，祈叱名请安。家兄、舍弟等属笔请安。

四月下旬至五月中旬，法国传教士在黑龙江呼兰县强买民地建房，开枪打死都统署官员一人，并捏造“旗兵滋事”，告到法国公使馆；法国公使向清政府提出交涉，以赔款三千两银子结案，史称“呼兰教案”。

夏，张裕钊在武昌志局与好友李佛笙往还唱和较多，曾作有《步李佛笙晚凉出游原韵》《佛笙甚贫而苦吟不已更叠前韵调之》等诗纪其交往（见《濂亭遗诗》卷二，《张裕钊诗文集》第351、352页）。

其间，湖北武昌县大水，农田受灾严重。

六月初九日（7月23日），朝鲜发生政变，史称“壬午政变”。

六月十二日（7月26日），上海英、美租界电灯公司电灯发光。

六月三十日（8月13日），清政府命浙江提督吴长庆率兵六营援助朝鲜。

七月初三日（8月16日），弟子张謇随浙江提督吴长庆自天津启程东渡朝鲜。

秋，张裕钊在编志之余，尚写有《悲秋》、《静夜》、《送别》、《溪上》、《偶步》、《江暝》、《无题》（四首）等诗表达其心境（见《濂亭遗诗》卷二，《张裕钊诗文集》第352、353、354页）。

七月十七日（8月30日），吴汝纶在《答张季直》中云：“离天津日，于车中接手书，告知范君以襄助廉老，撰辑《湖北通志》……铜士鄂志之役，自不宜辞。若肯惠顾，当令遨游张、吴之间。修志固不必朝夕追随。即敝处之馆，亦岂肯终岁羁绊？鄙意如此调停，似属一举两得。北方孤

陋，知张叟当亦怜我也。”（见《桐城吴先生年谱》卷一，第 32 页）

七月中下旬，张裕钊曾因事请假回武昌龙塘老家小住。

在老家小住期间，次孙孝移身上生了红泡、疖子，裕钊乃请族弟、弟子张裕镐①为其治疗。

七月二十五日（9 月 7 日），张裕钊曾给族弟张裕镐写过一封书函云：

宅之贤弟足下：小孙所患渐收小，微痛而甚痒，脓亦无流出者，惟患口中心尚有小白点耳，其脐上寸许有一小红泡如豆大，不痛，据云已起数日矣。又左足内面螺蛳骨上寸许有一红疖，如酒杯口大，有白头，颇痛，亦已起两三日，不知均可不理否？若须诊视仍恳移至一来为感，外并祈发膏药二张，即付小价领下是荷。兄裕钊顿首，二十五日午刻。

经族弟张裕镐的及时治疗，次孙孝移身上的红泡、疖子很快痊愈。为了感谢族弟张裕镐，张裕钊给他赠送了礼品。其礼单上写着：“楹联一副、折扇一柄、竹布褂料二件，又竹布女褂料二件、茶叶二瓶、糕二匣。裕钊拜具。”

其所写对联为：“朱絃初识孤桐韵，玉琯犹闻〇黍香”（140 cm × 25 cm）。其题识云：“宅之贤弟属书，兄裕钊。”钤印：“裕钊”（白）、“廉卿”（白）。

其扇面录唐人诗三首：“渡口发梅花，山中动泉脉。芜城春草生，君作扬州客。　绝漠大军还，平沙独戍闲。空留一片石，万古在燕山。秋水清无力，寒山暮多思。官闲不计程，偏上南朝寺”（25 cm × 50 cm）。其题识云：“唐人绝句三首，宅之贤弟属，兄裕钊。”钤印：“廉卿”（白）②。

八月二十四日（10 月 5 日），徐州道程国熙集商资设局，机器开采铜山县（今江苏省徐州市铜山区）属利国驿等处煤矿。

八月间，因保定莲池书院原山长黄彭年已擢升湖北襄陨荆道，山长一职尚未聘请。好友王树枏和吴汝纶遂极力向署理直隶总督张树声推荐，张裕钊为合适人选。张树声曾电商正在家丁母忧的原直隶总督李鸿章。

---

① 张裕镐(1846—1917)，册名鉴藻，字京尹，号美羹，又号鉴之，亦作宅之，晚号沼麓渔樵。武昌县符石乡(今湖北省鄂州市沼山镇)张德宝村人。裕钊弟子。光绪壬寅、癸卯(1902 年、1903 年)正并科举人。善医。

② 以上所引张裕钊书函、礼单、对联、扇面内容均转引自张靖鸣《新发现的张裕钊及族人诗文书法作品系列考释》，《鄂州大学学报》2006 年第 2 期。

王树枏在其《故旧文存》的张裕钊小传中曾说："黄贵筑师主讲保定莲池书院去后，予与挚甫荐之直督张靖达公（案：张树声死后谥'靖达'），继主讲席。"①

九月初一日（10月12日），《濂亭文集》由苏州查氏木渐斋刻既竣，弟子查燕绪乃作《张廉卿先生文集后跋》一文以说明成书经过（见《张裕钊诗文集》附录七，第576～577页）。

九月十八日（10月29日），沙俄政府强迫清政府签订《中俄伊犁界约》。

九月间，朝廷鉴于当时紧张的形势，命李鸿章"夺情"速回直隶总督本任，署理直隶总督张树声则仍回两广总督本任。

十月十七日（11月27日），直隶总督李鸿章代表清政府与法国驻华公使宝海（Frédéric-Albert Bourée）签订备忘录，初步确定中国撤退驻越武装，法国保证不侵占越南土地和不贬削越南国王的权力，开放保胜为商埠。

十月二十九日（12月9日），沙俄政府胁迫清政府签订《中俄喀什噶尔界约》。

十一月初四日（12月13日），是张裕钊的六十寿诞之日，弟子查燕绪遂以新刻《濂亭文集》（八卷）作为先生的贺寿之礼。

十一月初五日（12月14日），朝廷命工部尚书翁同龢在军机大臣上行走。

十一月间，直隶总督李鸿章和署理直隶总督张树声正式来函，邀请张裕钊明春前来直隶保定，继贵筑（今贵州省贵阳市）著名学者黄彭年主讲莲池书院；张裕钊收到邀请函后，经过认真考虑，遂回函表示接受邀请。

十二月初三日（1883年1月11日），吴汝纶在《答张季直》书中云："近日李相、振帅同意聘请廉老都讲莲池。廉若不来，鄙人尚拟自谋。倘得此席，吾可以终老矣。"郭立志亦云："濂亭自是主讲莲池书院，明年四月到馆。"（《桐城吴先生年谱》卷一，第33页）

十二月初十日（1883年1月18日），清政府命在沪粤沿海铺设电线。

十二月间，张裕钊曾专程去了一趟大冶岳父家，因今年岳父黄宣去世已整整二十年，张裕钊撰写了《外舅黄君墓表》一文，以此缅怀岳父（见《濂亭文集》卷六，《张裕钊诗文集》第156～157页）。

在大冶期间，张裕钊又应邀为岳父撰写了《外舅黄仲卿先生家传》一文

① 王树枏：《故旧文存》，民国十六年（1927年）北京刊本，第1页。

（见《濂亭集外文辑存·传 杂记》，《张裕钊诗文集》第442～443页）。

还应邀为岳父之亡父黄显训老先生撰写了《黄左川府君家传》一文（见《濂亭集外文辑存·传 杂记》，《张裕钊诗文集》第439～441页）。

年底，张裕钊回到武昌老家与妻儿、孙辈一起度岁。

是年，张裕钊在编志之余尚写有《楚襄王》、《无题》（五首）、《无题》等诗作（见《濂亭遗诗》卷二，《张裕钊诗文集》第351、354～355页）。

是年，粤人徐鸿复、徐润等在上海集股设立同文书局，购置机器，影印《二十四史》《古今图书集成》等古籍。同文书局是中国人自办的第一家近代石印图书出版机构。

是年，张裕钊的好友、诗人、书画家赵彦修[①]在丹徒老家去世。

光绪九年癸未(1883)　六十一岁

正月，张裕钊在武昌老家与家人团聚过年，并开始作北上的准备。

二月十九日（3月27日），法国侵略军攻陷越南南定（今南定省）。

二月二十二日（3月30日），礼部上奏越南王阮福玬请求援救。

二月二十三日（3月31日），中、英订立上海至香港电报办法合同。

二月间，张裕钊辞去湖北志局职务，办理完交接手续，仍回老家作北上的准备。

三月初二日（4月8日），刘永福率黑旗军驰赴越南山西，助越抗法。

是日，电报线铺设至广东。

三月十六日（4月22日），范当世接受老师张裕钊的推荐，告别大病渐好的妻子，自通州乘船赴上海，再由上海前往武昌湖北通志局修志。

三月二十二日（4月28日），范当世自上海乘船抵达武昌省城通志局。

三月二十九日（5月5日），江南制造总局工人为反对延长劳动日举行示威游行。

四月初五日（5月11日），张裕钊辞别家人、亲友，自鄂中乘“保大轮船”启程，经天津至保定就职。

---

① 赵彦修(1812—1882)，字季梅，别号今悔人，室名“三砚斋”。江苏丹徒人。道光二十年(1840年)举人。曾官松江教谕十余年，后迁江宁府学教授，加内阁中书衔。博览多识。工诗文，擅书画，精鉴赏，富收藏。著有《三砚斋诗剩》《松陵画友诗》《续画中九友歌》等。

四月初九日（5月15日），张裕钊在抵达天津后，给在日本的儿子写了《与张后沆》一函，略谓“三月二十九日寄汝一函，并文集五部，计日内当达。我以月之初五日登保大轮船，初六日寅刻开行，于今日午刻按抵天津”；“恐汝悬望，因先寄此数行，俟到保定，当再有信与汝”（见《张裕钊诗文集》附录一，第503～504页）。

四月十三日（5月19日），刘永福率黑旗军在河内以西怀德府的纸桥大败法军，击毙法将李威利（又译作李维业，1827—1883），取得纸桥大捷。

四月中旬，张裕钊自天津抵达直隶保定，主讲莲池书院并兼主设于院内之学古堂。自此，张裕钊在莲池书院达六年之久，培养人才甚众。

案：莲池书院又称直隶书院，因古莲花池而得名，为河北总督李卫于清雍正十一年（1733年）奉旨开始筹建，次年建成；院址在保定城南古莲池的左方，故时人又称保定为保阳。章学诚、祁韵士、邵英、黄彭年、何秋涛、李嘉端、王振纲等著名学者曾出任过此书院的山长。至张裕钊，已是第十任山长了。这里不仅楼台池馆交错、景观如画、环境幽静，形成有著名的“莲池十二景”；学舍宽敞，藏书丰富，经费充足，且地近京畿，交通方便，故学生有三四千人，其中有不少还是举人；自张裕钊主讲莲池书院始，还招收外国留学生，成为全国最富声望的学府之一。这里亦曾被辟为清代皇帝的行宫。1903年停办，具有一百七十余年的办学历史。

张裕钊在《贺苏生夫妇双寿序》中云：“往者裕钊以癸未之岁，主讲保定莲池书院。”（见《濂亭遗文》卷二，《张裕钊诗文集》第229页）

张后沆、张后浍在《哀启》中云：“今相国合肥李公，聘主直隶莲池书院，兼主学古堂者六年。”（见《张裕钊诗文集》附录七，第551页）

徐世昌云：“廉卿博综经史，治古文宗桐城家法，而益神明变化之，以是负文誉。主莲池书院最久，畿辅治古文者踵起，皆濂亭开之。”①

刘成禺在《近代学者轶事》中说：“保定莲池书院，桐城古文派渊薮。武昌张裕钊濂亭先生掌教多年，以桐城文教诸生，濂亭文集（案：《濂亭文集》乃光绪八年九月在苏州刊行，其时张裕钊尚在湖北志局，故此处应该指《濂亭遗文》），半在莲池所作。”②

---

① 徐世昌：《晚晴簃诗汇》卷一百四十七，民国十八年（1929年）天津徐氏退耕堂刊本，第23页。

② 刘成禺：《近代学者轶事》，钱实甫校点，《世载堂杂忆》，中华书局1960年版，第291页。

四月中下旬，张裕钊初到保定，还不是太忙，曾自制有水墨纸本行楷《书法四屏》（142 cm × 37 cm × 4）以自励。其屏文曰："士莫先于尚志，而风俗之移易莫大乎君子之以身为天下倡。今天下师儒学子，诚得一志士，闵俗之可惘，耻庸陋污下之不可以居，毅然抗为明体达用之学，以倡其徒，同明相照，同类相求。水流〇火〇志，气所动人蹶而兴。由一人达之一邑，由一邑达之天下，才之奋未可以意量之也。"其题识云："光绪癸未年清和月，廉卿张裕钊。"钤印："张裕钊印""廉卿"（见浙江骏成拍卖有限公司"浙江骏成 2016 秋季艺术品拍卖会"——"中国书法"专场拍卖品，编号：5；拍卖地点：浙江杭州曙光路 122 号世贸君澜大饭店三楼世贸厅）。

四月间，范当世在湖北通志局刚刚安顿下来时间不长，就得到妻子吴大桥病逝的噩耗，有如五雷击顶；他只得告假，匆匆赶回家中，办理妻子的丧事。

五月初二日（6 月 6 日），法国驻日本公使来中国重开谈判，企图强迫清政府承认法国在越南北部的侵略地位。

六月间，接到时任信都书院山长的朋友王树枏呈示、请求评阅的文章，张裕钊遂作《复王晋卿》①一书：

> 赐示大作《武君墓表》，浣诵数过，峭硬近昌黎，奥劲近介甫，使人咄咄生畏。足下果势壮勇若是，它日儒林、文苑，将以一身兼之，甚矣，其不让也。惟篇中颇喜用僻字，似非古文所宜，心所谓违，不敢不告，未知果有当否？

案：张裕钊来莲池书院后，王树枏可能时常前来请教，并在诗和古文方面得到张裕钊的指授。其《陶庐文集》中收有张裕钊的批语，论王树枏古文创作之得失，颇中肯綮；张、王二人的正式结交，大约在此期间。

七月初六日（8 月 8 日），张裕钊为兄长辞《庐州府志》之事，由直隶保定启程赴天津。

七月初九日（8 月 11 日），张裕钊自保定抵达天津，前往拜见直隶总督李鸿章。

七月初十日（8 月 12 日），中、俄签订《中俄科塔界约》。

七月十四日（8 月 16 日），张裕钊在由天津返回保定的舟中作《与张裕锴》书，向兄长禀告，此前弟曾寄回数函，却不见回音，甚是挂念；弟来保

① 此书札见于《中国学报》第 2 期第 2 页；因不见于《张裕钊诗文集》，故全文照录。

定后一切均好，请勿担心；关于兄长不愿去修《庐州府志》之事，小弟前几天专门来天津拜见了李中堂，已向他“披露情愫，婉言辞却，李中堂亦深相谅，乃如释重负也”（见《张裕钊诗文集》附录一，第 497～498 页）。

七月中旬，张裕钊自直隶天津返回保定莲池书院。

七月二十三日（8 月 25 日），法国侵略军侵入安南的顺化（今越南承天顺化省省会），并强迫安南当局签订了《顺化条约》，取得了对安南的保护权。

七月下旬，裕钊收到弟子张謇的书函后，作有《复张季直》①书：

北方风气朴僿，然亦时有一二有志于学之士。惟古文一事，可许问津者殊难其人。（江瀚案语：此盖廉老初到莲池讲席语，非所论于其后也。）乃知学问之道，惟此事正复大难。依古以来，代不数人，人不数篇，有以哉！足下往所为文都彬雅，然不免时有客气。古人虽极雄奇之作，要衹如道家常，必须刻意参透此一关，乃为得之。又窃意足下之才，似以骈文为优，或遂一意致力骈文，固亦自足名家。吾人择术，但以能成熟者为贵耳。

八月初一日（9 月 1 日），刘永福率黑旗军和越南军与法国侵略军激战于丹凤（今越南河内市丹凤县）。

八月初四日（9 月 4 日），中、俄订立科布多新界牌标记。

八月十三日（9 月 13 日），中、俄订立塔尔巴哈台北段牌标记。

九月初三日（10 月 3 日），中、俄签订《中俄塔尔巴哈台西南界约》。

九月二十三日（10 月 23 日），中、法谈判中止，张裕钊高度关注着事态的进展。

九月间，朝廷鉴于中、法之间紧张的局势，命在家丁忧的李鸿章夺情仍回其直隶总督任，而命署理直隶总督张树声仍回两广总督任。在好友即将启程赴粤时，张裕钊遂写了《送张振轩宫保还粤东治所序》一文相赠，对好友寄予厚望（见《濂亭遗文》卷二，《张裕钊诗文集》第 218～219 页）。

深秋之际，张裕钊应约前往天津与好友吴汝纶相聚，一路写有《舟中杂咏》（五首）、《安州道中》（五首）、《舟赴天津计日与至甫相见》等诗作纪其行（见《濂亭遗诗》卷二，《张裕钊诗文集》第 355～357 页）。

---

① 此书札见于《中国学报》（民国元年十一月创刊于北京，月刊，中国学报社编辑并发行；其第 2、3 期上刊有江瀚摘抄的《张廉卿先生论文书牍摘抄》42 则，其中有 20 则已为《张裕钊诗文集》收录）第 2 期第 1 页；因不见于《张裕钊诗文集》，故全文照录。

十月十五日（11 月 14 日），张裕错作书函致其弟裕钊（案：见后面张裕钊书函，惜张裕错此函今已不觅），向其报告家中情况。

十月十八日（11 月 17 日），法国内阁通知中国驻法公使曾纪泽，一定会以武力夺取安南之北圻（指旧时越南北部的十六省）。

十月二十二日（11 月 21 日），张裕钊作《示沆儿》书，略谓“此间均安好，可无悬念。北方虽复早寒，然以我往岁在都时较之，则保定愈于都中多矣”；“杨星吾存书在金陵，曾售去数部（均作八折），余均携来此，汝便可与杨星吾结帐，只算此书全行售出（亦均照原议，作八折扣算）”；“我在此只看《京报》，未看《申报》，越南一事，都中秘密非常。外间渐闻中朝颇有主战之意，汝在彼或有所闻，信中可时一及之；然切须慎密，不可言者勿言，亦且勿发议论，恐途中信或遗失也”；“此间有沈子枚观察（能虎）者，欲得《玉篇》一部，我一再婉辞之，而渠苦求不已，此人颇不可得罪，汝可向汝外舅更求一部”，可早打发其去；“前所寄书二箱已如数收到”（见《张裕钊诗文集》附录一，第 504 页）。

十一月十五日（12 月 14 日），法国海军中将、法国交趾支那舰队司令孤拔（Amédée Anatole Prosper Courbet，1827—1885）率法军六千人进攻清军和黑旗军的防地山西（今越南河内市山西市社），中法战争正式爆发。

十一月十七日（12 月 16 日），法国侵略军攻占安南山西（今越南河内市山西市社）。

十一月十八日（12 月 17 日），安南人杀死越南国王阮福瑚。

十一月二十日（12 月 19 日），张裕钊作《与张裕错》书，谓奉到十月望日手谕，“知家中具平安，并兄已送潭侄赴省府试为慰”；潭侄若“侥幸入学，亦事之未可知者。惟绮岁早隽，固可自喜，亦恐误人”，须加意引导、预防；弟在书院一切安好，而“今岁入冬以来，连月晴霁，尤为和暖，乃与南中不相远也”，望勿挂念；“至阳基一事，虽不能刻期办就，要须时常留意，期于必成耳”。另“寄归横幅一纸，以后书就当再陆续寄归”（见《张裕钊诗文集》附录一，第 498 页）。

十一月二十五日（12 月 24 日），清政府命云贵总督岑毓英率兵驰赴安南之山西（今越南河内市山西市社），援越抗法。

十一月间，由于薛福成所表现出的卓越才能，朝廷任命其为浙江宁绍道台，并受浙江巡抚刘秉璋委托，主持浙东的抗法斗争。

十二月初五日（1884 年 1 月 2 日），张裕钊作《与张裕错》书，告知兄长，前月寄回一函及银子八十两，“由殷亲家处转交，计腊底当达”；近“得刘子钦书”，言其新正将来保定，“请买银鱼及山薯粉各若干斤，付子钦带来”。又极关心家中及家乡的情况：“今岁荒歉，刻下各乡中景象若何”；“南中秋冬仍复枯旱，不知二麦已种否”；“潭侄、濂侄等考试若何？种种深以为念”（见《张裕钊诗文集》附录一，第498～499页）。

十二月十四日（1884年1月11日），好友吴汝纶作《与张廉卿》书，告知好友自己在冀州开渠之事（见《吴汝纶文集》附录二，第548～549页）。

十二月间，山西巡抚张之洞在太原创办令德书院。

同月里，张裕钊曾接到友人朱琛的书函，谓其新近卜得吉地，葬其父柩，后将择日树碑，希望张裕钊能将前些年所写之墓志再根据现实情况修改一遍；张裕钊仔细想了想，便给他回了一封书函（即《复朱筱堂》[①]）：

> 承示通政公近始卜吉，大事既葴，其往岁拙撰墓碑，嘱更为一一叙实，且增入近事，此诚仁人孝子，显扬褒大，传示无极之至意。闻名之下，细意营度，窃以历时既久，前后情事，颇有差互，必须多所窜易，而文体文律，或至龃龉不安。鄙意不若拙稿一字一句，悉仍其旧。执事更自为之记，举先后情事，详尽述之，附于其后，似尤合征实传信之义。往者曾文正公葬其先人光禄公于周璧冲，既自为之志铭矣。厥后改葬台洲，志铭乃一仍其旧，而介弟沅帅，别为记附后，具载文正集中。此亦近事之可援以为例者也，惟高明裁之。

案：朱琛（1842—1897），字献廷，一字小唐，号筱堂，安徽泾县人。同治十年（1871年）进士，官至詹事府（从事皇子或皇帝的内务服务的中央机构）詹事（正三品）。朱氏中进士后，曾请张裕钊为其亡父写过一篇墓碑——《诰授通议大夫例晋资政大夫通政使司通政使朱公墓碑》（见《濂亭文集》卷五，《张裕钊诗文集》第125～126页）。

是年，经大挑[②]，好友杨守敬被任为黄冈县教谕；因在日本刊刻《古逸丛书》的工作尚未结束，故驻日公使黎庶昌特以公文咨鄂督，请暂委人代署，等刻书完成后再回国赴任。

是年，张裕钊尚写有《读陈琏〈哀洮口〉诗》《歌风台》等诗作（见

---

① 此书札见于《中国学报》第2期第9页；因不见于《张裕钊诗文集》，故全文照录。

② 大挑：按照清代科举制度的规定，凡三科以上会试不中的举人，均可参加朝廷组织的专门考试，成绩一等者可以知县用，成绩二等者可以教职用，称为“大挑”。大挑每六年举行一次，意在使那些举人出身的士人有一个较宽的出路。

《濂亭遗诗》卷二，《张裕钊诗文集》第 357 页）。

是年，张裕钊的同乡、好友王家璧①逝于京城大理寺少卿任上。

光绪十年甲申(1884)　六十二岁

是年，张裕钊仍主讲保定莲池书院，曾作有《策莲池书院诸生（十二则）》（见《濂亭遗文》卷三，《张裕钊诗文集》第 235～244 页）。

正月初四日（1 月 31 日），张裕钊作《与张裕锴》书，告知兄长，去年底接到“手谕并查翼甫书，知不日便当由省归家，并潭侄已终场，甚慰”；至于“小山干修”之事，“已略有成议，其数目尚属未定，或者一岁可四十金，果能如此，亦复不无小补，然已费尽五牛二虎之力矣”；“官军在越南与法人两战皆捷，其在台湾者，今日彼此相持未战，今春冻解，恐不免北来，至长江以内，想可无虞耳”（见《张裕钊诗文集》附录一，第 499 页）。

正月间，接亲家、好友、驻日公使黎庶昌来函，请为其书苏轼《待月台诗》；张裕钊遵嘱书好后寄赠。黎庶昌后来将此书转赠给了日本友人宫岛诚一郎。

二月十一日（3 月 8 日），法国侵略军开始大举进攻清军和黑旗军的防线。

二月十二日（3 月 9 日），为传统的花朝日，张裕钊心情甚佳，遂自制有水墨行书自作诗四屏：其诗及题识云：（一）：“静观缥缈白云，天际往还，一卷老庄或陶诗，松桧间时有坐影，酌村醪高歌大江东，其乐何如。张裕钊。”钤印：“张裕钊”“廉卿”。（二）：“冷云空处梅填雪，倔强一枝僵似铁。咄咄髯生冰上来，破靴踏冻脚皮裂。廉卿。录旧作，题踏雪钟馗。”钤印：“廉卿。”（三）：“昨夜蓬莱抱鹤眠，天风吹下白云巅。红尘一别三千载，多少儿孙证上仙。　廉卿，张裕钊。”（四）：

---

①　王家璧(1814—1883)，字孝凤，又字月卿，号连城。湖北武昌人。道光二十四年(1844 年)进士，授兵部主事、武库司行走、实录馆校对官等职。咸丰四年(1854 年)，在籍办团练，对抗太平军。咸丰七年(1857 年)，创设武昌、大冶、蕲州、黄州厘局，筹款应军需，为胡林翼所赏识。咸丰九年(1859 年)，以四品卿衔调京师供职。同治元年(1862 年)，赴曾国藩大营办理营务。同治六年(1866 年)，又转赴左宗棠军营，镇压捻军，因功补太常寺少卿，旋转大理寺少卿。光绪二年(1876 年)，补顺天府府丞。光绪七年(1881 年)，授鸿胪寺少卿、光禄寺少卿。曾在鄂城西山建昭忠祠，奉祀镇压太平军死难军政头目。学识广博。著有《周易集注》《洪范通》《老子注》《王氏家集》《狄云行馆奏稿》等。另编有《武昌县志》十三册。

“如此烟波里，何来莲叶舟。一声横竹裂，唤起万山秋。　题画屏八首之一。甲申花朝，武昌张裕钊。”钤印：“廉卿”“张裕钊”。

二月十五日（3 月 12 日），法国侵略军攻陷安南的北宁（今越南北宁省）。

二月二十三日（3 月 20 日），法国侵略军攻陷安南的太原（今越南太原省）。

二月间，好友吴汝纶的衙署被盗，盗贼潜逃不获，吴氏甚是郁愤。张裕钊闻知消息后，当即去函安慰。

郭立志曾云：“是时，州判署中被盗，公督役捕盗不获，愤郁殊甚。濂亭在保定，有书慰藉云：‘盗案不足为意，诚以是乃无妄之灾。如此等事，初不关任事者之贤否。今读来书，愤悒满纸，颇近宋学家迂气；且犹不免与世俗人计较非誉。我辈豪杰自命，正须摆落一切，置悠悠之口于不问。我自尽力捕盗，其得以否非人所能必也。弹劾之权一听上官，而我不与焉。何愧愤之与有？惟浚河之役，足下既已首建其事，此则君子之所宜自尽者耳。足下明识十倍不肖，然一得之愚，旁观之审，或万分不可采，伏惟垂察。幸甚。’”（见《桐城吴先生年谱》卷一，第 36～37 页）

三月十三日（4 月 8 日），慈禧太后黜军机大臣恭亲王奕䜣、翁同龢、李鸿藻、景廉、宝鋆，而以礼亲王世铎、额勒和布、阎敬铭、张之万、孙毓汶为军机大臣。

三月二十日（4 月 15 日），安南兴化沦陷，法国侵略军占领安南红河三角洲地区。

三月间，张裕钊在教授之余，亦不负春光，时有外出游览，相继写有《春感》《春日登楼》《无题》《寻梅》等诗作（见《濂亭遗诗》卷二，《张裕钊诗文集》第 357～359 页）。

四月初四日（4 月 28 日），清政府一味妥协退让，竟接受法国要求，撤销对法态度强硬的驻法公使曾纪泽的职务，改派翰林院侍讲许景澄出任驻法、德、奥、荷公使（许未到任前，由驻德公使李凤苞兼任）。

四月初十日（5 月 4 日），清政府命直隶总督李鸿章负责办理中法和议事宜。

四月十五日（5 月 9 日），张裕钊作《与张裕锴》书，问候兄长“近日尚安健否”“潭侄读书进益如何”“直隶自入春以来，雨旸时若，二麦颇佳。吾乡春季若何”“水势尚不甚涨耶”？又告知兄长：弟“身体精神甚佳，可无悬念”；孝沐、孝移两孙从宋师（即宋秋潭）学，亦较好；“植臣事前又托汤小秋观察，汤已有书与督销局杨观察，或能有济也”（见《张裕钊诗文集》附录一，第 500～501 页）。

四月十七日（5 月 11 日），李鸿章与法国代表福禄诺在天津签订《中法会议简明条款》，清政府承认法国对越南的保护权。

四月二十一日（5 月 15 日），张裕钊作《与吴挚甫》书，谓：前月王树枏曾来书院看望，颇感欣慰；贵府署之盗案不知可有头绪，鄙意此并非什么大事，而尊处之浚河建闸才是大事，不知进展若何？ 听说范铜士尚未到尊处，不知何意？ 数月来为校阅所苦，其他皆荒废矣（见《张裕钊诗文集》附录一，第 473 页）。

四月二十八日（5 月 22 日），张裕钊作《与张裕锴》书，告知兄长，前日收到手谕，知家中平安，甚慰；“所论查翼甫、范肯堂，恰得两人分际。此间如孟黻臣……崔上之”等，皆各有千秋；“弟窃计生平徒友所得海内俊异之事，颇为不乏，此一事差足自娱耳”；“祖送读书有进益，是最可喜之事”，但须“时时教以自期远大”，切不能“以尺寸之长自喜”；“联句甚好”，只是下联稍有不妥，弟已改，寄呈兄览，可则书就寄回；“越南竟为法人所据，顷闻和议已妥，越南仍为我属国，朝贡如故，而一切之利益归于彼。 大概我受其名，彼取其实，如是而已”（见《张裕钊诗文集》附录一，第 499～500 页）。

四月二十八日（5 月 22 日），朝廷鉴于当时的紧张局势，调山西巡抚张之洞署理两广总督，而以山西布政使奎斌署理山西巡抚。

四月间，好友杨守敬接到家书，言母亲病重，敦促其速归；杨氏见《古逸丛书》的刊刻已基本完成，遂向驻日公使黎庶昌告假，黎氏立即同意其先行归国。

同月里，因中、法已议和，好友、浙江提督吴长庆奉朝命移防奉天金州（今辽宁省大连市金州区）。

因好友吴汝纶的推荐，张裕钊收直隶武强的贺涛[①]为入室弟子。

---

① 贺涛(1849—1912)，字松坡，藏书楼名“寿真楼”。直隶武强（今河北衡水市武强县）人。少有才，闻名乡里。后曾先后从师吴汝纶、张裕钊。同治九年(1870 年)举人。光绪十二年(1886 年)进士。曾主讲信都学院，调冀州学正，官刑部主事，后以眼疾辞官。游京师，一时名卿巨公争相延聘。徐世昌曾延其家，检校古籍数年。袁世凯曾聘主莲池书院。家为望族，藏书之名甲于畿南。其学古文，重视吟诵，又不专宗名家，而自开生面，独树一帜，是桐城派后期的代表作家之一。著《贺先生文集》《读史札记》等。

张裕钊在《贺苏生夫妇双寿序》中云："友人吴挚甫告余以贺生涛者，能为古文。询其家世，知为君子之子也。明年，贺生以选授大名学官至省城，执弟子礼来谒。因得观其所为文，盖已造古人之堂，而行入其室矣。其为人益纯明质厚，无世俗之见入于其心。余心异而深重之。"（见《濂亭遗文》卷二，《张裕钊诗文集》第229～230页）

贺涛在《祭张廉卿先生文》中云："既引入室，沃膏渍蓝。旧质则革，琢石成瑊。曰道几坠，汝其克担。称我于人，口耆甘咸。生成之德，与君父三。"①

五月初五日（5月29日），好友杨守敬与日本名宿冈千仞父子及书贾王惕斋先行启程回国，一起到达上海。

出发之日，驻日公使随员张后沆曾至横滨港码头为前辈友人杨守敬送行，不仅给冈千仞赠送了《濂亭文集》，还专门给父亲写信引荐了冈千仞。

杨守敬和冈千仞一行抵达上海后，应好友李梅生之邀，又一起游览了苏州。

五月初十日（6月3日），中、俄签订《中俄续勘喀什噶尔界约》。

五月中旬，杨守敬与冈千仞等人分手（冈千仞等将往游杭州），自苏州直赴黄州就教谕任，并迎养母亲于学署中。

五月下旬，收到弟子查燕绪寄来请教的几篇文章，张裕钊遂作《复查燕绪》②书寄赠：

> 承示大著数首，大体彬雅，所不足者，气格尚未极苍劲耳。此间肄业诸生，有崔栋上之、孟庆荣芾臣、刘彤儒翼文、张殿士丹卿，皆翟翟雅才。经学以崔生为最，其余颇识考证途辙，文笔亦并可造就。此外不在书院中者，有王晋卿树枏、贺松坡涛两孝廉，尤为北方学者之冠。王晋卿于许、郑之学，已得要领，他日当以经学名家，见为吴至甫邀主冀州讲席。贺松坡甫选得大名教谕，日间赴省考验，因以弟子之礼来见。其文由曾文正以上窥昌黎，创意造言，已卓然远绝流俗，十八九可望有成。得此士尤以为快也。

闰五月初一日（6月23日），法国侵略军蓄意挑起了谅山事变，被守军击退。

---

① 贺涛《祭张廉卿先生文》，《贺先生文集》卷二，民国三年京师刊本，第48页；又见《张裕钊诗文集》附录七，上海古籍出版社2007年版，第571～572页。

② 此书札见于《中国学报》第2期第1页；因不见于《张裕钊诗文集》，故全文照录。

闰五月初四日（6 月 26 日），朝廷赏在家养病十余年的原直隶提督刘铭传巡抚衔，命其督办台湾军务。

闰五月二十日（7 月 12 日），法国驻北京代理公使谢满禄（M. de Semalle，1839—1946）向清政府提出最后通牒。

闰五月二十一日（7 月 13 日），张裕钊的好友吴长庆①病逝浙江提督任上。

闰五月二十三日（7 月 15 日），法国远征舰队以“游历”为名，强行驶入福建水师基地马尾军港。

闰五月间，张裕钊的好友、原两江总督李宗羲②在四川开县老家病逝。

六月十四日（8 月 4 日），法国海军少将、远东舰队副司令利士比率三艘军舰进犯台湾基隆，向守军投递劝降书，遭到严正拒绝。

六月十五日（8 月 5 日），法国军舰进攻台湾基隆，遭到守军的猛烈反击，基隆炮台被炸毁。

六月二十六日（8 月 16 日），法国议会决定扩大侵华战争，通过三千八百万法郎的侵华经费。

六月二十九日（8 月 19 日），法国驻华代理公使谢满禄借口基隆事件，再次向清政府提出最后通牒。

七月初三日（8 月 23 日），法国舰队以事先已驶入马尾港的优势，突然对马尾港中的中国兵舰发起袭击，马尾海战爆发；虽然许多中国官兵奋起迎战，但福建水师的船舰还是大部分被炸毁。

七月初四日（8 月 24 日），法国舰队开炮摧毁福建马尾造船厂。

七月初五日（8 月 25 日），闽江口清军长门炮台轰击法军舰队，法国军舰败逃。

七月初六日（8 月 26 日），光绪皇帝被迫下诏对法宣战，并起用原广西

---

① 吴长庆(1835—1884)，字筱轩。安徽庐江人。父廷香，咸丰四年(1854 年)带团练与太平军作战，被杀，长庆袭云骑尉世职，继续对抗太平军。咸丰十一年(1861 年)，创庆字营，随李鸿章转战南北。至光绪元年(1875 年)，累因战功，授职直隶正定镇总兵。光绪六年(1880 年)，擢升浙江提督。光绪八年(1882 年)，朝鲜内乱，奉命率军赴朝平叛。光绪十年(1884 年)，移防全州，不久，病逝军中，谥“壮武”。

② 李宗羲(1818—1884)，字雨亭。四川开县(今重庆市开州区)人。道光二十三年(1843 年)举人，道光二十七年(1847 年)成进士，历官英山、婺源、太平知县、安庆知府、候补道、两淮盐运使、安徽按察使、江宁布政使、山西巡抚等职。同治十二年(1873 年)，擢升两江总督。光绪元年(1875 年)，以病辞官归乡。光绪十年(1884 年)，卒于家。

提督冯子材、原福建布政使王德榜等抗击法军，中法战争开始。

张裕钊闻知消息，无比忧虑和愤慨，相继写有《龙宫篇》《拟古五首》等诗以抒其慨（见《濂亭遗诗》卷二，《张裕钊诗文集》第 361～363 页）。

同日，好友吴汝纶作《与张廉卿》书云："敝处河工，以来夫过多，伏汛前不及竣事。中间以暑雨非时，正拟暂行停辍，旋见天时亢旱，恐今岁不成，明年便难议及，因复鼓众进作，志在必成。盗案尚在密缉，不敢必能禽（擒）获。诸烦远注，惭不可言。目下境内蝗蝻迭起，凡去秋被水之处，往往皆有。旬日以来，日日逐村督捕。虽尚系初起，扑灭不难，而民间各惜禾稼，恐遭践踏，不顾虫灾，专以讳匿为计，虽严惩不改。以此疲于奔命，真有日不暇给之势。属县枣强、衡水等处，并有此孽，他处闻亦多有，恐此物遂将成灾，正用忧灼。"（见《吴汝纶文集》附录二，第555～556 页）

七月间，弟子张謇、朱铭盘、邱履平及众友朋在处理完浙江提督吴长庆的丧事后，一起离开军幕南旋。

八月上旬，接到弟子张诚请教的文章后，张裕钊遂作有《复张笃生》①书寄赠：

> 足下之文，已具有贵邑诸老矩矱，由是深造自得，不难上追古人。张裕钊往者尝私谓今日为古文者，厥弊有二：其不知文者，往往心薄桐城，自谓效法秦汉，然满纸客气假象，与秦汉乃去而万里，此一弊也。其颇知服膺桐城者，又或专事空腔，非冗则弱，此又一弊也。近武强有贺松坡孝廉涛者，其文由曾文正以上窥昌黎，已颇有可观，鄙意独以此君为善觅蹊径。由此途入，庶其无向所云二者之弊乎。

八月十三日（10 月 1 日），法国海军中将孤拔率领法国舰队进攻台湾基隆，次日炮轰淡水炮台，被台湾守军击退。

同日，亲家、驻日公使黎庶昌的母亲吴太夫人在上海去世，黎氏遂立即电奏总理各国事务衙门，请求卸任回国丁母忧；而黎庶昌的任期也快到了，清政府乃任命前驻美参赞徐承祖为驻日大臣，前来接替他；适值朝鲜开化党在日本的支持下发动政变，应朝鲜政府的请求，中国驻朝军队很快就镇压了这次政变，乱党残余分子逃往日本；为避免事态的恶化或扩大，朝廷电令驻日公使黎庶昌夺情再留任三个月，与新任大臣会商处理外事交涉。

---

① 此书札见于《中国学报》第 2 期第 3～4 页；因不见于《张裕钊诗文集》，故全文照录。

同日，张裕钊作有《与吴至甫》一书，谓：大札奉悉，得知河工进展顺利，颇欣慰；最近藩署已经公示，李梅生将委南宫县令，祝贺足下得此贤属吏；贵邑之张璘，前曾寄书及文来求教，准备作书答复，却不知其字，请来函告我；去秋兄台曾留纸一卷我处，不知是写联，还是写屏，署何款，亦请来函赐示（见《张裕钊诗文集》附录一，第 474 页）。

八月十五日（10 月 3 日）中秋节，天下雨，心情压抑苦闷，张裕钊乃作七言长篇歌行《连日晴霁中秋忽雨苦闷戏为长句》纪其事及心情（见《濂亭遗诗》卷二，《张裕钊诗文集》第 365～366 页）。

同日，好友王树枏曾至书院看望张裕钊。

八月十七日（10 月 5 日），香港工人举行反对英国、法国侵略的罢工。

八月二十日（10 月 8 日），法国军舰炮轰淡水炮台，被台湾守军击退。

八月下旬，张裕钊曾作有《与吴挚甫》一函，谓中秋节从王树枏处得知河工已开通，在此表示祝贺；又敦促好友将上次信函拜托其打听贵邑张氏父子的相关情况并尽快告知；最后，附上自己给弟子马其昶的一封信函，嘱托好友转交。

此函完后，张裕钊又另取一纸，再告诉好友二事：其一，贵属南宫县令一缺已定李梅生，已经上报李傅相；其二，省府准备派人查处武邑赈务，望好友多加注意，不要受到牵连，并叮嘱好友看完此纸后烧掉（见《张裕钊诗文集》附录一，第 474～475 页）。

九月初五日（10 月 23 日），法国海军中将孤拔宣布封锁台湾海面。

九月初八日（10 月 26 日），张裕钊的好友张树声①病逝于两江总督任上。

九月十一日（10 月 29 日），张裕钊作《与吴挚甫》书，谓：奉到手书，知河工已完成，盗案亦有端倪，颇欣慰；承蒙告知贵邑张氏父子名字，属书令弟之屏联，待稍暇书就再寄呈；明岁新正无事，弟将来尊处相聚；尊处有求拙书者，请转告备好玉版宣，待弟来后定当满足众望；黎庶昌已得朝廷同意，不久即至上海，稍事停留就会回黔中；张謇大约与吴长庆的灵柩同

① 张树声(1824—1884)，字振轩。安徽合肥人。廪生出身。咸丰二年(1852 年)，在乡办团练。同治元年(1862 年)，随李鸿章赴上海镇压太平军。同治十一年(1872 年)，累官至江苏巡抚。光绪五年(1879 年)，调任贵州巡抚；不久，擢升两广总督。光绪八年(1882 年)，调任直隶总督；次年回任两广总督。逝后谥“靖达”。著有《张靖达公奏议》八卷、《张靖达公杂著》一卷、《庐阳三贤集》十六卷等。

归，至今未得确信（见《张裕钊诗文集》附录一，第481～482页）。

九月二十七日（11月14日），日本名宿冈千仞[1]自北京抵达直隶保定。到达保定的当天，冈千仞便至莲池书院拜谒张裕钊，执弟子礼，叩问古文之法。

次日，张裕钊亦率贾俗儒、孟罄荣、齐令辰[2]、赵锡榕[3]、张以楠等弟子至冈千仞的下榻之所，对他进行了回访，并就相关问题作了长时间的交流。

九月三十日（11月17日），清政府在新疆建立行省，设置州县；任命刘锦棠为甘肃、新疆巡抚，仍以钦差大臣督办新疆军务；而以原甘肃布政使魏光焘为甘肃、新疆布政使。

同日，冈千仞再次前来凤池书院拜访张裕钊，并将自己所著之《尊攘纪事本末》《米利坚志》《法兰西志》等著作赠送给张裕钊；还出示其所作之文请张裕钊斧正。张裕钊遂应请为其作《日本冈鹿门千仞藏名山房文钞序》相赠（见《濂亭遗文》卷一，《张裕钊诗文集》第212～214页）

十月初一日（11月18日），日本名宿冈千仞自保定启程去直隶天津，张裕钊安排齐令辰前往送行。

十月二十七日（12月14日），张裕钊作《与吴挚甫》书，谓：顷得梅生书，知仁兄将于下月由津来保定，欢喜无已；范铜士有书来，附呈一阅，阅后掷还；令弟屏联已书好，待仁兄来此时交付；敝处有王树枏一函，敬请转交（见《张裕钊诗文集》附录一，第482页）。

十月二十八日（12月15日），西线滇军和刘永福所率之黑旗军包围法国侵略军占据之越南宣光城（今宣光省宣光市）。

十一月初五日（12月21日），张裕钊作《与吴挚甫》书寄去，告知好友：来函收悉，嘱寄范铜士之五十金因邮路阻塞暂存此处，待邮路通后再

---

① 冈千仞(1833—1914)，字天爵，亦字振衣，通称“启辅”，号鹿门。日本台藩(今日本宫城县)人。曾在藩校养贤堂和江户昌平的坂学问所学习汉文，修经史，曾担任过东京图书馆馆长。1867年因倡导勤王大义，被藩主下狱。出狱后，曾担任过修史馆编修，后专心经营私塾绥犹堂。曾与中国驻日使官黄遵宪、黎庶昌、杨守敬、张后沆结识并成为好友。1884年5月访华，次年第归国。一生著述甚丰，有《在臆话记》《攘夷纪事》《美国志》《法国志》《英国志》《北游诗草》《鹿门诗话》《观光游记》等。

② 齐令辰，生平事迹不详，晚号禊亭。河北高阳人。著名戏剧家、戏剧理论家齐如山之父。曾在军机大臣李鸿藻府上担任西席。光绪二十年(1894年)进士。

③ 赵锡榕，生平事迹不详，字树楠，定州(今河北省保定市定州市)人。

寄；听说春间的盗案已破，甚是高兴；两哲弟各要的四屏幅及对联均已写好，将交差人一并带回；朝命驻日公使黎莼斋须待新大使到任后才能交卸，故今冬很难归国；法军侵台，刘铭传孤军无援，实在堪忧；听说朝鲜又生内乱，朝廷准备派吴大澂前往办理；“时事多虞，如何？”（见《张裕钊诗文集》附录一，第 463～464 页）

十一月初九日（12 月 25 日），前清政府驻美参赞徐承祖抵达日本东京，黎庶昌当即交卸使事电请归国，而军机处复电不允。

十二月初九日（1885 年 1 月 24 日），军机处复电驻日公使黎庶昌，准其回国。

十二月十六日（1885 年 1 月 31 日），张裕钊作《与吴挚甫》书，谓：顷接李梅生书函，云兄台和随从将于正月初来保定，再由保定赴津门；愚意以为那样就见不到布政使，不若弟邀上李梅生于正月初先到冀州，吾三人一起赴津，这样我们便有一月的时间相聚了，不知可否，请你定夺（见《张裕钊诗文集》附录一，第 464 页）。

十二月十八日（1885 年 2 月 2 日），亲家、好友黎庶昌终于经朝廷同意，告别使馆同僚和日本友朋离开东京回到了上海。

十二月十九日（1885 年 2 月 3 日），张裕钊作《与吴至甫》书，告知好友：昨已晤过布政使，云明天即启程赴津，大约灯节前后才回保定，足下行程请速告我；闻朝鲜事将了，可解东顾之忧；法国事就不那么容易了，以后必有大难；黎庶昌必须等到新任驻日公使到任才可动身返国；闻曾纪泽将返国，回国后必将大用；大著《尚书说》暂时还不能奉还；王树枏已自定州回，今日来过书院，足下的大札已转交给他（见《张裕钊诗文集》附录一，第 464～465 页）。

十二月中旬，长子张后沅自上海回到武昌老家与家人团聚。

十二月二十九（1885 年 2 月 13 日），张裕钊作《与吴挚甫》书，告知好友：顷从梅生来函得知足下身体有恙，甚是挂念；吾已托梅生转告，将于正月初六动身赴冀，旬日便可与足下相聚；听说布政使赴津的日期改在了正月初一，等其返省就更晚了（见《张裕钊诗文集》附录一，第 465 页）。

十二月三十日（1885 年 2 月 14 日），法国侵略军攻陷越南谅山（今越南谅山市，谅山省首府）。

是年，张裕钊在教授之余尚写有《孤愤》《百年》《遣兴》《佳人》《艳歌》《客去》等诗作（见《濂亭遗诗》卷二，《张裕钊诗文集》第 358、

359、360、364、365 页）。

是年，为抗议法国侵略军的入侵，广东、福建、浙江、贵州、云南等地民众自发捣毁天主教堂，频发驱逐法国传教士的事件；旅美、旅日侨胞则纷纷捐款，支持国内的抗法斗争。

光绪十一年乙酉（1885） 六十三岁

年初，弟子张謇曾专程到保定莲池书院给老师拜年。

张謇在日记中云："诣濂师武郡试馆，得至甫所送《仪礼正义》。"

正月初九日（2 月 23 日），法国侵略军侵占中国的镇南关（曾称"鸡陵关""大南关""界首关"和"睦南关"，今名"友谊关"，在今广西凭祥市西南十五公里处）。

正月初十日（2 月 24 日），张裕钊作《与吴挚甫》书，给好友恭贺新年，并云：听说令弟欲不吃药让其自好，甚念；已拜见过傅相，语及阁下，弟以令弟有病相告；弟私下臆测，仁兄还是来保定一趟，随便拜见傅相一下为好；新年期间为应酬所苦，匆匆草就（见《张裕钊诗文集》附录一，第 483 页）。

正月十五日（3 月 1 日），孤拔率法国远东舰队进犯镇海（今浙江省宁波市镇海区）海口，均被清军参将吴杰率领严阵以待的浙东守军击退。

正月中旬，张裕钊应年前之约，自保定动身赴冀州与吴汝纶等友朋相聚。

正月下旬，亲家、好友黎庶昌扶母亲灵柩自上海回贵州遵义安葬。

正月间，将迎来永年县令夏范卿之妻姚宜人的六十寿诞，弟子孟荣庆曾受到夏县令的知遇；夏县令之子夏孙桐①至孝，又与孟荣庆是好友，故托孟氏转请其师为母亲作寿序；于是，张裕钊为其作《夏润之孙桐之母姚宜人六十寿序》相赠（见《濂亭遗文》卷二，《张裕钊诗文集》第 227～229 页）。

二月初四日（3 月 20 日）夜晚，浙江宁绍台道薛福成派部下偷偷将数门重炮运至前沿阵地，乘天色未亮之际，向海上的法国舰队突施猛攻，击中法

① 夏孙桐（1857—1841），字闰枝（润之），一字悔生，晚号闰庵，江苏江阴人。光绪十八年（1892 年）进士。历官翰林院编修、浙江湖州、宁波、杭州知府等职。民国初，被聘为清史馆总纂，负责编纂嘉道咸同四朝臣列传及循吏、艺术两汇传，凡 100 卷。又曾佐徐世昌纂辑《晚晴簃诗汇》及《清儒学案》。工诗文，尤擅填词。著有《观所尚斋文存》《悔龛词》等。

军旗舰，孤拔身受重伤；法国舰队不明情况，只得仓惶南逃。

二月初六日（3 月 22 日），清政府派直隶总督李鸿章为全权大臣与法国驻华公使巴德诺（又译作“巴特纳”，Jules Patenotre）商议条约。

二月初二至初八日（3 月 18—24 日），原广西提督冯子材率领其“萃军”大败法国侵略军于关前隘，取得镇南关大捷。

张裕钊在直隶冀州与吴汝纶相聚期间，曾应邀为好友书写有五言对联一副：“立德齐今古，藏书教子孙。”其题识云：“挚甫尊兄教正，廉卿张裕钊。”钤印：“张裕钊印”“廉卿”。

二月初八日（3 月 24 日），张裕钊告别好友吴汝纶，自直隶冀州返回保定莲池书院。

二月十一日（3 月 27 日），老将冯子材率所部“萃军”攻克越南谅山（今越南谅山市，谅山省首府）。

二月十三日（3 月 29 日），张裕钊作《与吴挚甫》书，告知好友：自己已于初八日返回保定，一回来就人来人往、应接不暇；在冀时听足下论古，其分析深奥精微，真是让人智识倍增；听梅生说哲弟病情有所好转，甚是高兴，此后以慢慢调治为好；南边战事未定，时局艰难，唯有叹息；足下属官戴厚畬突然去世，真是意想不到；不知足下何日动身赴津门，请告我行程（见《张裕钊诗文集》附录一，第 465～466 页）。

二月十五日（3 月 31 日），法国茹费理内阁倒台，新内阁成立，建议速办和议，清政府下达停战诏书。

同日，张后沆、张后浍自武昌老家来保定与父亲相聚。

二月十六日（4 月 1 日），法军舰队攻占澎湖（今中国台湾省澎湖县），法国侵略军主将孤拔（1827—1885）病死。

二月十九日（4 月 4 日），法国强迫清政府在巴黎签订《中法议和草约》。

二月二十二日（4 月 7 日），清政府下令前线停战。

二月间，张裕钊写有《伤春》《春日杂兴》等诗作表达其心情（见《濂亭遗诗》卷二，《张裕钊诗文集》第 366、369 页）。

三月初四日（4 月 18 日），中、日签订《天津会议专条》。

三月间，弟子范当世应邀抵达直隶冀州任教，张裕钊不仅给好友吴汝纶去函，既向他推荐，又请他多关照、多教导；而且去函告诫弟子，要他多向挚甫师请教。

郭立志云：三月，“范无错始应聘至冀。公得之大喜。廉卿先生来书云：‘近所得海内英俊之士，惟肯堂及贺松坡。松坡深感阁下遗我奇宝，今肯堂又得亲承教益，尤为喜幸。伏望一铲去宾主形迹，勖励而教诲之，俾得有成，亦我公一大功德也。’又《与范肯堂书》云：‘得手书，知已至冀州，喜慰无已。挚公才、学、识三者，十倍鄙人。足下得所依归，望益锐意精进，以副鄙怀。幸甚’”。（见《桐城吴先生年谱》卷一，第42页）

四月初三日（5月16日），张裕钊作《与吴挚甫》书云：顷接手书，言前有一函寄来，颇为奇怪，询问家人，方知系家人隐匿未给吾；函示足下不能来保定，顿觉茫然若有所失；从南方事看来，天下事无一件不是由命运所定；范铜士久无音讯，实在想不通；大、小儿已于二月望日来保定（见《张裕钊诗文集》附录一，第466页）。

四月上旬，在接到弟子崔栋[①]书函后，张裕钊遂作《复崔上之》[②]书：

书中综论古人所语文法，深得要领，足征精心参悟之效。大抵文章之妙，纯在空曲处，不可捉摸，故必须从悟入。贤天亮英颖，更能专心毕虑，究极古人用意之所在，循是不已，何难日进于古邪！

四月十八日（5月31日），日本名宿冈千仞离开中国返回日本。

四月二十七日（6月9日），清政府全权大臣李鸿章与法国驻华公使巴德诺在天津签订《中法会定安南条约》（即《中法新约》），中法战争结束。

四月二十八日（6月10日），张裕钊在《与二兄》中，不仅品评了弟子各自的优长，而且对中法战争的结果甚感失望：“此间如孟黻臣者，其敦笃似查翼甫，学问少逊，而晓畅世事过之。崔上之天资英敏，志趣不俗，是范肯堂一路，其经学胜范肯堂，而文笔与识解之高明，则尚不及也。弟窃计生平徒友，所得海内俊异之士，颇为不乏，此一事差足自娱耳……越南竟为法人所据，顷闻和议已妥，越南仍为我属国，朝贡如故，而一切之利尽归于彼。大概我受其名，彼取其实，如是而已。”[③]

四月三十日（6月12日），张裕钊作《与吴挚甫》书，谓：范当世本来天资高明，今又回到足下跟前，得足下指点，定会“一日千里”；以前刘兆兰“逸才苦学，锐进不懈”，“尝期其必成”，然天不假年，“痛惜至今”；二子归来，仍督其温习举业，准备六月上旬入京；听说哲弟病情“日

---

① 崔栋，生卒年不详，字上之，河北无极（今石家庄市无极县）人。于经学造诣颇深。

② 此书札见于《中国学报》第2期第2页；因不见于《张裕钊诗文集》，故全文照录。

③ 王金科：《张裕钊主莲池书院时的几封家书》，《人物春秋》1996年第3期。

益平复”，颇为欣慰，切望在服药之余，“加意珍摄”；足下的学问文章，实乃“文正公以后一人”，不必过谦；“弟年老志衰”，承足下垂问，甚感（见《张裕钊诗文集》附录一，第 467 页）。

同月里，弟子张謇自通州启程赴京，准备参加今年举行的顺天乡试。

此期间，张裕钊还写有《罪言》《不眠》《夜饮》等诗作，表达其郁愤（见《濂亭遗诗》卷二，《张裕钊诗文集》第 371～372 页）。

五月初三日（6 月 15 日），应好友书堂之请，张裕钊为其制作有水墨绢本唐人杂咏四首手卷（150 cm × 26 cm）。其诗略。其题识云：“右录唐诸家之作。　乙酉夏五月端阳前二日，应书堂三兄同年大人清属。廉卿弟张裕钊书。”钤印：“张裕钊”（白）、“廉卿”（朱）（见株式会社东京中央拍卖“第一回珍藏拍卖”——“百年珍藏善邻书院—宫岛家藏品”专场拍卖品，编号：0028）。

五月初五日（6 月 17 日），直隶总督李鸿章奏设天津武备学堂。

五月中旬，弟子贺涛代师尊所作之寿序完成，与所作其他文章一同寄来请师尊修改审定；张裕钊阅后甚感满意，乃作《复贺松坡》[①]书寄赠：

> 承代作寿序，甚古雅，篇末尤合古义。大抵赠序以寓箴规之意为最善，一意贡谀，则其文不足存也。《送袁君序》，气格亦古健，篇末略缀数语，未知有当否？承询作诗途辙，大抵与文略同。立意取径，先须脱去凡近，而琢句捶字，尤宜戛戛独造，无一字轻下，二者须从声响证入，乃能得之。自来选本，以王渔洋《古诗选》《唐人万首绝句选》，姚惜抱《今诗选》，曾文正《十八家诗钞》，四者为最，皆不可不看。（江瀚案语：王湘绮《八代诗选》尤要。）而文正诗钞，鄙意尤所服膺。十八家中，韩、黄二家，专取一家入手，最佳。否则，放翁、遗山，皆可由一家以渐及各家，久之自能熔铸古人矣。

五月二十一日（7 月 3 日），清政府在德国订购的“定远”“镇远”两艘铁甲舰抵达中国。

五月二十七日（7 月 9 日），张裕钊作《与吴挚甫》书，谓：有弟子张謇的问候函札一封，随信转来，至于他的《仪礼正义》尚在我处，待入京后当面交还；盼望肯堂来，久不至，望督其速来；江苏学使署中有肯堂一函，暂留此，等其来后面交，请转告；在下打算六月初八日入都（见《张裕钊诗文集》附录一，第 467～468 页）。

---

① 此书函见于《中国学报》第 2 期第 3 页；因不见于《张裕钊诗文集》，故全文照录。

六月初，弟子范当世自冀州来书院看望恩师张裕钊，师弟相谈甚欢。

六月初七日（7 月 18 日），张裕钊作《与吴至甫》书，颇赞赏好友推荐之弟子："连日与肯堂谈，极乐。惟从我之日短，而从公之日长，中心不能无不平耳"；提醒好友，哲弟病尚未痊愈，应"以加意珍摄为要"，而以药物为辅；属书"信都书院"之扁，因杂事缠身尚未动笔，待进京后有暇书就后寄呈；大著《尚书》二册，已交肯堂带回面呈（见《张裕钊诗文集》附录一，第 468 页）。

六月初八日（7 月 19 日），张裕钊携其次子张后浍自保定起程，前往京城参加即将举行的顺天乡试；来京参加今年乡试的尚有张謇等弟子。

六月十六日（7 月 27 日），清政府谕令曾纪泽回国，而改派江西布政使刘瑞芬接任驻英、俄公使。

在京师期间，张裕钊与河北新城的青年才子、后辈友人王树枏[①]相遇。

王树枏曾写有《赠张廉卿》一诗呈送张裕钊，表达其对张裕钊的敬仰、钦服之情："吾爱张夫子，文章海内师。闻韶久忘味，载酒屡敬奇。欲结秋兰佩，初终无间之。芳菲不可挹，出入想云旗。"[②]

张裕钊则作有《步王晋卿见赠原韵》一诗回赠（见《濂亭遗诗》卷二，《张裕钊诗文集》第 368 页），表示了自己对王树枏的推重。

其间，张裕钊又与浙江嘉兴人、时在刑部任职的沈曾植[③]正式订交。

七月初五日（8 月 14 日），张裕钊还前往拜访了故友、时任总理衙门章

---

① 王树枏(1852—1936)，字晋卿，号陶庐，晚号陶庐老人。河北新城(今高碑店市新城镇)人。光绪十二年(1886 年)进士，历任户部主事、四川资阳、新津等县知县，官至新疆布政使。曾在伊犁设武备学堂，督练新军，实行新政，撰修新疆方志。辛亥后，任众议员、约法会议委员、参政院参政等职。后出任《清史稿》总纂。其学贯中西，精书法，尤工古文。著有《畿辅先哲传》《欧洲列国战争本末》《欧洲族类源流略》《彼得兴俄记》《希腊学案》《武汉战纪》《离骚注》《费氏古易订文》《尔雅郭注佚文补订》《新疆图志》《新疆事志》《奉天通志》《河北通志》《陶庐老人自订年谱》等数十种，多收入《陶庐文集》。

② 王树枏：《赠张廉卿》，《王树枏诗集》，北京燕山出版社 2019 年版，第 42 页。

③ 沈曾植(1850—1922)，一作增植，字子培，号乙庵，又号巽斋，晚号寐叟，别署乙公、巽斋老人、东轩居士、逊斋居士等。光绪六年(1880 年)进士，历官刑部主事、员外郎、郎中，兼充总理衙门章京。中法战争后，支持康有为上书言事。甲午战争爆发后，赞成康梁变法，参与强学会。光绪三十二年(1906 年)擢升安徽提学使，不久迁布政使，随又署理巡抚。因触怒权贵，以病乞归，隐居上海。张勋复辟，任为学部尚书。复辟失败，仍侨居沪上。学识渊博，富藏书，精研西北史地，通梵典，亦工诗文，书法尤享盛名。著有《海日楼文集》《海日楼诗集》《乙庵诗存》《海日楼诗补编》等。

京的袁昶[①]，与其久谈。

袁昶在其日记中曾记载云："武昌张廉卿先生裕钊自樊舆来，送其二子乡试，枉过濑斋，久谈之去。"日记中还记载了他对张裕钊的评价："廉翁○不臧否人物，不谈时事，有先辈风度。今日枉过村舍，忽慨然言之，所言极中时弊，非书生迂阔语也。"[②]

临别之时，袁昶作有《赠张廉卿》一诗呈送张裕钊："鸡笼山下十年别，已是苍颜白发翁。世变驱人战冰蘖，古心何日放昭融。朋游寥落存差幸，文字沉冥癖偶同。年辈推排到耆旧，欣看一鹤踏尘红。"[③]

张裕钊则作有《次袁爽秋郎中见赠原韵》一诗答谢（见《濂亭遗诗》卷二，《张裕钊诗文集》第 379 页）。

七月二十七日（9 月 5 日），钦差大臣左宗棠（1812—1885）卒于福州任上；朝廷发布上谕，追赠太傅，加恩予谥"文襄"。

七月三十日（9 月 8 日），袁昶宴请张裕钊，并请沈曾植、洪良品、王颂蔚、杨晨、张謇等友朋作陪。

袁昶在日记中记载："招张廉卿山长、洪右臣给谏、茀卿、定旉、子培、季直小集。"（见《袁昶日记》；另见许全胜：《沈曾植年谱长编》，中华书局 2007 年版，第 63 页）

八月上旬，张裕钊在京城还与时任国子监祭酒的湖南后辈名流王先谦[④]

---

① 袁昶(1846—1900)，初名振蟾，字重黎，一字黎秋，又字爽秋，号渐西村人。浙江桐庐人。曾从刘熙载学。光绪二年(1876 年)进士，历官户部主事、总理各国事务衙门章京、累官至太常寺卿。性耿直，好言事。义和团兴起，主张镇压，反对对外宣战，与许景澄同时被杀。工诗善文，与沈曾植同为晚清浙诗派代表。著有《于湖文录》、《于湖小集》、《安般簃集》、《安般簃诗》(十卷)、《渐西村人初集》(十卷)、《袁氏艺文金石录》(二卷)等。死后编有《袁忠节公遗诗》。

② 《袁昶日记》为稿本，今藏上海图书馆；另见李德龙等编：《历代日记丛钞·毗邪台山散人日记》，学苑出版社 2006 年版。

③ 袁昶《赠张廉卿》，《安般簃诗续钞》卷乙，光绪袁氏小沤巢刻本。

④ 王先谦(1842—1917)，字益吾，号葵园，晚号葵园老人，学人称葵园先生。湖南长沙人。同治三年(1864 年)举人，次年成进士，历官翰林院编修、翰林院侍讲学士、国子监祭酒、江苏学政等职。光绪十五年(1889 年)，辞官回长沙闲居，以著述、刻书、讲学自娱。曾主讲集贤讲舍、城南书院、岳麓书院达二十年。辛亥革命爆发，曾逃至平江乡间，闭门著书，从事古籍编校。博览群籍，学识淹博，为湘绅领袖，学界泰斗。通经史，精考据、校勘，工诗文。著有《汉书补注》、《水经注合笺》、《后汉书集解》、《荀子集解》、《庄子集解》、《诗三家义集疏》、《虚受堂诗文集》(四十四卷)等；编有《十朝东华录》《续古文辞类纂》等；又校刻有《皇清经解续编》209 种 1430 卷。

结交。

八月十六日（9 月 24 日），张裕钊作《与吴挚甫》书，告知好友，“肯堂返冀，携两小儿所为课文，呈请长者教益”；而阁下“奖饰已甚，渠辈则何足以副此”；且小儿此次乡试，“不过令其稍识场屋辛苦”，不敢有他望；“拟二十以后，便返保阳（保定的旧称）；在都下，为应酬及作书二者所苦”；另报告自己在京师得到王先谦手书后，为避附热之嫌，未去拜访，只托人送去文集一部；又对好友批点《濂亭文集》第七卷深表谢意：“在都下，为应酬及作书所苦……王逸梧祭酒处，得手书后本拟往拜，而祭酒旋得学差，恐涉附热之嫌，因遂辍止。已取拙集一部，托张监生转交矣。拙集第七卷承许更为嗤点，甚惬私愿，深以为感。此事今日几成绝学，求可与商榷者殊难。其人独赖一二同志披豁相对者，往复以求一是耳”；进京后应酬太多，故“信都书院”匾尚未能写，只好等回保定后写就寄呈（见《张裕钊诗文集》附录一，第 468～469 页）。

八月十七日（9 月 25 日），沈曾植和王颂蔚宴请张裕钊，并请袁昶、张謇等友朋作陪①。

八月十八日（9 月 26 日），刑部主事沈曾植专程前往湖广会馆拜见张裕钊，与其讨论、磋商“执笔”问题。

《袁昶日记抄》第十二册八月二十日（9 月 28 日）记载：“子培前日与廉翁论执笔须炼名指之力，与食指、中指相抵，功候殊不易到。”

弟子贺涛在《武昌张先生七十寿序》中曾说：“嘉兴沈子培嗜先生书如性命，恐人知不知也，欲著文以明其旨趣。”②

王遽常《沈寐叟先师书法论提要》亦云：“先师门人金甸丞蓉镜尝论之曰：‘先生书早精帖学，得笔于包安吴；壮嗜张廉卿，尝欲著文以名其书法之源流正变，及得力之由。’”③

临别之际，应好友沈曾植之邀，张裕钊曾为其作有水墨纸本楷书《赠沈曾植书》（118 cm×53.5 cm）。其书云：“故鸟有凤而鱼有鲲。凤凰上

---

① 许全胜：《沈曾植年谱长编》，中华书局 2007 年版，第 64 页。

② 贺涛：《武昌张先生七十寿序》，《张裕钊诗文集》附录七，上海古籍出版社 2007 年，第 565 页。

③ 王遽常：《沈寐叟先师书法论提要》，王镛主编：《二十世纪书法经典·沈曾植卷》，河北教育出版社 1996 年版。

击九千里，绝云霓，负苍天，足乱浮云，翱翔于杳冥之上。夫蕃篱之鷃，岂能与之料天地之高哉！鲲鱼朝发昆仑之墟，暴鬐于碣石，暮宿于孟诸。夫尺泽之鲵，岂能与之量江海之大哉！”（摘自宋玉《宋玉对楚王问》）其题识云：“子培仁兄察书，廉卿弟张裕钊。”（此书今藏浙江嘉兴博物馆）

八月中旬，顺天乡试结束，张后浍落榜；而弟子张謇则高中第二名举人，俗称“南元”（第一名称“解元”，亦称“北元”，循例为顺天籍人），故张裕钊称其“裒然为南士举首，足张吾军，殊足快意”（见《张裕钊诗文集》附录一，第469页）。

八月二十日（9月28日），袁昶等友朋送张裕钊及其子出都，回保定莲池书院。

《袁昶日记》记载：“送廉卿先生出都，赵保定莲池书院。”（转引自许全胜：《沈曾植年谱长编》，中华书局2007年版，第64页）

同月里，弟子刘若曾[①]回籍参加乡试，以第一名中举（即考中“解元”）。

九月初五日（10月12日），清政府改台湾府为行省，以原福建巡抚刘铭传为台湾省首任巡抚。

九月初六日（10月13日），清政府设立海军衙门，以光绪皇帝生父奕譞总理海军事务；并派庆郡王奕劻，大学士、直隶总督李鸿章会同办理。

同日，朝廷授原驻英、俄公使曾纪泽为兵部右侍郎，并与正红旗汉军督统善庆帮同办理海军事务。

同日，张裕钊携次子张后浍自京城回到保定莲池书院。

九月中旬，友人沈曾植曾致函请为其书斋额，张裕钊作有《复沈子培》[②]一书：

> 前嘱书斋额，顾蒙齿及，且被以溢分之褒，良用汗颜。弟于兹事，本无能为役，惟数十年来窥寻汉、唐、南北朝人笔法，似稍有悟入处。

---

① 刘若曾（？—1929），字仲鲁，号沂庵，直隶盐山（今河北省沧州市盐山县）人。幼家贫，发奋苦读。光绪十一年（1885年）举人，十五年（1889年）进士。历官翰林院编修、国史馆武英殿纂修、庶常馆提调、文渊阁校理、正黄旗官学考校官、宗室觉罗八旗官学副总办、湖南辰州府、长沙府知府等职。随五大臣赴泰西考察政治。在美时，奉擢授江苏常镇通海道之命，寻以三品京堂候补充考察政治馆提调。回国后，历任太常寺卿、大理院少卿、修订法律大臣、署法制院院长、大理院正卿等职。入民国，历任直隶布政兼内务、财政两司长、直隶民政长、政治会议委员、参政院参政、公府高等顾问等职。

② 此书札见于《中国学报》第2期第9～10页；因不见于《张裕钊诗文集》，故全文照录。

而巧力不足以副志之所趣，蹉跎白首，欲从末由。阁下昆季，天亮绝人，重以年力富盛，意量倬远。即以书法一事言之，它日亦决为轥宋轹元，踔唐攀汉，为千余年来别开生面。倘录其先驱之效，比之夥涉之启沛公者，其为荣幸多矣。

九月二十三日（10月30日），清政府任命跟随前浙江提督吴长庆援朝平叛战功突出的袁世凯为驻朝鲜总理交涉通商事务大臣。

九月下旬，张裕钊接到好友袁昶书函后，当即作有《复袁爽秋》①一书寄赠：

日者奉到惠函，猥蒙齿及拙书，且所以奖许之者，逾分溢量，使人愧恧无已。然往者尝妄论宋元以来与汉唐笔法，判不相入，私究其故，汉唐人专从朴拙一路入，宋元明诸家，则皆以其取巧失之耳。因是以推论中国之治，所以大远于古者，其弊亦正坐此。区内万事万物，必得大拙，乃得大巧，（江瀚案语：老子曰："大巧若拙"，即是此意，张氏《劝学篇》反以为讥，殊属误会）。而巧者莫不终归于拙。今海外诸国，所挟以陵轹我者，一皆以朴拙得之，其实则皆古先圣哲之余绪也。我蔑弃古圣之制，一切为孤悬善遁，缚风匿景之术以相尚；而彼则脚踏实地，操必胜之道以制我，以实击虚，焉往而不靡乎。来教沈几观变，谓不若善刀而藏，诚亦有心人语。然相率引去，揆诸志士仁人之用心，盖亦未免恝然。圣人者不凝滞于物，而能与世推移。君子之道，或出或处，或默或语，神而明之，存乎其人耳。

九月间，张裕钊在教授之余尚写有《夜坐》《夜霁》等诗表达其心情（见《濂亭遗诗》卷二，《张裕钊诗文集》第369～370页）。

十月初一日（11月7日），张裕钊作《与张裕锴》书，谓在都中接到兄长手谕，"知家中俱平安为慰"；此次沆儿参加顺天乡试，"文亦颇可望，榜发仍复不得"，此事"自可听其自然"，弟思只要其"能读书、明道理，便自受用无穷耳"；"夏日范肯堂来此，盛称潭侄天质之美"，"但恐为乡曲俗学所汩"，建议其"一日之内"，"以半日做考试功夫"，"以半日读书学古开益其神智，展拓其心胸"，另请兄长"时时携之至省城，访求有品行、有学识者三数人或一二人，与之往还，使得与闻绪论，增益闻见"，"他日成就必有不同"。此次让沆儿"归家省亲，属令第一必将丧事办成。其一切非笔墨所能罄，均可令沆儿面禀"；"小山乾修四十金，裕强

① 此书札见于《中国学报》第2期第10页；因不见于《张裕钊诗文集》，故全文照录。

卅金，兹并付沆儿带归”；另“昨接次源信，知已入汉口厘金局，甚可喜。运气稍转，或从此当有悔悟之机邪？”（见《张裕钊诗文集》附录一，第502～503页）

十月初二日（11月8日），张裕钊送张后沆、张后淦二子离直隶保定南归。

十月初三日（11月9日），张裕钊作《与吴挚甫》书，盛赞其古文之“高奇”：“得惠书并大著二篇，疾读一过，使人变色失步，其高奇殆非近世人所有！……阁下前书谓肯堂有万夫不挡之勇。吾于公亦云”；并谓张謇虽中南元，实境况窘迫，望足下予以关注、帮助；南榜尚无消息，待一有消息即奉告；“信都书院”匾已书就，付来差呈上（见《张裕钊诗文集》附录一，第469～470页）。

十月中旬，接阅弟子范当世所寄示之《南菁书院记》后，张裕钊乃作有《复范肯堂》①一书寄赠：

> 承示《南菁书院记》，词义甚高，足称佳制。而自“人才之兴”至篇末，气势节奏，尚未极动合自然之妙。欲稍稍酌易，然殊非仓猝所能遽定，故且将原稿留此。惟“奉恩命”“恩”字，“日营于吾心中”“中”字，并拟删去。“与同官出资”，拟易“捐资”。后幅所称立功之曾、左二人，左文襄拟易以胡文忠，彼己其人，不足称也。此时以我辈见当代钜公，何啻霄壤；异时则文人之笔，重于邱山。虽王侯将相，皆将听命进退于吾之毫端，不可不慎也。

十月二十日（11月26日），张裕钊应直隶南宫县县令李传棣及士绅之请，完成《重修南宫县学记》的初稿；因此记文要“勒石垂示后世”，张裕钊极为重视，准备将初稿寄给好友吴汝纶审阅。

十月二十一日（11月27日），张裕钊作《与吴挚甫》书，谓：数日前听王树枏说，足下将有天津之行，不知确否？大著二篇，可谓“绝奇文字”，弟“已妄缀数语于后”，随札附来；弟昨日撰有《南宫学记》一篇，因要“勒石垂示后世”，望吾兄“直言”其不足，“万不得客气”；江南榜发，范当世落第，查燕绪则“获隽差，足慰意耳”（见《张裕钊诗文集》附录一，第470页）。

十一月初九日（12月14日），张謇在日记中记载有其师资助自己之事：“得濂师讯，《杜诗》一部，并二十金，所以资我者，可感也。”（见

① 此书札见于《中国学报》第2期第5～6页；因不见于《张裕钊诗文集》，故全文照录。

张謇《日记》，第 255 页）

十一月中旬，张裕钊在接到好友袁昶书函后，遂作有《复袁爽秋》①一书寄赠：

> 顷奉手翰，并赐示大稿，伟论越世，广学甄微，洛诵之余，钦佩无极。承别无副墨，不敢久留，谨识数语简端，敬以奉缴，伏祈詧入。所论极知无当于万一，顾不敢孤阁下虚怀下问之盛指，辄勉罄其愚，觊有千虑之一得而已。来教综论世变，颇有采于瞽言，窃自幸其不谬。然阁下究极言之，乃更恢之弥广，按之愈深。今日之事，有能悬阁下之言以为的，举一世之积弊而尽易其故者，天下事何遽不可为哉?

十一月二十七日（1886 年 1 月 1 日），英国印度总督宣布将缅甸并入印度。

十一月二十九日（1886 年 1 月 3 日），朝廷调工部尚书翁同龢为户部尚书，而以兵部尚书潘祖荫为工部尚书。

十二月二十九日（1886 年 2 月 2 日），张裕钊作《与吴挚甫》书，谓奉到手书，知令弟已平复，甚喜慰；得肯堂书，云为我推举了一弟子顾锡爵，颇为惬意；大著未敢妄自删改，前不久被王树枏携去，待其交还后再奉呈；感谢足下对《南宫学记》的指教，吾已与李梅生说好，待碑刻好后拓数百纸，再奉上教正（见《张裕钊诗文集》附录一，第 470～471 页）。

是年，张裕钊的好友李士棻②病逝于上海寓所。

是年，张裕钊在教授之余尚写有《威凤篇》《放歌行》《无题》《偶书》《读〈鬼谷子〉》《崇秩》《逝影》等诗作（见《濂亭遗诗》卷二，《张裕钊诗文集》第 367、368、370、371 页）。

是年，上海格致书院成立，王韬被中西董事公举为格致书院掌院，同时担任《申报》的编纂主任。

光绪十二年丙戌(1886)　六十四岁

是年，张裕钊仍主讲保定的莲池书院。

---

① 此书函见于《中国学报》第 3 期第 2～3 页；因不见于《张裕钊诗文集》，故全文照录。

② 李士棻（1821—1885），字重叔，号芋仙，别号二爱山人、悔余道人。四川忠州（今重庆市忠县）人。早年就读于成都锦江书院。道光间拔贡，与中江李鸿裔、剑州李榕号称“四川三李”。同治初知彭泽县，后又移知临川县，政绩突出。诗文为曾国藩所重。后辞官寓居上海二十余年。喜收藏，工诗文，善书法。著有《天瘦阁诗草》《天补楼行记》等。

正月初六日（2 月 9 日），张裕钊作《与吴挚甫》书，虽称赞好友来函洋洋千言论述《易传》，其识见高超，理解深刻，但亦不能完全苟同好友的观点，因“今欲从数千岁以后，悬断数千岁以前惝恍疑似一无佐证之案”，“谈何容易”，故“不敢质言”；何况“欲定其孰为孔氏之旨，孰非孔氏之旨”之事，更需“细意寻究”，“未敢昌言”；最后希望好友能来保定，若不行自己也可去冀州，当面讨论为宜（见《张裕钊诗文集》附录一，第 460～461 页）。

二月初四日（3 月 9 日），张裕钊因事自直隶保定起程赴天津。

二月十二日（3 月 17 日），张裕钊曾自制有水墨纸本行书五言诗立轴。其诗及题识云：“峡内淹留客，溪边四五家……西江使船至，时复问京华。丙戌二月花朝日，廉卿张裕钊书。”钤印：“廉卿”“张裕钊印”。

二月十七日（3 月 22 日），张裕钊办完事情后，自直隶天津返回保定。

二月二十五日（3 月 30 日），张裕钊作《与吴挚甫》书，谓肯堂不肯再娶，“其蔽甚深”，靠书函劝说不行，必须当面反复劝解方有效；请人雕刻《史记》，至今未落实，不如让萧穆“物色一写手”，按字付钱，应该不难；弟本月中上旬曾去过一趟天津，很快就要给学生上课了；二子迟钝不长进，尚未来保定，有辱足下挂念（见《张裕钊诗文集》附录一，第 471～472 页）。

二月间，好友、黄冈县学教谕杨守敬安顿好家中、学署事情，再次启程赴京参加礼部将举行的会试。

二月二十二至三月初十日（3 月 27—4 月 13 日），中、法订立广西关外各关界约。

三月二十六日（4 月 29 日），好友、亲家黎庶昌自遵义老家致函问候，并随书函寄来近作数篇请张裕钊审定。

三月二十九日（5 月 2 日），张裕钊作《与吴挚甫》书，谓顾锡爵①已来保定，曾叩问过肯堂不娶之事，尚未明了真实原因；听说新任布政使廿四日出都，将于下月初四接印，不知足下能否邀肯堂一起来保定相聚，引颈盼望；弟如今“学殖荒落”，唯以书法自娱（见《张裕钊诗文集》附录一，第 472 页）。

---

① 顾锡爵(1848—1917)，字延卿，乡人私谥“尚洁先生”。江苏如皋人。诸生。与范当世、张謇、周家禄、朱曼君并称“江苏五才子”。后累试不举，遂外出游幕，曾入薛福成幕，任驻英、法、意、比公使馆首席秘书。善诗文。著有《顾延卿诗集》、《续瀛环志略初编》(顾锡爵述，世增译)等。

三月间，张裕钊曾应寿亭先生之请，为其制作有水墨纸本行楷杜甫七言诗立轴（139.5 cm×49 cm）："西岳凌嶒竦处尊，千峰罗立如儿孙。安得仙人九节杖，拄到玉女洗头盆。车箱入谷无归路，箭栝通天有一门。稍待西风凉冷后，高寻白帝问真源。　去岁竝辰拱御床，五更三点入○行。欲知趋走伤心地，正想氛氲满眼香。"其题识云："丙戌春日书。寿亭尊兄大人属，廉卿张裕钊。"钤印："廉卿""张裕钊印"（此轴今藏湖北省博物馆）。

四月十三日（5月16日），张裕钊作《与吴挚甫》书，谓：奉到大札，知足下不能来保定，心中怅怅；吾与君可谓天赐缘分，然欲谋一次相聚却总是千难万难；吾与顾锡爵皆有书寄肯堂，却无其回音，我们甚盼肯堂能来一趟保定，望足下予以敦促；尊处州考得一圣童，闻之欣喜，值得祝贺（见《张裕钊诗文集》附录一，第472～473页）。

四月十四日（5月17日），会试榜发：好友王树枏与弟子贺涛兄弟皆考中进士，而张謇、朱铭盘、查燕绪、刘若曾等弟子均落第。

同日，张裕钊再作一封《与吴挚甫》书云：昨函尚未发出，今早阅会试榜，得知王树枏与贺涛兄弟同时取中进士；门下弟子张謇、朱铭盘、查燕绪均落榜，有书来，言十九日出京来弟处；弟子孙葆田之弟叔谦有讯来，榜发后亦会来保定；万望足下敦促肯堂届时亦能来相聚（见《张裕钊诗文集》附录一，第473页）。

好友、黄冈县学教谕杨守敬①此次会试亦落第，并立即出京回到黄州，从此绝意仕进，专事教授与著述。

四月下旬，会试结束后，张謇、朱铭盘、刘若曾等弟子遂相约结伴出都赴保定，至莲池书院拜谒老师张裕钊。

四月底，弟子查燕绪先行抵达保定，与恩师相聚，并为恩师带来张謇等弟子的消息。

四月二十九日（6月1日），张裕钊作《与吴挚甫》书，谓：本月十一

---

① 杨守敬(1839—1915)，谱名开科，榜名恺，字云朋，号心物；后更名守敬，字鹏云，号惺吾，晚号邻苏老人。湖北宜都(今宜都市)人。同治元年(1862年)举人。曾随黎庶昌出使日本，购得国内久已不传的宋以来的古籍，刻成《古逸丛书》二十六种，二百卷。回国后，任黄州府儒学教授，加内阁中书衔。晚年，受张之洞聘，主两湖书院及勤政、存古两学堂讲席；又充湖北通志局编纂。辛亥革命后，寓居上海、北京，曾出任袁世凯政府顾问、参政院参政、清史馆协修。逝于京。平生富藏书，擅考证，工书法，尤精金石、目录学，亦工骈俪。著有《杨守敬集》(13册)等。

奉惠书，十三即回复，不料来差径自归去，以致十九日才交听差转递，不知收到否？ 弟子查燕绪已来保定，据云张謇、朱铭盘等近几日便可抵保定，企盼肯堂亦能前来相聚；关于王树枏荐举贵治黄凤翔孝廉前来承乏之事，已同刘景韩观察谈过，因宋弼臣尚未选缺，故望足下通知黄氏暂不要过来，待此间事情办妥后，再通知其来不迟（见《张裕钊诗文集》附录一，第 475 页）。

五月上旬，张謇等弟子会试结束后，自京城抵达保定莲池书院看望恩师张裕钊；与尊师相聚月余，受教颇多。

张謇在五月初二日（6 月 3 日）的日记中云："到保定莲池书院谒濂师。"（张謇《日记》，第 264 页）

五月中旬，在收到好友、亲家黎庶昌自黔中老家寄来的书函和大作后，张裕钊遂作了《复黎莼斋》①一书寄赠：

> 前奉到三月二十六日手书并大著数首，盥手洛诵，其树义选言，并笃雅有法度，惟音节声响，尚未能一一中律。大抵文章之道，音声最要，必令应节合度，无铢两杪忽之不叶，然后词足而气昌。阁下述姚氏语，称为古文之难其人信然，且以今之世其才能为之，而心知其意者，自阁下及吴至甫两人而外，殆云罕觏。至甫亦屡以文相质，其所不足者，亦是声响不能尽合。弟每报书以为盖坐讽送之功未至，但多熟读，久之自尔动合自然。（原注：以所见如曾文正，所闻如刘海峰、姚惜抱、梅伯言，盖莫不专精讽诵，是其明征。）今所以贡于左右者，亦若是焉而已。

五月间，直隶南宫县学修葺竣工，立碑纪念；张裕钊应南宫县令李传棣及士绅之邀，为其撰写了一篇《重修南宫县学记》的记文，随又遵嘱为其书丹勒石——这是张裕钊书法最具代表性的作品之一（见《濂亭遗文》卷五，《张裕钊诗文集》第 279～280 页）。

案："重修南宫县学记"通高 2.4 米，宽 0.89 米，厚 0.25 米，系优质青石刻成。其碑额雕有二龙戏珠，中间阳刻篆书"重修文庙碑记"六字。碑文楷书 13 行，共计 650 字。龟趺。碑文的字体结构内圆外方，方中带圆，甚有风神；圆中见方，内藏筋骨，每一个字都显得既充实又有风韵，给人一种宽弛疏朗的感觉，堪称是"柔峻相间，融而化之"、"文字双美"、刻镌兼优的艺术珍品；曾被誉为"在近代书坛上别开生面，独创一格"的"南宫碑体"，"风行海内"，一直为书法爱好者所珍爱。

---

① 此文见于《中国学报》第 3 期第 17～18 页；因不见于《张裕钊诗文集》，故全文照录。

同月里，张裕钊曾作有水墨纸本楷书十九言联立轴（200 cm × 31 cm × 2）：“中书奏事秘监政声谱牒未沦宗族至今被光宠，李相高门孙公甲弟祠堂有颂道钟长与俪琱镌。”其题识云：“光绪丙戌五月，武昌张裕钊敬书。”钤印：“张裕钊印”“廉卿”（见北京翰海拍卖有限公司“2010 春季拍卖会”——“法书楹联”专场拍卖品，编号：1103）。

六月初三日（7 月 4 日），左副都御史吴大澂与沙俄订立《珲春界约》。

六月初九日（7 月 10 日），张裕钊作《与吴至甫》书，与好友讨论为文的声音之道：“近看惜抱文集及《古文辞类纂》，似姚氏于声音之道，尚未能究极其妙。昔朱子谓：‘韩退之用尽一生精力，全在声音上著功夫。’匪独退之，自六经、诸子、史、汉以至唐宋诸大家，无不皆然。近惟我文正师深识此秘耳”；希望仁兄每言及文事时不要过于谦让，并盼望仁兄六七月间携弟子肯堂一起来保定相聚（见《张裕钊诗文集》附录一，第 476 页）。

六月初十日（7 月 11 日），慈禧太后颁发懿旨，宣布明年归政。

六月二十三日（7 月 24 日），中、英签订《缅甸条款》，清政府被迫承认英国占领缅甸。

六月二十四日（7 月 25 日），四川重庆（今重庆市）的民众为反抗英、美传教士强修教堂，自发组织起来焚毁传教士住宅和教堂；教堂武装开枪杀伤民众三十余人，激起三千余名民众聚集起来将城内、外的教堂和领事馆一并捣毁；在英、美、法驻华公使的要挟下，清政府以处死民众二人，赔款二十三万五千两银两结案，史称“重庆教案”。

七月初六日（8 月 5 日），吴汝纶亦作《答张廉卿》书寄赠，阐明自己对为文声音之道的看法：“承示姚氏于文未能究极声音之道。弟于此事更为悟入。往时文正公言：‘古人文皆可诵。近世作者如方、姚之徒，可谓能矣。’顾诵之而不能成声，盖与执事之言若符契之合。近肯堂为一文，发明声音之故，推本韶夏，而究极言之，特为奇妙。窃尝以意求之，才无论刚柔，苟其气之既昌，则所为抗队曲折、断续敛侈、缓急长短、申缩抑扬顿挫之节，一皆循乎机势之自然，非必有意于其间，而故无之而不合。其不合者，必其气之未充者也。执事以为然乎？……弟私意所测如此，敬以奉质，希教之，幸甚！”（见《桐城吴先生年谱》卷一，第 42 页；又见《吴汝纶文集》附录二，第 560～561 页）

七月初十日（8 月 9 日），张裕钊作《与吴挚甫》书，感谢仁兄“述向所闻于文正公者以证鄙说”；而对吴汝纶提出“《郊祀歌》非长卿一人所为”的观点表示赞成，并加以阐发；最后，盼望仁兄能和肯堂前来一聚（见

《张裕钊诗文集》附录一，第 476～477 页）。

七月十一日（8 月 10 日），张后沅、张后浍两兄弟自武昌来到保定莲池书院。

七月中旬，翰林院检讨、李鸿章的女婿蒯光典将于九月下旬葬亡父、原补用道、夔州知府蒯德模的灵柩于祖茔，遂请好友翰林院编修冯煦撰写墓志，而请亡父生前好友、老上司、直隶总督李鸿章为其撰写神道碑；李鸿章乃将此任务交给了蒯德模生前好友、莲池书院的山长张裕钊。

七月二十一日（8 月 20 日），张裕钊作《与张裕锴》书，谓："十一日沅儿来此"，已奉到手谕，"知兄体中康愉"，"惟精神微觉少衰，颇以为念"；"老年人全资膳羞补益，饮食尤不宜俭薄，至要至要"；潭侄完婚后，建议"仍一意皈依植臣"，不宜"更易"其师；不妨将古贤之文，"精选五六十篇，或明读，或默诵"，"终岁不离"，可见成效；"二嫂丧事未办，诚不可缓"，当"赶紧经营"；柯家山墓地，可托张古亭请张吉甫前来勘测，"若果属吉穴，则成先人遗泽所致耳"；"他日事竣，酬之十金可矣"；"兄所言带归二百金，保定无处可寄，俟沅儿至天津再觅便寄归"；另有子钦、裕强、玉山各一函，请兄分别转交（见《张裕钊诗文集》附录一，第 501～502 页）。

七月下旬，张裕钊接朱菉香请拜称弟子的书函后，遂作有《复朱菉香》①书寄赠：

> 张裕钊学殖谫薄，不足以为人师，足下谬相引重，乃请列弟子之座而受业。往者舍姪泌已尝代致盛意，今奉手翰，遽践前言，私心彷徨悚惧，而义不敢却，不得已腼然受之，祗增惭恧。来书盛相推许，甚非所敢当。惟张裕钊往者时从当世多闻长者，与闻绪论，大抵古文之道，必先能辨真伪雅俗。至于用功节次，则韩退之《答李翊》一书，实已尽之。其致功之始，莫要于培根竢实，加膏希光，陈言务去，戛戛其难数语。其自立之本，则无望其速成，无诱于势利，不知非笑之为非笑，为透宗之论。穷古及今，盖未有惑于速成，诱于势利，而可与于此者。其究极之妙，则存于气盛则言之短长与声之高下者，皆宜之一言。夫言之短长，声之高下，声调而已矣。声调一事，世俗人以为至浅，不知文之精微要眇，悉寓于其中。姚惜抱谓诗文必从声音证入；曾文正谓词章以声调为本。而桐城诸老，尤必责人以熟读，胥是义也，此可为知者道

① 此书札见于《中国学报》第 2 期第 4～5 页；因不见于《张裕钊诗文集》，故全文照录。

耳。以吾贤之才，由是而求之有余师矣，抑又有进于是者。曩曾文正谓欲为古文，先须视其胸襟志节若何。自唐宋以来，古文名家者，其人皆超出流俗，王荆公虽以新法祸宋，然秖坐执拗不晓事，其意实以五百年名世自命，非世俗庸鄙小人所能望其万一。盖有诸内者形诸外，趣高而行卓，则直抒发胸臆，自有吐气如虹之观，张裕钊终身服膺此言，以为不易。不独贪鄙奸伪者，不足与此，即稍有富贵荣利之见，萦绕于其中，则发诸词气，必不能高出于一世之人。此尤探本之论，所欲与吾贤共勉之者。

八月初五日（9 月 2 日），慈禧太后下懿旨：允醇亲王奕譞奏请，于光绪皇帝亲政后，再“训政”数年。

同日，朝廷续修《大清会典》书成。

八月初八日（9 月 5 日），张裕钊作《与吴挚甫》书，告知好友自己的身体已经平复；鹿泉讲席已派弟子刘炳燮前去主持，原本有约秋中去获鹿一游，只因近来校阅无暇，遂作罢；二子已于前月十一日来保定，望能拨冗前来一聚（见《张裕钊诗文集》附录一，第 477 页）。

八月十四日（9 月 11 日），张裕钊作《与吴挚甫》书，告知好友，中秋后自己颇有闲暇，盼兄台和肯堂能来保定相聚；原本要写成一本《易经》的，因事拖至今日未果，待兄台来后再纵论（见《张裕钊诗文集》附录一，第 477～478 页）。

八月中旬，张裕钊受直隶总督李鸿章之托，很快就完成了《诰授中议大夫三品衔补用道夔州府知府蒯公神道碑代合肥李相国》一文（见《濂亭遗文》卷四，《张裕钊诗文集》第 261～264 页）。

随后，张裕钊给直隶总督李鸿章写了一封《复李中堂》①书函，告诉他已遵命完成任务，并将写好的《蒯公神道碑》一并附上：

承命代撰《蒯子范太守墓碑》，自惟谫劣，何以任此。惟念子范太守政绩炳著，卓然可传，而张裕钊与蒯氏，复辱有再世之好，况又重以夫子之命，义不敢辞，谨竭驽顽，勉为纂就，跚呈钧览。窃闻金石之文，与传状异体。自昔推蔡中郎、韩吏部为正宗，类皆以典重肃括、简古敷练擅长，不尚繁词碎义。张裕钊曩日颇复服膺此指，今撰兹篇，犹仍前志。重以冯梦华编修所为墓志，已具道其详，若更重袭复述，依样

① 此书札见于《中国学报》第 2 期第 11～12 页；因不见于《张裕钊诗文集》，故全文照录。

葫芦，颇嫌附赘。且要言之，振裘挈领，更于文外渲染写照，似太守声烈晖光，乃益郁然纸上。而于夫子与太守故旧之谊，亦弥复相宜，敢求夫子加之训诲，正其然否。礼卿检讨，高才朴学，深明著述体例，或亦有取于斯言也。原状及冯编修墓志，并谨以奉缴，伏祈登入。

八月下旬，翰林院检讨蒯光典①在收到由直隶总督李鸿章转送、张裕钊为其父所写之墓碑文之后，曾致函（案：惜此函今已无法见到）张先生表示诚挚的谢意。

八月间，刘景韩都转的夫人孔氏病卒于家，为缅怀其才德，刘氏刻其遗诗——《韵香阁诗集》，并请张裕钊为之作序。张裕钊遂作《〈韵香阁诗集〉序》相赠（见《濂亭遗文》卷一，《张裕钊诗文集》第216～217页）。

九月上旬，张裕钊在收到蒯光典翰林的致谢来函后，遂作有《复蒯礼卿》②一书寄赠：

顷奉手翰，猥以代撰尊公碑铭。远劳致谢，且推挹逾量，甚不敢当。张裕钊于文事本无能为役，惟向日时从名德硕学，与闻绪论，苦志钻仰殆四十年，于此中关键，稍稍窥见一二。窃尝谓自乾隆中叶以来，海内言文章者，宗仰桐城，树立标帜，群天下而趋之；而高才广学，更相訾议者，亦复不少。究而论之，桐城实有不可磨灭之处，亦实有不满人意之处。世人不察，菲薄桐城者，其所为文但有假象；效法桐城者，则但有空腔，大氐百变而不出此二端。其无当则一而已，不知姚惜抱氏，究心选学，兼通古训，其纂古文辞列入词赋一类，所见已远出望溪方氏之上。特自度才力不足以副之，是以宁俭勿侈，免蹈伪体之弊，然已为曾文正导启先路，遂由是扩而大之，乃卓然为北宋以后七百年来之一人。张裕钊虽取涂与文正各有所自，而区区微旨，欲取桐城之所长，而弃其所短，则颇与曾文正同。阁下明识慧眼，一语道破，使人倾倒无

① 蒯光典(1857—1911)，字礼卿，一作理卿，号季述，别署金粟道人、斤竹山民。安徽合肥人。幼聪慧，八岁能诗，曾从冯桂芬、刘熙载学。光绪八年(1882年)举人，次年成进士。选庶吉士，散馆授翰林院检讨，充会典馆图绘总纂。光绪二十一年(1895年)，入两江总督张之洞幕。次年，两江总督刘坤一聘主尊经书院。光绪二十三年(1897年)，张之洞聘为两湖书院监督。次年，创办江宁高等学堂。光绪三十二年(1906年)，官江苏淮扬海道，加按察使衔。光绪三十四年(1908年)，赴英国出任留学生监督。年余辞归，充京师督学局长。工诗文，通训诂，精目录学。著有《金粟斋诗》《金粟斋文》《金粟斋词》《文学蒙求广义》等。卒后编有《金粟斋遗集》(八卷)。

② 此书札见于《中国学报》第3期第3～4页；因不见于《张裕钊诗文集》，故全文照录。

极。惟自苦才质驽下，不足以副其心之所趣，而自癸未北来，益复颓老，有日退，无日进，独以是且惭且惧耳。

秋意渐深，既有收获，亦是萧索的开始，张裕钊在教授之余曾写有《雨后》《感秋》《秋风叹》等诗作表达其心境（见《濂亭遗诗》卷二，《张裕钊诗文集》第373～374、376页）。

九月十三日（10月10日），原驻英、俄公使曾纪泽离开法国的马赛，启程回国。

十月十一日（11月6日），天津《时报》创刊，英国传教士李提摩太（Timothy Richard，1845—1919）担任主笔。

十月十六日（11月11日），张裕钊作《与吴挚甫》书，谓已收到肯堂书函，得知其已回冀州，诸事平顺甚慰；弟拟以鄙说《中庸》之体，用一贯之义来研究易传，“觉微有端绪”；对“吴兰石仍欲于奎画楼开南出门，而闭东户”的无理之事，吾已言之刘景韩观察并已制止；刘仲鲁孝廉加作的文稿很杰出，“遂拔冠其曹”，而“得此懿才，为之极快”（见《张裕钊诗文集》附录一，第478页）。

十月二十三日（11月18日），原驻英、俄公使曾纪泽一行抵达上海。

十月二十九日（11月24日），张裕钊作《与吴挚甫》书，与好友就《周易观象》《周易折中》中的分章、称谓、研究之法等问题进行讨论，而书函不能尽意，故企盼好友能命驾前来，朝夕讲习辩难，以达“更益开悟”之效（见《张裕钊诗文集》附录一，第478～479页）。

十一月十六日（12月11日），原驻英、俄公使曾纪泽一行自上海抵达京城。

十一月间，张裕钊闲来无事，乃自作有水墨纸本行书九言联立轴（134 cm×66 cm）：“赤龙凌云澜涛星辰上，舞鹤戏游怀情北斗中”。其题识云：“光绪十二年冬，张裕钊。”钤印：“张裕钊。”

十二月初二日（12月26日），弟子张謇、朱铭盘、刘若曾又专程来莲池书院看望师尊，与师尊相聚。

十二月十八日（1887年1月11日），张裕钊作《与吴挚甫》书，告知好友秋、冬二季的束脩已经收到，非常感谢；关于好友对屈原现存辞赋的看法表示赞同，尤其是对关于《九辩》与《离骚》《九章》诸赋“实出一手”的看法，认为是确当之论；最后问候其弟汝纯的病情，望“加意珍摄”（见《张裕钊诗文集》附录一，第463页）。

年末，接到好友吴汝纶信函，告知其州试得一“奇才”——李刚己。张裕钊亦为好友感到高兴，并立即去函祝贺。郭立志曾云：“是岁州试得李刚己。公及范无错皆击节欣赏，目为奇才，并告张廉卿。廉卿来书云：‘尊处州考乃得圣童，闻之喜抃无已。我公龙虎精神之所感召，固宜有是。’”（见《桐城吴先生年谱》卷一，第43页）。

十二月下旬，在接到弟子范当世书函及寄示李刚己的文章后，张裕钊作有《复范肯堂》①书：

> 承惠书并刚己字词，已读过。足下之文创意造言皆绝奇，非凡俗所有。惟声音节奏，时或未及自然之妙。大抵环玮之文，仍须归之平易。曾文正所谓觑曲刺怪，遏之使平者也。其告劼侯谓司马氏之文最奇崛，而实皆珠圆玉润。此言至为精碻。今取司马氏之文读之，真乃字字炙毂輠也。张裕钊尝谓能知扬、马之平淡，欧、曾之奇特者，可与言文矣。以足下之智，终必深契此旨耳。

在给弟子范当世的信函寄出后，张裕钊又给好友吴汝纶写了《复吴至甫》②一书寄赠：

> 初二日，张季直、朱曼君来此，大家举首跂踵，以望肯堂之至。此番阁下不能来，诚无可如何，乃肯堂亦留之不遣，使人不能不生怨望心。季直又与其同年生刘仲鲁解元若曾偕来，云欲问道于盲，弟诚以自恧。然此君至行纯笃，抗心希古，实可爱敬。尤恨阁下及肯堂不得来此一相见也。尊处州试得李童子，王君又捷南宫，洵属快事。李童子自是殊尤之姿，然窃意阁下及肯堂所以许之者，其辞恐不免稍过，似宜于奖进之中，微寓裁抑之意，庶几琢磨，使成令器。大抵人才生之难，成之尤难，故弟不惮言之若此，阁下以为然否？

十二月二十八日（1887年1月21日），清政府命直隶总督李鸿章速派员前往黑龙江勘办漠河（今大兴安岭地区漠河县）金矿。

十二月二十九日（1887年1月22日），张裕钊作《与吴挚甫》书，与好友就《易系》中的相关问题进行讨论，并认为有些问题书函说不清楚，“须彼此面相往复诘难，或稍能尽意”，所以邀请好友乘“新岁无事”之机，来保定一聚，“可收讲《易》论文之益”（见《张裕钊诗文集》附录一，第479～480页）。

---

① 此书札见于《中国学报》第2期第8～9页；因不见于《张裕钊诗文集》，故全文照录。

② 此书札见于《中国学报》第2期第6页；因不见于《张裕钊诗文集》，故全文照录。

是年，张裕钊在教授之余尚写有《天末》《缓步》《古意》《〈血书图〉歌为宜兴崔节妇作》《塞北花》《无题》《无题》等诗作（见《濂亭遗诗》卷二，《张裕钊诗文集》第373、373～375、376、377、378页）。

是年，张裕钊的好友方大湜①在巴陵老家病逝。

是年，张裕钊的好友洪汝奎②在汉阳老家病逝。

是年，万州客民首领陈钟明曾领导琼山（今海南省海口市琼山区）、定安（今海口市定安县）、儋州（今海南省儋州市）等地的黎族、汉族民众举行反清起义。

光绪十三年丁亥(1887)　六十五岁

是年，张裕钊仍主讲保定的莲池书院。

正月十五日（2月7日），朝廷在紫禁城太和殿举行光绪皇帝的亲政礼。

正月十八日（2月10日），好友吴汝纶作有《答张廉卿》③一函，其中有足下“于鄙论《易传》，意殊不以为然”；“近作《李相夫人寿文》……欲求执事降屈椽笔，为我书此寿书”等语。

正月二十四日（2月16日），清政府命直隶总督李鸿章在天津购置机器

---

① 方大湜(1821—1886)，字守一，又字守初，号菊人。巴陵眉湾(今湖南省岳阳市岳阳县龙湾乡画眉村)人。咸丰五年(1855年)以诸生步入仕途，为巡抚胡林翼幕僚，保训导以知县用。因才干突出，被保荐代理广济知县。后历任襄阳知县，襄阳、宜昌、武昌知府，荆宜施、安襄、郧荆兵备道，直隶按察使，累官至陕西布政使。晚年遭弹劾，罢官归里，以养蚕、著述自娱。著有《方氏世德录》《辨惑录》《修防刍言》《捕蝗纪要》《桑蚕提要》《桑馀提要》《平平言》《团防章程》等。

② 洪汝奎(1824—1886)，原名瀛，字莲舫，号琴西，自号泾州老人；室名平斋、致吾知斋、公善堂、唐石经馆、晦木斋等。原籍安徽泾州，后迁居湖北汉阳。道光二十四年(1844年)举人。咸丰初考取官学教习，期满后以知县用。后入曾国藩幕府，因功累官至江南道员。同治间，总理粮台，为湘军及其他省提供充足粮饷。两江总督沈葆桢甚倚重，身病时乃以其代理治事。光绪五年(1879年)，擢升广东盐运使；不久，调任两淮，裁冗员，建义仓，浚扬州城河，吏民称颂。后因江宁三牌楼案失察而被革职遣戍，未几赦归，病卒于家。宣统初追复原官。为知名出版家，所刻《洪氏唐石经馆丛书》《洪氏公善堂丛书》《洪氏晦木斋丛书》三部丛书计49种1025卷，其中的《洪氏唐石经馆丛书》，为清末安徽最重要的家刻丛书之一。

③ 吴汝纶撰：《吴汝纶全集》(三)，施培毅、徐寿凯校点，黄山书社2002年版，第39～40页。

鼓铸制钱。

二月初七日（3月1日），川、滇电线铺成。

二月上旬，在收到好友吴汝纶的书函后，张裕钊遂作有《复吴至甫》①书寄赠：

读手书，具承一一，弟于阁下所论《易传》，亦非不以为然，但未敢遽定耳。迟数日必奉诣，俟尔时再畅论也。大作寿序，词义深美，岂复能增损一字。惟命题及前二行，似不甚合款式，已妄为赠易数字，交纸店界画乌丝矣。弟初亦拟作寿序一篇，而构思讫未能就，今见大文，乃益瑟缩而不敢出。承命附骥，甚善，甚善。但既不摊分，而又受润笔，诚有如阁下往岁书中所谓此廉卿之所以为廉者乎。且如此佳文，而以拙书专之，阁下比我夷王，弟则自觉如秦舞阳北番蛮夷之鄙人，见天子而色变震恐耳。纸店画乌丝，约须数日，俟画毕即携至尊处书之，请先饬从者磨浓墨数升，贮之瓶中，宜固封勿令泄洩气为佳，洩气则败坏不可书矣。

三月初二日（3月26日），葡萄牙侵略者迫使清政府与其订立不平等条约《里斯本议定书》，承认葡萄牙永久居据澳门。

三月初五日（3月29日），中、法订立广东、广西、云南《中越交界界约》。

三月十九日（4月12日），日本国宫岛大八（咏士）从日本横滨港乘船前往中国。

三月下旬，亲家、好友黎庶昌丁忧期满，奉命自贵州遵义启程，入朝觐见。

四月初，张裕钊撰写完成《〈禹贡〉三江考》一文（见《濂亭遗文》卷一，《张裕钊诗文集》第206～209页）。

四月初十日（5月2日），张裕钊作《与吴至甫》书，告知好友，大札奉到，知令弟之病渐平复，甚慰；近作《禹贡三江考》一文呈上，望“削正掷还”；张化臣“索居甚窘”，望能帮助“荐一勘校馆”；薛福辰所求之文，等稍有闲暇即为其撰写，余曾托张筱传带去一函及拙集一部，至今无回音，不知何故（见《张裕钊诗文集》附录一，第480～481页）。

四月间，收到好友、顺德知府赵铭的书函，对去年所作之《南宫县学记》赞赏有加；张裕钊颇感好友盛意，遂作《复赵桐孙》②一书寄赠：

---

① 此书札见于《中国学报》第2期第5～6页；因不见于《张裕钊诗文集》，故全文照录。

② 此书札见于《中国学报》第3期第6～7页；因不见于《张裕钊诗文集》，故全文照录。

> 拙撰《南宫学记》，文义谫薄，阁下不为是正，乃更益之藻饰，使人汗颜。来书谓韩、欧诸公，叙事引古，时有舛迕，诚为碻论。窃意不独韩、欧，即太史公已多9牾，古人固时有辨证，而梁枢北史记志疑，条举尤夥，盖百密一疏，虽闳材亦所不免。阁下精意钩考，匡正昔贤，启牖来学，甚盛，甚盛。弟尝谓姚氏《古文辞类纂》一书，为萧选以后仅见之作，以阁下之淹雅，傥采集旧说，断以己意，为之笺注，误者正之，阙者补之，洵足为姚氏功臣，不朽之业，不在李崇贤之后已。承垂询诸事，属课卷山积，校阅日无暇晷，请以异日更加寻讨，顾以阁下所疑，弇陋如下走，恐更不足以知之也。

闰四月初一日（5月23日），张裕钊作《与吴挚甫》，告知好友永年县的专差来，送到聘书，但弟子纪海帆因养亲不能去永年，只好烦专差仍旧带回；转来通州范如松给其长子范当世的家书一封；并询问试办京津铁路、改革乡试及童试以及弟子贺涛调署等问题（见《张裕钊诗文集》附录一，第453页）。

闰四月初八日（5月30日），日人宫岛大八自京城抵达直隶保定，前往莲池书院拜谒张裕钊，并表达了他拜师学习中国文化的意愿；张裕钊经征求好友吴汝纶的意见，又经请示直隶总督李鸿章同意，才将宫岛大八列为门弟子。

应宫岛大八之请，张裕钊不仅书有西汉枚乘之《七发》赠送给大八；而且还制作有一副水墨纸本七言联立轴（133 cm×32.5 cm×2）赠送给大八。其联轴云："露华浸月临梧院，云叶随风近竹楼。"其题识云："咏士先生大人正字，张裕钊学书。"钤印："张裕钊"（白）、"廉卿"（白）（见北京东方大观国际拍卖有限公司"2013秋季艺术品拍卖会"——"明清墨迹暨中国古代书画"专场拍卖品，编号：0510）。

张裕钊在《与吴至甫》中云：日人宫岛诚一郎因驻日使馆官员及日本名宿冈千仞等人的"谬相推重，今乃遣其子航海西来，从游于张裕钊之门"（见《张廉卿先生论学手札》，《张裕钊诗文集》附录一，第454页）。

张后沅、张后浍在《哀启》中云："其宫内省员宫岛栗香遣子彦从游，自畿辅而鄂，而襄阳，而关中，相随数千里，至历八年之久，奉先严之学惟谨，于书法所得尤多。先严书法遗绪，或将传于海外耶！"（见《张裕钊诗文集》附录七，第552页）

同日，张裕钊作《与吴至甫》书，感谢好友荐举弟子张以南[①]，对好友关于三江的看法表示敬佩；并告知日人宫岛大八前来拜入门下，亦望好友今后有机会多指点他（见《张裕钊诗文集》附录一，第 453～454 页）。

闰四月十二日（6 月 3 日），按照中国的传统礼节，日人宫岛大八来到张裕钊家中，向张先生行了跪拜礼，正式拜张裕钊为师，并向张裕钊及其家人赠送了礼品；张裕钊则对宫岛大八每天的学习课程作了仔细的安排。于是，莲池书院有了第一位外国留学生。

闰四月二十二日（6 月 13 日），张裕钊作《与吴至甫》书，告诉好友张以南将于月底抵达新河试院，枣强试院亦派弟子白钟元过去，关于三江的考论想放一放，等稍暇再与好友当面讨论（见《张裕钊诗文集》附录一，第 455 页）。

闰四月二十九日（6 月 20 日），因张裕钊托吴汝纶为其弟子张化臣谋一勘校之职，事情落实后而张化臣又因事未能准时到任，使吴汝纶颇有些生气，曾致函张裕钊讽刺道："凡尊处属荐之人，往往不能赴约，即此足见山长之威令也。"[②]

闰四月间，两广总督张之洞在广州创办广雅书院。

同月里，好友吴汝纶作有《答张廉卿书》寄赠，专门阐述自己关于三江的看法（见《吴汝纶文集》，第 71～75 页）。

五月初三日（6 月 23 日），张裕钊作《与吴挚甫》书，告知好友来函收悉，给南宫的廿五金亦收到，自当转交，得知范当世成为姚濬昌的女婿甚是高兴等事；至于禹贡三江论争之事，容后再讨论（见《张裕钊诗文集》附录一，第 455～456 页）。

五月十二日（7 月 2 日），张裕钊作《答吴挚甫论三江书》寄赠（见《濂亭遗文》卷三，《张裕钊诗文集》第 248～253 页），系统地阐述了自己的看法，批驳了以吴汝纶为代表的一批人的错误观点。

五月间，弟子张謇应河南开封府知府孙云锦之邀，入其幕府。

六月初十日（7 月 30 日），张裕钊作《与吴挚甫》书，谓前月所寄来的论禹贡三江的书函中尚不翔实、有脱漏，现已改定缮写寄来，请阅后仍寄回，随信函转来范当世家书一封，亦请转交（见《张裕钊诗文集》附录一，

---

① 张以南，生平事迹不详，民国政治家、史学家、诗人张继之父，吴汝纶弟子，后又师从张裕钊，曾任保定莲池书院斋长。

② 吴汝纶撰：《吴汝纶全集》(三)，施培毅、徐寿凯校点，黄山书社 2002 年版，第 46 页。

第 456 页)。

六月十四日(8 月 3 日),两广总督张之洞奏请开办“广东水、陆师学堂”各一所。

六月中旬,好友、亲家黎庶昌一行抵达直隶保定,就借住在莲池书院。于是,这两位好友、亲家得以连日促膝谈心,畅叙别后思念之情。

弟子宫岛大八得知原驻日公使黎庶昌已来莲池书院,非常高兴,亦赶来拜见,向他汇报自己来中国后的学习情况,并向他转送了父亲诚一郎寄来的木绘漆器。黎庶昌则鼓励他跟随张先生刻苦学习,不负众望。

黎庶昌对这位日本友人之子亦寄予厚望,还应邀抽空专门以金箔纸用行楷为宫岛大八写了一篇《曾子弟子问答》(《说苑·反质篇》)相赠。其篇后的跋语写道:“宫岛勖斋是吾友人日本宫岛栗香之子,才俊而志学。今年栗香遣之中国,使问业廉卿张君之门。廉卿吾畏友也,可谓能自得师矣。顷来莲池,勖斋求书甚切,因录此以进勉之。光绪十三年丁亥六月黎庶昌识。”

六月下旬,黎庶昌一行自直隶保定启程,决定先赴天津,再由天津入京陛见。

六月二十九日(8 月 18 日),将迎来安徽合肥人、晚清名将、湖南提督周盛波(1828—1888)的六十华诞,亲友、部属皆谋为庆寿。张裕钊应友人之请,作有《周海舲军门六十寿序代》一文(见《濂亭遗文》卷二,《张裕钊诗文集》第 232～234 页)。

七月初,黎庶昌一行抵达京师。经总理衙门转奏,定于十二月召见。

七月二十三日(9 月 10 日),直隶总督兼北洋大臣李鸿章致电总理衙门:“黎庶昌前使倭时,办事稳练,熟悉情形,且未满任,可否采择入告。”①

七月二十五日(9 月 12 日),张裕钊作《与吴挚甫》书,谓本月望日寄去一函,内附有给范当世的三函请转交;另代为转达黎庶昌希望能借给他二百金以解决眼前困难;听说令弟吴汝纯已调补汶上,表示祝贺(见《张裕钊诗文集》附录一,第 456 页)。

七月二十六日(9 月 13 日),朝廷再次任命二品顶戴、记名道员黎庶昌为出使日本钦差大臣。因前任公使的任期要到十一月才满,故黎庶昌还可在国内居留三四个月。

---

① 转引自黄万机:《黎庶昌评传》,贵州人民出版社 1989 年版,第 137 页。

七月间，好友吴汝纶作有《再复张廉卿论三江书》寄赠，更进一步申述自己对三江的看法（见《吴汝纶文集》，第75～80页）。

八月初一日（9月17日），张裕钊作《与吴挚甫》书，除询问、问候之外，盛赞其古文“深邃古懿”，并再次批驳了吴氏关于三江的观点，随后又同好友讨论了《韩碑》（即《赠太尉许国公神道碑铭》）、《董状》（即《赠太傅董公行状》）是否有谀词的问题，最后谓黎庶昌因要出国开销大，而眼前手头紧张，望能设法先挪借二百金应急（见《张裕钊诗文集》附录一，第456～458页）。

八月上旬，好友吴汝纶在收到张裕钊书函后，得知好友黎庶昌眼下手头紧张，立即想办法借到二百金汇来，请张裕钊转交。

八月十三日（9月29日），黄河南岸郑州之下汛十堡处决口三百余丈，黄河断流，下游则大水成灾。

八月中旬开始，弟子张謇尽力协助孙云锦开展赈灾活动。

八月十六日（10月2日），张裕钊作《与吴挚甫》书，谓借给黎氏的二百金已收到，当尽快转交；感谢好友对黎氏的支持、对同乡张楚卿的照应和寄赠的施补华诗文集；又对其弟汝纯的履新表示祝贺（见《张裕钊诗文集》附录一，第458页）。

八月十九日（10月5日），张裕钊作《与吴挚甫》书，谓黎氏所借二百金已汇去，而顷接黎氏函，云其因出国“陡然富贵”，不需借款，只得奉告，并将黎氏函一并附上（见《张裕钊诗文集》附录一，第458～459页）。

八月二十三日（10月9日），福建至台湾海底的电线铺设完成。

八月二十九日（10月15日），张裕钊作《与吴挚甫》书，谓已收到好友的来函及赐示大作，称赞其作文真是“精进猛锐”，对好友提出“以刺讥论文，流弊甚多”的观点表示赞同，又加以阐发；至于“三江”问题，因不涉及“经生头巾习气，则且置之而已”；最后云贺涛不久将赴冀州，徒友相聚，令人羡慕（见《张裕钊诗文集》附录一，第459页）。

八月间，亲家、好友黎庶昌办理完赴日的相关手续后，乃出京赴上海，与亲人、友朋相聚，并等候赴日。

九月初十日（10月26日），张裕钊自收到山东河工道施补华请吴汝纶转赠的诗文集后，粗略浏览一遍，甚是欣赏其才华，遂作了《与施均甫》①

① 此书函见于《中国学报》第3期第11～12页；因不见于《张裕钊诗文集》，故全文照录。

一书：

凤耳魁硕，积岁倾心，相望关河，无缘奉手。昔岁王晋卿大令，归自山左，具道雅怀冲襟，益令人想慕无已。顷吴挚甫刺史递到所赐大集，锡我百朋，覆狂以喜。盥手洛诵，目眩神骇，把卷开阖，觉创意造言，结韵练格，揣色结响，无一涉近人藩篱。其自汉魏以逮唐宋诸作者，莫不躏其庭而闯其室，而熔铸众长，自成一家。往尝妄论，自古论诗，惟杜工部"应手看垂钓，清心听鸣镝；精微穿溟涬，飞动摧霹雳"四语最为微至，今乃于阁下见之。固当与古人联镳并辔，匪独高出并世之人而已，钦佩何极！

九月十六日（11 月 1 日），英国长老会传教士韦廉臣（Alexander Williamson，1829—1890）在上海创办同文书会，1894 年改称"广学会"。该会于 1888 年成立董事会，推举海关总税务司赫德为会长，英国驻沪总领事福克为副会长，韦廉臣为督办。1891 年起，由李提摩太担任督办（后改称"总干事"）。

九月十七日（11 月 2 日），张裕钊作《与吴挚甫》书，就来函中"虚与委蛇，时杂嘲弄"的批评作了辩解，又认真分析了好友寄来文章的长处和不足，并提出了补救的建议；对泽雅堂诗的评价，基本同意好友观点，但认为仍不全面；对贺涛至翼与好友相聚，称之为"一极快意事"；最后告知好友，有范当世的二封家书附来，请其转交（见《张裕钊诗文集》附录一，第 459～460 页）。

九月间，山东河工道施补华在收到直隶保定莲池书院张裕钊的书函后，很快也写了《复张廉卿书》①一书回赠。

十月十四日（11 月 28 日），美国传教士李佳白（Gilbert Reid，1857—1927）因在山东济南抢占地方民众房产，激起当地士绅的愤怒，将其殴伤。后在美国驻华公使田贝（Charles Denby，1830—1904）的干预之下，地方官府在济南城外拨给教会一块更大的地产作为补偿，事情才算了结。

十月十七日（12 月 1 日），葡萄牙与清政府签订《中葡北京条约》和《中葡和好通商条约》，肯定《里斯本议定书》的规定，正式通过外交文书手续占领澳门，并将其辟为殖民地。1928 年，中国政府公开声明，此约

① 此书函见于施补华《泽雅堂文集》卷二，光绪十九年（1893 年）刻本；此文又见郑振铎选《晚清文选》，中国社会科学出版社 2002 年版。

作废。

十月下旬，由于学习十分艰苦，加之水土不服，弟子宫岛大八病倒了。先是脚气疼痛，后发展到皮肤溃疡。为了早日康复，他不得不离开保定，去北京郊外的汤山温泉养病。几个星期后，病情有了明显的好转。于是，他来到京城，坚持锻炼身体，希望早日恢复健康后再回到书院学习。

十一月初三日（12 月 17 日），张裕钊作《与吴挚甫》书，谓书院提调宋弼臣曾来莲池书院，云应邑中绅士之请，冀州的南宫县书院将另延请山长，问弟有否合适人选；适敝乡柯逢时编修托谋一书院兼职，已商得宋提调同意，并去函告知了柯氏，望好友能函告南宫县令陆植，玉成其事；另听说新河县书院山长已捐官，即将离去，若真如此，亦望好友能函告孔亦愚县令玉成，而“令逊庵兼主二席”，如有消息请速转告；最后告知好友，贺涛常有信来，因杂事缠身未及回复，请好友代为致歉（见《张裕钊诗文集》附录一，第 461～462 页）。

十一月中旬，出使日本国钦差大臣黎庶昌带领家属及随员自上海启程赴日就任。

在此次随黎昌庶出使日本的随员中，有一位是张裕钊的弟子李白仙①。

十一月十九日（1888 年 1 月 2 日），出使日本国钦差大臣黎庶昌带领家属及随员再次抵达日本东京。

十一月二十一日（1888 年 1 月 4 日），黎庶昌正式接任驻日公使之职。

十一月间，张裕钊的同乡好友李佛笙②在金陵寓所去世。

十二月初五日（1888 年 1 月 17 日），直隶总督李鸿章奏调代理长春厅通判李金镛前往黑龙江筹办漠河金矿。

十二月十九日（1888 年 1 月 31 日），张裕钊作《与吴挚甫》书，称赞好友接受建议后文章更为“锐进”，令人“钦佩不已”；关于好友对《离骚》《哀郢》之论，亦建议其“须细加寻绎”，切不可“轻作断语”；对李佛笙的抑郁而逝，表示怜惜；对黎氏这个年纪再次出国，以后不可能优游于文史而感到惋惜（见《张裕钊诗文集》附录一，第 462～463 页）。

---

① 李白仙，生卒年不详，原名万庆，字善亭，号白仙居士，湖北人。因得张氏书法真传，故其书法在日本颇得文化界名流的欢迎和喜爱。李氏亦成为晚清著名书法家。

② 李佛笙（？—1887），一作李佛生，湖北孝感人。追随曾国藩镇压太平军、捻军，因功累官至直隶知府。光绪元年（1875 年）被罢官。闲居金陵，常与张裕钊往来。后曾主管过六合县（今南京市六合区）的税务。光绪十三年（1887 年）在金陵病逝。

十二月二十三日（1888 年 2 月 4 日），好友吴汝纶作《与张廉卿》书云："某近读《楚辞》，以文正师谓《惜往日》为伪作，实不易之定论。尝私识别其类句，取文正所识参对之，乃大同小异，颇用自喜。因以私意辨之，知《远游》乃后人仿司马长卿《大人赋》而为之者，洪、朱诸公乃谓长卿袭屈子，真颠倒之见。《悲回风》文亦后人吊屈子之文，皆非真屈子之言。真屈子容尚有亡佚之篇，《汉志》'屈原赋二十五篇'，与今绝异。如《招魂》不入二十五篇中，其误殆始于王逸。愚又疑《九辨》《九歌》皆依夏启乐歌为之，当系一人之作。古本《九辨》在前，《离骚》第一，《九辨》第二。王逸《九章注》云：'皆解（于）《九辨》中。'其东方朔、刘子政所拟，皆《九辨》，非《九章》。《九章》非一时之作，乃集录者从而为之名，犹言《九篇》也。《九辨》《九歌》皆不必为九数，故《九歌》十一篇，而《九辨》则朱子更定篇章以合九数，非其书本然也。自潘安仁、杜子美皆称《悲秋》为宋玉，由王逸误之。某为此说，肯堂信以为然，且云《九辨》若果宋玉，必不袭用屈子成句，是亦一显证也。执事以为不谬否？"（见《吴汝纶文集》附录二，第 566 页）

十二月间，武昌府属各县大水，水积月余不消。

是年，张裕钊尚作有《姚惜抱论书绝句第三首云："雄才或避古人锋，真脉相传便继宗；太仆文章宗伯字，正如得髓自南宗。"余谓太仆于史公，诚可谓具体而微，若宗伯书，以右军笔法绳之，正乃同床异梦耳》《杂兴》《雪》等诗作（见《濂亭遗诗》卷二，《张裕钊诗文集》第 378～380 页）。

是年，直隶总督李鸿章发起组织天津铁路公司，又在天津设宝津局机器造币，还在山东筹办山东淄川铝矿。

是年，两广总督张之洞在广州设机铸制钱局，又在广州石井墟设立枪弹厂。

光绪十四年戊子(1888)　六十六岁

是年，张裕钊仍主讲保定的莲池书院。

二月初七日（3 月 19 日），英国侵略军悍然向我国西藏的隆吐山进攻，英国的第一次侵藏战争开始。

二月上中旬，张裕钊曾有天津之行，并曾拜访过直隶总督李鸿章（见后面张裕钊所写之《覆李傅相书》）。

二月二十一日（4 月 2 日），张裕钊的好友方宗诚①在安徽省城安庆病逝。

二月二十二日（4 月 3 日），上海小车工人举行的抗捐斗争取得胜利。

二月中下旬，弟子宫岛大八的身体逐渐恢复，仍回到保定莲池书院坚持学习。

二月间，同年、好友禹九先生入京，特地前来保定看望张裕钊。张裕钊颇为高兴；临别之际，张裕钊乃即兴作水墨纸本行楷八言对联一副相赠：“天下文章莫大乎是，一时贤士皆从其游。”(133 cm × 33 cm)其题识云：“禹九仁弟同年别五年矣。今岁入都，枉顾敝寓，畅谈竟日，兹以苏郡人士礼聘主讲书院，从此多士有楷模矣。〇〇在即，特纂此联贻之。戊子春仲，武昌廉卿张裕钊。”钤印：“张裕钊印”“廉卿”。

同月里，慈禧太后挪用海军建设经费修建颐和园。

三月初九日（4 月 19 日），张裕钊作《与吴挚甫》书，盛赞吴汝纶的古文“遏抑雄怪，归之平淡”：“大文但降心下气，遏抑雄怪，归之平淡，一意务为顺成和动之音，则与道大适矣”；感叹与君相聚日少，相离日多，“每与阁下聚则至喜，然不数日辄旋别，终不得一长聚，以此只益怊怅耳”；而“日来课卷山积，匆匆泐此”，只能“百不尽一”（见《张裕钊诗文集》附录一，第 483 页）。

四月上旬，张裕钊在批改学生课卷时，见弟子安文澜②所作之《书张河间集后》很有见地，不免触发思绪，遂作了《书莲池书院安生文澜课卷

---

① 方宗诚(1818—1888)，字存之，号柏堂。安徽桐城人。少颖悟勤奋，先后从许鼎、方东树等名师学。成年后在柏堂授徒多年。咸丰间，著《俟命录》，为朝野大吏交相推荐。咸丰末年，曾入直隶按察使吴廷栋幕。同治初，又入河南巡抚严树森幕。后再入曾国藩幕，编纂《两江忠义录》。得曾氏保荐，官枣强县令十余年，颇有政绩。光绪六年(1880 年)辞官，以著述、授徒为乐；光绪七年至光绪九年(1881—1883)，曾应邀入署理两江总督彭玉麟幕。通经史，工诗文，既是著名学者，又是桐城派重要作家。著有《春秋集义》十二卷，《周子讲义》一卷，《思辨录记录》二卷，《志学录》八卷、续三卷，《柏堂集》九十二卷，《读书笔记》十三卷，《宦游随笔》二卷等。

② 安文澜(？—1908)，字翰卿。直隶定州(今河北省定州市)人。幼聪慧，先后拜张裕钊、吴汝纶为师，博览群书，尤精史学，曾校勘《资治通鉴》。光绪十五年(1889 年)举人，光绪二十一年(1995 年)成进士，授职山西河曲县知县。《吴先生弟子集》中收有其古文 9 篇，诗作 8 首。

后》①一文：

此卷《书张河间集后》以班、张并论，谓平子可步孟坚之后，此殆非笃论也。平子之文，其才思大于孟坚，而功力之深纯或逊之。《两都》《二京》，姚惜抱氏谓《西京》宏丽，得掩孟坚；而《东京》不及《东都》之简当，此定论也。若《思元》后，间乃出《幽通》《答宾戏》之上，而《思元》尤为杰作。所以然者，孟坚明志，亦欲遗外世俗，归命于诗书道德之林，与贾谊、相如相追逐，而卓为命世之英。乏介石之贞，卒用败丧。平子则萧然荣利之外，属节守素，乐以解身。其中所自得，视孟坚固已远矣。今取二子之词读之，一则遐慕圣涯，一则互摅己意，其立词之诚与不诚，隐然可见。而味之醇漓，漫于齿颊而判矣。本原之地不可伪为，岂不亮哉？故学问文章之事，征志趣卓远、风节高峻者，必不苙以与于斯。区区之心，所愿与诸生共勉之者也。

四月十二日（5 月 22 日），张裕钊作《与吴至甫》书，为范当世、贺涛的“述作斐然”感到高兴：“肯堂、松坡并述作斐然，我公徒友之乐，真乃使人生妒也”；又盛赞好友所论“文正《金陵水师昭忠祠记》，识解超绝”；书院学生中，张化臣、刘仲鲁之外，“有安生文澜者，近益长进，颇足为喜”，实“可人意”；化臣家境甚窘，望公于秋、冬之际为其“谋一襄校馆”；近来“省垣局面复为一变，而弟以散人居旁，迎新送旧，其亦有如烟云之起灭，百变于吾前者”（见《张裕钊诗文集》附录一，第 483～484 页）。

五月初四日（6 月 13 日），渤海湾发生 7.5 级地震，周边地区均有影响。

五月初五日（6 月 14 日），张裕钊作《与吴挚甫》书，就为文如何做到“雄奇”而又“平淡”展开讨论，认为“凡为文最苦此关难过”，“过此，则自尔从心所欲，从容中道”；而要过此关，其要在“声调而已”、“熟读而已”；并提醒好友，近来藩台、臬台、津关道、真定太守等均有变化，不知注意否（见《张裕钊诗文集》附录一，第 484～485 页）。

五月二十六日（7 月 5 日），好友吴汝纶作《与张廉卿》云：“前为《孔叙仲文序》，实为漫率，执事指教，顿开愚蒙。 顷为《祭萧太守文》，仍求指示。 年长矣，岂望自进于此道？ 但有直谅之友，使不致执妄自误，亦是一乐耳。”（见《吴汝纶文集》附录二，第 568 页）

---

① 《书莲池书院安生文澜课卷后》，见《濂亭草稿》（一册），今藏于南京图书馆；因不见于《张裕钊诗文集》，故全文照录。

五月间，张裕钊曾应友朋之请，为其制作水墨纸本行楷十九言联一副："中书奏事，秘监政声，谱牒未淪，宗族至今被光宠；李相高门，孙公甲第，祠堂有颂，编钟长兴俪瑀镌。"其题识云："光绪丙戌五月，武昌张裕钊敬书。"钤印："张裕钊印""廉卿"。

六月初，张裕钊得知好友方宗诚在安庆病逝的消息，并将此消息写信告知好友吴汝纶，深表惋惜。

六月初三日（7月11日），张裕钊作《与吴挚甫》书，谓奉到手书及大著《祭萧太守文》，捧读过后，"钦佩无已"，有所"献疑"，"亦敬笺于其眉"；"方存之遂已物故。此君至竟贤于众人，亦殊可惜"；肯堂议婚姚氏，"公可谓有功"，"至为喜慰"；所寄束脩，弟已收到，甚感；此间以至京中不少人言，傅相要办理治黄工程、李瀚章要署理直隶总督、曾纪泽要署理北洋大臣，实际上都是士大夫间的浮议，并非朝中之意；前日地震，保定还好，听说京城、天津遵海以南，"皆大震动"，不知贵治如何？敝处有莼斋、晋卿各一函，随信附来，请转交（见《张裕钊诗文集》附录一，第485～486页）。

六月上旬，张裕钊在收到直隶总督李鸿章告知他关于鄂省欲聘请他主讲江汉书院的书函后，很快就写了《覆李傅相书》[①]寄赠：

受业张裕钊顿首谨启傅相夫子钧座：仲春拜别，倏已四度蟾圆。引领德晖，想慕何极。顷奉钧函，敬审起居曼祜，珍卫咸宜，慰符私祝。承示奎乐山中丞以鄂垣江汉书院主讲需人，欲张裕钊承乏其间，函请垂询。张裕钊衰年久客，倦飞知还，久有故山之思。且数十年来奔走四方，幸得与海内英俊奉手游处，而于旧国人士切磋讲论之日，转复阔疏。往者微闻众论，颇以为憾。只以夫子眄睐逾恒，礼数优渥，迟迴审顾，含意未伸。今承奎中丞雅意相招，重以彼都京师徒友倦言衰朽，虚伫为劳，拳拳之雅，似未可负。而夫子深鉴鄂中知友念旧之勤，复曲体张裕钊游子思乡之隐，实为感荷无既。敬请函告乐山中丞，即与定约，此后鄂人得曾其师友游处之乐，张裕钊亦得遂其蓬庐息影之志，皆夫子之赐也。此邦自雅化熏陶，皆益兴起于学。闻拟延张幼樵学士接主此席，可谓得人，莲池诸生亦皆有所依归矣。书院向遇科举之岁，例得停

① 此书札见于《沔阳陆和九氏藏原函手卷》，湖北省人民政府文史研究馆、湖北省博物馆编：《湖北文征》第十卷，湖北人民出版社2000年版，第386页；不见于《张裕钊诗文集》，故全文照录。

课数月。而此月系夫子官课，张裕钊俟校阅事竣，即拟携两小儿入都应京试，此后倘蒙赐书，虔请赐寄都中正阳门内南御河桥武郡试馆，令得祗领。谨以奉闻。

六月初八日（7 月 16 日），张裕钊作《与吴至甫书》，就李鸿章打算聘请张佩纶接替他主讲莲池书院一事表示自己的态度："顷得李傅相书云：接奎乐山中丞来函，以湖北江汉书院明岁讲席需人，欲招弟返鄂，为之承乏。并称弟如许诺，拟延张幼樵接主此席云云。观此情词，不言可喻。弟衰年远客，越鸟南枝，久萦梦想。今一旦得返乡井，正复实获我心。已函复傅相，请即与约定。而此间官僚人士，同声怅恨，物议颇为纷然。书院诸生尤怊然若失。其隽异之士，愈益眷言衰朽，彷徨莫释，异日并拟散去。弟感此深情，良用敞惘。他日阁下必当来此，一尽绸缪耳。"（见《桐城吴先生年谱》卷一，第 48 页；又见《吴汝纶文集》附录二，第 569 页）

六月十二日（7 月 20 日），吴汝纶作《与张廉卿》，为好友说明莲池一席前后的聘请情况，挽留其仍留在北："李佛生世兄和度自京来此，取道天津。据述在京闻：莲池有定请丰润之说，过津乃不闻此语。吾意此传不妄。居数日，果接来示，见告前事。目前深、冀二州读书之士，意欲挽留在北，由此二州醵金为寿，亦如莲池之数。虽由省城下至外州县，俗人以为左迁，而大贤固不屑屑校论此等。缘恐从者南返，北士从此失师，不复能振起，非有他意也。执事倘见许，乞密赐一复示，二州人当自上书傅相乞留，续自具书币造门请谒，于上游决无妨碍，于执事亦无轻重，不过于北方学者有无穷之益，而弟乃坐收渔人之利耳。江汉一席，迟速必为君有，故乡亦不须急谋归计。用则施诸人，舍则传诸其徒，自古君子皆然也。书所不能达者，敝友张采南兄名颉辅，壬午孝廉，久慕盛业，与肯堂至交，顷来冀帀月，与松坡诸君往还酬唱，亦最款洽，与闻论议，愿面谒执事，一仰威仪，并口陈曲折。询之可知其详也。吴闿生释曰：'丰润为张佩纶幼樵，时新赘于李氏。李相欲以莲池一席畀之幼樵，遂将廉翁荐举江汉。莲池诸生闻而大哗。幼樵亦不敢就，而廉翁已行。此席遂归先君也。'"（见《桐城吴先生年谱》卷一，第 48 页；又见《吴汝纶文集》附录二，第 568 页）

六月间，我国自主修建的第一条铁路——"（北）京山（海关）铁路"天津至唐山段铁路建成通车，此铁路又被称为"北洋铁路"。

七月中旬，张裕钊正式收到湖广总督裕禄和湖北巡抚奎斌邀请他回湖北主讲江汉书院而寄来的聘书和川资，并复函接受聘请。

七月二十日（8 月 27 日），张裕钊接到吴汝纶来函，当即作《与吴挚甫》[①]书，告知好友，自己已经接受鄂中督抚之聘，未便旋即辞聘而“回辕北辙”：“深感阁下及二州人士拳拳衰朽之至意，又得与良友朝夕聚处，中心悦豫，岂复可言。惟前日已得鄂中督抚来函，并寄到关聘、川资，当经函复，许以今岁南返，未便旋又辞谢，为此反覆。缘悭福薄，怅也何如！且天下滔滔，吾辈持方枘以内圆凿，故自无入而可。此后在鄂，倘有龃龉，或仍可回辕北辙，依我故人，姑留此息壤，以俟异日耳”；近闻莲池学生请愿大府，合词请留，询之果然，望仁兄能出面制止；此次远离，自当面别，足下可于八九月间借面见署理按察使之机，偕贺涛一起前来相聚畅谈；前日肯堂寄来诸君唱和之作，内有令弟诗文各一，“读之大诧”，其才真不可“意量”（见《桐城吴先生年谱》卷一，第48页；又见《吴汝纶文集》附录二，第569页）。

七月下旬，张裕钊送其次子张后浍自保定入京，前往参加即将举行的顺天乡试。

弟子宫岛大八亦拜别师友，利用此机会离开保定，回国完婚。

七月间，因宁绍道台薛福成在浙东几年的突出表现，被朝廷擢升为湖南按察使。

在京期间，再传弟子刘乃晟曾至湖广会馆拜谒师爷张裕钊。

刘乃晟在其《张廉卿先生寿诗》中云：“维时戊子岁，谒公于京师。盘烛喻眇目，坐我诸生旁。”[②]

再传弟子李刚己亦入京应乡举，并前来拜谒师爷，却数谒而未遇。

李刚己在其《濂亭先生七十寿序》中云：“戊子之秋，刚已应乡举于京师，先生亦送其子往试。尝敬谒先生，数往终不遇。”[③]

此次顺天乡试，张后浍终于被取中；必要的应酬过后，张裕钊即带张后浍[④]出京南返。

---

① 张裕钊：《与吴挚甫》，《张裕钊诗文集》附录一，上海古籍出版社2007年版，第487页。

② 刘乃晟：《张廉卿先生寿诗》，《学古堂集》卷二，上海图书集成局光绪戊戌刊本，第48～49页；另见《张裕钊诗文集》附录七，上海古籍出版社2007年版，第568页。

③ 李刚己：《濂亭先生七十寿序》，《学古堂集》卷二，上海图书集成局光绪戊戌刊本，第38页；另见《张裕钊诗文集》附录七，上海古籍出版社2007年版，第567页。

④ 张后浍(1864—1927)，字会叔。光绪十四年(1888年)举人。作为公使随员曾随黎庶昌出使日本。归国后例叙四品卿衔。曾官江苏扬州府泰州知州。入民国，曾出任首任总统府国务院政治咨议。

夏寅官在《张裕钊传》中云："先生中子会叔刺史与寅官戊子同举于乡。"①

八月初六日（9月11日），河北定州人、以举人议叙同知衔、以团防功赏四品顶戴的王灏（1820—1888，字文泉，号坦圃）病卒于家。张裕钊曾应其后人之邀为其撰有《定州王君墓表》一文（见《濂亭遗文》卷五，《张裕钊诗文集》第269～271页）。

八月初十日（9月15日），张裕钊曾前往拜访好友沈曾植，不遇。事见沈曾植《恪守庐日录》："濂老枉过，未值。"（《恪守庐日录》，稿本，今藏上海图书馆；另见《沈曾植年谱长编》，第96页）

八月十一日（9月16日）晚，沈曾植至湖广会馆回访张裕钊，与其长谈。

沈曾植《恪守庐日录》中记载："晚阴，夜风甚大。饭后话濂老，久谈。"（见《沈曾植年谱长编》，第96页）

八月二十八日（10月2日），张裕钊携次子张后浍自京城回到保定莲池书院。

八月间，弟子范当世兄弟再应江南乡试，不中，遂绝意仕进；弟子姚永概②则取中第一名举人——解元。

九月初二日（10月6日），张裕钊作《与吴挚甫》一书，告知好友自己将于九月底南归，邀请好友约弟子贺涛等前来一叙，并告知好友自己听到的有关莲池讲席的各种消息："弟以前月廿八日返至保阳，卒卒摒挡行箧，计九月杪，便当南返。此番与阁下必不可不一面别，且胸中觉尚有千言万语，欲与阁下言者，想当惠来肯来，故无俟张裕钊之哼哼。来时，便可约贺松坡同来，度松坡亦必不靳此一行也。张幼樵已为傅相乘龙之选，曾闻之否？外间咸称莲池一席，渠已改计不就，此言虽无据，然十八九其信。

① 夏寅官：《张裕钊传》，见闵尔昌纂辑：《碑传集补》卷五十一，民国十二年燕京大学国学研究所刊本，第12页。

② 姚永概（1866—1923），字叔节，号幸孙，安徽桐城人。姚莹之孙，姚浚昌之子，姚永楷、姚永朴之弟。曾师事方宗诚、张裕钊、吴汝纶等桐城名家，成为桐城派末期的后起之秀。光绪九年（1883年）中秀才。光绪十四年（1888年）取解元。后累试不第，以大挑授为太平县教谕，未就职。1903年，桐城中学堂创立，为总监之一；不久被聘为安徽高等学堂总教习。1906年被公推为安徽师范学堂监督。1907年曾赴日考察学制，回国后积极倡导教育革新。1912年，受聘为北京大学教授、文学学长。清史馆成立，被聘为协修。1918年被聘为正志学校教务长。工诗文。著有《慎宜轩文集》十二卷、《慎宜轩诗集》八卷等。

今岁直隶士子入都乡试者，皆言张某来主此席，相约不应课，人言纷纷，想彼或有所闻。又传有王纫秋主莲池之说。此语或亦不妄耳。高秋气爽，菊酒盈樽，延颈故人，企盼何极！”（见《张裕钊诗文集》附录一，第 486 页）

九月中旬，张裕钊因不满直隶总督李鸿章①的做法，毅然辞去保定莲池书院山长之职。

案：李鸿章是朝廷重臣，张裕钊则是全国闻名的古文大师，虽然李鸿章官位很高，但张裕钊和他毕竟是数十年的老友，又师出同门，而李鸿章这一次的做法实在让张裕钊感到愤慨。

吴汝纶之子吴闿生曾经高度评价过张裕钊和其父主讲莲池书院时期的功绩："自廉卿先生来莲池，士始知有学问。先公继之，日以高文典册摩厉多士，一时才俊之士奋起云兴，标英声而腾茂实者，先后相望不绝也。己丑以后，风会大开，士既相竞以文词，而尤重中外大势、东西国政法有用之学。畿辅人才之盛甲于天下，取魁科、登显仕，大率莲池高第。江、浙、川、粤各省望风敛避，莫敢抗衡，其声势可谓盛哉！"② 有的学人甚至指出："莲池一向为裕钊、汝纶所主，实是桐城派流衍于北方的枢要。"③

临别之际，张裕钊作有《留别莲池书院诸生》一诗赠诸弟子，以表达自己深深的惜别之情和对诸弟子的殷切希望（见《濂亭遗诗》卷二，《张裕钊诗文集》第 380～381 页）。

在保定莲池书院期间，张裕钊闲暇之时曾为前人的画作题写古诗（主要是唐人诗），并将其装订成册，遂形成了今天所见之珍贵的书画册页。此“册页为左右开版的蝴蝶式装裱形式，纵 29.7 厘米，横 14.7 厘米，12 开，

---

① 李鸿章(1823—1901)，本名章铜，字渐甫，一字子黻，号少荃(一作“少泉”)，晚号仪叟，别号省心。合肥肥东人。世称“李中堂”。因行二，民间称之为“李二先生”。道光二十四年(1844 年)，中举人。道光二十七年(1847 年)，成进士，受业曾国藩门下。散馆授翰林院编修，曾充武英殿编修。咸丰三年(1853 年)，随侍郎吕贤基回籍办团练，并跟随吕贤基、周天爵等清廷大员征战，因功累官至记名道员。咸丰九年(1859 年)，入曾国藩幕。同治元年(1862 年)，奉曾命组建淮军，并率之与太平军、捻军作战，相继擢升江苏巡抚、湖广总督、署理两江总督、直隶总督兼北洋大臣，晋武英殿大学士、文华殿大学士。曾代表清政府与西方帝国主义国家签订有《马关条约》《辛丑条约》等众多丧权辱国的卖国条约。卒后赠太傅，晋封一等侯爵，谥“文忠”。善书法，富藏书。吴汝纶等编有《李文忠公全书》(亦名《李文忠公全集》)165 卷；今人编有《李鸿章全集》39 册。

② 吴闿生:《吴门弟子集》，中国书店 1985 年版，第 1 页。

③ 吴闿生著:《晚清四十家诗钞序》，寒碧点校，浙江古籍出版社 2006 年，第 1 页。

纸本，墨笔行楷。所书四言诗二首，五言诗五首，七言诗五首”；其“所书各行楷体落款或‘廉卿’，或‘武昌张裕钊’，或‘张裕钊’，或‘廉卿张裕钊’。诗句结尾钤以朱文篆书方印‘张裕钊’‘廉卿’款”；而“册页所书每首古诗后一页配有一幅国画小品，共 12 幅，前后各 6 幅浅绛设色水墨山水人物和 6 幅工笔设色花鸟。画面左下角或下边部钤有一枚方形和圆形朱文篆书印章，但模糊难辨。诗画意境基本符合。”收入册页中的画幅“和张裕钊的题诗（及书法）相配，可谓相得益彰”，极具感染力①。

九月间，赴京参加顺天乡试的广东秀才康有为第一次上书光绪皇帝，极言时危，请求变法维新，提出“变成法”“通下情”“慎左右”三条纲领，未达。

十月初，吴汝纶、贺涛等友弟应邀来到保定莲池书院与张裕钊相聚，为其送行。

十月初五日（11 月 8 日），慈禧太后立副都统桂祥之女叶赫那拉氏为光绪帝皇后，原任侍郎长叙之女他他拉氏姐妹为瑾嫔、珍嫔。

十月上旬，张裕钊携次子张后浍等，告别友朋自保定起程北上，吴汝纶、贺涛等友弟一直相随送至天津。临别之时，吴汝纶作有《送张廉卿序》一文相赠（见《吴汝纶文集》，第 83～84 页）。

吴汝纶曾记载云：“十月初至天津，送别濂亭，并谒李相。”（见《桐城吴先生年谱》卷一，第 49 页）

贺涛在《祭张廉卿先生文》中云：“先生之归，祖行天津。”②

吴汝纶对张裕钊近年所为之文赞誉有加，称其“诙诡”“廉劲”，“能自成一家”：“近时张廉卿又独得于《史记》之谲怪。盖文气雄俊不及曾，而意思之恢诡，辞句之廉劲，亦能自成一家。是皆由桐城而推广，以自为开宗之一祖，所谓有所变而后大者也。”（见《桐城吴先生年谱》卷一，第 50 页）

十一月初二日（12 月 7 日），张裕钊一行自天津抵达京城，应邀出席京中士大夫为好友曾纪泽五十华诞举行的庆祝活动，并作有《曾劼刚侍郎五十寿序》一文为之贺寿（见《濂亭遗文》卷二，《张裕钊诗文集》第 219～222 页）。

---

① 杜平安：《张裕钊画册赏析》，《中原文物》2009 年第 6 期；《张裕钊画册》今藏新郑市（今河南省郑州市新郑市）博物馆。

② 贺涛：《祭张廉卿先生文》，《贺先生文集》卷二，民国三年京师刊本，第 48 页。

在京期间，通过好友曾纪泽，张裕钊与时在京师任职的青年才俊端方①结识，并应端方之请，为其制作有水墨纸本行书四屏镜片（132.5 cm×33 cm×4）。其屏文及题识云："星罗牛渚夕，风退鹢舟迟。浦（溆）尝同宿，烟波忽间之。榜歌声里失，船火望中疑。明发泛湖海，茫茫何处期。川暗夕阳尽，孤舟泊岸初。岭蝯相叫啸，潭影似空虚。就枕灭明烛，扣舷闻夜渔。鸡鸣问何处，人物是秦馀。支遁初求道，深公笑买山。何如石岩趣，自入户庭间。苔涧春泉满，萝轩夜月闲。能令许元度，吟卧不知还。　午桥尊兄大人雅鉴，廉卿张裕钊。"钤印："张裕钊"（朱）、"廉卿"（白）（见北京东方大观国际拍卖有限公司"2015年秋季拍卖会"——"金石契"专场拍卖品，编号：0831）。

十一月十五日（12月17日），北洋海军正式组建，共有船舰二十五艘，即定远、镇远两艘铁甲舰（主力舰），经远、致远、靖远、来远和济远五艘穹甲快舰（巡洋舰），平远、超勇、扬威等快船，以及镇东、镇西、镇南、镇北、镇中、镇边等蚊子炮船（炮舰）和鱼雷艇、教练船、运输船等；清政府任命北洋水师记名提督、直隶天津总兵丁汝昌为北洋海军提督，而以镇远舰管带林泰曾、北洋水师右翼总兵刘步蟾为左、右翼总兵。

十一月中旬，张裕钊在京城处理完相关事情、稍事休整便离京南返；次子张后沄，因明年有会试，遂留在京城预习功课、度岁。

十一月间，在吴汝纶的多方促成下，弟子范当世终于答应、并前往江西安福（今吉安市安福县）②，娶桐城名宿姚浚昌之千金、才女姚蕴素为妻。

十二月十九日（1889年1月20日），河南郑州汛十堡处之黄河决口终于合龙。

---

① 端方（1861—1911），托忒克氏，字午桥，号匋斋。满洲正白旗（在今内蒙古自治区锡林郭勒盟南郊）人。由荫生中举，后历任工部主事、直隶霸昌道、陕西按察使、陕西布政使、护理陕西巡抚。光绪二十六年（1900年）八国联军进攻北京，慈禧太后与光绪皇帝逃至西安，他拱卫周备，深得宠信，不久擢升湖北巡抚，署理湖广总督。光绪三十年（1904年）调任江苏巡抚，摄两江总督。光绪三十一年（1905年）与载泽等出国考察政治，次年归国，上《欧美政治要义》，建议预备立宪，以抵制民主革命运动。同年任两江总督，逮捕革命党人甚急。宣统元年（1909年）移督直隶，不久因在东陵拍摄慈禧葬仪被监国摄政王载沣免职。宣统三年（1911年）重新起用为川汉、粤汉铁路督办大臣；旋率鄂军入川，途中为义军所杀。谥号"忠敏"。著有《端忠敏公奏稿》、《陶斋吉金录》八卷、《陶斋吉金录续》二卷、《陶斋藏石记》四十四卷等。

② 其时，姚浚昌正在江西安福县任知县，故家人均随其寓居安福。

年底，张裕钊由京城回到武昌老家与家人一起度岁。

是年，好友杨守敬在黄州筑“邻苏园”以藏书，其址临近城北东坡赤壁，故以名。

光绪十五年己丑(1889)　六十七岁

正月上旬，张裕钊在武昌老家陪家人过新年。

正月初六日（2 月 5 日），江苏镇江的洋人巡捕殴毙华人，激起民众愤怒，一举捣毁洋行及英、美领事衙署。

正月二十七日（2 月 26 日），光绪皇帝大婚礼成，册封慈禧太后的弟弟、副都统桂祥之女叶赫那拉氏为皇后。

正月中、下旬，张裕钊在老家除拜访、看望亲朋好友之外，便是作赴省城执教的准备。

二月初一日（3 月 2 日），张裕钊颇挂念留在京城度岁、为参加今年会试作准备的次子张后浍，乃作《致张后浍》①一书寄赠：

示浍儿：

汝兄以正月十四日附轮由沪北上，曾书数语与汝。廿七日得汝正月八日书，颇有真实刻苦立志之意并身体甚好（此专静读书以养身之效也），我心甚为喜慰。汝果能持心揖志，悉如所云“凛坚守扩充之训”数语，则后此受用正自无穷。想亦先泽孔长，家运日隆，故汝能真切励志若是邪！勉之慎之。时文拟专学瑰奇一路，在汝此时亦是一法。寄归大卷，殊可观，所欠者光润及未能十分匀净耳。其意格娴雅，笔势开展，而劲挺沉著，并间架亦十得五六。此数者皆胜于时贤，更能光匀入格，则定列高等矣。印结事，汝兄到或可办妥，要亦自有定分，不尽由人力。凌友鹤能出引结费更好，然此等处，一切听其自然最妙。汝拟汝兄不必下场，谓资格之说犹浅，宜留有余，以希后福，甚有道理，可谓有味其言之已。硃卷不必全刻，十四艺经策至多共刻三四艺已足。天下事但当务实，不必婺名，声闻过情，往往败露，实至则名自归。

我生平从不张皇，此次返鄂后，亦仍守故辙，然数日以来，微闻此间上下皆甚倾服，是其明验。大府欲我暂兼经心，汝兄到当与汝言之。昨范中木来云：“十九仍是长兼，但上面尚未明以相告。”若事定，我仍

① 此书函见于《清代名人书札》(第二册)，北京师范大学出版社 2009 年版，第 409～412 页；因不见于《张裕钊诗文集》，故全文照录。

当想法耳。朱植臣尚未来，计一二日内当到。书院中均安好，可无容念。王文泉文已撰就，今寄去（孔刚介公文亦将续行撰就寄至）。去年孟芾臣所说，不知是作墓表，是作家传？我一时忘却，恐说是家传。汝等但云家传不如墓表之合体裁，倘渠必欲作传，则将原稿略加窜改，再行邮寄亦可。但文稿已就，润笔自可先交，不必再待改稿，此一定之理势。此文我颇自喜，如他日刻入文集，则彼已讨大便宜。万一彼欲得我书上石，必非更送二三百金不可。我近日作书，益有得心应手之乐，自度竟欲突过唐人，即不能，亦当于欧、褚诸公并驱争先。此事我胸中已确有把握，殆非妄言。籀雅堂所要《史记古音考》，顷已开刷，二月底定可赶到上海。惟寄至上海转交，恐万一靠不住，我已定计著陶子麟送去，不过多用盘费廿余千，殊较稳妥。汝信内但云《史记》议价一两八钱，并未言是何平色，此等处殊疏忽也。此信到，汝兄当以早到，必可同观。即速写一函寄归，盼切盼切。

廉卿手书　　二月初一日

此一信写两函，一交全泰盛信局，一由王心如转寄，觑有一函早到也。都中为我买辫线一根，他日带归。

二月初二日（3 月 3 日），好友吴汝纶以身体有病为由，辞卸直隶冀州知州之职。

二月初三日（3 月 4 日），慈禧太后“归政”，光绪皇帝“亲政”。是日，皇上御太和殿，接受群臣朝贺，并宣诏颁行天下。

二月上旬，张裕钊抵达省垣武昌，应湖广总督裕禄、湖北巡抚奎斌之聘，主讲武昌江汉书院，兼经心书院讲席，前后两年。曾作有《策经心书院诸生》一文（见《濂亭遗文》卷三，《张裕钊诗文集》第 245～246 页）。

张后沅、张后浍《哀启》中云：“归鄂，主江汉书院，兼经心书院者二年。”（见《张裕钊诗文集》附录七，第 551 页）

案：江汉书院于明洪武二年（1369 年）由提学葛寅亮所创办，以江、汉二水为楚地之望而定名。原址在武昌文昌门内。清顺治元年（1644 年），布政使黄志遴将其定为直省书院，并将书院迁至武昌忠孝门内巡道岭（今粮道街武汉中学处）。咸丰三年（1853 年），书院毁于战火。同治元年（1862 年），湖广总督官文、邑人陈庆溥重修。同治六年（1867 年），进行扩建，使肄业生员达到 2400 余人。光绪二十八年（1902 年），江汉书院并入经心书院。光绪三十二年（1906 年），武昌支郡师范学堂甲、丙两堂设于江汉书院故址。书院历史长达 540 余年。

经心书院是湖北学政张之洞见江汉书院容量较小、不能多招学生，经商请湖广总督李鸿章同意于同治八年（1869 年）创办的。院址在武昌三道街文昌阁。翌年，将书院迁至火星堂文昌宫（今湖北实验小学后面）。光绪十七年（1891 年），书院又迁至学署右舍（今武汉市警官学校处），并更名为“经心精舍”。二十八年（1902 年），清政府下令书院改成学堂，与江汉书院合并成为“勤成学堂”。三十三年（1907 年），又更名为“存古学堂”。

张裕钊主讲江汉书院与经心书院时，肄业生员约 1300 人；而根据总督的意见，两院在教学内容上也有所侧重：江汉书院以研究时学为主，经心书院则以探讨古学为主。

二月十三日（3 月 14 日），好友吴汝纶应直隶总督李鸿章之聘，携家自冀州启程，赴保定就任莲池书院山长。

二月中旬，张裕钊应孔昭慈之子宪曾、宪高之请，为其亡父经朝廷批准于同治元年（1862 年）建在台湾的专祠撰写碑记。张裕钊作《孔刚介公祠堂碑记》一文寄赠（见《濂亭遗文》卷四，《张裕钊诗文集》第 266～268 页）。早在同治九年（1870 年），济宁士民经请愿并经朝廷批准，为同治元年（1862 年）春在台湾彰化死难的原台湾兵备道孔昭慈（1794—1862，字云鹤，谥“刚介”）建立专祠供奉，又请好友吴汝纶为其作有碑铭，刻之济宁祠堂。而建于台湾的专祠，则一直未有碑记，故有请其作碑记之举。

二月二十五日（3 月 26 日），好友吴汝纶①携家人抵达直隶保定，接替张裕钊出任莲池书院山长——他也是莲池书院历史上的最后一任山长。

案：直隶总督李鸿章原打算将张裕钊荐举为武昌江汉书院兼经心书院山长，而聘自己的女婿、在福建马尾打了败仗、惊慌失措、逃跑而回津的张佩纶为莲池书院山长，等风波过后再行提拔。消息传出，立即遭到地方士绅、书院学生的反对；莲池书院的学生甚至举行罢课，以抵制张佩纶来书院就职。张裕钊尽管心中不悦，但亦很识趣，乃于去年九月辞去莲池书院山长一职。而此时的李鸿章甚是骑虎难下，适值吴汝纶前来拜访，并表示愿意去莲

① 吴汝纶（1840—1903），字挚甫（或作“至甫”），一作挚父。安徽桐城（今枞阳县会宫镇老桥村吴牛庄）人。少家贫，刻苦向学。同治三年（1864 年）中举人，次年成进士，用为内阁中书。曾国藩赏识其才，招之入幕，为“曾门四弟子”之一。后又入李鸿章幕，掌管奏议。曾官直隶深州知州、冀州知州十余年。后辞官主讲保定莲池书院十数年。晚年曾充京师大学堂总教习，加五品衔，赴日本考察学制。通经史，精小学音韵，工诗文，尤擅古文辞。著有《易说》二卷、《尚书故》三卷、《吴挚甫文集》四卷、《吴挚甫诗集》一卷、《吴挚甫尺牍》七卷、《东游丛录》四卷、《深州风土记》二十二卷等，后人辑有《桐城吴先生全书》。

池书院执教；在不得已的情况下乃聘请刚辞官的吴汝纶出任莲池书院山长。于是，这场风波才得以平息。

时人对吴汝纶辞去冀州知州之职而就任莲池书院山长一事不甚理解。吴汝纶本人曾对这个问题有过简明的回答。吴汝纶在写给两弟的书札中曾说："吾性爱读书，于官不相宜。每念李杜穷困而能辞荣，今人则姚梅诸公亦能之，高山景行，不可及也。今日闻方存之亦已辞官，吾甚羡之。"① 吴汝纶在赴保定就任莲池书院山长后曾给好友景翰卿写信说："此间书院园亭之乐，全省所无。以冀州易此，真乃舍鼠穴而归康庄也，此今日一胜事也。"②

二月间，被时人称为"万君"的汉阳"善人"、浙江同知、知府衔万正缃在家中去世，张裕钊应其后人之邀作《汉阳万君墓志铭》相贻（见《濂亭遗文》卷五，《张裕钊诗文集》第275～277页）。

同月里，因初来省垣主讲江汉书院，颇有闲暇，张裕钊乃自作有水墨纸本行楷七言联一副以表达其心情："黄鸟将兴方得所，白驹难挽慨贲然。"其题识云："廉卿张裕钊书于江城学院。"钤印："张裕钊印""廉卿"。

三月初一日（3月31日），好友、亡友莫友芝之弟莫祥芝③在上海知县任上病逝。

三月初三日（4月2日），两广总督张之洞奏请建造卢（沟桥）汉（口）铁路。

三月十五日（4月14日），吴汝纶作《答张廉卿》云："前在冀州接手书，未及奉复。昨至保定，又接都下转递续示，敬悉还鄂后动止佳胜，德望弥崇，至慰跂慕。弟别后方以得遂私志为喜，讵料门祚顿衰。七舍弟久病不愈，竟以正月十六日去世；五舍弟承乏汶上，颇闻舆颂，上官辄令还省，昨二月二十五日解印矣；从兄康之任郓城，今亦以子死乞休。数月之间，人事变迁如此。他皆不甚关虑，独七舍弟清才至性，皆非今代所有，遽尔殂逝，伤痛不可为怀。门中向少欢趣，惟兄弟相守，以为至乐。顿遭此变，折臂偏枯，不足喻此悽楚，犹复强颜酬对，苦不可言。五舍弟方郁

① 吴汝纶撰:《吴汝纶全集》(三),施培毅、徐寿凯点校,黄山书社2002年版,第614页。

② 吴汝纶撰:《吴汝纶全集》(三),施培毅、徐寿凯点校,黄山书社2002年版,第643页。

③ 莫祥芝(1827—1889),字善徵,号九茎,别号拙髯。贵州独山人。莫与俦第九子,莫友芝之弟。庠生。咸丰初,曾随贵州韩超镇压农民起义;后随曾国藩镇压太平军,因功授县丞,曾官怀宁知县、署理通州知州。同治六年(1867年),出任江宁知县。光绪八年(1882年),调任上海知县。卒于任。编纂有《通州志》《同治上(元)江(宁)两县志》等。

郁不得志，至今不敢讣告，恐其忧忧相接，更生灾咎，每书来必问疾状，吾竟无以答之，此哀更无可告诉也。冀州以二月初二日授代，十三日挈孤幼就道，过津郡，二十五日抵保定，眷累四十余口。老荒寡学，愧此皋比。三月初五日补斋课，昨已出榜。时文或尚能了，古课则极盛之后，无能为役矣。”（见《桐城吴先生年谱》卷二，第1页；又见《吴汝纶文集》附录二，第573～574页）

三月间，张裕钊的兄长张裕锴卒于武昌老家，享年七十；张裕钊得到噩耗，请假回家办理兄长丧事。

四月间，奉朝命赏二品顶戴、三品候补京堂、前湖南按察使薛福成接替前任使臣、新授广东巡抚刘瑞芬为出使英、法、意、比四国公使。

五月上旬，弟子宫岛大八自日本重返保定莲池书院；得知尊师已聘主江汉书院，便又日夜兼程地赶往汉口。

五月十九日（6月17日），弟子宫岛大八抵达汉口。时日本驻汉领事伊东祐德是大八好友伊东権之郎的哥哥，两人一见如故。因此，伊东祐德邀请宫岛大八暂时就住在领事馆。不久，伊东祐德患了严重的肺结核病，常常咳血，被调回国内治疗；而新来接替他的驻汉领事町田，则是大八父亲的好友。町田知道大八已在中国留学了两年多时间，但仍劝他不要在中国留学，希望他回到国内，或到欧洲去留学。宫岛大八则明确地告诉町田：在中国留学，拜张裕钊为师，是他永远也改变不了的志向。

五月间，弟子范当世应邀抵达武昌，再入湖北通志馆，并主稿《嫠妇传》。

其间，范当世的夫人、桐城才女姚蕴素曾来武昌探亲，并与世伯张裕钊相聚。姚蕴素在武昌期间，曾作有《武昌杂咏》（四首）纪其事。

六月十九日（7月16日），宫岛大八在日本驻汉领事馆休整一段时间后，便渡江来到武昌江汉书院，与张先生相见，又恢复了正常的留学生活。

七月初七日（8月3日），张裕钊的好友、著名学者汪士铎①在江宁府邸去世。

---

① 汪士铎（1802—1889），初名鏊，后易名“士铎”；字振庵，一字晋侯，别字梅村（也作“梅岑”）；号芝生、悔翁，晚号无不悔翁。江宁（今南京市）人。道光二十年（1840年）举人。曾四应礼部试，不第，遂绝意仕进，以授徒为生。咸丰九年（1859年）始，先后入胡林翼、曾国藩幕，多所建树。每次保荐，皆辞不就。曾出任《上（元）江（宁）两县志》总纂和《续修江宁府志》总纂。光绪十一年（1885年），朝廷赐给国子监助教衔。富藏书，工诗文，通三礼，精舆地。著述甚富。有《汉志志疑》《南北史补志》《水经注图》《悔翁诗钞》《悔翁诗续钞》《悔翁诗余》《悔翁剩稿》《悔翁笔记》《乙丙日记》《汪梅村先生集》等。

七月十二日（8 月 8 日），朝命调两广总督张之洞为湖广总督，而调漕运总督李瀚章为两广总督。

八月初二日（8 月 27 日），芦汉铁路经朝廷批准正式开始筹办。

八月十五日（9 月 9 日），将迎来出使日本大臣黎庶昌的五十二岁寿诞，而九月适是其夫人莫氏的六十寿诞；出使之随员筹划为公使夫妇庆寿，此前还专门来函请其好友、亲家张裕钊为其作寿序。张裕钊遂应邀作《黎莼斋夫妇双寿序》寄赠以为贺（见《濂亭遗文》卷二，《张裕钊诗文集》第 222～224 页）。

八月间，武昌（今鄂州市）大雨，积水至九月下旬尚未消退。

九月中旬，张裕钊长子张后沅接到出任陕西西安同知的朝命后，遂自武昌启程前往陕西赴任。

九月二十四日（10 月 18 日），张裕钊颇挂念长子张后沅，乃作《致张后沅》①一书寄赠：

示沅儿：

廿一日得汝自沙洋寄归一函，具悉一切。凭限事，我已持汝所书扣限单一纸，面询周宅三。渠云：即十一月到省，亦万无一失，尽可万分放心。此间均安好，我日来甚健。初七日曾一课，江汉以事少人闲，廿一日便已出榜，俟十一月当并一课，便可了事，殊不足忧。汝妇所患亦已全愈矣。十四日得汝弟书，改籍仍可办妥，无甚紧要，不过耽延时日，兼多花钱。若部文早行，十月半后可作归计。倘迟滞，则尚未可定，唯有听之而已。改就经心之说，微有端倪。然天下事总有分定，亦听之而已。

张香帅有自请陛见之说，岁内尚未知能到否？其开铁路折稿已找出，又近日复有译署遵筹铁路一折，今与空策一本，一并寄汝，可检收。此间初九日榜发，武昌中三人：黄澍森（黄永乡人，余皆马乡）、陈瑞鼎、林兆镛（即瑞翁之侄）；副榜一人安澜。大冶则朱菜香父子同科，可谓奇绝。解元为艾青，其文甚佳，闱墨出，众论翕然。而经心乃中至廿八人之多（江夏中十人，顺天、湖北中正六人、副一人，内江夏正二人、副一人，可谓极盛）。如徐绍陵、田服兰等皆向所称能者。阅顺天榜录，安翰卿竟中解元，为之喜慰无已。阎瑞庭亦同时获隽。莲池

① 此书函见于《清代名人书札》（第二册），北京师范大学出版社 2009 年版，第 387～388 页；因不见于《张裕钊诗文集》，故全文照录。

仅此二人，可见文章究属有凭也。

汝到省后，即速寄一函来，以释悬望，切切。其余但时时念念，谨守我所书梵策数语及曾文正一书足矣。

廉卿手书　　九月廿四日

九月间，因张后沆接到朝廷任命，已前往西安去就任同知之职；而此时张后淦还在京师，张先生身边没有亲人照顾。于是，弟子宫岛大八遂从汉口日本领事馆搬到武昌花园山居住。一方面这里环境优美，一方面离张先生居所较近，便于往来照顾。

十月上旬，朝廷授湖广总督裕禄①为盛京将军，而督促两广总督张之洞速来湖广履任。

张裕钊在江汉书院及经心书院的大半年里，裕禄非常支持他的工作，各方面所给的条件都是最优厚的。现在突然听说要被调走，张裕钊心里颇有些舍不得。

十月二十二日（11 月 14 日），张之洞交卸总督篆务，由漕运总督李瀚章接任两广总督。

十月二十六日（11 月 18 日），张裕钊在接到长子张后沆寄自樊城和老河口的两封书函后，遂作了《与张后沆》②一书寄去：

示沆儿：

月之十五日接汝樊城一函，廿日又接老河口一函，知一路平顺，深为喜慰。此时当可抵西安，即未至，亦当不远。家中均平安，我日来乃更健，次源为我看脉，乃云较夏秋更胜，不谓调息之功，其效乃至于此。九月廿四日，由蔚泰厚寄汝一函，又空策一本、张香帅及译署议铁路两折，汝抵省当可接到。此间书院事尚无动静，大约俟香帅到方得定局。孝沐等即延马二李君授读，业已订定，想尚妥当。

汝淦弟昨有信归，改籍复文已到部。其信内有云："封河已近，部文尚未核妥，年内能否归侍，尚未敢定。是真无可如何之事。然在外訾

---

① 裕禄(约 1844—1900)，字寿山，喜塔腊氏，满洲正白旗人。湖北巡抚崇伦之子。初以刑部笔帖式官刑部郎中，后出为热河兵备道，累官至安徽布政使。同治十三年(1874年)，擢升安徽巡抚。光绪十三年(1887 年)，迁湖广总督。十五年(1889 年)，调任盛京将军。二十一年(1895 年)，调四川总督。二十四年(1898 年)，召为军机大臣、礼部尚书兼总理各国事务衙门。八国联军入侵时，战败自杀。

② 此书函见于《清代名人书札》(第二册)，北京师范大学出版社 1987 年版，第 391 页；因不见于《张裕钊诗文集》，故全文照录。

当束身自爱，断不敢更劳大人廑虑。用钱一事，儿月来稍受艰窘，始知圣贤于财用一道，实有精义。国之所以能强，家之所以能保，人之所以能自立，莫不由于俭（此二行似颇有见地，非经磨炼不能为此言）。未有奢而不贪，贪而能敦品者，大人之成此清名，亦俭字之效也。”又云：“儿半载以来，稍历艰辛，看得世味甚淡，渐觉无所怨尤，亦无所明羡，惟有事事敬谨，以期勉遵慈训而已。”据渠所云，岁内能归与否虽不可定，然经此一番磨炼，似颇敛华就实，渐有长进，我心乃甚以为喜。圣贤之言，所谓“生于忧患”，所谓“恐惧致福”，旨哉，旨哉！得渠书，知莲池又中崔尚之及南宫之于凤鸣二人，而周世臣亦复获隽（前《申报》榜录不甚详确，而周世臣更名“周云”，故此三人先皆未之知也）。门徒之盛如此，亦一乐事。所许二差将半盒红鞭炮已办好，寄归家去。天后宫帐幔，俟更与陶子麟言之。

自八月以后，阴雨连旬，秋成大坏（惟山薯稍可），江湖盛涨，竟一变而为歉岁。我家幸赖裕远之力，租谷早已收齐，然明春尚不知是何景象也。

张香帅十一月下旬当到，铁路因黄漱翁一疏，暂行停止。疏意谓洋债必不可借，须自筹款。经部议，令外省每年合筹二百万，五年可得千万，再行开工。外省欲筹此款，谈何容易，恐亦终是空话。然以诸公之干略，今日之时势观之，即不开亦未始不佳。郝茂才言，陕西市面较前日胜，已颇露端倪矣。汝以后必须勤于寄信，得汝一函，不独我心内释然，即举家亦皆喜慰不可言，切切勿忽，能一月两函乃更佳耳（虽数行亦可，得数行便如获珍宝也）。廉卿手书，十月廿六日。

十一月初二日（11 月 24 日），张裕钊甚是挂念长子张后沆，不知其旅途情况顺利否，乃作《致张后沆》①一书前去询问：

示沆儿：

九月廿一日接汝沙洋书，即于廿四日寄汝一函。十月十五日接汝樊城书，廿日接汝老河口书，又于廿六日寄汝一函。均由蔚泰厚转递。汝抵陕后，计可陆续接到。家中均安好，我亦甚健。汝妇乳患业已余毒净尽，全行平复矣。

李棠轩之帐，渠前日曾一来此。据李敏斋函称，“经程步庵收存书

① 此书函见于《清代名人书札》（第二册），北京师范大学出版社 2009 年版，第 387～388 页；因不见于《张裕钊诗文集》，故全文照录。

洋五十一元三角五分，以七钱化银，约在三十五两九钱四分半，即可仰数扣除”云云。但此事我未经营，汝前所云，我亦记忆不清，不知我处究当找付李棠轩如干？汝可将帐查明，速寄一函归来，以便早与了结为要。

前日续接汝浍弟书，渠归期尚未可定，据称：张香帅有电报到京，请屠梅君主讲经心，修金八百之外，更为加丰，屠已应允。如此则只得仍在江汉。我看江汉卷若无事，每日可伍十本，多或六七十本，不及半月可毕。但江汉一席，亦自易了耳。刻下两书院均拟并课，外间亦皆愿意。此月内想可蒇事也。

廉卿手书　　十一月初二日

十一月初四日（11 月 26 日），张之洞一行自广州乘轮赴香港。

十一月初八日（11 月 30 日），张之洞一行自香港乘轮赴上海。

十一月十一日（12 月 3 日），张之洞一行自香港抵达上海。

十一月二十日（12 月 12 日），张之洞一行自上海乘轮赴武昌。

十一月二十五日（12 月 17 日），张之洞一行抵达省城武昌。

十一月二十六日（12 月 18 日），张之洞正式接受篆务，就任湖广总督。

十一月二十七日（12 月 19 日），张裕钊收到长子张后沅书函，得知其已平安抵达西安任所，悬挂之心遂平，乃作《致张后沅》①一书回复，望他不要挂念家中，勤勉公务：

示沅儿：

十月廿六日、本月初二日续寄两函，均由蔚泰厚转递，计陆续当达。昨接汝十月廿七日书，知已安抵西安，至为喜慰。彼间局面既系如此，但确守曾文正书中之言，与我敬慎不败之训，一意坚定，静以俟之，不独在外介然无所纷营，即心中亦坦然无所憧扰。天下事实实皆有分定，我家气机亦似颇顺，汝第谨遵我所言，自有无穷受用耳。我近日甚健，家中亦极安好。前数日汝浍弟有信归，须明春方能归来。渠信中言：“屠梅君已就山西书院，经心一席仍辞却矣。”张香帅已于昨日接印，书院日内当可定局。我日间当赶看课卷，一切不及详言，稍迟，当再有信也。

廉卿手书　　十一月廿七日

---

① 此书函见于《清代名人书札》（第二册），北京师范大学出版社 2009 年版，第 387～388 页；因不见于《张裕钊诗文集》，故全文照录。

十二月初八日（12 月 29 日），上海机器织布局安装完毕，正式开车织布。

十二月三十日（1890 年 1 月 20 日），张裕钊在收到长子张后沆的几封书函后，遂又作《致张后沆》①一书寄赠：

示沆儿：

十一月廿五日接汝十月廿七日书，即于廿七日寄汝一函，计当达。本月初九日张翊文直刺递到一函，廿六日又接汝十一月廿七日一函，据悉种种。观汝日记，事机似颇顺。然总以一意静俟，“尽其在我，听其在人”为要。陕抚现简放鹿中丞，局面又当小变。汝前书所云朝邑之信，我意颇不谓然，今则更无庸议，然天下事，一概不必营求。即此益复可见，彼扰扰者，皆徒劳也。刘瀚青、孙巨川两君及胡蕲生联，明岁必当书就邮寄。家中均安好，我日来亦甚健。

潭弟已于廿六日来此。金氏新妇一病不起，竟于前月廿一日物故，命数所定，真乃无可如何。幸潭弟前亦备闻星命家所言，早知其为定数，颇复安之。然因此伯父葬事遂至延搁，须明春方能办理耳（张吉甫亲来问过两次，已与约俟明春。张古亭亦满口许为一往，张古亭明岁不至鄂中矣）。汝浍弟须明春方能归家，孝沐等延马二李君授读，前书中已言之矣。我此次本拟俟书院定局写信与汝，乃至今尚未定局，其详别具纸中。

廉卿手书　　除日

以后寄信，但一意由蔚泰厚转递最妥，不必由信局转致延搁也。

十二月间，德国在上海设立的“德华银行”正式营业，成为日后德国资本在华活动的中心。

是年，好友吴汝纶编辑的《李肃毅伯（李鸿章）奏议》（十三册十二卷）一书石印刊行；而其费尽心力、历时十几年整理、编纂的计有 1700 余万字的《李文忠公全书》，尚未完成刊行，便辞世了②。

是年，应好友尧臣之请，张裕钊曾为其制作有水墨纸本行书黄庭坚七言诗立轴（142.1 cm×39.2 cm）。其诗及题识云：“黄叶委庭观九州岛，小虫催女献功裘。金钱满地无人费，百斛明珠薏苡秋。　尧臣尊兄先生属正。弟张裕钊。”钤印：“张裕钊”（白）、“廉卿”（朱）（见株式会社

① 此书函见于《清代名人书札》（第二册），北京师范大学出版社 2009 年版，第 393～394 页；因不见于《张裕钊诗文集》，故全文照录。

② 吴汝纶于 1903 年病逝，而《李文忠公全书》于 1905 年由金陵书局刊行。

东京中央拍卖“东京中央创立八周年拍卖”——“中国近现代书画”专场拍卖品，编号：0592）。

案：此轴后为张裕钊弟子李晓湖所藏。1906 年，李晓湖曾为此轴题签并题识云：“张廉卿行书真迹精品。　此濂亭师主讲鄂中江汉、经心时所书者，丙午春携之南昌，茗生观察慕其人，欲得其遗迹，因以奉呈，凤高谨识。”钤印：“凤高长寿”（朱）。另有其鉴藏印云：“李晓湖印”（朱）、“李晓湖藏”（白）。此轴亦被收入《翰乐轩：李晓湖珍藏名人字画与扇面集·字画篇》中，广东人民出版社 2015 年版，第 34 页。

是年，张裕钊的同乡、好友范志熙①在老家去世。

是年，张裕钊的好友、前闽浙总督何璟②在老家去世。

是年，张裕钊的好友、直隶补用道赵铭③病逝任上。

光绪十六年庚寅（1890）　六十八岁

是年，张裕钊仍主讲武昌江汉书院。

正月十一日（1 月 31 日），出使大臣薛福成一行自上海乘法国轮船公司“伊拉瓦第”号轮船启程去欧洲赴任。

二月十六日（3 月 6 日），出使大臣薛福成一行抵达法国的马赛港。

二月十九日（3 月 9 日），出使大臣薛福成一行抵达法国都城巴黎。

二月二十七日（3 月 17 日），清政府驻藏帮办大臣升泰与英国印度总督

---

① 范志熙（1816—1889），字月槎，一字子穆，号仕隐，晚号木犀香馆主人。室名木犀香馆。湖北武昌神山乡神四里人。咸丰十一年（1861 年）举人。历官国子监助教、扬州府河务同知、淮北监制同知、江苏候补道，加三品衔。富收藏，工诗文。著有《范月槎诗文稿》（稿本十九册）、《退思存稿》五种八卷（含《退思诗存》四卷、《退思文存》一卷、《仕隐图题词》一卷、《木犀香馆诗草》一卷、《都门唱和诗》一卷）；另编纂有《范氏归馆书目》二卷、《四库总目韵编》等。

② 何璟（1816—1889），字伯玉，号小宋，一作筱宋。广东香山（今中山市）人。道光二十三年（1843 年）举人，二十七年（1847 年）进士。历官翰林院编修、顺天乡试同考官、江南道监察御史、户科给事中、安徽庐凤道、安徽按察使、湖北布政使兼署巡抚、山西布政使、江苏巡抚、闽浙总督兼署福州将军等职。光绪十年（1884 年）战败革职。归乡后曾任教应元书院。卒于乡。工诗文，通经史。著有《春秋大义录》、《通鉴大战录》、《奏议》（十五卷）、《事余轩诗》（十卷）等。

③ 赵铭（1828—1889），字新友，号桐孙（一作字桐孙）。浙江秀水人。同治九年（1870 年）举人。入李鸿章幕府多年。光绪十三年（1887 年），擢升直隶顺德知府，官至直隶候补道。精研经史，兼善诗文，犹工骈体。著有《琴鹤山房遗稿》八卷。

兰斯顿（Henry Charles Keith Lansdowne）在加尔各答签订《藏印条约》，英国向我国西藏地区伸展侵略势力。

二月间，张裕钊应侄儿傚澜之请，曾为其制作水墨纸本楷书五言联立轴（64 cm×18.5 cm×2）：“汲古得修绠，荡胸生层云。”其题识云：“庚寅仲春，廉卿书付兄子傚澜。”钤印：“张裕钊”“廉卿”（见北京华辰拍卖有限公司“2011年秋季拍卖会”——“竹韵轩藏中国书画及古美术文献”专场拍卖品，编号：0181）。

闰二月十一日（3月31日），中、英签订《烟台续增专约》。

闰二月十四日（4月3日），广西西林人、原云贵总督岑毓英（1829—1889）的灵柩被族人葬于临桂县东之尧山高高岭（其夫人江氏附葬）。此前，其族人曾驰书邀请张裕钊为之撰神道碑。故张裕钊撰有《诰授光禄大夫赠太子太傅云贵总督岑襄勤公神道碑》相赠（见《濂亭遗文》卷四，《张裕钊诗文集》第255～261页）。

闰二月十七日（4月6日），张裕钊给长子张后沅寄去一函（案：此函今日已不见存）。

闰二月二十三日（4月12日），张裕钊的好友、户部管理三库大臣兼署刑部右侍郎、吏部左侍郎曾纪泽①，因积劳成疾，在京城寓所病逝。

闰二月二十六日（4月15日），中、法订立《会勘广东越南第一图立石界约》。

三月初五日（4月23日），施补华②病逝任上。

三月初六日（4月24日），张裕钊在接到长子张后沅书函、得知其已谋得陕西发审局之职后，当即作了《与张后沅》③一书寄赠：

---

① 曾纪泽(1839—1890)，字劼刚。曾国藩长子，承袭一等侯爵。光绪四年(1878年)，任出使英法大臣。六年(1880年)，兼任驻俄公使。次年，与沙俄谈判，据理力争，签订《中俄伊犁条约》，维护了民族利益，迁户部侍郎。十年(1884年)，中法战争爆发，力主抗战，被免去驻法公使职务。次年归国，任海军衙门帮办。不久擢兵部右侍郎，命在总理衙门行走。逝后赠太子少保，谥“惠敏”。著有《曾惠敏公全集》。

② 施补华(1835—1890)，原名份，字均甫，一作均父。浙江乌程(今湖州市)人。同治九年(1870年)举人。曾入祁寯藻、曾国藩幕，不被重用；又入左宗棠幕，并于光绪三年(1877年)随左帅西征；不久，转入嵩武军提督张曜幕，深受重用。光绪十二年(1886年)，因山东巡抚张曜力荐，擢升山东河工道。工诗文。著有《泽雅堂文集》八卷、《泽雅堂诗集》六卷、《泽雅堂诗二集》十八卷、《岘佣说诗》等。

③ 此书函见于清代名人书札编写组编《清代名人书札》(第二册)，北京师范大学出版社2009年版，第399～401页；因不见于《张裕钊诗文集》，故全文照录。

示沆儿：

闰二月十七日寄汝一函，计不日当达。今日接汝闰二月初九日书，知已入发审局并吏课考列高等，殊为喜慰。我所云气机（我平生静观气机，后来往往不甚谬）颇佳者，即此已微露端倪，但不可一豪高兴，内面更宜小心戒慎，外面更宜退逊谦和。稍一高兴，便恐以此致败；若此意略一萌动，即当下惕然猛省，且自思此等算什么事，我何器小识卑，自待之薄耳。如此则矜躁之气，自然立地冰释。汝在宦场，不愁人不说精明，但防人不说平正。须专从此做功夫，使大家信其静正谨厚，则人人爱而敬之。同寅上官，众口称誉，有攸往无不利已。

曾劼侯已于闰二月廿三日薨逝（天下事之难料，往往如此。我所以拿定主意，只是循理守正以听命），此事真乃出人意表。既无此公，则欲谋出洋殊无甚把握。我前书所言，尚宜更作计较。汝若下年得一厘局优差，以后更能署一优缺，俟颇有赢余，或可为捐花样补缺之计。如必欲出洋，如我前书所云，谋一解饷差入都，必须饷差与他日厘差毫无妨碍（俗所谓脚踏两边船也）乃可。倘若相妨，仍须一意专谋厘差。出洋一节，且可暂置。

陕西有陶方伯之旧，今又承其拔识，万一鹿中丞到后，更复刮目相待，则决计不谋出洋为是。出洋与钦差，或恐有不合。且三年之中，一切事势利钝，变迁无常，难可逆料。又恐方伯、中丞或有更动，则是坐失事机也。我前书中“天运若好，自有意外机缘凑巧”数语，乃确不可易之理。汝宜坚意以守分听命为中心主张，更将此事情形左右盘算，熟思而审处之。我又思汝初拟指陕，尚未动手，而陶方伯、柯逊庵即相继简放，某公亦调他藩，汝到省未久，张中丞忽尔调开，而柯逊庵顿成活著，种种应弦赴节（此所意外机缘凑巧者也），皆人所万不能为力者，岂非天乎！综观前后，天意似颇相我（劼侯之逝，或亦不应出洋之一机也）。违天不祥，我意终以在陕静候为得耳。

廉卿手书，三月初六日

四月初二日（5 月 20 日），福建购买机器开炉试铸银圆。

四月上旬，次子张后浍从京城回汉看望父亲。他同宫岛大八已近一年未见，此次相见，分外亲切。在张后浍的介绍下，宫岛大八与经心书院最优秀的学生张增龄、傅品三、胡启心等人结识，并成为朋友。

四月初十日（5 月 28 日），闲来无事，张裕钊遂在家自制水墨纸本楷书陆游诗四屏立轴（164 cm × 38.5 cm × 4）。其诗曰：“上世本为农，辍耕业诗书。我少学不成，固应返其初。冥冥不自揣，乡校参群居。中岁偶拔擢，清班久趑趄。典奏入南宫，细书长石渠。及其乞身归，旧业已丘墟。衰疾或小间，力尚能给锄。寄声谢故人，毋为笑迂疏。我昔挥短楫，终年钓吴松；亦尝携长镵，采药玉霄峰。为计晚大缪，朝路偶见容。晨趋大明班，夜听长乐钟。白发迫归休，居然鲜欢悰。上恩许乞骸，一日收孤踪。蓬茅略补葺，甑碓勤炊舂。故交零落尽，岁晚当谁从。还乡老未死，举目少耆宿。邑屋亦或非，所余但乔木。曩时列鼎家，今不饱半菽。盛衰迭变迁，何者非陵谷。羸然九十翁，世故见已熟。偶能达一理，万事等破竹。”其题识云：“录剑南诗句。光绪庚寅年四月十日，廉卿张裕钊。”钤印：“张裕钊印”“廉卿”（见中国嘉德国际拍卖有限公司“中国嘉德 2017 秋季拍卖会”——“吉金乐石——清代金石家书法”专场拍卖品，编号：1533）。

四月十二日（5 月 30 日），是宫岛大八来中国留学三周年的纪念日，张后淦建议父亲在家中设宴为其庆贺。这是一个具有特殊意义的日子，所以，宫岛大八特别高兴，喝得酩酊大醉，到了晚年回忆起此事，他还激动不已。

四月间，张裕钊的好友李榕①在四川剑阁老家病逝。

同月里，湖广总督张之洞提倡新学，于江汉、经心两书院之外，又在武昌营坊口左老天符庙都司湖畔创办“两湖书院”（今武汉音乐学院、武昌实验小学等单位所在地），不仅聘请其弟子、前广东端溪书院山长梁鼎芬为提调（即山长），还相继聘请杨守敬、华蘅芳、姚晋圻、邹代钧、陈三立、沈曾植等学人前来为学生授课。

此时，虽然江汉、经心两书院的体制还未改变，但实际上寓有新旧、尊贬之分际。张裕钊心中颇有些不舒服，遂打算辞职另谋地方。

五月二十三日（7 月 9 日），汉口禾善堂的田川善吉郎离汉回国，宫岛大八就将此前向张先生求取的为父亲所写的《严维诗》字一幅，托他带回日本交给父亲。

五月间，杨守敬乘来两湖书院给学生上课之机，曾前往江汉书院看望好友张裕钊。此次相见，张裕钊还应邀为杨守敬制作有水墨纸本楷书七言联

① 李榕（1819—1890），原名甲先，字申甫，亦字申夫、申凫，号六容、鹿容。四川剑阁（今广元市剑阁县）人。道光二十六年（1846 年）举人，咸丰二年（1852 年）进士。选庶吉士，改官礼部主事。后追随曾国藩征战南北，军功卓著，历官江宁盐运使、湖北按察使、湖南布政使等职。同治八年（1869 年），因得罪地方豪强和李鸿章被罢官。归乡后曾主讲剑州兼山书院、江油登龙书院、匡山书院十八年，培养人才甚众。工诗文，善书法。著有《十三峰书屋全集》；编纂有《剑州志》十卷。

一副："潘胸武库杜元凯，指掌舆图郦善长。"其题识云："惺吾仁兄大人属书句奉诒，廉卿弟张裕钊。"钤印："张裕钊"（白）、"廉卿"（朱）。

夏，武昌大水，农田受灾严重。

六月二十三日（8月8日），因不堪外国传教士肆虐，四川大足县（今重庆市大足区）余栋臣组织煤窑、纸厂工人及挑贩数百人竖旗起义；起义军攻占龙水镇，并发布檄文，号召民众驱逐外国传教士；清廷急派桂天培带兵到大足"查办"，四川总督刘秉璋则以赔款五万银两并缉捕"凶手"结案，史称"大足教案"。

七月二十九日（9月13日），海军衙门批准湖广总督张之洞筹办汉阳制铁局，后改称"汉阳铁厂"，是我国第一个近代钢铁企业。

八月上旬，湖南澧州（今常德市澧县）哥老会首领廖星阶、马万伏率会众起义，进袭澧州城。后起义军与官军周旋一年多时间，才被官军镇压。

八月间，好友、桐城姚浚昌的诗集《幸余求定稿》十二卷即将刊刻完成，来书请好友张裕钊题识。张裕钊甚为好友高兴，乃为其作《张裕钊题识》云："（其诗）导源大谢，出入唐宋诸大家，创意造言，斸涤澳浊，工力之深，殆为罕俪。"①

九月二十六日（10月28日），河南道监察御史吴兆泰上奏请停止颐和园工程，清廷命将其交部严加议处。

十月上旬，张裕钊曾因事前往拜访湖广总督张之洞，未遇；几天后，奉张总督之招，前往相聚，并遵命作有七律二首。

其间，收到同乡好友、时任陕西学政柯逢时②的书函，谓其初到陕省，颇思振兴教育，然陕省经济条件较差，经费短缺，希望好友能为他在湖广总

---

① 姚浚昌：《幸余求定稿》，清光绪十七年（1891年）刻本。

② 柯逢时（1845—1912），又名益敏，字懋修，号钦臣，亦号逊（巽）庵，别号息园；藏书室曰"柯家山馆""息园"。湖北武昌金牛（今属大冶市）人。少家贫，寄读舅父家。同治八年（1869年）中举人，光绪九年（1883年）取进士，选庶吉士。后历任翰林院编修、陕西学政、国史馆协修兼会典馆协修、会典馆绘图处帮总纂、庶常馆教习、江西按察使、湖南布政使、江西布政使、江西巡抚、广西巡抚兼兵部侍郎、贵州巡抚等职。光绪三十一年（1905年），奉旨管理八省土膏统税事宜。光绪三十三年（1907年），加尚书衔，专任各省土药统税大臣兼总理各国事务大臣。辛亥革命前，授浙江巡抚，未赴任，居武昌。后见革命形势发展迅速，遂积极动员绅商组织武昌保安社，任社长。平生喜著书、藏书、刻书。曾购得江西裘文达家所藏《四库全书》未进呈钞本元、明小集八百余种；死后，日本人以二十万元贿赂其家属，将其购走。又曾刻印《武昌医学馆丛书》八种九十六卷。曾参与纂修《湖北通志》《应山县志》等；并主修《武昌县志》二十八卷。

督张之洞面前进言，给予陕省以扶持资助（案：惜此函今已不觅，详情另见后面张裕钊《与张之洞》一书）。

十月十一日（11月22日），朝廷命居乡已达九年的原两江总督刘坤一再任两江总督兼南洋通商事务大臣。

十月中旬，张裕钊作《与张之洞》书，谓“日前趋谢，未获望见颜色”，甚憾；而“九日之会，一时盛事，谨遵命勉成七律二首，录请教正”；“又承垂询江汉、经心两书院诸生稍可造就者，敬别纸开列名氏附呈”。另禀者：“敝亲柯逊庵编修，新承简命”，视学陕西，颇思振兴三原县书院，惜经费不足；敝亲知“阁下宏奖英彦，乐育为怀”，且知“张裕钊与台端有旧，属为一言”，恳请大公祖能“成人之美”，以“培植人才起见”，“大力助之筹划”，则“无任感祷之至”（见《张裕钊诗文集》附录一，第496～497页）。

案：据张裕钊书中所言，他曾遵张之洞之命写有七律二首，呈请张之洞教正。然查遍《濂亭遗诗》二卷，却不见录存，实在可惜。书中所说张裕钊与张之洞“有旧”，应该始于同治七年至光绪九年（1868—1870）间。其时，张之洞为湖北学政，主管全省的文化、教育；而张裕钊则是应好友、湖北布政使兼署巡抚的何璟之聘，在鄂城书局（即后来的崇文书局）就职。时间一长，自然会结识、交往、应酬。

十一月间，驻日公使黎庶昌即将任期届满，朝廷遂任命李鸿章之子李经方为驻日大臣，即将前往东京接任。

十二月初四日（1891年1月13日），张裕钊的好友黄彭年①在湖北布政使任上病逝。

李慈铭《越缦堂日记》中载：“（二月五日）夜得云门书，告黄子寿布政之丧。”②

十二月间，听到张裕钊即将辞去江汉书院、经心书院教职的消息，其亲友、学生、故旧纷纷前来书院看望张裕钊，既算是提前来给他拜年，又算是

---

① 黄彭年(1823—1891)，谱名邦贵，字子寿，号陶楼，晚号更生，贵州贵筑(今贵阳市)人。道光二十七年(1847)进士，选翰林院庶吉士，散馆授编修。咸丰初年，随父黄辅辰回籍办团练，后入四川总督骆秉章、陕西巡抚刘蓉幕，参加镇压苗民起义和太平军。曾先后主讲关中书院和保定莲池书院。李鸿章曾聘为续修《畿辅通志》总纂，历十年，成书300卷。光绪八年(1882年)擢升湖北安襄郧荆道，不久迁按察使；后历任陕西按察使、江苏布政使、湖北布政使等职。生平极重文教，学识广博，工诗文，擅花卉。著有《陶楼集》《陶楼诗文集》《陶搂文钞》《东三省边防考略》《金沙江考略》等。

② 李慈铭：《越缦堂日记·光绪十七年辛卯十二月初四日》，广陵书社2004年版。

前来看望和安慰他。

其间，好友杨守敬得知消息，曾自黄州前来拜访、看望张裕钊；张裕钊则赠给好友一柄团扇作纪念，上面以行书录有自己的旧作诗三首。

同月里，张裕钊答应襄阳鹿门书院的聘请，年后将赴鹿门书院任教。

是年，湖广总督张之洞在武昌设立湖北织布局，并自 1894 年至 1898 年间又陆续设立纺纱、缫丝、制麻三局，通称“湖北纺织四局”。

是年，基督教传教士全国大会议决将学校教科书委员会改组成“中华教育会”，指导整个基督教在华教育事业，垄断中国的新式教育阵地。

是年，张裕钊的好友应宝时①在上海寓所去世。

光绪十七年辛卯(1891)　六十九岁

正月初二日（2 月 10 日），驻日公使黎庶昌②赴日本皇宫递交辞行国书，向日本天皇辞行；日本天皇特赐黎庶昌“旭日大绶章”一枚，以表彰其对中日文化交流作出的积极贡献。

年初，因与湖广总督张之洞③意趣不合（案：此指两人的学问旨趣和办

① 应宝时(1821—1890)，字敏斋，号可帆，藏书室名“秀芝堂”“射雕馆”等。浙江永康人。道光二十四年(1844 年)举人。因累试不第，遂于咸丰初考取国子监学正。随后至沪与官绅督练团勇，筹设会防局；又积极筹措钱粮，谋划营运清军至上海镇压太平军，以功授上海道尹；任内创办龙门书院，培养人才甚众。后累官至江苏按察使、署理江苏布政使。卒后赠内阁学士衔。工诗词，善绘画，富藏书。著有《射雕词》《射雕馆集》等；又主持编纂有《上海县志》。

② 黎庶昌(1837—1897)，字莼斋。贵州遵义人。廪贡生。早年从郑珍学习，后入曾国藩幕，与张裕钊、吴汝纶、薛福成合称“曾门四弟子”。曾署吴江、青浦知县。光绪二年(1876 年)随郭嵩焘出使英、法、德、西班牙等国，任参赞。七年(1881 年)起，曾两任出使日本大臣。十七年(1891 年)，出任川东兵备道兼重庆海关监督。工诗文，尤工古文辞，擅书法。著有《拙尊园丛稿》六卷、《西洋杂志》六卷、《曾文正公年谱》十二卷等，又编有《古文辞类纂》二十八卷，还辑刻有《古逸丛书》二百卷。

③ 张之洞(1837—1909)，字孝达，号香涛，亦号芗涛、香岩、壶公、无竞居士，晚号抱冰、抱冰老人，因创办广雅书院、广雅书局，被人称之为“张广雅”。直隶南皮(今属河北)人。咸丰二年(1852 年)，应顺天乡试，中第一名举人(解元)。同治二年(1863 年)会试，中第三名进士(探花)。历官翰林院编修、侍读、侍讲、内阁学士，湖北、四川学政，山西巡抚，两广、湖广、两江总督，累官至体仁阁大学士、军机大臣兼管学部，晋太子太保。所至之处，皆有政绩，是洋务派后期的代表人物，与曾国藩、李鸿章、左宗棠并称为“晚清中兴四大名臣”。卒后谥“文襄”。工诗文，善书法，精通目录学。著述丰富，后人编有《张文襄公全集》229 卷。今人编有《张之洞全集》305 卷。

学理念），张裕钊遂辞去江汉书院、经心书院讲席。

正月十二日（2 月 20 日），四川会理州（今凉山彝族自治州）会党举行反清起义。

正月间，张裕钊带领亲众回到武昌老家暂住，处理相关事宜。

同月里，亲家、好友黎庶昌卸驻日公使任，从日本东京回到上海。

二月间，张裕钊在老家迁葬祖先、父兄坟茔于柯家山。

同月里，因保定莲池书院山长吴汝纶的举荐，弟子范当世抵达直隶天津，成为直隶总督李鸿章的家庭教师，专门教授其子李经迈，并颇受李相的尊敬。

三月十七日（4 月 25 日），开平煤矿局矿工为抗议外国技师欺压中国矿工而举行大罢工。

同日，江苏扬州民众发布揭帖，揭露外国传教士欺压中国老百姓的罪恶，聚众五六千人包围教堂，被清政府派兵驱散镇压。史称“（第二次）扬州教案”。

四月初六日（5 月 13 日），安徽芜湖民众因反对英国传教士迷拐幼童，焚毁教堂，并包围领事馆，史称“芜湖教案”。

四月中旬，朝廷任命前驻日公使黎庶昌为四川川东兵备道兼重庆海关监督。

四月中下旬，张裕钊在宫岛大八的陪同下，抵达湖北襄阳，主讲鹿门书院，首尾两年。

张裕钊曾在《与吴挚甫》中云：“弟以狷狭之性，不能如桔槔俯仰，遂舍去江汉，改就鹿门讲席……去春归家，迁改先墓。寻复料检行箧，日夕倥偬，以四月来至襄阳。”（见《张裕钊诗文集》附录一，第 488 页）

郭立志亦云：“濂亭回鄂后，复与香帅不合，移主襄阳鹿门书院。”（见《桐城吴先生年谱》卷一，第 48 页）

张后沆、张后浍《哀启》中云：“复泝汉，主襄阳鹿门书院者二年。”（见《张裕钊诗文集》附录七，第 551 页）

案：鹿门书院是襄陨荆道鲁之裕于清雍正十二年（1734 年）在襄阳旧试院的基础上改建而成。初名“荆南书院”。乾隆四年（1739 年），更名为“鹿门书院”。此后，几经重修，分东壁和西园两院，有斋房 33 间，上下厨房 17 间，字藏一所。西园有奎星阁、孔子像，东壁有闻喜亭，前面有寿恺堂，后面有景行堂。光绪九年（1883 年），襄陨荆道黄彭年捐赠图书 12359 卷，放置在景行堂的左边。书院的经费收入有 19 宗，基本上能够自给。

鹿门书院同凤池书院、莲池书院、江汉书院相比，名气较小，条件较差，生员少得多；故而张裕钊在这里的工作不是太忙。闲暇之时，有宫岛大八相陪，襄阳名士钱葆青亦时常过来与他谈诗文、论书法，日子过得倒也舒适。

四月二十九日（6月5日），湖北广济县武穴镇民众因反对外国传教士贩卖婴儿，焚毁教堂，杀死一名英国传教士；在英、德两国的威胁下，湖广总督张之洞处分地方官一名，捕杀民众二人，判七人徒刑，赔款六万五千银两结案，史称"武穴教案"。

同月里，张裕钊的次子张后浍，亦自京城来到襄阳看望、陪伴父亲，并在父亲的指导下温习学业。

五月间，张裕钊作有《复贺松坡》①一书（案：弟子贺涛去年秋曾寄来数篇文章请师尊评阅审定，由于课卷繁多，又与湖广总督张之洞意见不合，心情不好，正联系转往襄阳鹿门书院执教事宜，此前一直未来得及回复）寄赠：

> 顷奉手翰，并寄示大著六首，抗心希古，日起有功，甚盛，甚盛。张裕钊老态日增，而校阅课卷，终岁常无暇晷。前后所寄大稿，都未能点定奉还，愧负殆不可说。缘此屡次惠书，亦无词以答，阙然至今，衰朽顽钝，夫复何言。大文犕读一过，书后一首甚奇肆，而声调节奏，间未极应弦赴节之妙。余五首奇致少逊，而惬适过之。大抵足下之文，已渐近自然，由此益臻纯熟，久之必当名家。若更进之闳肆之境，则尤为佳胜。但此境殊非易易，姚惜抱所谓骤以几乎合之则愈离者也。第取古人最上之境，时时悬之心目之间，益多读书积理，从容涵詠，日引月长，以俟其自至，必勿助长以害之，足下勉之而已。

六月十三日（7月18日），张裕钊的好友，著名外交家、文学家、学者郭嵩焘②在湖南老家去世。

---

① 此书札见于《中国学报》第3期第15页；不见于《张裕钊诗文集》，故全文照录。

② 郭嵩焘(1818—1891)，字伯琛，号筠仙，一作云仙、筠轩，晚号玉池山农、玉池老人，又号养知，湖南湘阴人。道光十七年(1837年)举人。曾入岳麓书院学习，与曾国藩等同学。道光二十七年(1847年)进士。曾入曾国藩军幕，佐其创建湘军。后历官翰林院编修、苏松粮储道、两淮盐运使、署理广东巡抚、福建按察使、署理兵部侍郎、出使英法大臣。因与副使刘锡鸿意见不合，以病辞官。晚年主讲长沙城南书院。工诗善文。著有《养知书屋诗文集》《郭侍郎奏议》《读书记》《史记札记》《大学质疑》《礼记质疑》《中庸质疑》《使西纪程》《郭嵩焘日记》等。卒后后人编有《养知书屋遗集》。今人编有《郭嵩焘全集》。

七月间，在收到弟子贺涛寄来的书函及其所作之文后，张裕钊遂作《复贺松坡》①一书寄赠：

读手书，具悉文祉佳鬯为慰。寄示大著一首，深惬鄙衷，即点定奉还，并寄去钞本韩文一册，均希詧入。大抵文章之事，其所立意义，必皆其平日所洞然于心，一旦随境感触，伸纸奋笔，直摅其胸臆之所欲出，则其文无不工者。足下是篇之佳，正以此耳。若中不足而强言，虽极意务为奇特，而安排造作，探讨揣测，张皇补苴，种种痕迹，终不能以自掩。即如《史记》述唐虞三代之事，终不如其述秦汉以后之事，虽太史公之圣于文，犹当以此绳之，它可知已。且即前书所云闳肆之境，亦宜以此意求之。积而满，满而发，斯为天下之至文。东坡《日喻》《稼说》二篇，所谓道可致而不可求，所谓信于久屈之中，而用于至足之后，流于既溢之余，而发于持满之末，胥谓是也。

七月二十九日（9月2日），湖北宜昌民众因反对法国传教士拐卖儿童和美国传教士开枪伤人，相聚焚毁英、美、法国教堂；英、美、法等九国驻华公使联合向清政府威胁，各国军舰开至湖北汉口、宜昌进行恫吓；湖广总督张之洞以判处民众十二人徒刑，赔款十七万五千七百七十一两银子结案，史称“宜昌教案”。

七月间，康有为正式在广州长兴里设立万木草堂，聚徒讲学，著书立说，所著之《新学伪经考》一书刊行。

八月间，张裕钊在张后浍和宫岛大八的陪同下，相继游览了诸葛亮的故宅——隆中和孟浩然的故宅——岘山南园。

其间，张裕钊曾应邀为襄阳名士钱葆青②书写了一幅行楷——孟浩然的五言律诗《早寒有怀》。

秋，宫岛大八告别恩师，离开襄阳回日本省亲。

秋，张裕钊的长子张后沆调任陕西西安府同知。

十月初十日（11月11日），热河朝阳（今辽宁省朝阳市朝阳县）金丹

① 此书札见于《中国学报》第3期第16～17页；因不见于《张裕钊诗文集》，故全文照录。

② 钱葆青（1859—?），字灵陂，一字仲仙，又作仲轩，晚号看镜老人。湖北谷城人。光绪十一年（1885年）拔贡，十五年（1889年）举人。历任湖南平江、清泉、衡阳县知县。三十四年（1908年），被聘为京师大学堂国文教习。1918年推选为民国第二届国会参议员。工诗文，喜金石，善书法，富收藏。著有《重熹堂全集》《戊辰（1928年）消夏百一诗》《己巳（1929年）销夏怀人诗》等。

教首领李国珍、杨悦春率教众举行反洋教起义，攻占贝子府（今内蒙古自治区赤峰市敖汉旗贝子府镇），建立“开国府”，李国珍称“扫北武圣人”，杨悦春被推为总大教师；下设丞相及各种官职，发布了安民告示。起义队伍数千人分青、黄、白、红、黑色旗等五队，攻占朝阳府；随后，“在理教”首领郭万昌(一作万淳)等亦率众数千起义响应。

十一月间，李国珍、杨悦春、郭万昌等率领的起义军被清军镇压。

其间，张裕钊曾利用教学的闲暇，自作有水墨纸本行楷五言联一副：“立德齐古今，藏书教子孙。”其题识云：“辛卯中冬，张裕钊。”钤印：“张裕钊印”“廉卿”。

同月里，好友、亲家黎庶昌自贵州遵义抵达四川重庆（今重庆市），就任川东道道员兼重庆海关监督。

同月里，张裕钊曾自制有水墨纸本行书八言对联一副：“越世高谈，自开户牖；久〇其道，金石为开。”其题识云：“辛卯中冬，张裕钊”钤印：“廉卿”“张裕钊印”。

年底，张裕钊和家人在襄阳鹿门书院度岁。

是年，张裕钊在教授之余，尚写有《游习家池》《晚登闻喜亭》等诗作纪其游踪（见《濂亭遗诗》卷二，《张裕钊诗文集》第 381 页）。

是年，广东南海的康有为刊行其所撰之《广艺舟双楫》一书，推崇碑学，对张裕钊的书法，给予很高的评价。

光绪十八年壬辰(1892)　七十岁

是年，张裕钊仍主讲襄阳鹿门书院讲席。

正月上旬，张裕钊和家人在襄阳鹿门书院过新年。

正月初十日（2 月 8 日），是日立春，张裕钊作《与吴挚甫》书，告知好友几年不见甚是挂念，仁兄“退处连年，心远神逸，述作想益隆富”；而自己已于去年初辞去江汉书院讲席，现已改就襄阳鹿门书院讲席；此处为远郡，比较偏僻，学生不多，课卷亦少，应酬也较少；只是“精力衰颓，日甚一日”；大小儿去秋得到一个小差事，勉强能够补贴生活罢了（见《张裕钊诗文集》附录一，第 487～488 页）。

在襄阳陪父亲一过完年，张后浍便打点行装，告别家人，北上入京，准备参加今年即将举行的会试。

其间，在途经直隶保定时，张后浍曾与父亲的再传弟子李刚已相会，而李刚已正是通过张后浍才得知师祖的近况的。

张裕钊再传弟子李刚己在其《濂亭先生七十寿序》中曾云："是后，吴先生馆于保定。范先生复北来，馆于天津。独先生辗转迁徙，莫知在所。至今年，公子会叔会试，北上时，始得其主讲襄阳之状。"（见《张裕钊诗文集》附录七，第567页）

正月二十八日（2月26日），张裕钊的好友孙云锦①病逝开封知府任上，弟子张謇撰有《祭桐城孙夫子文》，深表悼念之情。

二月十五日（3月13日），反清革命志士杨衢云、谢缵泰等在香港设立辅仁文社，以"尽心爱国""开通民智"为宗旨。

四月下旬，会试结束，张后澮又落榜，随即出都，南下回襄阳与父亲相聚。

四月间，日本的横滨正金银行在上海设立分行。

五月中旬至六月上旬，襄阳府谷城县民众为抗议天主教传教士非法传教，聚众围攻教堂，并提出"灭洋改教"的口号，引发中外争端，史称"襄阳教案"。

六月初一日（6月24日），张裕钊曾给在西安任职的长子去过一函（案：惜此函今已不觅）。

六月二十六日（7月19日），张裕钊作有《致张后沆》②一书，告知其家中近况：

示沆儿：

本月朔日寄汝一函，计日内当达。月之十七日接汝五月廿二日一函，其五月初九日一函，亦续于廿三日接到。汝刻下往邠、乾一带，会办土药厘金，此系认真受事之始，切宜格外谨慎办理，以孚众望。秋暑未退，一路尤宜加意调摄为要。我日来安健如常，余人亦均安好，且举家雍睦，毫无间言。汝浍弟每日读书写字，不间其功。孝沐遇晚间纳凉，间与之讲说文字，颇有解悟。此数者皆甚可喜之事，我固愿而乐之，汝闻之当亦深以为快耳，黎弓甫已于月之十二日归去，临行我赠之二

---

① 孙云锦(1821—1892)，字海岑。安庆府桐城县(今安徽省桐城市)人。诸生。早年入曾国荃幕府，以军功走上仕途，曾任通州知州、江宁办理三江京控发审局总办、淮安、江宁、开封知府等职，累官至二品顶戴三品衔江苏候补道。病逝后，事迹付国史馆《循吏传》，并入祀通州名宦祠。其子孙孟平辑有《孙先生遗书》。

② 此书函见于《清代名人书札》(第二册)，北京师范大学出版社2009年版，第387～388页；因不见于《张裕钊诗文集》，故全文照录。

十金。此人于地理一道，足称能手，甚不易得，以后或恐有用得着之日也。

廉卿手书　　六月廿六日

七月初四日（8 月 25 日），中、俄订立接连陆路电线的约款。

闰六月中旬至七月上旬，沙俄出兵帕米尔地区，强占萨雷阔勒岭以西的中国领土二万多平方公里。

七月十六日（9 月 6 日），张裕钊闲居无事，自制有水墨纸本楷书书法四屏轴（133 cm × 31 cm × 4）。其轴文及题识云："锄草茆以力，耕乎将游，大人以成名乎……行君之意，龟策诚不能知此事。　壬辰之秋七月既望，书于莲池书院。张廉卿。"钤印："张裕钊印""廉卿"（见上海朵云轩拍卖有限公司"第 45 届艺术品拍卖交易会"——艺术品专场拍卖品，编号：0531）。

案：张裕钊已于光绪十四年（1888 年）九月辞去保定莲池书院山长职务，而就聘襄阳鹿门书院教职。此时张氏仍在鹿门书院任教，故此四屏轴不可能"书于莲池书院"。可能是张氏对莲池书院的感情太深，本应写"书于鹿门书院"，而不自觉就写成了"书于莲池书院"。

七月二十四日（9 月 14 日），张裕钊甚挂念长子张后沆，乃作《致张后沆》①一书，叮嘱其实心当差，不负上司厚爱：

示沆儿：

六月廿六日寄汝一函，计日内当达。我安健如常，家中亦均平安。孝沐现做半篇似渐有路，孝移亦已做承题，竟澈底明白了当，颇可喜也。汝现在何处？中秋前后能回省否邪？汝颇承上官青睐，若今年更得一厘差，尔时且可一意安之。揆之情事，衡之义命，斯为至顺，断无一旦舍此，更谋出洋之理，外则有负上官优待之意，内则举家之中言及汝欲出洋，无一人愿意者。此我前书所以谓"此事便作罢论也"。至后来之计，俟汝浍弟壬辰入都，当极力为汝想法，或谋署一优缺，或谋别样差使，上则万年吉地（保举最优），次则河工，数者或有一当。又汝所云，粮道管仓馆地，汝浍弟壬辰无论得与不得，决计便谋此馆事，若能谐有万金之获，更何施而不可邪？我二月十四日书所云襄阳一局，能成与否，八、九两月间当有端倪也。

廉卿手书　　七月廿四日

① 此书函见于《清代名人书札》（第二册），北京师范大学出版社 2009 年版，第 387～388 页；因不见于《张裕钊诗文集》，故全文照录。

八月十一日（10 月 1 日），张裕钊作有《致张后沆》[1]一书寄赠，与其商议有关事情：

示沆儿：

七月廿四日寄汝一函，计此月内当达。我及家中均平安，可无悬念。廿八日接汝六月廿日一函，知此次出差，诸事均颇顺手。月之初八日接到电报，知已回省，至为喜慰。汝谓汝母墓向不可轻改，所言诚为有理。我初闻黎弓甫所述鲍君子渐之言，亦将信将疑，不辨其孰是孰非。然此是则彼非，此非则彼是，而吉凶即于此判焉。以此踌躇莫释、彷徨无措者累日，于是取杨、蒋之书精加研究，乃豁然贯通，确然无疑。以语黎弓甫，为之相视而笑，莫逆于心。我向读杨、蒋理气之书，开卷茫如，一字不解，自闻鲍君之说，遂觉一览瞋如。始知蒋大鸿所谓"若得口传真诀，则虽愚夫稚子，立地可悟"者，诚为信然（杨、蒋之书，业已和盘托出，仅有一点真机未曾道破。然不经道破，则虽有过人之智，穷思毕精，亦终不能解也。张古亭选择用太阳之术最精，为诸人所不及。故柯家山葬后初年颇顺，其立向则与杨、蒋之说全然相反）。而凡名地师从不轻以语人者，职是故也。兹拟九月初旬遣人至芜湖，延鲍子渐来。俟其来，当细察其人品心术之醇疵，与所学之深浅。我仍拟与同往家中，看我家诸祖墓及他家发冢，以考其所言之验否。然后再看柯家山墓地，精审其孰是孰非，或行或止，更作道理，亦必不贸然轻发耳。汝若得厘差，可发一电报归来，升平或者能往，便可助汝一臂之力。再，我所云襄中一局，若万一有成，则汉口欠项须与了结（汝临行所借三百金，又去冬借一百六十金寄汝浍弟）。且今岁用度，或恐不敷，若往襄中，亦须川资。汝得厘差后，须汇六百金归来，届期汝可筹之。孝沐、孝移近作均钞数首，寄汝可察。入田姊丈病已痊可，但病愈后微现有痰，稍觉不十分清醒耳。渠兄弟已分居矣。

廉卿手书　　八月十一日

八月二十八日（10 月 18 日），萍乡芦溪（今江西省萍乡市泸溪县）哥老会举行起义，因事泄失败。

九月初五日（10 月 25 日），弟子宫岛大八乘坐"西京丸"轮船，从日本横滨港出发，再次来中国留学。

---

① 此书函见于《清代名人书札》（第二册），北京师范大学出版社 2009 年版，第 387～388 页；因不见于《张裕钊诗文集》，故全文照录。

九月十二日（11 月 1 日），宫岛大八自日本横滨抵达上海。随后，宫岛大八急急忙忙赶到武昌江汉书院，与张裕钊的侄儿张次源相会，从他那里打听师尊的近况。

九月中旬，张裕钊辞去襄阳鹿门书院教职，由长子张后沆迎养至西安草厂巷。贺涛曾为其谋同州（今渭南市大荔县）之馆，吴汝纶曾为其谋皖中之馆，都未成功。

九月二十六日（11 月 15 日），吴汝纶作《答余寿平》书云："今武昌张廉卿，海内硕儒也。在鄂不合，流转襄阳。今闻将有入秦之举。此君年七十，而入关谋生，盖亦无术自给，出此下策。弟昨谋之南中旧游，意欲纠合十余人，人出百余金，延此公入皖，以为乡里后进师表，则文章之传，当复有寄。"（见《桐城吴先生年谱》卷二，第 4～5 页）

同日，吴汝纶又作《与吴季白》书云："此间有友人得刘仲鲁书，谓张廉翁已定入关。前日冀州人来，携有贺松坡至同州府一书，属为转递。询其书中何事，则云：张会叔有书，属松坡为渠父谋同州书院。据此，则秦中尚无遗席以处廉卿也。弟拟日内作书致廉卿，告以吾皖人欲延聘之意，并劝勿入秦。未识有当否？张廉卿之文，必传于后，今世人不知之，后世必有扬子云能知之也。今人多讲口耳之学，故自与为异趣耳。文章自有真传，廉卿死则广陵散绝矣。区区之意，所为必欲罗而致之皖中也。"（见《桐城吴先生年谱》卷二，第 5 页）

郭立志亦感叹云："未几，（张裕钊）辗转关中，流落以死。贤人末路，其可悲如此。"（见《桐城吴先生年谱》卷一，第 48 页）

案：张裕钊辞去鹿门书院教职后，其教书生涯便告结束。对于其平生所主书院有颇多说法，或不完整，或不确切。

据编者考证，张裕钊中年以后所主讲之书院实际依次为：武昌勺庭书院、金陵凤池书院、保定莲池书院及学古堂、江汉书院及经心书院、襄阳鹿门书院。张后沆、张后浍在《哀启》中就说："自壬子出都后，即绝意仕进。初主武昌勺庭书院。金陵克复，文正聘主江宁凤池书院十年有余。今相国合肥李公，聘主直隶莲池书院，兼主学古堂者六年。归鄂，主江汉书院，兼经心书院者二年。复泝汉，主襄阳鹿门书院者二年。"（见《张裕钊诗文集》附录七，第 551 页）

十月初二日（11 月 20 日），湖广总督张之洞在武昌设立的湖北织布局建成开织。

十月十六日（12 月 4 日），经过近一个月的充分准备，宫岛大八带着张先生留在江汉书院的忠厚老实的勤杂工范实，乘船沿汉水溯流而上，由汉口赴襄阳；又越秦岭，破冰踏雪，前往关中，与恩师相聚。

十一月初四日（12 月 22 日），是张裕钊的七十华诞。他心情很好，早早起床后，遂用宿墨撰写了一副七言对联：“一杯浊酒有妙理，半窗梅影助清欢。”——这副对联亦成为张裕钊一生中的得意之作之一。当天，张后沆和张后浍为父亲举行了丰盛而又热烈的庆贺宴会。

其弟子张謇、范当世、贺涛、朱铭盘以及再传弟子赵衡、李刚己、刘乃晟等人亦积极谋划为先生庆寿。范当世作有《武昌张先生七十寿言》（《张裕钊诗文集》附录七，第 562～563 页）、贺涛作有《武昌张先生七十寿序》（《张裕钊诗文集》附录七，第 564～565 页）、朱铭盘作有《武昌张先生讲堂屏风上寿诗序》（《张裕钊诗文集》附录七，第 569～571 页）、赵衡作有《张廉卿先生七十寿序》（《张裕钊诗文集》附录七，第 565～566 页）、李刚己作有《濂亭先生七十寿序》（《张裕钊诗文集》附录七，第 567～568 页）、刘乃晟作有《张廉卿先生寿诗》（《张裕钊诗文集》附录七，第 568～569 页）等诗文为先生贺寿。

再传弟子赵衡（案：赵氏为贺涛弟子），不仅为师爷撰有寿序，而且还写有《书濂亭文集后》一文（见赵衡：《序异斋文集》卷二，民国二十一年徐世昌序刻本，第 17～18 页；又见《张裕钊诗文集》附录七，第 577～578 页）。

在好友张裕钊七十寿诞来临之际，挚友吴汝纶不能前往西安为其祝寿，遂在保定莲池书院举行了一场别开生面的作文比赛，让莲池书院的弟子以“张翁七十大寿”为题，或写一篇寿文，或写一首寿诗，文体不限，以此为好友贺寿。这些寿文、寿诗如今大多已经散佚，只有再传弟子李刚己的寿序和刘乃晟的寿诗因出类拔萃，被吴汝纶收入《学古堂文集》而保留至今。

十一月三十日（1893 年 1 月 17 日），弟子宫岛大八带着范实历尽艰辛苦寒，终于抵达陕西西安，与恩师一家人相见。

张裕钊被宫岛大八的精神深深感动，便让宫岛大八搬到自己家里来住，决心在自己的有生之年，将自己的学问、书法都毫无保留地传给他。

此时，次子张后浍已是西安将军荣禄的幕僚，主要工作是修改八旗子弟的文章，每月事情不多。他时常带领宫岛大八利用课余时间去游览大雁塔或参观碑林，或到书肆选购书法拓本，或与宫岛大八一起学习切磋。这些安排或活动，对宫岛大八的帮助亦很大。

每天上午，张裕钊亦专心指导宫岛大八练字，让他临摹《张猛龙碑》《九成宫醴泉铭》《兰亭集序》《集字圣教序》等字帖；宫岛大八非常珍惜这样的机会，细心琢磨，练习亦十分勤奋刻苦，终于领会其中奥秘，而形成了自己的书体风格。

十二月间，由湖广总督张之洞四处筹资建造的湖北汉阳炼铁厂的机器厂、铸铁厂、打铁厂及大冶运矿铁路五十余华里先后竣工。

是年，张裕钊的好友、愚园主人胡恩燮①在江宁府宅病逝。

光绪十九年癸巳(1893)　七十一岁

正月初一日（2 月 17 日），中外商人在上海合办《新闻报》，英国商人丹福士为总董，聘请原《沪报》主笔蔡尔康为主笔。

年初，张裕钊仍寓居西安，后一度应邀入西安将军荣禄②幕府。

夏寅官在《张裕钊传》中云：张裕钊晚年“声望益隆，遭遇益困。不得已入关中，依西安将军荣公”。

三月，荣禄将迎来自己的五十八岁寿诞。张裕钊甚感荣禄的“下顾之雅”，遂作《荣仲华将军五十有八寿序》以报之（见《濂亭遗文》卷二，《张裕钊诗文集》第 224～227 页）。其中就云：“今上御极之十有九年，青龙在昭阳大芒骆之岁，日在降娄之月，为西安将军荣公五十有八览揆之辰。……张裕钊衰朽枯槁，伏处山泽，无闻于世也久矣，与公未尝有一日之知。顾独辱公下顾之雅，私独景佩，以为自曾文正公而后，折节下士，殆未有如公者。故窃乐道公之大节，所以系天下之重，必且长生久视，而未有艾者，以为期颐之祝。”

---

① 胡恩燮(1824—1892)，字煦斋。江苏江宁人。咸丰中，曾投向荣军中效力，以功叙知府。后辞官归隐。其府第愚园，在金陵城南集庆门鸣羊街附近，民间俗称“胡家花园”，时人有“南京最好的私家花园”之誉，又有“金陵狮子林”之称，为时贤名流经常宴集酬唱之所。光绪八年(1882 年)，曾在徐州利国驿创设矿物总局。工诗。著有《愚园偶忆诗草》等。

② 荣禄(1836—1903)，字仲华。满族，瓜尔佳氏，满洲正白旗人。荫生，以主事用，累迁至内务大臣兼步军统领。光绪四年(1878 年)，擢升工部尚书。因纳贿被参免职。光绪十七年(1891 年)，出为西安将军。光绪二十一年(1895 年)后，历任兵部尚书、总理各国事务大臣、协办大学士。光绪二十四年(1898 年)，极力反对维新变法，出任直隶总督兼北洋大臣，统率北洋三军，权倾朝野，是慈禧太后的心腹宠臣。同年，授文渊阁大学士；不久，与慈禧太后发动政变，软禁光绪帝，捕杀维新党人。随即入军机，掌兵部，节制北洋海陆各军。光绪二十六年(1900 年)，策划废黜光绪帝，而立端王载漪之子溥儁为大阿哥(即皇储)。八国联军攻陷北京，逃至西安。光绪二十八年(1902 年)还京后，加太子太保、文华殿大学士。卒后，赠太傅，追封一等男爵，谥“文忠”。

五月十八日（7月1日），湖北麻城宋埠的民众因抗议新教瑞典行道会传教士随便捆殴当地民众，将教士梅宝善和乐传道殴毙，引起两国交涉。清政府以处死民众二人，徒刑七人，赔款四万二千银两结案，史称“麻城宋埠教案”。

六月，张裕钊的好友赵烈文①在常州老家去世。

秋，日本友人冈仓天心专程至陕西西安拜访张裕钊，并转达其友宫岛诚一郎②的请求，希望张先生能为其汉诗集《养浩堂诗集》后集写一篇序言。宫岛诚一郎是日本弟子宫岛大八的父亲，张裕钊自然满口答应，很快就为其写了《养浩堂诗集·序》一文相赠（见《濂亭遗文》卷一，《张裕钊诗文集》第214～216页）。

案：冈仓天心是日本明治维新时期著名的思想家、美术家、美术评论家、美术教育家。冈仓天心（おかくらてんしん，1863—1913），幼名角三，后更名觉三，中年号天心，日本神奈川横滨人。幼即接受良好教育，又兼习汉语、英语。16岁考入东京帝国大学。毕业后在文部省从事美术教育和古代美术的保护工作。1886—1887年曾赴欧洲和美国考察。回国后创办东京美术学校。1890年出任该校校长。1891年当选日本青年美术协会会长。1893年起，多次到中国、印度考察。1898年又与友人创办日本美术院。1904年至波士顿美术馆工作。1910年出任波士顿美术馆中国·日本美术部部长。1913年在赤仓病逝。著有《冈仓天心全集》、《东洋的理想》、《说茶》（又译作《茶之书》）等。

宫岛诚一郎的《养浩堂诗集》，成书于日本明治十五年（1882年），诗有多集，第一篇序言为日本明治初年重臣、日本第三任内阁总理大臣三条实美所写。中国首任驻日大臣何如璋、首任驻日参赞黄遵宪都曾为其诗集作过

---

①　赵烈文（1832—1893），字惠宁，又字惠父、伟甫，号能静，别号能静居士。江苏阳湖（今常州市）人。少有文名，讲求经世之学。咸丰五年（1855年）始，应邀入曾国藩幕十数年。因功保荐为直隶州知州，不就，辞归。同治八年（1869年），奉旨出任磁州知州，后又调任易州直隶州知州。光绪元年（1875年）辞归。曾参与《畿辅通志》的编纂。光绪十九年（1893年）卒于乡。后人整理有《能静居士日记》（又名《赵惠甫日记》）传世。

②　宫岛诚一郎（1838—1911），幼名熊藏，后又名宫岛吉久，字栗香。室名“养浩堂”。日本岩代（今福岛县）人。先后担任明治政府待诏院、修史馆官员，参事院候补议官，宫内省爵位局主事，贵族院敕选议员等职。与中国官员丁汝昌、黄遵宪、何如璋、黎庶昌、杨守敬、张后沆等交往密切。他从黎庶昌、张后沆处得到张裕钊的文集和书法，称赞不已，遂遣儿子宫岛大八赴保定拜张裕钊为师。宫岛诚一郎喜爱中国文化，为著名汉学家、诗人。著有《戊辰日记》《养浩堂诗集》等。

序。后来的驻日大臣黎庶昌则同宫岛成为好友，曾多次为他的诗集作过序。

其间，张裕钊曾有盩厔（今陕西省西安市周至县）之游，并写有《盩厔道中即事》《秋夜》等诗作纪其行踪（见《濂亭遗诗》卷二，《张裕钊诗文集》第383、382页）。

从盩厔回到西安后，张裕钊患上了腹泻，因不是太严重，便没有太在意，每天仍以教宫岛大八写字为乐，由此埋下了祸患。

九月初十日（10月19日），上海机器织布局因失火被焚毁。

十月二十八日（12月5日），中、英签订《藏印续约》，开亚东（今西藏日喀则市亚东县）为商埠。

冬月，弟子贺涛来信谓明年将是其父贺锡璜的七十寿诞、其继母陈太恭人的六十九岁寿诞，请老师为之作寿序。张裕钊欣然应允，乃为之作《贺苏生夫妇双寿序》，又以小楷书之而后寄赠（见《濂亭遗文》卷二，《张裕钊诗文集》第229～231页）。

此外，张裕钊还应邀写有七言律诗《张季直尊人七十生日》相赠（见《濂亭遗诗》卷二，《张裕钊诗文集》第380页）。

十一月十二日（12月19日），直隶总督李鸿章在天津开办医学堂。

十一月十八日（12月25日），弟子朱铭盘①病逝于金州（今辽宁省大连市金州区）军中。

十二月二十二日（1894年1月28日），湖广总督张之洞在武昌奏设湖北自强学堂。

是年，张裕钊尚写有《眼底》《冬暝》等诗作（见《濂亭遗诗》卷二，《张裕钊诗文集》第382、383页）。

是年，张裕钊的友人、原湖北巡抚、现任热河都统奎斌②卒于任。

---

① 朱铭盘(1852—1893)，字日新，又字俶僴，号曼君。江苏泰兴人。光绪三年(1877年)客庆军统领吴长庆幕，结识张謇，成为挚友。光绪八年(1882年)中举，从吴长庆军援朝鲜。光绪十四年(1888年)起，入金州张仲明军幕，以军功保举知州，后卒于军中。通史学，工诗文及骈赋，亦善书法。著有《桂之华轩文集》九卷、《桂之华轩诗集》四卷、《朝鲜杂诗》等；另有史学著作《四裔朝献长编》五十六卷、《两晋会要》、《宋会要》、《齐会要》、《梁会要》、《陈会要》等；卒后有郑肇经编《桂之华轩遗集》，于1934年刊行。

② 奎斌(1821—1893)，杭阿坦氏，字乐山，蒙古镶白旗人。附生，早年以笔帖式历官理藩院主事、员外郎、掌柔远司印、理藩院郎中、直隶口北道、甘肃安肃道等职。光绪八年(1882年)，擢升山西按察使，次年迁布政使，后调直隶布政使。光绪十二年(1886年)，擢升湖北巡抚。光绪十五年(1889年)，改任察哈尔都统。后调热河和都统。卒于任。著有《杭阿坦都统奏议》十二卷等。

是年，张裕钊的友人，湘军将领、陕西布政使蒋则沄[①]病逝在任上。

是年，天津武举李福明等人在北京东便门外开办一家机器面粉厂，使用外国进口蒸汽机磨，每日平均磨粉二百担，生意兴隆。

是年，台湾巡抚刘铭传所主持修建的台北至新竹的铁路竣工通车。

光绪二十年甲午(1894)　七十二岁

是年，张裕钊仍然寓居陕西西安。

新年期间，应子霞姻亲之请，张裕钊曾为其制作有水墨纸本行书书法册页（十八开，19 cm×23.6 cm×18）。其书法略云："昔朱子，初年以，人自有，生即有，知识念……心中者，心之所，是不同。"其题识云："子霞姻兄大人属书。廉卿弟裕釗。"钤印："张裕钊""廉卿"。

案：弟子宫岛大八曾于二十余年后的民国四年（1915年）见到此册页，并为其题长跋云："此吾先师张濂亭先生晚年之真迹也。自予侍先生易箦于长安二十有一年，今对此贴恍若接俨，容盥手批阅不忍释之。夫书法之要，莫要于运笔。古人运笔三法终唐而绝。宋明以后莫能解之，独先生于千余载书法中绝之后，苦心幽思，悉究古人运笔之法，至其所至，于汉魏一归，于唐贤同工，可谓伟矣。先生在世时所书甚少。没后传其遗笔者概皆他人之模仿，世无辨焉。绥方志手书道甚笃，平生尤慕老师之贤，其在鄂数得真迹，意者有所感通，而然非偶然也。书数语于后聊叙我感且以勖之云。　乙卯六月，宫岛大八。"钤印："宫岛彦印"（见中国嘉德国际拍卖有限公司"中国嘉德2015秋季拍卖会"——"笔墨文章——信札写本"专场拍卖品，编号：2316）。

正月初三日（2月8日），朝鲜东学党在全罗道古埠郡发动起义，提出了"逐灭夷倭""尽灭权贵"的口号。

同日，张裕钊偶感风寒，但逐渐好转，亦无大碍。

正月初七日（2月12日）下午，张裕钊突然"积痰上逆，胸膈壅滞"，病情转重。长子张后沅得知消息，立即赶回家中；张裕钊见到儿子，身体状况又稍有好转。

---

① 蒋则沄(1834—1893)，字溶川，亦作容川，湖南湘乡人。蒋凝学之子，罗泽南弟子。咸丰二年(1852年)，弃文从军，随其师转战南北，因功历任广西候补道、江西、浙江知府、盐运使衔等职，赏戴花翎，累官至陕西布政使。卒于任。著有《容川诗钞》四卷、《先考之纯府君(蒋凝学)行状》一卷等。

正月初十日（2 月 15 日），张裕钊的食欲明显减弱，晚上睡不好，常独自着衣起坐。

正月十四日（2 月 19 日）黎明时分，张裕钊便起床了。上午八时左右，他喝了一小杯酒，吃了半勺粥，随后身上就出冷汗，一会儿便靠着椅子昏昏沉沉地睡起来了。张后沆、张后浍两兄弟一起将父亲抬到床上，让他安睡。午时，张裕钊的气息渐渐减弱，随之便安详、平静地卒于寓所，享年七十二岁。

谱　后

张裕钊去世后，其子张后沆、张后涂立即作《哀启》（见《张裕钊诗文集》附录七，第 550～552 页，此文稿为叶贤恩所藏）寄发，告知亲朋、戚友和弟子。

成殓时，两子及家人均在侧，日本弟子宫岛大八亦在侧。在张裕钊病危及去世后的一段时间里，宫岛大八也像张后沆、张后涂等儿女一样，一直服侍、守候在老师的身边，直至张裕钊在终南山安葬。

卒前，张裕钊曾营生圹于西安城南终南山北宋大儒张载墓侧（在今宝鸡市眉县横渠镇）。殁后，曾停灵柩于此，后由后人归葬家乡祖坟山。

闻知噩耗，弟子贺涛作有《祭张廉卿先生文》（见《张裕钊诗文集》附录七，第 571～572 页）、张謇作有《祭张濂亭夫子文》（见《张裕钊诗文集》附录七，第 572～573 页）、姚永朴作有《予交海内贤士甚寡偶怀逝者得五君泫然成咏》（见《张裕钊诗文集》附录七，第 573 页）悼念、缅怀恩师。

二月十一日（3 月 17 日），清驻美公使杨儒与美国国务卿葛礼山（Walter Quintin Gresham，1832—1895）在华盛顿签订《中美华工条约》。

二月间，弟子张謇赴京参加慈禧太后六旬万寿恩科会试。

四月十六日（5 月 20 日），驻英、法、意、比公使薛福成至巴黎公使馆迎接新到任的公使、原四川布政使龚照瑗，并与其办理相关移交手续。

同日，会试榜发，弟子张謇取中第六十名贡士。

四月二十一日（5 月 25 日），朝廷举行甲午恩科殿试。

四月二十三日（5 月 27 日）晚，出使大臣薛福成卸任后，自法国巴黎来到马赛，乘坐法国“堪尔图宁”号轮船，踏上了返国的旅途。

四月二十四日（5 月 28 日），甲午恩科殿试结束，弟子张謇被取为一甲第一名进士，即俗称之状元。

四月二十七日（5 月 31 日），朝鲜国王以韩兵屡败于东学党，与袁世凯商议，请求中国出兵助剿。

四月二十九日（6 月 2 日），日本内阁决定出兵朝鲜。

四月三十日（6 月 3 日），朝鲜政府正式致书清政府，请求派兵援助。

五月二十八日（7 月 1 日），前驻英、法、意、比公使薛福成一行抵达上海。

六月十九日（7 月 21 日）夜晚，张裕钊生前好友、右副都御史薛福成[①]因在回国途中感染流行性疾病，在上海寓所病逝。

六月二十三日（7 月 25 日），日本军舰“吉野号”“浪速号”等在朝鲜半岛海域之丰岛，偷袭北洋海军船只，击沉中国租用的运兵英船“高陞号”，一千多官兵誓不降敌，大部壮烈牺牲；“济远号”“广乙号”两艘军舰被击伤，“操江”舰则被俘，甲午中日战争爆发。

七月初一日（8 月 1 日），中、日两国同时宣战。

七月三十日（8 月 30 日），鉴于中、日紧张的形势，经过再三考虑，宫岛大八[②]还是拜别张氏一家，自陕西西安启程回国。

在临别之前，张后浍应邀为宫岛大八回国后将创办的私立学校——咏而归舍题写了“咏而归”的匾额。

回到日本后，宫岛大八便创办了咏而归舍（第二年又改名为“善邻书院”）——日本东京历史最悠久的中文学校，专门讲授汉学和张裕钊的书法，并置办了恩师张裕钊的木主牌位敬奉，今已历四代人，牌位仍在；又使恩师的书法在日本广为传播，得到光大发扬。

八月十六日（9 月 15 日），吴汝纶作有《与贺松坡》一书，其中云：“惠示《祭廉卿先生》文，矜练缜密，气甚遒迈，祭文中能品也，谨评识附还。廉翁葬秦中，闻与横渠（案：时人称张载为‘横渠先生’）墓相近，可

---

① 薛福成(1838—1894)，字叔耘，号庸庵。江苏无锡人。同治六年(1867 年)充曾国藩幕府，后随李鸿章办洋务。光绪五年(1879 年)，著《筹洋刍议》，提出变法主张。光绪十年(1884 年)，擢升浙江宁绍台道。光绪十四年(1888 年)，迁湖南按察使。次年，任出使英法意比四国大臣。光绪二十年(1894 年)回国，升右副都御史，不久病逝。工古文，为“曾门四弟子”之一。著有《庸庵文编》《庸庵海外文编》《筹洋刍议》《浙东筹防录》《出使日记》《出使公牍》《庸庵随笔》等，多收入《庸庵全集十种》。

② 宫岛大八(1867—1943)，字咏士，号勖斋。日本岩代(今福岛县)人。宫岛诚一郎之子。19 岁来中国拜张裕钊为师，随侍其师辗转莲池、江汉、经心、鹿门等书院及西安等地。张裕钊去世后归国，创办“善邻书院”，使恩师的书法在日本得到弘扬光大。

谓得地。将必思为一文，顷尚未落笔。大作出，亦使吾搁笔也”（见《吴汝纶文集》附录二，第582页）。

十月二十七日（11月24日），孙中山在美国檀香山组织成立兴中会。

十月间，张裕钊的好友、著名学者孙衣言[①]在瑞安老家去世。

同月里，应弟子马其昶之请，吴汝纶为其所收集的恩师张裕钊平日寄赠之书札册子题词，作《题马通白所藏张廉卿尺牍册子》一文相赠（见《吴汝纶文集》，第133～134页）。

是年，张裕钊的好友梅启照[②]在南昌老家去世。

关于张裕钊的最后日子。其子张后沆、张后浍云：“先严气体素健。至同治丁卯，始得痰饮疾。然善自调摄，亦不以为苦。去秋患腹泻，旋以就痊。冬间犹自搦管作字以为乐。曾为深州贺苏生先生撰六十寿言（案：据张裕钊所撰《贺苏生夫妇双寿序》中所说，此处之‘六十’应为‘七十’之误），并楷书之。不孝等以为精神强固，私幸承欢之日方长也。及今正月初三日，偶感寒疾，亦已渐愈。初七日晡，忽觉积痰上逆，胸膈壅滞。不孝沆权宁陕同知，因公晋省。初八日抵寓，先严见之大喜，疾亦少瘳。至初十日，饮食渐减，夜不成寐，犹能著衣起坐。十四日，逮明即起。辰刻，饮酒一小杯，食粥半勺。食毕，微出冷汗。汗止，犹复坐语。延至午刻，凭几若欲假寐然。不孝等扶掖登床，气息渐微，竟弃不孝等而长逝矣。呜呼痛哉！”（见《哀启》，《张裕钊诗文集》附录七，第550页）

关于张裕钊的停柩和殡葬之地。弟子张謇在《祭张濂亭夫子文》中

---

① 孙衣言（1815—1894），字绍闻，号琴西，晚号遁拔。斋名“逊学”。浙江瑞安人。道光二十四年（1844年）举人，道光三十年（1850年）成进士，历官翰林院编修、侍讲、安庆知府等职。同治十一年（1872年），迁安徽按察使。光绪元年（1877年），擢升湖北布政使。后辞官归乡讲学。精考据，工诗、文、词，富藏书。著有《逊学斋文钞》正续十七卷、《逊学斋诗钞》正续十五卷、《娱老词》一卷等；另编有《永嘉学案》及《瓯海轶闻》五十七卷、《永嘉集》七十四卷等。

② 梅启照（1826—1894），字小岩，亦字筱岩、晓岩。室名学强恕斋。江西南昌人。咸丰二年（1852年），与其兄启熙同中进士。历官吏部主事、郎中、浙江监察御史、惠州、广州知府、长芦盐运使、广东按察使、江宁布政使、浙江巡抚、河东河道总督等。光绪九年（1883年），因复查会审河南镇平王树汶替身案，被褫职。归乡后，潜心著述。勤学博览，工诗文，又精医学、史学、数学、天文及地理、测绘、制图等。著有《稿本明史约》、《天学问答》（二卷）、《晓岩诗稿》、《学强恕斋吟草》、《考订步天歌集》、《学强恕斋笔算》（十卷）、《测量浅说图》、《梅氏验方新编》、《中国黄河经纬度里之图》等。

云："爱鄠山川之清淑，依横渠之墓焉而卜藏。"（见《张裕钊诗文集》附录七，第573页）吴汝纶在《与贺松坡》书中云："惠示《祭廉卿先生》文，矜练缜密，气甚遒迈，祭文中能品也。谨评识附还。廉翁葬秦中，闻与横渠墓相近，可谓得地。将必思为一文，顷尚未落笔。大作出，亦使吾搁笔也。"（见《桐城吴先生年谱》卷二，第7页）叶贤恩在《张裕钊年谱》中亦云："生前曾自营生圹于终南山北宋哲学家张载墓旁，殁后停柩于此，后归葬于家乡。"①

关于张裕钊的古文成就。其子张后沅、张后浍在《哀启》中云："先严生平于人世都无所嗜好，独自幼酷喜学问文章。年二十四，登道光丙午乡举。庚戌试国子监学正学录，受知于曾文正公之门。因从问古文义法，文正称为豪杰之士。其《求阙斋日记》谓：门徒中望有成就者，端推先严。其评先严《答刘生书》云：'文入古甚深，而辞又足以达其所见，实已参透真消息。'盖隐以文章之传，属之先严矣！先严素性严介，寡交游。惟桐城吴挚甫先生，遵义黎莼斋先生，交最笃。至父先生评先严《书元后传后》云：'此文直逼西汉。五百年中无能办此者。'莼斋先生亦以为'突过姚、梅'。其《续古文辞类纂叙》至谓'为夙所严惮'。无锡薛叔耘副宪，亦曾门高弟也。其叙曾文正幕府宾僚谓：先严古文所诣独精，自愧弗逮远甚。文正而后，桐城、无锡、遵义三先生，皆当代知言君子，自当不谬。咸、同之际，天下俊彦，咸在文正门墙。论者谓：功业首推合肥相国，文章衣钵惟先严能绍其传。此天下之公论，非徒三先生之阿好也。"（见《张裕钊诗文集》附录七，第550～551页）

关于张裕钊的书法成就。其子张后沅、张后浍在《哀启》中云："先严尝以本朝文章，湘乡为最，而姚、梅境界，亦若未可遽越，意常欿然。惟书法则自谓能悟千年绝学。汉人用笔，莫不中锋，其法至唐尚存。宋以后纯用偏锋，失厥旨矣。先严苦索冥想数十年，尽得汉魏人之真谛。殆合北朝之高浑，唐人之整肃而为一。汉末文弊，韩昌黎起而振之。先严云：'于书，亦犹昌黎之于文也。'然恐为人所骇怪，未尝轻以语人。光绪初年，兴化刘融斋宫允，称先严文章为当代之冠，书法则本朝一人耳。宫允之没将二十年，先严书无一日少间。使宫允得见晚年意境，不知复为何说也。"（见《张裕钊诗文集》附录七，第551页）

著名思想家、文学家、学者康有为曾云："湖北有张孝廉张裕钊廉卿，

① 叶贤思：《张裕钊传》，中国三峡出版社2001年版，第319页。

曾文正公弟子也。其书高古浑穆，点画转折，皆绝痕迹，而意态逋峭特甚，其神韵皆晋、宋得意处。真能甄晋陶魏，孕宋、梁而育齐、隋，千年以来无与比。其在国朝，譬之东原之经学，稚威之骈文，定庵之散文，皆特立独出者也。吾得其书，审其落墨运笔：中锋必折，外墨必连；转必提顿，以方为圆；落必含蓄，以圆为方。故为锐笔而实留，故为涨墨而实洁，乃大悟笔法。”①

关于张裕钊的育才成就。其子张后沅、张后浍在《哀启》中云：“所至，学者称为‘武昌先生’。尝以治古文，云：‘才至难能而可贵。’偶得一隽异之士，则如获球璧，欣喜不可言喻。中材以下，稍稍有志于古者，亦为之奖诱不倦，因性所近，而示以途辙。门下一二能古文者，似不让姚门梅、管。其才高学博，卓然负时望者尤众。”（见《张裕钊诗文集》附录七，第551页）

关于张裕钊的为学宗主与品行。其子张后沅、张后浍在《哀启》中云：“先严于学无所不窥，而以宋儒理学为本。性宁静，尝数月不出户庭。与人对坐，或移晷始一语。然辞气蔼如，人初不以为慢。犹惜物力，服食皆有程度。尝自云：‘非以博俭约名，亦非为积财计。以不节则于心有所不安耳。’至当费者，则毫无所吝。间值窘乏，安之若素，初不以为戚。生平处宾师之位，稍不合，辄托故辞去，亦不言其所以然。云：‘我惟求不失己而已，非以此沽名也。’常训不孝等首惜名节，谓：‘人生通塞、行止、去住，皆有定分，非人之所能主。惟读书立品，则我之所能自必者。’”（见《张裕钊诗文集》附录七，第552页）

关于张裕钊的遗稿、手稿之编刊。其子张后沅、张后浍在《哀启》中云：“遗文、遗诗，及经说、笔记、书牍，俟搜辑付梓。”（见《张裕钊诗文集》附录七，第552页）后其遗文、遗诗于“光绪乙未（1895年）秋，遵义黎氏刊”刻行世（见《濂亭遗文》《濂亭遗诗》初刻本扉页题）。章炳麟云：“张廉卿先生诗文稿本三册，吾友溥泉得之金陵书肆。其文有不入别集者，而皆当时手写。虽匆匆著纸，其笔势壮伟自若。近人喜购前修草稿，以之校勘诚善。然书法所喜者亦少。先生书，世所传宝，得此真如百斛明珠，尤与佗人相绝。溥泉先世尝从先生习业，故溥泉于张门为再传弟子。神物有合，竟得之败簏故纸间，其欢欣宝爱可知也。民国廿五年四月章炳麟识。”（见《张廉卿先生诗文稿序》，《张廉卿先生诗文稿》卷首）

① 康有为：《广艺舟双楫》卷五，上海广艺书局1916年版，第17页。

光绪二十一年乙未（1895 年）秋，好友、亲家、四川川东兵备道兼重庆海关监督黎庶昌将张裕钊的遗文、遗诗编纂成《濂亭遗文》五卷（收入遗文二十九篇）、《濂亭遗诗》二卷（收入遗诗二百七十五首）刊刻行世。

光绪二十二年丙申（1896 年），弟子马其昶将恩师生前与之往来的函札十余通汇集起来，并作有《书张廉卿先生手札后丙申》一文，以缅怀恩师（见马其昶《抱润轩文集》卷三，宣统元年安徽官纸印书局刊，第 7～8 页；又见《张裕钊诗文集》附录七，第 579～580 页）。

光绪二十四年戊戌（1898 年），大冶黄肇宏刊刻《濂亭文集》八卷于关中。 此本除前面的版式不同，后面的收文次第及数量悉同查本（查燕绪编《濂亭文集》），显然是查本的重刻本。

光绪二十八年壬寅（1902 年）夏，张裕钊之族弟张裕镐将二十年前张裕钊族兄赠送给他的扇面和书法作品装裱成一幅中堂，然后请张裕钊堂兄裕镇之子毓〇，在中堂的下方作题跋云：

> 右隶法若干字，先四叔父大人手书，宅之十叔大人所装璜也。先叔父举孝廉，后即锐意书法。思得以驾古人而寿万世，非区区于超一时而荣一代也。溯隶书之由，始于元、岑，继于贯、蔡，终于钟、王；后之学者靡不谓书法之神尽于秦、汉、晋，而鲜有及其者矣。然秦隶多古、汉隶多圆、晋隶多扁，虽皆各造其极，而曰神、曰妙、曰能，未免自立宗派，求其合神、妙、能三品者，则唯先叔一人。
>
> 其先叔父书法似非可以笔谈，而宅叔屡属侄，又何敢以不文辞？第观其屈于圆而横直有力也，如古钗股；其锋芒藏而起止无迹也，如屋漏痕；其布置匀而修短合度也，如印印泥。其此略举其大概者，至于有往皆收，无垂不缩，刚柔互济，肥瘦协衡，骨肉停匀，血脉贯注，阴阳合宜，向背得所，此又书法之至精至微，而上足以驾秦汉，下足以冠元明也。
>
> 迄今叔父古矣，而金山寺、南宫学等记，其所以勒金石而耀枣梨者，皆曾文正、李诸公所钦佩，而欲其垂于无穷也夫。曾、李诸公皆当代大臣，犹于先叔父楮墨间宝贵若是；而况宅叔与先叔父更至亲而兼从游者乎。
>
> 先叔父之赠以书也，慕其品行而宝其岐黄也；宅叔之珍其书也，见其文墨如接其容貌也；侄之赘以文也，所以见先叔父之卓轶千古而宅叔之契合无间也。后之人勿以此可弃，斯亦两大人之深愿也夫。时光绪二十八年壬寅夏月，侄毓〇跋并书。

案：据《张氏宗谱》所载：张裕钊有堂兄弟六人，即裕衔、裕铭、裕钧、裕镇、裕锴，按年龄张裕钊排行第四，故称“四叔”；张裕镐有堂兄弟十一人，即裕鉴、裕英、裕镇、裕镜、裕镒、裕钰、裕钹、裕镗、裕鍊、裕锐，按年龄张裕镐排行第十，故称“十叔”。题跋作者毓○（1874—1907），字仲宋，号景周，邑庠生，龙塘村张裕钊堂兄张裕镇之子，后过继给二兄裕铭为嗣。擅书法。

光绪二十九年癸卯（1903 年）春，弟子张謇曾作有《题濂亭师真书册清光绪二十九年癸卯》一文，以缅怀师尊（见《张季子文录》卷六，中华书局 1931 年版，第 3 页；又见《张裕钊诗文集》附录七，第 589～590 页）。

光绪三十四年戊申（1908 年）冬，次子张后淦率其长子孝棪、次子孝栂和侄儿孝移前往西安起出父亲棺柩运回鄂城，葬入大冶茗山牧马巷的祖坟山上。

宣统元年己酉（1909 年），弟子查燕绪将其于光绪八年编纂刊刻的《濂亭文集》八卷交苏州扫叶山房石印馆石印，由宋体楷书版本变为手写体楷书版本。石印本与查氏原刻本除字体与版式作了变化外，收文次第及数量悉同，只是在第八卷的结尾补进了查燕绪所写的《濂亭文集后跋》一篇（未补入目录）。

光绪八年《濂亭文集》刊行后，郭象升先生曾对其中的某些篇章写有评语；此次查氏将文集再版，王开学先生辑录郭氏评语八则（条），附于文集之后（见查燕绪编《濂亭文集》，山西省图书馆藏本，王开学先生辑纂；又见《张裕钊诗文集》附录七，第 582～583 页）。

宣统二年庚戌（1910 年），号称“清末民初四大名刻工”之首的湖北黄冈人陶子麟将黎氏刻本重刊于武昌鄂城，题作“濂亭遗集”（杨守敬题写书名，称“鄂城精刻本”，又称“武昌刻本”）。此本收文三十篇（在《濂亭遗文》卷五补录了《大冶殷君墓志铭》一篇）。

宣统三年辛亥（1911 年），上海文明书局编辑刊行《尺牍丛刻》，收有张裕钊尺牍一卷，题名《张濂卿先生尺牍》。

宣统三年辛亥（1911 年），扫叶山房石印馆重印《濂亭文集》八卷。

民国三年甲寅（1914 年），挚友吴汝纶专门将张裕钊的有关论文的文字辑录出来，共计五十二则（条），附于其《古文辞类纂评点》之后（见吴汝纶：《古文辞类纂评点》附录，民国三年京师国群铸一社石印本；又见《张裕钊诗文集》附录二，第 505～511 页）。

民国四年乙卯（1915 年），上海进步书局编辑所编辑、文明书局印刷发行了《明清八家文抄》。该选本有王文濡所写之《明清八大家文抄·序》，收入张裕钊古文一册，题为《张濂亭文钞》，选入古文四十二篇，均出自《濂亭文集》。

民国五年丙辰（1916 年），张裕钊之孙孝栘在北京重刻先人遗集，将文集、遗文、遗诗合刊，名《濂亭集》，前有马其昶所写《濂亭集·序》（见《抱润轩文集》）。《濂亭集》的版式和内容全部袭用鄂城刻本。

民国五年丙辰（1916 年），时任民国政府国务院秘书长的徐树铮刊行所纂之《诸家评点古文辞类纂》一书，其中辑录有张裕钊评点《古文辞类纂》的文字计一百四十四则（条）（见徐树铮：《诸家评点古文辞类纂》，都门印书局丙辰校印；又见《张裕钊诗文集》附录三，第 512～528 页）。

民国五年丙辰（1916 年），上海广艺书局出版康有为《广艺舟双楫》，其中有对张裕钊书法的评论一则（条）（见康有为：《广艺舟双楫》卷五，上海广艺书局民国五年刊本，第 17 页；又见《张裕钊诗文集》附录七，第 588～589 页）。

民国七年戊午（1919 年），扫叶山房石印馆重印《濂亭文集》八卷。

民国八年己未（1919 年），弟子姚永朴的《旧闻随笔》四卷刊行，其中收有《张廉卿先生》（见姚永朴：《旧闻随笔》卷三，己未刊本，第 17 页；又见《张裕钊诗文集》附录七，第 580 页）。

民国十一年壬戌（1922 年），易宗夔的《新世说》再版（案：《新世说》的首版于民国七年在北京印书局刊行），其中有一则专论张裕钊的书法（见易宗夔：《新世说》卷六，民国十一年版，第 16 页；又见《张裕钊诗文集》附录七，第 590 页）。

民国十二年癸亥（1923 年），扫叶山房石印馆重印《濂亭文集》八卷。

民国十二年癸亥（1923 年），燕京大学国学研究所刊《碑传集补》，其中收有夏寅官所撰之《张裕钊传》（见闵尔昌纂录：《碑传集补》卷五十一，民国十二年燕京大学国学研究所刊，第 10～12 页）。

民国十二年癸亥（1923 年），上海商务印书馆陈衍编选之《近代诗钞》，其中有对张裕钊诗的评点一则（条）（见陈衍：《近代诗钞》第五册，民国十四年上海商务印书馆；又见《张裕钊诗文集》附录七，第 586 页）。

民国十四年乙丑（1925 年），上海文明书局出版朱宝瑜先生编选之普及读本——《音注张濂亭文》，所选文不多，均未超出《濂亭文集》和《濂亭遗集》所收文的范围。

民国十四年乙丑（1925 年）六月，弟子宫岛大八偶闲无事，回忆师恩，曾制作有水墨纸本行书张廉卿先生七言诗立轴（132 cm×67 cm）。其诗及题识云："塞北之花江南雪……物之生贵自立耳（《塞北花》）。　高亭危峙俯潺淙……杜陵狂客我宜双（《晚登闻喜亭》）。　半瓯苦茗一炉香……可怜千载几沧桑（《独酌》）。　久不执笔，此日少闲，录廉卿先生古今体二（三）首。乙丑六月，咏士。"钤印："咏士归"（朱）。

案：张裕钊的这三首诗分别见于《张裕钊诗文集》第 376、381、304 页（见株式会社东京中央拍卖"第一回珍藏拍卖"——"百年珍藏善邻书院宫岛家藏品"专场拍卖品，编号：0016）。

民国十六年丁卯（1927 年）夏，弟子宫岛大八偶闲无事，回忆师恩，曾制作有水墨纸本行书张廉卿先生《夜坐》五言诗立轴一帧："饮酒思元亮，幽居类子云。深宵移烛影，独坐对烛影……壮心消折尽，甘与白鸥群。"其题识云："丁卯夏日写，廉卿先生之诗，咏而归庐主人"（见鄂州市张裕钊研究会编：《张裕钊书法流派作品选》，2003 年 3 月）。

案：张裕钊的五言律诗《夜坐》，见《张裕钊诗文集》第 329 页。

民国十六年丁卯（1927 年），陶庐丛刻刊《故旧文存》，其中收有王树枬撰《张裕钊小传》（见《故旧文存》卷首《小传》，陶庐丛刻第三十三，民国十六年版，第 1 页）。

民国十七年戊辰（1928 年）八月，应友人门野先生之请，宫岛大八曾为其制作有水墨纸本行书张廉卿先生《江楼》七言诗立轴一帧："懒慢何心蹋九州，闲扶筇杖上江楼。京华北望在何许……谢安祖逖俱尘土，一醉从销万古愁。"其题识云："戊辰八月，录先师之句，门野尊兄正字。咏而归庐主彦书"（见鄂州市张裕钊研究会编：《张裕钊书法流派作品选》，2003 年 3 月）。

案：张裕钊的七言律诗《夜坐》，见《张裕钊诗文集》第 340 页。

民国十八年己巳（1929 年），直介堂丛刻刊出刘声木《桐城文学渊源考》，其中收有《张裕钊》一文①。

民国十八年己巳（1929 年），天津徐世昌退耕堂刊行徐世昌《晚晴簃诗汇》，其中有对张裕钊诗文的评点一则（条）（见徐世昌：《晚晴簃诗汇》卷一四七，民国十八年天津徐世昌退耕堂刊本，第 23 页；又见《张裕钊诗文集》附录七，第 586～587 页）。

---

① 刘声木：《桐城文学渊源考》卷十，直介堂丛刻，民国十八年版，第 1 页。

1930年代，北京九思堂书屋据手稿影印梓行了石印本《张廉卿先生论学手札》二卷（此集原件今不知藏于何处，待查考），收录张裕钊主讲莲池书院期间写给吴汝纶的部分书信，凡五十六通。张裕钊的弟子胡宗照为该本题写了封面。

民国十九年庚午（1930年），吴闿生刊行《吴门弟子集》，在其卷首的序言中说："自廉卿先生来莲池，士始知有学问。先公继之，日以高文典册摩厉多士，一时才俊之士奋起云兴，标英声而腾茂实者，先后相望不绝也。己丑以后，风会大开，士既相竞以文词，而尤重中外大势、东西国政法有用之学。畿辅人才之盛甲天下，取巍科，登显仕，大率莲池高第，江浙川粤各省望风敛避，莫敢抗衡，其声势可谓盛哉！"①他对张裕钊在莲池书院学风转变过程中的作用给予高度评价。

民国二十年辛未（1931年），徐世昌编辑刊行有《明清八家文抄》，收入张裕钊古文六十篇，分装成二册，题名为《张廉卿先生文钞》；入选之文见于《濂亭文集》者五十一篇，见于《濂亭遗集》者九篇。

民国二十六年丁丑（1937年），上海中华书局出版朱宝瑜的《音注张廉卿文》，并在卷首写有《〈音注张廉卿文〉揭要》一文予以强调（见朱宝瑜：《音注张廉卿文》卷首，味经山房选本，中华书局民国二十六年上海第一版；又见《张裕钊诗文集》附录七，第580～581页）。

民国二十六年丁丑（1937年），贺涛之孙贺培新在北京刊行《天游室集》，其文集中收录有所撰之《跋武昌先生书札册子》一文（见贺培新：《天游室集》卷二，民国二十六年北平刊本，第43～44页；又见《张裕钊诗文集》附录七，第591～592页）。

民国二十八年己卯（1939年），北京修绠堂刊《清儒学案》，其中收有《张先生裕钊》（见徐世昌主纂：《清儒学案》卷一七七，民国二十八年北京修绠堂刊，第53～54页）。

1963年，中华书局出版《清人文集别录》（上、下），其中收有《濂亭文集八卷光绪八年查氏木渐斋精刻本》（见张舜徽：《清人文集别录》卷十九，中华书局1963年版，第528～529页；又见《张裕钊诗文集》附录七，第584～585页）。

1970年，（台北）文海出版社编辑、影印《清代稿本百种汇刊》，其中

① 吴闿生：《吴门弟子集序》，《吴门弟子集》卷首，莲池书社1930年版。

的第七十四集即《张廉卿先生诗文稿》（不分卷）[1]。该《诗文稿》计收录古文七十七篇，其中有八篇为《濂亭文集》与《濂亭遗文》所缺；收录诗作二百一十余首，编次无序。此《诗文稿》前有章炳麟所写《张廉卿先生诗文稿·序》一篇，于右任所题《溥泉兄属题廉卿先生手稿》七绝一首。据章炳麟书序说，这部诗文稿本是张裕钊弟子张以南之子张继于民国二十五年（1936 年）在南京书肆所购得。

1975 年，启功作有《题张廉卿书诗册》，评价张裕钊的书法，详见《启功丛稿·题跋卷》，中华书局 1999 年版，第 334 页。

1977 年，中华书局出版之《清史稿》，其传记中列有《张裕钊》（赵尔巽等撰：《清史稿》卷四八六，中华书局 1977 年版，第 13442 页）。

1982 年，（台北）文海出版社编辑出版《近代中国史料丛刊续编》第十辑，又将《张廉卿先生诗文稿》收入其中；章炳麟的序、于右任的题诗亦置于卷首（章氏的序、于氏的题诗又见《张裕钊诗文集》附录七，第 589、590 页）。

1984 年 6 月，中国书店出版《清代七百名人传》，其中收有《张裕钊》小传（见蔡冠洛：《清代七百名人传》，中国书店 1984 年版，第 1809～1810 页）。

1984 年，日本京都大学文学部据北京九思堂书屋石印本影印刊行《张廉卿先生论学手札》二卷。

1987 年 6 月，上海古籍出版社出版马其昶校注之《韩昌黎文集校注》一书，其中辑存有张裕钊的批语六十三则（条）（见马其昶：《韩昌黎文集校注》，上海古籍出版社 1987 年版；又见《张裕钊诗文集》附录四，第 529～537 页）。

1988 年，中国书店影印费行简《近代名人小传》，其中收有《张裕钊》小传（见费行简：《近代名人小传》，中国书店 1988 年版，第 14～16 页）。

1990 年，启功撰有《上条信山先生从事书法艺术六十周年纪念颂词》一文，给予张裕钊书法很高评价，详见《中国书法》1990 年第 4 期，第 62 页。

1990 年，青海人民出版社出版《清代名人传略》，其中收有《张裕钊》（见 A. W. 恒慕义主编：《清代名人传略》下，青海人民出版社 1990 年版，第 312～313 页）。

---

[1] 《张廉卿先生诗文稿》原件今珍藏于台湾图书馆，《清代稿本百种汇刊》第七十四集即据其影印。

1993 年 6 月，中华书局出版之《清国史》，其中列有《张裕钊传》（见《清国史》一二，中华书局 1993 年版，第 741 页）。

1994 年 9 月，丁有国先生主编的《张裕钊〈论学手札〉助读》一书，由湖北美术出版社出版，对《张廉卿先生论学手札》进行了楷释工作。

1994 年，文化艺术出版社出版袁行云《清人诗集叙录》，其中收有《濂亭遗诗二卷光绪二十一年黎氏刻本》（见袁行云：《清人诗集叙录》卷七十四，文化艺术出版社 1994 年版，第 2576～2577 页；又见《张裕钊诗文集》附录七，第 588 页）。

1996 年，齐鲁书社出版《续修四库全书总目》，其中收有孙雄撰写之《濂亭文集八卷海宁查氏木渐斋刻本》（见《续修四库全书总目》第十二册，齐鲁书社 1996 年版，第 577～578 页；又见《张裕钊诗文集》附录七，第 581～582 页）。

又收有孙雄撰写之《濂亭遗文五卷光绪乙未秋遵义黎氏刊本》（见《续修四库全书总目》第十二册，齐鲁书社 1996 年版，第 483 页；又见《张裕钊诗文集》附录七，第 587～588 页）。

还收有孙雄撰写之《濂亭遗诗二卷光绪乙未秋遵义黎氏刊本》（见《续修四库全书总目》第十二册，齐鲁书社 1996 年济南第一版，第 484 页；又见《张裕钊诗文集》附录七，第 585～586 页）。

2007 年 10 月，上海古籍出版社出版了由王达敏校点的《张裕钊诗文集》。

主要征引参考文献

一、文献、著作类

[1] 蔡冠洛. 清代七百名人传：下 [M]. 北京：中国书店，1984.

[2] 陈旭麓，方诗铭，魏建猷. 中国近代史词典 [M]. 上海：上海辞书出版社，1982.

[3] 程翔章，丘铸昌. 中国近代文学 [M]. 2 版. 武汉：华中师范大学出版社，2007.

[4] 程翔章. 中国近代文学作品选 [M]. 3 版. 武汉：华中师范大学出版社，2007.

[5] 程翔章. 湖北近代作家研究 [M]. 武汉：华中师范大学出版社，2015.

[6] 程翔章，程祖灏. 樊增祥年谱 [M]. 武汉：华中师范大学出版社，2017.

[7] 程翔章，程祖灏. 王柏心年谱 [M]. 武汉：华中师范大学出版社，2019.

[8] 道咸同光名人手札 [M]. 上海：商务印书馆，1924.

[9] 道咸同光名人手札 [M]. 台北：商务印书馆，1972.

[10] 丁有国. 张廉卿诗文注释 [M]. 上海：复旦大学出版社，2013.

[11] 范当世. 范伯子诗文集 [M]. 马亚中，陈国安，校点. 上海：上海古籍出版社，2015.

[12] 费行简. 近代名人小传 [M]. 影印本. 北京：中国书店，1988.

[13] 关爱和. 中国近代文学史 [M]. 北京：中华书局，2013.

[14] 郭廷以. 近代中国史事日志 [M]. 北京：中华书局，1987.

[15] 郭延礼. 中国近代文学发展史 [M]. 济南：山东教育出版社，1990—1993.

[16] 湖北省人民政府文史研究馆，湖北省博物馆. 湖北文征：第十卷 [M]. 武汉：湖北人民出版社，2000.

[17] 胡林翼. 胡林翼集 [M]. 长沙：岳麓书社，1999.
[18] 黄万机. 黎庶昌评传 [M]. 贵阳：贵州人民出版社，1889.
[19] 康有为. 广艺舟双楫（外一种）[M]. 姜义华，张荣华，编校. 北京：中国人民大学出版社，2010.
[20] 林非. 中国散文大辞典 [M]. 郑州：中州古籍出版社，1997.
[21] 李慈铭. 越缦堂日记 [M]. 扬州：广陵书社，2004.
[22] 黎庶昌. 曾国藩年谱 [M]. 长沙：岳麓书社，1986.
[23] 刘声木. 桐城文学渊源考：卷十 [M]. 直介堂丛刻本. 庐江：庐江刘氏，1929.
[24] 刘禺生. 世载堂杂忆 [M]. 北京：中华书局，1960.
[25] A. W. 恒慕义. 清代名人传略：下 [M]. 西宁：青海人民出版社，1990.
[26] 闵尔昌. 碑传集补：卷五十一 [M]. 北京：燕京大学国学研究所，1923.
[27] 马洪林，郭绪印. 中国近现代史大事记 [M]. 上海：知识出版社，1984.
[28] 马其昶. 马其昶著作三种 [M]. 孙维城，刘敬林，谢模楷，点校. 合肥：安徽大学出版社，2009.
[29] 宓汝成. 中国近代铁路史资料 [M]. 北京：中华书局，1963.
[30] 潘德利，王宇. 曾纪泽年谱 [M]. 北京：中国社会科学出版社，2011.
[31] 皮明庥. 湖北历史人物辞典 [M]. 武汉：湖北人民出版社，1984.
[32] 清国史馆. 清国史：一二 [M]. 北京：中华书局，1993.
[33] 钱基博. 现代中国文学史 [M]. 长沙：岳麓书社，1986.
[34] 上海师范大学历史系中国近代史组. 林则徐诗文选注 [M]. 上海：上海古籍出版社，1978.
[35] 沈起炜. 中国历史大事年表 [M]. 上海：上海辞书出版社，1983.
[36] 沈曾植. 沈曾植集校注 [M]. 钱仲联，校注. 北京：中华书局，2001.
[37] 吴剑杰. 张之洞年谱长编 [M]. 上海：上海交通大学出版社，2009.
[38] 吴汝纶. 吴汝纶文集 [M]. 朱秀梅，校点. 上海：上海古籍出版社，2017.

［39］王承仁，曹木青，吴剑杰.中国近百年史辞典［M］.武汉：湖北人民出版社，1986.

［40］王定安.湘军记［M］.朱纯，点校.长沙：岳麓书社，1983.

［41］王树枏.王树枏诗集［M］.于广杰，点校.北京：北京燕山出版社，2019.

［42］王钟翰.清史列传：卷七十三［M］.北京：中华书局，1987.

［43］王蘧常.沈寐叟年谱［M］.北京：商务印书馆，1938.

［44］汪士铎.胡文忠公抚鄂记［M］.长沙：岳麓书社，1988.

［45］魏绍昌，管林，刘济献，等.中国近代文学辞典［M］.郑州：河南教育出版社，1993.

［46］谢承仁.杨守敬集：1—13 册［M］.武汉：湖北人民出版社，1988—1997.

［47］许全胜.沈曾植年谱长编［M］.北京：中华书局，2007.

［48］叶贤恩.张裕钊传［M］.北京：中国三峡出版社，2001.

［49］杨同福，杨同甫.清人室名别称字号索引：增补本［M］.上海古籍出版社，2004.

［50］曾国藩.曾国藩全集［M］.长沙：岳麓书社，1995.

［51］曾国荃.曾国荃全集［M］.长沙：岳麓书社，2006.

［52］赵尔巽，等.清史稿：卷四八六［M］.北京：中华书局，1977.

［53］张謇.张謇诗集［M］.徐乃为，校点.上海：上海古籍出版社，2014.

［54］张舜徽.清人文集别录［M］.北京：中华书局，1963.

［55］张之洞.张之洞诗文集［M］.庞坚，校点.上海：上海古籍出版社，2015.

［56］湛有恒.张裕钊国际学术研讨会文选［C］.南宁：接力出版社，2004.

［57］张裕钊.张廉卿先生诗文稿［M］.影印本.台北：文海出版社，1970.

［58］张裕钊.张裕钊诗文集［M］.王达敏，校点.上海：上海古籍出版社，2007.

二、论文类

［1］白雪华.黄彭年评张裕钊《金山江天寺记》［J］.文学遗产，2008（4）：116.

［2］程翔章. 张裕钊其人其文［M］//程翔章. 晚清文学研究. 广州：世界图书出版广东有限公司，2014.

［3］程翔章. 湘乡派散文的爱国主义倾向［M］//郭延礼. 爱国主义与近代文学. 济南：山东教育出版社，1992.

［4］孙莹莹. 张裕钊佚文考［M］//南京大学古典文献研究所. 古典文献研究：第十二辑. 南京：凤凰出版社，2009.

［5］杜平安. 张裕钊画册赏析［J］. 中原文物，2009（6）：108-109.

［6］樊逸，作舟，武铭. 涵融魏晋戛戛独造：试论张裕钊的书法艺术［J］. 鄂州大学学报，2001（1）：65-69.

［7］黄伟. 关于吴汝纶生平的几点考证［J］. 安庆师范学院学报（社会科学版），2006（6）：76-78.

［8］江小角. 张裕钊与吴汝纶教育思想的共同特征［J］. 鄂州大学学报，2004（2）：30-32.

［9］江贻隆，邹子荣. 胡林翼、张裕钊、江有兰等致徐椒岑书［J］. 安徽史学，2005（4）：125-128.

［10］罗实. 黎庶昌：从贵州走向世界［J］. 文史天地，2018（4）：25-28.

［11］李琳琦，郑德新. 吴汝纶生平述略［J］. 江淮论坛，2008（1）：133-138.

［12］李松荣. 张裕钊书札辑补：中国学报上的张廉卿先生论文书牍摘抄［J］. 中山大学研究生学刊（社会科学版），2008（3）：19-31.

［13］李松荣. 张裕钊的创作分期及其在莲池书院的散文创作［J］. 常熟理工学院学报（哲学社会科学），2014（5）：51-56.

［14］李松荣. “枝蔓相萦结，恋嫪不可改”：张裕钊与莲池书院师生间的情谊［J］. 广东广播电视大学学报，2012（6）：79-82.

［15］卢坡. 雅健：张裕钊书学与文学的共同追求：以《重修南宫县学记》内在矛盾的化解为例证［J］. 合肥学院学报（综合版），2020（4）：80-83.

［16］卢坡. 吴汝纶三书成姻缘［J］. 江淮文史，2016（5）：121-123.

［17］孟庆星. 晚清湖北书法二杰：张裕钊、杨守敬［J］. 中国书画，2019（5）：38-43.

［18］孟醒仁. 莫友芝和他的高弟姚浚昌［J］. 贵州文史丛刊，1993（1）：76-78，83.

［19］欧阳中石. 张裕钊书法溯源［J］. 北京师院学报（社会科学版），1985（1）：90-91，96.

［20］濮潇. 略论孙云锦与张謇的师生情谊［J］. 南通职业大学学报，2011（1）：25-27.

［21］汪长林. 张裕钊诗文集版本述录［J］. 安庆师范学院学报（社会科学版），2007（5）：86-90.

［22］王金科. 张裕钊主讲莲池书院时的几封家书［J］. 文物春秋，1996（3）：16-21.

［23］王万铭. 西南巨儒莫友芝［J］. 文史天地，2003（12）：6-9.

［24］徐惠文. 莫友芝年谱［J］. 贵州文史丛刊，1988（4）：127-142.

［25］徐世中. 张裕钊佚文考略［J］. 古籍整理研究学刊，2014（3）：53-59.

［26］翔云. 曾国藩与曾门四弟子关系之论析［J］. 江苏科技大学学报（社会科学版），2008（3）：17-22.

［27］于广杰. 王树枏与"莲池书院"山长交游考：兼论晚清"莲池学派"的兴起［J］. 宝鸡文理学院学报（社会科学版），2019（5）：88-93.

［28］于广杰. "莲池学派"及其文艺思想研究述论［J］. 保定学院学报，2017（4）：130-136.

［29］杨佑茂. 李鸿章与莲池书院［J］. 衡水学院学报，2008（3）：83-84.

［30］庄安正，卢建汶. 激扬士类：浅谈张裕钊对张謇的影响［J］. 鄂州大学学报，2004（2）：27-29.

［31］张波. 张裕钊、杨守敬治学及影响之略比［J］. 书法，2015（8）：78-80.

［32］张靖鸣. 新发现的张裕钊及族人诗文书法作品系列考释［J］. 鄂州大学学报，2006（2）：34-37.

［33］钟鸣天. 漫谈张裕钊杨守敬和他们之间的友谊［J］. 中国书法，1992（1）：60-62.

［34］张鑫洁，二月河. 汪士铎与曾国藩交游研究［J］. 求是学刊，2017（6）：128-136.

［35］周勋君. 张裕钊书法美学思想探微［J］. 鄂州大学学报，2005（1）：64-67.

后　　记

毫无疑问，张裕钊在中国近代文学史上，尤其是在湖北近代文学史上，是一位有地位、有成就、有影响的重要人物。他也是笔者研究湖北近代作家所选定的第三个人物。

我们之所以选定他作为研究对象，是因为：其一，张裕钊生活在中国近代的中期，一生经历了清朝的道光、咸丰、同治三朝和光绪朝的前期。这个时期，正是中国大一统的封建帝国逐步走向衰落以及中国的知识阶层开始觉醒，并为救亡图存逐渐走上政治舞台的时期。我们通过对张裕钊七十余载春秋丰富多彩的人生经历的梳理，可以让今天的人们清晰地看到，中国的封建社会是怎样一步一步地在西方列强的坚船利炮的胁迫下走向衰败，并逐渐地变成为半封建半殖民地社会，以及中国的知识阶层开始觉醒，为救亡图存逐渐走向政治舞台的艰难历程。其二，张裕钊是举人出身，本来可以沿着科举之路继续往下走，取进士，走上仕途，成为统治阶级队伍中的一员，乃至出将入相，干一番大事业，以青史留名，光宗耀祖。然而，特殊的家庭境遇，使他选择了一条尽快进入仕途——担任朝廷底层的低级官员，并很快又辞去官职，回到家乡以授徒为生的道路。由于其恩师曾国藩的关系，张裕钊曾多次进入地方大吏的幕府为幕僚，并与江忠源、胡林翼、曾国藩、李鸿章、吴长庆、何璟、梅启照、张树声、李宗羲、吴大澂、裕禄、柯逢时、曾纪泽、张之洞、荣禄等地方大吏有着广泛的联系，可见其在当时还是颇有社会地位的。展现张裕钊的社会交往情况，可以让今天的读者看到中国近代早、中期政界错综复杂、激烈尖锐的矛盾和斗争。其三，由于其恩师曾国藩的精心培养，加之张裕钊自己勤奋好学，刻苦自励，他终于成为一位中国近代早、中期的著名文学家。他与后来的吴汝纶、黎庶昌、薛福成齐名，成为曾国藩的四大弟子之一，并成为“桐城—湘乡派”的代表作家之一。他的文学创作，尤其是他的古文创作，得到当时文坛文学名家们的普遍推崇和赞誉，这使他的古文创作在中国近代文学史上占有无可替代的地位。其四，张裕钊精通经史，学问渊博，主讲武昌勺庭书院、金陵凤池书院、保定莲池书院、武昌江汉书院、武昌经心书院、襄阳鹿门书院数十年，桃李满天下。尤其是他培养的刘心源、查燕绪、张謇、马其昶、贺涛、姚永朴、姚永概、范当世、朱铭盘等弟子，都成为近代著名的人物，或为中国社会近代化的进程，或为中国近代文学的发展，作出过积极的贡献。

正因如此，我们才将他选定为研究湖北近代作家的对象，且很快付诸实施，在几年前就完成了初稿。直到2020年9月，学校正式启动2021年度出版基金的申报工作，我们才将新收集到的材料进行消化，对《张裕钊年谱》进行全面、仔细的补充、修改，最后定稿，并上交学校，接受评审。感谢各位评委专家和校出版社的肯定与支持，本书顺利入选2021年度学校出版基金资助项目。

去年下半年，我们申报的湖北省（2020年度）学术著作专项资金项目——“湖北近代文学研究丛书（第一辑）”获得批准，因此将其纳入丛书之一。

作 者

2021年1月3日